全国经济专业技术资格考试用书

零基础过经济师
财政税收专业知识与实务（中级）

经济师考试研究院　组编

图书在版编目(CIP)数据

零基础过经济师. 财政税收专业知识与实务:中级 / 经济师考试研究院组编. —上海:立信会计出版社, 2023.7

全国经济专业技术资格考试用书

ISBN 978-7-5429-7378-8

Ⅰ.①零… Ⅱ.①经… Ⅲ.①财政管理-资格考试-自学参考资料②税收管理-资格考试-自学参考资料 Ⅳ.①F0

中国国家版本馆 CIP 数据核字(2023)第 130158 号

责任编辑　　毕芸芸

零基础过经济师. 财政税收专业知识与实务:中级

Lingjichu guo Jingjishi. Caizheng Shuishou Zhuanye Zhishi yu Shiwu:Zhongji

出版发行	立信会计出版社			
地　　址	上海市中山西路 2230 号	邮政编码	200235	
电　　话	(021)64411389	传　　真	(021)64411325	
网　　址	www.lixinaph.com	电子邮箱	lixinaph2019@126.com	
网上书店	http://lixin.jd.com		http://lxkjcbs.tmall.com	
经　　销	各地新华书店			
印　　刷	三河市中晟雅豪印务有限公司			
开　　本	787 毫米×1092 毫米　1/16			
印　　张	20.5			
字　　数	511 千字			
版　　次	2023 年 7 月第 1 版			
印　　次	2023 年 7 月第 1 次			
书　　号	ISBN 978-7-5429-7378-8/F			
定　　价	69.00 元			

如有印订差错,请与本社联系调换

寄语

　　自我从事教育培训尤其是经济师考试培训以来，在每年的报考季，学员面临专业的选择时，总是会问我几个同样的问题：该选择哪门专业课呢、哪门专业课比较简单、哪门专业课计算题比较少。当听说中级财税的计算题分值为45左右时，他们就心生疑虑，踌躇不前。中级经济师考试的特点是点多面广，但考查得不深。所以，大家只是被中级财税计算题分值高考试难度就高的假象蒙蔽了双眼，中级财税是很有规律的一门课程，计算题分值虽高，但是相对来说比较简单。

　　中级财税这门课程分为财政和税收两大部分，共12章。大家比较担心的是税收部分，其实税收部分的重点就是18个税种。税收的内容看似比较多，但是都有其内在规律性，每个税种都是按照税制要素进行编制的。只要掌握了税制要素的内容，基本上就掌握了这18个税种的整体脉络。我编写这本书的目的就是帮助学员揭开中级财税的面纱，理清这门课程的学习思路。本书对税收部分的精华内容进行了提炼和总结，以帮助大家更好地掌握中级财税的知识。

　　大家经常听到的一句话是"拼搏到无能为力，坚持到感动自己"。我在编写本书的过程中，反复总结和推敲相关的知识点，力图将好的记忆思路和做题方法通过合理的方式传递给大家，尽自己最大的努力为大家提供最好的考前辅导。大家需要做的就是根据本书提供给大家的精华内容，坚持学习，坚持到感动自己。

　　相信我们一定可以通过经济师考试！

刘文秀

本书亮点介绍

第一篇 历年命题规律总结及2023年备考指导

本篇旨在分析历年考试特点、命题规律，为考生指引备考经济师的方向。只有方向明确了，才能避免南辕北辙。

第二篇 考点精讲及同步练习

- **考点详尽，讲解透彻** 本书结合考试大纲对精华考点逐一讲解，并辅之以经典例题，方便考生明确考点，同时掌握考点的考查方式。

- **文字变色，重点突出** 本书对非常关键的考点采用蓝色字体突出标记，方便考生从较长的文字中抓取关键词句，进行有针对性的记忆。

- **图表结合，便于记忆** 大量的文字内容不便于考生记忆，所以本书尽量将篇幅较多的文字以图表形式呈现，内容上更加清晰，有助于考生分类记忆。

- **授之以鱼并授之以渔** 本书除告诉考生重要的考点外，还通过【考点小贴士】告知考生应如何巧妙记忆，考生可据此结合自身情况对所学知识点进行总结，以一定的方法来巧记、速记。

- **易错易混，辨析明确** 由于考点较多，极易混淆，本书每章都提炼了【本章易错易混考点】，详细讲解，并配以相应的题目进行区分。

- **经典真题，回顾总结** 财政税收专业知识与实务（中级）科目考试的历年真题涉及一些重复的考点，因此本书在每一章都设置了【历年经典真题回顾】，考生可以从中明确历年考试的出题点、命题规律。

- **同步练习，强化考点** 考生对每一章考点掌握如何，需要考生亲自做题来检验和强化，故本书也配备了【本章同步练习】。考生对这些题目需要"做会"，即除了做对，还要能举一反三，争取能够以不变应万变。

第三篇 2023年模拟试卷及参考答案与解析

学习各章后，考生还应进行综合训练，以应对考试。本书按照考试的题型、题量给考生配备了一套高质量的模拟试题，并给出详细的解析。这套试题可以较充分地检验考生对整个科目考点的掌握情况，同时也是对2023年的考试试题做出的一定的预测。考生应尽最大努力掌握每道题目涉及的考点及各个可能与之相关联的考点，以应对变形题目。

目 录

第一篇　历年命题规律总结及2023年备考指导

一、教材结构介绍及分值情况/3

二、历年"财政税收专业知识与实务"(中级)考试题型及相应解题技巧/4

三、"财政税收专业知识与实务"(中级)考试的趋势和出题规律/4

四、备考建议/6

第二篇　考点精讲及同步练习

第一章　公共财政与财政职能/9

　　本章考情分析/9

　　本章考点概览/9

　　本章学习提示/9

　　本章考点详解/9

　　本章易错易混考点/18

　　历年经典真题回顾/19

　　本章同步练习/20

　　本章同步练习参考答案及解析/22

第二章　财政支出理论与内容/24

　　本章考情分析/24

　　本章考点概览/24

　　本章学习提示/24

　　本章考点详解/25

　　本章易错易混考点/47

　　历年经典真题回顾/48

　　本章同步练习/51

　　本章同步练习参考答案及解析/53

第三章　税收理论/55

　　本章考情分析/55

　　本章考点概览/55

　　本章学习提示/55

　　本章考点详解/56

　　本章易错易混考点/71

　　历年经典真题回顾/72

　　本章同步练习/75

　　本章同步练习参考答案及解析/77

第四章　货物和劳务税制度/79

　　本章考情分析/79

　　本章考点概览/79

　　本章学习提示/79

　　本章考点详解/80

　　本章易错易混考点/110

　　历年经典真题回顾/111

　　本章同步练习/114

　　本章同步练习参考答案及解析/116

第五章　所得税制度/118

　　本章考情分析/118

本章考点概览/118

本章学习提示/118

本章考点详解/119

本章易错易混考点/140

历年经典真题回顾/140

本章同步练习/142

本章同步练习参考答案及解析/144

第六章　其他税收制度/146

本章考情分析/146

本章考点概览/146

本章学习提示/146

本章考点详解/146

本章易错易混考点/168

历年经典真题回顾/169

本章同步练习/171

本章同步练习参考答案及解析/173

第七章　税务管理/175

本章考情分析/175

本章考点概览/175

本章学习提示/175

本章考点详解/175

本章易错易混考点/192

历年经典真题回顾/194

本章同步练习/196

本章同步练习参考答案及解析/198

第八章　纳税检查/200

本章考情分析/200

本章考点概览/200

本章学习提示/200

本章考点详解/200

本章易错易混考点/216

历年经典真题回顾/217

本章同步练习/220

本章同步练习参考答案及解析/223

第九章　公债/225

本章考情分析/225

本章考点概览/225

本章学习提示/225

本章考点详解/225

本章易错易混考点/230

历年经典真题回顾/231

本章同步练习/232

本章同步练习参考答案及解析/233

第十章　政府预算理论与管理制度/234

本章考情分析/234

本章考点概览/234

本章学习提示/234

本章考点详解/235

本章易错易混考点/252

历年经典真题回顾/253

本章同步练习/255

本章同步练习参考答案及解析/256

第十一章　政府间财政关系/258

本章考情分析/258

本章考点概览/258

本章学习提示/258

本章考点详解/259

本章易错易混考点/268

历年经典真题回顾/269

本章同步练习/271

本章同步练习参考答案及解析/272

第十二章　财政平衡与财政政策/274

本章考情分析/274

本章考点概览/274

本章学习提示/274

本章考点详解/275

本章易错易混考点/283

历年经典真题回顾/284

本章同步练习/287

本章同步练习参考答案及解析/288

第三篇　2023年模拟试卷及参考答案与解析

2023年财政税收专业知识与实务(中级)模拟试卷/291

2023年财政税收专业知识与实务(中级)模拟试卷参考答案与解析/306

第一篇
历年命题规律总结及2023年备考指导

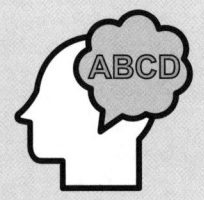

太阳总是在有梦的地方升起,月亮也总是在有梦的地方朦胧,愿我们带着必过经济师考试的梦,摸清"财政税收专业知识与实务"(中级)的考试规律,为实现梦想做准备。

近些年，中级经济专业技术资格考试的市场需求上升，备考中级经济专业技术资格考试的学员越来越多，但是大多数学员对该考试不甚了解，那么我们就一起来看一下中级经济专业技术资格考试究竟是什么。

中级经济专业技术资格考试，由全国统一组织、统一大纲、统一试题、统一评分标准。参加考试并且成绩合格者，获得相应级别的专业技术资格，由人力资源和社会保障部统一发放合格证书。考试每年举行一次。2018年中级经济专业技术资格考试首次实行机考，按专业分4个批次进行（但不排除有些地区例外，大家以各地具体通知为准），每个批次3小时，总共考查2个科目，即"经济基础知识"和"专业知识与实务"。每一科目的考试时间为1.5小时，两门连考。

要通过中级经济师财政税收专业科目的考试要备考两个科目，分别为"经济基础知识"和"财政税收专业知识与实务"。2020年开始，中级经济专业技术资格考试成绩实行2年为一个周期的滚动管理方法（从2020年算起），应试人员须在2个考试年度内通过全部应试科目，方可取得中级经济专业技术资格证书。2023年中级经济专业技术资格考试时间调整已有地区发布，考试分2天，上、下午共4个批次实施，具体如下表所示。

2023年中级经济专业技术资格考试科目及对应时间表（以官方通知为准）

批次	考试时间		科目	专业
1	11月11日上午	08：30—10：00	经济基础知识（中级）	包括工商管理、农业经济、财政税收、金融、保险、运输经济、人力资源管理、旅游经济、建筑与房地产经济、知识产权等10个专业
		10：40—12：10	专业知识与实务（中级）	
2	11月11日下午	14：00—15：30	经济基础知识（中级）	
		16：10—17：40	专业知识与实务（中级）	
3	11月12日上午	08：30—10：00	经济基础知识（中级）	
		10：40—12：10	专业知识与实务（中级）	
4	11月12日下午	14：00—15：30	经济基础知识（中级）	
		16：10—17：40	专业知识与实务（中级）	

一、教材结构介绍及分值情况

"财政税收专业知识与实务"（中级）教材概括来说分为两大部分，即财政和税收，而在考试中，税收部分占的比重较大。各章节历年分值分布情况如下表所示。

"财政税收专业知识与实务"（中级）各章节历年分值分布情况

章名	历年考查分值（分）
第一章 公共财政与财政职能	4
第二章 财政支出理论与内容	8
第三章 税收理论	10
第四章 货物和劳务税制度	24
第五章 所得税制度	19
第六章 其他税收制度	17
第七章 税务管理	9
第八章 纳税检查	19

续表

章名	历年考查分值（分）
第九章 公债	4
第十章 政府预算理论与管理制度	9
第十一章 政府间财政关系	6
第十二章 财政平衡与财政政策	6

【提示】在这12章的内容中，第四章、第五章、第六章、第八章的内容分值为80分左右，依然是考试的重点，需要重点学习。

二、历年"财政税收专业知识与实务"（中级）考试题型及相应解题技巧

（一）单项选择题

单项选择题的题目难度不大，基本出自教材的原文或为简单计算题，一个题目有4个备选项，有且仅有1个正确答案。

做此类题目相对来说比较节约时间，大部分都可以根据所学知识直接选择答案；对于每年都会出的一部分新题，如果无法直接确定答案，可以采用排除法选择答案。

（二）多项选择题

多项选择题与单项选择题相比题目难度更大一些，大部分题目为教材明显的知识点，少数题目涉及多个知识点的综合。每题有5个备选项，有2个或2个以上符合题意，至少有1个错项。多选、错选本题均不得分；少选，所选的每个选项得0.5分。

做多项选择题时，需要遵循的是谨慎性原则，对于十分有把握的选项，必定选入；对于把握比较小的选项，再次斟酌后再做选择。

（三）案例分析题

案例分析题由单项选择题和多项选择题组成。多选、错选均不得分；少选，所选的每个选项得0.5分。

案例分析题属于综合性比较强的题目，并且考查计算的题目比较多，需要对税收部分的内容有一个比较全面的掌握，这样做案例分析题时，才会游刃有余。

三、"财政税收专业知识与实务"（中级）考试的趋势和出题规律

（一）"财政税收专业知识与实务"（中级）考试的趋势

2022年的教材进行了近年来最大的一次调整，新增内容较多。根据历年的考试趋势来看，2023年的考试也会出现一些新的变化。

（1）考查的知识点越来越细。

[2022年真题·单项选择题] 按照现行统计体系，国家财政性教育经费不包括（   ）。

A. 公共财政预算安排的教育经费　　B. 土地出让收益计提的教育基金
C. 校办产业提供的教育经费　　　　D. 国际社会捐赠的教育经费

[答案] D

[解析] 按现行统计体系，国家财政性教育经费包括三部分：一是公共财政预算安排的教育经费，是国家财政性教育经费的主体；二是政府性基金预算安排的教育经费，包括地方教育附加和土地出让收益计提的教育基金；三是企业办学、校办产业等其他财政性教育经费。该知识点为2022年新增的比较细致的知识点。

(2) 新增知识点的内容会成为考试的热点。

[2022年真题·单项选择题] 信用等级年度评价指标得分80分的，属于（　　）。

A. A级　　　　　　　　　　B. B级
C. C级　　　　　　　　　　D. D级

[答案] B

[分析] 纳税信用级别设A、B、C、D四级。A级纳税信用为年度评价指标得分90分以上的；B级纳税信用为年度评价指标得分70分以上不满90分的；C级纳税信用为年度评价指标得分40分以上不满70分的；D级纳税信用为年度评价指标得分不满40分或者直接判级确定的。该题是对2022年教材第7章新增"纳税信用评价"内容的考查。

(二)"财政税收专业知识与实务"（中级）考试的出题规律

"财政税收专业知识与实务"（中级）考试的出题特点如下图所示。

图　"财政税收专业知识与实务"（中级）考试的出题特点

【提示】相对来说，新的考点占的比例比较小；大部分考查的内容还是往年经常考查的知识点。大家不要一看到新的考点就恐慌，易理解记忆的知识点还是占大多数的。

1. 各章节知识点考查及分值分布较为稳定

总体相对来说，各章节知识点考查及分值分布还是比较稳定的，出题的大体方向比较明确，只需在学习原来重点知识的基础上，对新增知识点多加熟悉与关注。

[2013年真题·多项选择题] 关于社会保障制度的说法，正确的有（　　）。

A. 社会保险是现代社会保障制度的核心内容
B. 社会福利的资金来源大部分是国家预算拨款
C. 社会优抚是对革命军人及其家属提供的社会保障
D. 对"五保户"的生活保障属于社会救助的内容
E. 失业救济金的发放属于社会优抚的内容

[答案] ABCD

[解析] 失业救济金属于失业保险的内容，而非社会优抚的内容。

[2017年真题·单项选择题] 关于社会保障制度类型的说法，正确的是（　　）。

A. 社会保险型的费用全都来自受保人缴纳的保险费
B. 社会救济型的费用来自政府预算拨款和个人缴纳
C. 普遍津贴型需要受保人和雇主共同缴纳保险费
D. 节俭基金型个人账户中的资金具有继承性

[答案] D

[解析] A项，社会保险型的费用来自受保人和雇主；B项，社会救济型的费用来自政府预算拨款；C项，普遍津贴型的资金来源与社会救济型一样完全由政府预算拨款。故A、B、C三项错误。

2. 考查内容以基础知识点为主

约80%的题目都是教材上的知识，延伸考查的题目比较少；从近几年的考题情况看，有20%左右题目是历年考题的原题或简单变形；50%左右的题目是配套练习题简单变形；其余题目基本上也都是教材上的原文或者是简单理解。另外的约20%的题目中，一半是教材新增考点，另一半是考查得比较偏的或者比较细致的知识点的相关内容。

[2012/2014/2015 真题·单项选择题] 资本—劳动力最大化标准，强调政府应投资的项目类型是（　　）。

A. 劳动密集型项目　　　　　　B. 就业创造最大化项目
C. 资本密集型项目　　　　　　D. 知识密集型项目

[答案] C

[分析] 根据"财政税收专业知识与实务"（中级）考试的出题趋势以及规律，虽然历年都会对新的考点进行考查，但是稳定的常考点依然占大多数，在复习备考的时候可以结合历年真题来记忆教材上关于这些题目的考点及相关考点，要能做到举一反三；另外，对于新增的考点，需要注意书中突出标记的一些重要内容，研究每个考点可能会如何出题，如何能够记忆下来。这样复习下来，达到及格线是非常有希望的。所以大家在复习时一定要注意方式、方法。

四、备考建议

（1）备考经济师要"学习未开始，计划先行"。俗话说"兵马未动，粮草先行"，参加经济师考试的考生需要先制定一个学习计划，计划明确后，在未来复习备考的过程中，一旦迷茫、没有动力，便可回头来看一看自己制定的学习计划和目标，这对备考经济师大有裨益。

（2）"财政税收专业知识与实务"（中级）的重难点知识和理解记忆性的内容需要采用不同的学习方法。"财政税收专业知识与实务"（中级）的重难点知识，也就是第四、第五、第六、第八章的内容，是案例分析题的常考点且考查计算较多，建议大家留出完整的一段时间集中学习。这几章的内容关联度比较高，尤其是案例分析题这类综合性的题目分数占比较大，内容较多，需要反复多看几次才能更好地进行记忆。考生可按照"先找思路后谈详细内容、必须做题、适度复习"的方法进行备考。除第四、第五、第六、第八章外，其他章属于偏重理解记忆的章节，可以利用碎片时间一个考点一个考点地攻破，备考时可采用"听懂课、找准关键词、准确记忆、适当做题"的方法。

（3）备考经济师，需要具备良好的态度。备考经济师，尤其是备考中级财税科目，涉及的计算比较多，知识点之间关联度又比较高，所以需要具备一个良好的态度。否则，三天打鱼两天晒网是不能很好地备考中级财税科目的。

通过对历年考试的分析以及备考建议的指导，大家对中级财税科目应该有了比较深入的了解。而财税的内容究竟该如何进行掌握，采用何种方法才能更好地进行记忆和理解，本书第二篇会给大家详细讲解，同时会提供给大家一些做题的方法以及建议，以便大家更快更好地备战2023年的经济师考试。

第二篇
考点精讲及同步练习

生命予以我们一双求知的眼眸,愿书籍填满它们的空虚。

静下心学习"财政税收专业知识与实务"(中级)12章的内容,反复巩固和练习,为梦想夯实基础。

第一章　公共财政与财政职能

📦 本章考情分析

年份	单项选择题	多项选择题	案例分析题	合计
2022 年	4 题 4 分	2 题 4 分	—	8 分
2021 年	1 题 1 分	1 题 2 分	—	3 分
2020 年	2 题 2 分	1 题 2 分	—	4 分
2019 年	1 题 1 分	1 题 2 分	—	3 分
2018 年	1 题 1 分	1 题 2 分	—	3 分

【提示】2022 年的考情分析是基于已知真题以及部分考生的集中反馈汇编而成的，如有个别出入，请见谅。

📦 本章考点概览

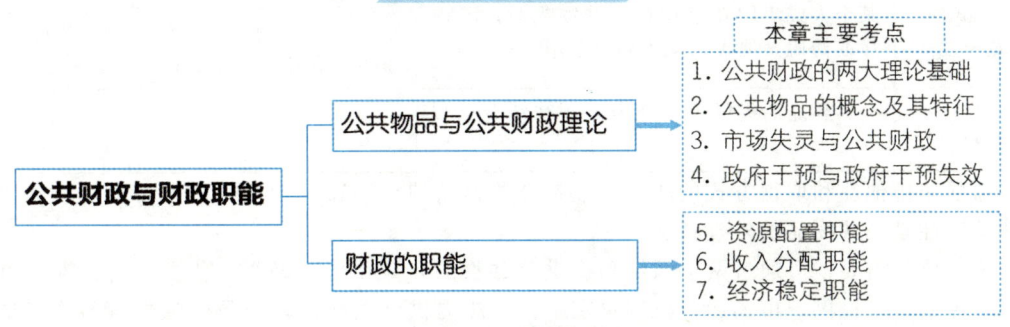

📦 本章学习提示

本章作为开篇章节，知识内容相对来说比较简单，考试的重点也比较突出，建议大家在学习本章内容时，将常考点和重要考点集中记忆，运用所提供的学习方法，灵活运用并掌握相关知识内容。

📦 本章考点详解

● 考点 1　公共财政的两大理论基础

公共财政的理论基础是"公共物品"和"市场失灵"理论。

> **经典例题**

[例题·多项选择题] 公共财政的理论基础包括（   ）。
A. 公共物品理论   B. 政府预算理论   C. 财政职能理论   D. 市场失灵理论
E. 外部效应理论
[解析] 公共财政的理论基础包括"公共物品"和"市场失灵"理论。

[答案] AD

● 考点2　**公共物品的概念及其特征**

一、公共物品的概念

纯公共物品是指每个人消费这种物品不会导致他人对该物品的消费减少的物品。

二、公共物品的特征

公共物品的特征及其具体分析如表1-1所示。

表1-1　公共物品的特征及其具体分析

特征	具体阐述	要点提示
效用的不可分割性	公共物品为整个社会提供，具有共同受益与消费的特点，整个社会的成员共同享有其效用，不能将其效用分割为若干部分，为个人或社会集团享用	按受益范围大小划分，公共物品划分为全国性公共物品和地区性公共物品
受益的非排他性	某个人或集团在消费公共物品时，其他个人或集团同时消费该公共物品不会受到影响或者妨碍。其他个人或集团消费该公共物品的数量和质量也不会受到影响	通俗地讲，受益的非排他性指一个人不管是否付费，都会消费而且必须消费该种物品
取得方式的非竞争性	某个人或集团在享用该公共物品时，不排斥或妨碍其他人或集团同时享用	该特征与受益的非排他性进行区别，该特征强调的是增加一个消费者，边际成本等于零（即免费搭车者）
提供目的的非营利性	公共物品的提供追求社会效益和社会福利的最大化	—

受益的非排他性和取得方式的非竞争性是公共物品的核心特征，效用的不可分割性和提供目的的非营利性是公共物品的外延特征。

为满足公共需要，可通过两个系统来提供公共物品，即市场与政府。需要注意的是，纯公共物品只能由政府来提供，市场运行机制决定了其无法提供公共物品。市场是通过等价交换的方式提供商品和服务，公共物品的非竞争性和非排他性决定了竞争性的市场机制不适于提供纯公共物品。

【考点小贴士】公共物品的特征要区分核心与外延：非竞争性与非排他性即核心，不可分割性与非营利性即外延。

> **经典例题**

[2012年真题·多项选择题] 公共物品所具有的特征中占据核心地位的有（   ）。
A. 效用的不可分割性　　　　B. 受益的非排他性
C. 取得方式的非竞争性　　　D. 提供目的的非营利性
E. 外部效应
[解题思路] 区分公共物品的核心与外延，按照[考点小贴士]中的记忆要点进行区分，非竞争性、非排他性即核心，不可分割性与非营利性即外延。本题中，B、C两项是核心特征，A、D两项是外延特征。

[答案] BC

> **经典例题**
>
> [2015年真题·多项选择题] 关于公共物品的说法，正确的有（   ）。
> A. 公共物品具有共同受益与消费的特点
> B. 公共物品受益具有非排他性的特征
> C. 对公共物品的享用，增加一个消费者，其边际成本等于零
> D. 政府提供公共物品着眼于经济效益最大化
> E. 公共物品的效用是不能分割的
> [解题思路] 此题为辨析正误的题目，在分析此类题目时，要注意区分每一个选项，联想公共物品的具体定义与特征的关键词。A、E两项是效用的不可分割性的具体体现；B项体现的是受益的非排他性；C项体现的是取得方式的非竞争性。D项，政府提供公共物品着眼于社会效益和社会福利的最大化。
> [答案] ABCE

考点3 市场失灵与公共财政

一、市场失灵与公共财政的关系

市场失灵与公共财政的关系如图1-1所示。

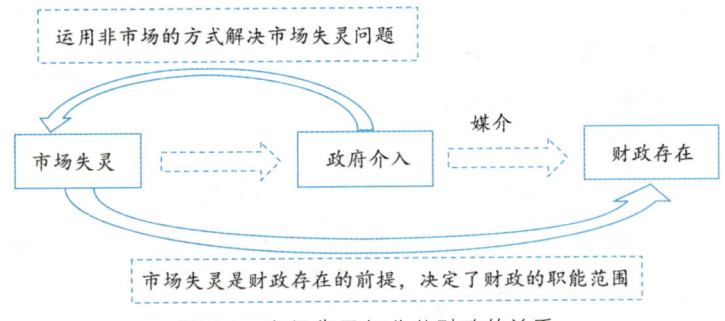

图1-1 市场失灵与公共财政的关系

二、市场失灵的表现

（1）市场垄断。市场效率是以 <u>完全自由竞争</u> 为前提的，然而某些行业因具有经营规模越大、经济效益越好、边际成本不断下降、规模报酬递增的特点，可能会被少数企业所控制，从而产生垄断现象。

（2）信息不充分和不对称。在市场经济下，生产者和消费者的生产、销售、购买都属于个人行为，信息本身也成为激烈竞争的对象，而信息不充分和信息不对称是 <u>影响公平竞争</u> 的重要因素。为了弥补市场信息的不充分和不对称，政府的有关部门要定期向社会提供有关产品供求情况、价格趋势以及宏观经济运行和前景预测的资料。政府提供经济信息是一种 <u>社会性服务</u>，也属于公共物品和公共服务的范围。

（3）外部效应。外部效应是一个厂商从事某项经济活动而给其他人带来利益和损失的现象，是在市场活动中没有 <u>得到补偿的额外成本和额外收益</u>。

当出现正的外部效应时，生产者 <u>得不到应有的效益补偿</u>；当出现负的外部效应时，受损者 <u>得不到损失补偿</u>。这两种情况导致市场竞争均不能形成理想的效率配置。

【提示】"<u>公共物品</u>"是典型的外部效应，政府应采取财政收支政策在内的 <u>非市场调节方式</u>，纠正外部效应问题。

（4）收入分配不公。

（5）经济波动与失衡。

> **经典例题**
>
> [2016年真题·单项选择题] 解决市场失灵问题，采取的方式是（　　）。
> A. 企业采取自我约束方式
> B. 政府采取非市场方式
> C. 个人采取自我约束方式
> D. 政府采取市场方式
> [解析] 市场失灵问题，个人和经济组织是无能为力的，需要以政府为主体的财政介入，用非市场方式解决市场失灵。
> [答案] B
>
> [2015年真题·单项选择题] 关于市场配置资源与市场失灵的说法，错误的是（　　）。
> A. 市场在提供纯公共物品方面无能为力　　B. 不完全竞争导致垄断
> C. 市场经济条件下的分配是很公平的　　　D. 市场经济不可能自动平稳地发展
> [解析] 外部效应的典型例子是"公共物品"，所以市场在提供纯公共物品方面是无能为力的，A项正确；市场效率是以完全自由竞争为前提的，不完全竞争最大的影响是产生垄断，B项正确；市场失灵还表现为收入分配不公和经济波动与失衡，C项错误、D项正确。
> [答案] C

考点4　政府干预与政府干预失效

一、市场失灵、政府干预及政府干预失效的关系

市场失灵、政府干预及政府干预失效的关系如图1-2所示。

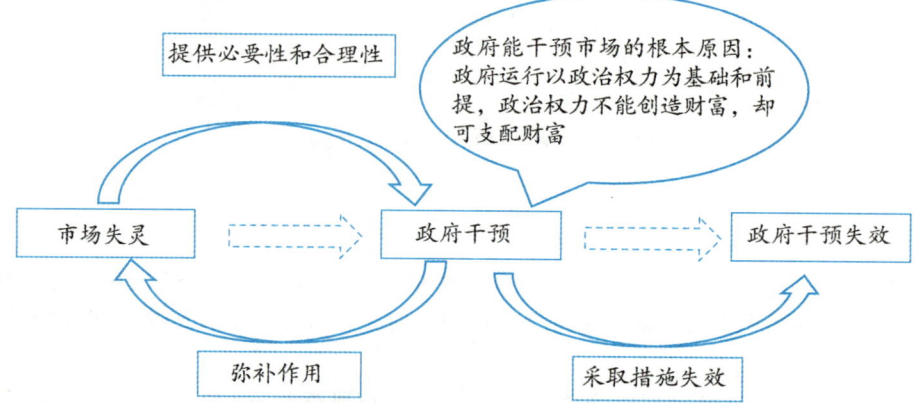

图1-2　市场失灵、政府干预及政府干预失效的关系

二、政府干预的手段及政府干预失效的表现

（一）政府干预的手段

政府干预的手段如表1-2所示。

表1-2　政府干预的手段

干预的手段	具体表现
政府的宏观调控	通过财政政策和货币政策以及两者的相互配合
立法和行政手段	制定市场法规、规范市场行为，制定发展战略和中长期规划，制定经济政策实行公共管制，规定垄断产品和公共物品价格等
组织公共生产和提供公共物品	公共生产是指由政府出资兴办的所有权归国家的工商企业和事业单位，主要生产由政府提供的公共物品，也可在垄断部门建立公共生产，并从效率或社会福利角度规定价格

续表

干预的手段	具体表现
财政手段	通过征税和收费为政府各部门组织公共生产和提供公共物品筹集经费和资金，从而满足社会公共需要及调控市场经济的运行

（二）政府干预失效的表现

政府干预失效的表现如表 1-3 所示。

表 1-3　政府干预失效的表现

干预失效的表现	具体内容
政府决策失误	例如，投资项目选择不当或经济政策失误
寻租行为	滥用权力行为，例如，公职人员以权谋私，进行权钱交易等行为
政府提供信息不及时甚至失真	例如，经济形势判断、自然灾害预测等引导经济运行的重要信息
政府职能的"越位"和"缺位"	(1) "越位"。应当通过市场机制办好的事情政府却通过财政手段人为干预 (2) "缺位"。应当由政府通过财政手段办好的事情却出现"真空"（没有办或没有办好）

【考点小贴士】重点区分、记忆政府干预的手段及政府干预失效的表现。

经典例题

[2020 年真题·多项选择题] 政府干预失效的原因及表现主要有（　　）。
A. 政府决策失误　　　　　　　　B. 寻租行为
C. 政府提供信息不及时甚至失真　　D. 政府职能的"越位"和"缺位"
E. 立法和行政手段
[解析] 政府干预失效的原因和表现包括政府决策失误、寻租行为、政府提供信息不及时甚至失真、政府职能的"越位"和"缺位"。
[答案] ABCD

● 考点 5　资源配置职能

一、资源配置职能概述

资源配置职能概述如表 1-4 所示。

表 1-4　资源配置职能概述

项目	具体内容
含义	是指财政通过对现有人力、物力、财力等社会经济资源进行合理调配，使资源结构实现合理化，得到最有效的使用，获得最大的经济和社会效益
主体	政府（重点）
效率	资源配置效率 和生产过程效率 的统一
必要性	许多社会公共需要和公共物品无法通过市场来提供和满足；市场资源配置具有盲目性
政府能弥补资源配置中的市场失灵问题的原因	这是由政府配置资源的特点决定的。因为政府资源配置的成本—收益本身是外部化的，资源配置的资金来源是无偿的，公共物品是免费提供的，且可采用不等价交换的方式解决市场失灵领域的资源配置问题

二、财政资源配置的范围

财政资源配置的范围如表1-5所示。

表1-5　财政资源配置的范围

范围	具体内容
公共物品	国防、法律设施、环境保护、行政管理服务、基础科学研究等
准公共物品	准公共物品是由政府决定的，生产准公共物品是政府职能的延伸，如教育、医疗等
天然垄断行业的物品	天然垄断行业的物品有的可以通过财政进行资源配置，有的可以通过市场进行资源配置，但实行政府管制。究竟采用何种方式，要以效率优先的原则视具体情况而定

【提示】根据公共物品和准公共物品的定义对其具体分类进行区分。需记住，准公共物品是指既有公共物品的特征，又有私人物品的特征的物品。

三、财政资源配置职能的机制和手段

财政资源配置职能的机制和手段如图1-3所示。

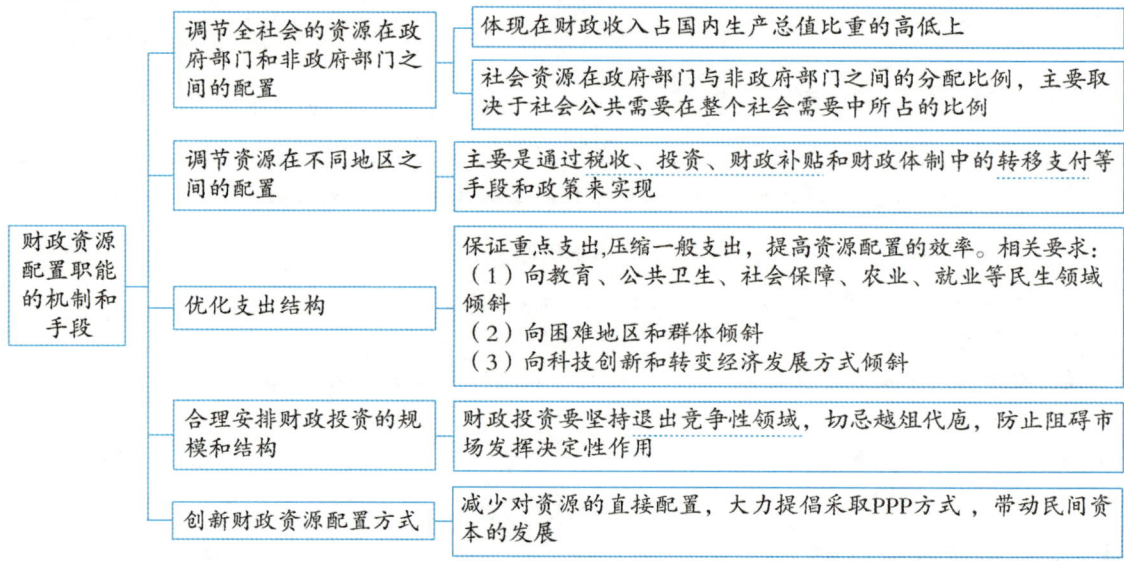

图1-3　财政资源配置职能的机制和手段

经典例题

[2017年真题·单项选择题]调节资源在政府部门与非政府部门之间的配置，通常采取的手段是（　　）。
A. 调整投资结构　　　　　　　　　　B. 调整资产存量结构
C. 调整中央对地方转移支付的规模　　D. 调整财政收入占国内生产总值的比重

[解析] 本题考查资源配置职能。资源配置职能的主要内容包括调节全社会的资源在政府部门和非政府部门之间的配置，调节资源在不同地区之间的配置，调节资源在国民经济各部门之间的配置。其中，调节全社会的资源在政府部门和非政府部门之间的配置，主要体现在财政收入占国内生产总值比重的高低上，故选D项。

[答案] D

● 考点6　收入分配职能

一、收入分配职能的含义和目标

（一）收入分配职能的含义

收入分配职能是指政府在进行财政分配活动过程中，为了实现社会公平而对市场经济形成的收入分配结构进行调整的职能。

【提示】在市场经济条件下,公平包括经济公平和社会公平两个层次。经济公平是市场经济的内在要求,平等竞争条件下由等价交换来实现。社会公平通常是指收入差距维持在现阶段各阶层居民所能接受的范围内。

(二)收入分配职能的目标

收入分配职能的目标是实现社会公平分配。

二、收入分配职能的实现

(一)财政的收入分配范围

财政的收入分配范围如表 1-6 所示。

表 1-6　财政的收入分配范围

分配范围	具体内容
在效率的基础上尽可能改善初始条件的不公平	(1) 保障人们基本的生活条件 (2) 提供公平的公共劳务,包括义务教育、交通、农田水利建设等
完善市场机制,尽可能创造公平竞争的环境	完善市场机制本质上属于效率的范畴,有了效率市场这一统一的"公平"基础,才能规范有序地实施公平政策
在个人偏好方面进行适当的干预	采取社会保障的形式进行干预

(二)财政的收入分配方式

(1) 在组织财政收入时要考虑社会公平。

(2) 在安排财政支出时要考虑社会公平。其具体包括:在提供社会公共劳务时要考虑社会公平;要构建效率市场的制度体系;要不断改善市场机制初始条件的不平等状况。

(3) 要实行社会保障,以利于社会公平的切实实现。

三、财政收入分配职能的机制和手段

财政分配职能主要是通过调节经济主体的利润水平和居民个人的收入水平来具体实现的,主要机制和手段如表 1-7 所示。

表 1-7　财政收入分配职能的机制和手段

机制和手段	主要内容
划清市场分配和财政分配的界限与范围	凡属于市场分配的范围,财政不能越界,凡属于财政分配的范围,财政应尽其职: (1) 财政通过再分配进行间接调节:财产收入、股息收入、租金收入,甚至作为法人经济主体的企业的工资收入 (2) 财政集中举办:社会福利、社会保障
规范工资制度	由国家财政拨款的政府机关公务员的工资制度和参照公务员法管理的事业单位工作人员的工资制度
加强税收的调节作用	(1) 通过间接税调节各类商品的相对价格,从而调节各经济主体的要素分配 (2) 通过企业所得税调节企业的利润水平 (3) 通过个人所得税调节个人的劳动收入和非劳动收入,使之维持在合理的差距范围内 (3) 通过资源税调节由于资源条件和地理条件而形成的级差收入 (4) 通过遗产税、赠与税调节个人财产分布
用好转移性支出	利用社会保障支出、救济金、补贴等,使每个社会成员都得以维持起码的生活水平和福利水平

经典例题

[2022年真题·多项选择题] 下列关于财政收入分配职能的说法中,正确的有(   )。

A. 我国财政收支活动参与国民收入的初次分配
B. 我国财政收支活动参与国民收入的再分配
C. 收入分配的核心问题是公平分配
D. 财政收入分配职能是指政府在进行财政分配活动的过程中,为了实现经济公平而对市场经济形成的收入分配结构进行调整的职能
E. 财政分配职能主要是通过调节经济主体的利润水平和居民个人的收入水平来具体实现的

[解析] 本题考查财政收入分配职能。财政收入分配职能是指政府在进行财政分配活动的过程中,为了实现社会公平而对市场经济形成的收入分配结构进行调整的职能,D项错误。 [答案] ABCE

[2016年真题·单项选择题] 财政执行收入分配职能的内容是(   )。

A. 实现社会财富在地区之间的合理分配
B. 实现社会财富在居民之间的公平分配
C. 实现资源在不同用途之间的合理分配
D. 实现资源在政府部门与非政府部门之间的合理分配

[解析] 本题考查收入分配职能。财政的收入分配职能的履行主要是实现公平分配,B项符合题意。 [答案] B

考点7 经济稳定职能

一、经济稳定的含义

经济稳定的含义如表1-8所示。

表1-8 经济稳定的含义

要素	具体内容
充分就业	是指有工作能力且愿意工作的劳动者能够找到工作
	这里的"充分"就业,并不意味着就业人口100%的就业,而是指就业率达到了某一社会认可的比率
物价稳定	是指物价总水平基本稳定,即只要物价上涨的幅度是在社会可容忍范围内(年上涨率在3%~5%),就可视为物价水平稳定
国际收支平衡	经常性项目和资本项目的收支合计大体平衡,在开放的经济条件下,国际收支平衡是经济稳定的一个重要内容和标志

【考点小贴士】 经济稳定的含义可简记为:经济需要充分(充分就业)稳定(物价稳定)的平衡(国际收支平衡)。

经典例题

[2010年真题·单项选择题] 经济学中的"充分就业"是指(   )。

A. 全体社会成员都有工作
B. 全体社会成员都有固定的工作
C. 有工作能力且愿意工作的人能够找到工作
D. 在国家兴办的企事业单位中就业的比例达到较高水平

[解析] 本题考查经济稳定职能的含义。对于经济稳定的内容"充分就业"重点进行理解,经济学中的"充分就业"是指有工作能力且愿意工作的人能够找到工作,C项正确。 [答案] C

二、财政经济稳定职能的主要内容

要实现经济的稳定,关键是做到社会总供给与社会总需求的平衡,包括 总量平衡 和 结构平衡。财政对社会总量平衡调节包括以下 5 个方面的调节。

(一) 通过财政预算收支进行调节

财政预算收支调节的具体情况及其调节政策如表 1-9 所示。

表 1-9　财政预算收支调节的具体情况及其调节政策

情况	调节政策
社会总需求大于社会总供给	实行国家预算收入大于支出的 结余政策 进行调节（紧缩性财政政策,压缩需求）
社会总供给大于社会总需求	实行国家预算支出大于收入的 赤字政策 进行调节（扩张性财政政策,刺激需求）
社会总供求平衡	国家预算应该实行收支平衡的中性政策

【提示】国家预算支出形成社会总需求,国家预算收入形成社会总供给,社会总需求和社会总供给的关系与国家预算支出和国家预算收入的关系是相反的。做相关题目时,可根据此法判断。

(二) 通过制度性安排,发挥财政"内在稳定器"的作用

1. 内在稳定器的定义

内在稳定器是指财政收支制度设计具有对经济总量 自动调节 的功能,即人们在设计财政收支制度的时候,使财政收支的扩大与缩小和总需求与总供给呈 相反方向 的变化,以此维持经济稳定增长的局面。

【提示】内在稳定器调节的最大特点在于无须借助外力就可以直接产生调控的效果。

2. 内在稳定器调节的主要表现

内在稳定器调节的主要表现如表 1-10 所示。

表 1-10　内在稳定器调节的主要表现

主要表现	具体内容
在财政 收入 方面,主要实行 累进所得税制	(1) 当经济过热而出现通货膨胀时,企业和居民收入增加,适用税率相应提高,税收的增长幅度超过国内生产总值的增长幅度,从而可以抑制经济过热 (2) 当经济萧条时,企业和居民的收入减少,税收的降低幅度超过国内生产总值的降低幅度,从而刺激经济复苏和发展
在财政 支出 方面,主要体现在 转移性支出（社会保障支出、财政补贴支出和税收支出等）的安排上	(1) 当经济高涨时,失业人数减少,转移性支出下降,对经济起抑制作用 (2) 当经济萧条时,失业人数增加,转移性支出上升,对经济复苏和发展起刺激作用

经典例题

[2022 年真题·单项选择题] 下列关于财政内在稳定器作用的说法,错误的是（　　）。
A. 发挥财政的"内在稳定器"作用,采取比例税制
B. 内在稳定器是指财政收支制度设计具有对经济总量自动调节的功能
C. 内在稳定器调节的最大特点就是无需借助外力就可以直接产生调节的效果
D. 内在稳定器调节主要表现为财政收入和财政支出两方面的制度

[解析] 本题考查经济稳定职能。内在稳定器调节主要表现为财政收入和财政支出两方面的制度。在财政收入方面,主要实行累进所得税制。在财政支出方面,主要体现在转移性支出(社会保障支出、财政补贴支出、税收支出等)的安排上。

[答案] A

[2012年真题·单项选择题] 当社会总需求大于社会总供给时,财政预算应该采取的政策是( )。

A. 收支平衡政策
B. 赤字政策
C. 结余政策
D. 积极财政政策

[解析] 社会总需求大于社会总供给时,财政预算应该采取的政策是国家预算收入大于支出的结余政策。

[答案] C

(三)通过财政投资、财政补贴和税收进行调节

通过财政投资、财政补贴和税收等多方面的安排,加快农业、能源、交通运输、邮电通信等基础公共设施的发展,并支持第三产业的兴起,加快产业结构的转换,保证国民经济稳定与高速发展的最优结合。

(四)首先保证民生性的社会公共需求

财政首先应切实保证民生性的社会公共需要,如加快文教事业的发展,提高公共卫生水平,完善社会福利和社会保障制度,治理污染,保护生态环境,使增长与发展相互促进、相互协调。

(五)通过财政政策和其他政策配合进行调节

财政政策和其他政策配合的调节,主要是与货币政策、产业政策、投资政策、国际收支政策等方面的政策配合调节。

财政政策的松紧主要是以预算规模的扩张与收缩来衡量和判断;货币政策的松紧主要以利率的下降与上升及信贷规模的扩张与收缩来衡量和判断。

政府的宏观调控政策比较多,但在宏观调控中,财政政策处于基础的地位。

本章易错易混考点

【易错易混考点一】 公共物品、私人物品和准公共物品

(1) 公共物品与私人物品的区别。公共物品与私人物品的区别在于消费该物品的特征不同,而不在于物品的所有制性质。私人物品遵循谁购买谁享用的原则。公共物品的效用不可分割,具有共同受益与消费的特点。

(2) 准公共物品和公共物品的区别。准公共物品是指既有公共物品特征又有私人物品特征的物品,如教育和医疗。

【易错易混考点二】 经济稳定、经济增长和经济发展

(1) 经济稳定与经济增长相辅相成。经济稳定是在经济适度增长和发展中的稳定,是动态的稳定。经济稳定包含经济增长和发展的内容,即要保持经济的持续、稳定、协调的发展。

(2) 经济增长≠经济发展。

①经济增长是指一个国家的产品和劳务的数量增长,通常用GNP或GDP及其人均水平来衡量。

②经济发展是一个通过物质生产的不断增长来满足人们不断增长的基本需要的概念,对发展中国家来说,包括消除贫困、失业、文盲、疾病和收入分配不公平等现象。

通过上述内容可总结得出,经济发展的范围大于经济增长。

第二篇　考点精讲及同步练习

历年经典真题回顾

一、单项选择题（每题1分，每题备选项中，只有1个最符合题意）

1. 财政在收入方面发挥内在稳定器调节作用的主要制度是（　　）。[2021年真题]
   A. 按不同产品征收的消费税制度
   B. 普通征收的增值税制度
   C. 有小规模纳税人规定的增值税制度
   D. 累进的所得税制度
   [解析] 本题考查经济稳定职能。内在稳定器调节主要表现为财政收入和财政支出两方面的制度。在财政收入方面，主要实行累进所得税制。　　　　　　　　　　　　　　　　[答案] D

2. 当社会总供给大于社会总需求时，应采取的财政政策是（　　）。[2017年真题]
   A. 结余政策　　B. 赤字政策　　C. 平衡政策　　D. 增税政策
   [解析] 本题考查经济稳定职能。当社会总供给大于社会总需求时，财政预算收支调节采取赤字政策；当社会总需求大于社会总供给时，财政预算收支调节采取结余政策。　　[答案] B

3. 国际收支平衡是指（　　）。[2014年真题]
   A. 经常项目收支合计大体平衡
   B. 经常项目和外汇储备收支合计大体平衡
   C. 经常项目和资本项目收支合计大体平衡
   D. 经常项目、资本项目和外汇储备收支合计大体平衡
   [解析] 本题考查经济稳定职能。国际收支平衡是指一国在进行国际经济交往时经常项目和资本项目的收支合计大体保持平衡，故C项正确。　　　　　　　　　　　　　　[答案] C

4. 关于公共物品的说法，正确的是（　　）。[2013年真题]
   A. 消费者增加，受益程度下降　　　B. 消费者增加，边际成本递减
   C. 其效用不能分割为若干部分　　　D. 提供者着眼于经济效益和社会效益的最大化
   [解析] 本题考查公共物品的概念及其特征。公共物品的取得方式的非竞争性强调的是消费者的增加，成本为零，故A、B两项错误。效用的不可分割性强调的是共同受益与消费，故C项正确。提供目的的非营利性强调的是社会效益和社会福利的最大化，而非经济效益的最大化，故D项错误。　　　　　　　　　　　　　　　　　　　　　　　　　　　　　　　　[答案] C

5. 征收遗产税所执行的财政职能是（　　）。[2012年真题]
   A. 资源配置职能　　　　　　　　　B. 收入分配职能
   C. 经济稳定职能　　　　　　　　　D. 经济发展职能
   [解析] 本题考查收入分配职能。财政收入分配职能的机制和手段之一是加强税收的调节作用，其中可以通过遗产税、赠与税调节个人财产分布，B项正确。　　　　　　　[答案] B

6. 关于公共物品的说法，正确的是（　　）。[2011年真题]
   A. 公共物品效用可以分割
   B. 居民不付费便不能享用公共物品
   C. 增加一个消费者，公共物品的边际成本等于零
   D. 公共物品的提供应实现利润的最大化
   [解析] 本题考查公共物品的概念及其特征。公共物品的效用不可分割，A项错误。居民不付费便能享用公共物品，B项错误。提供公共物品不以营利为目的，而是追求社会效益和社会福利的最大化，D项错误。
   [提示] 在做分析正误类的题目时，一定要谨慎，从第一个选项开始核实正确与否。　　[答案] C

7. 市场经济条件下，在资源配置方面起主导作用的是（　　）。[2011年真题]
   A. 政府　　　　B. 市场　　　　C. 计划　　　　D. 财政
   [解析] 本题考查资源配置职能。市场经济条件下，在资源配置方面起主导作用的是市场。
   [答案] B

8. 下列不是财政职能的是（　　）。[2011年真题]
   A. 收入分配职能　　　　　　　B. 资源配置职能
   C. 经济稳定职能　　　　　　　D. 经济发展职能
   [解析] 本题考查财政职能。财政职能可以概括为资源配置职能、收入分配职能和经济稳定职能。
   [答案] D

二、多项选择题（每题2分，每题备选项中，有2个或2个以上符合题意，至少有1个错项。错选，本题不得分；少选，所选的每个选项得0.5分）

1. 财政"内在稳定器"的政策工具有（　　）。[2013年真题]
   A. 规范的增值税　　　　　　　B. 累进的所得税
   C. 社会保险支出　　　　　　　D. 财政补贴支出
   E. 社会福利支出
   [解析] 本题考查财政的经济稳定职能。内在稳定器调节的主要表现包括：①在收入方面，主要实行累进所得税制；②在支出方面，主要体现在转移性支出，包括社会保障支出（如社会保险支出和社会福利支出）、财政补贴支出、税收支出等。
   [答案] BCDE

2. 经济稳定通常是指（　　）。[2011年真题]
   A. 财政收支平衡　　　　　　　B. 信贷收支平衡
   C. 充分就业　　　　　　　　　D. 物价基本稳定
   E. 国际收支平衡
   [解析] 本题考查经济稳定职能。经济稳定职能的含义通过一句话进行记忆，经济需要充分（充分就业）稳定（物价稳定）的平衡（国际收支平衡）。
   [答案] CDE

本章同步练习

一、单项选择题（每题1分，每题备选项中，只有1个最符合题意）

1. 人口不断增长，但没有任何人会因此减少其所享受的公共物品的效用，这是公共物品的（　　）特征。
   A. 效用的不可分割性　　　　　B. 受益的非排他性
   C. 取得方式的非竞争性　　　　D. 提供目的的非营利性

2. 下列关于公共物品的表述，错误的是（　　）。
   A. 公共物品的特征是在同私人物品的特征相比较而得出的
   B. 依据受益范围的大小，可以将公共物品区分为全国性的公共物品和地区性的公共物品
   C. 根据萨缪尔森的定义，每个人消费这种物品不会导致他人对该物品消费的减少的物品是纯公共物品
   D. 公共物品是西方经济学中的一个具有特定意义的概念，与私人物品的区别主要在于物品的所有制性质

3. 在现代市场经济社会中，决定财政职能范围的依据是（　　）。
   A. 政府意志　　　　　　　　　B. 价值观念
   C. 市场失灵　　　　　　　　　D. 经济状况

4. 社会资源在政府部门和非政府部门之间的分配比例，主要取决于（　　）。
   A. 市场经济

B. 政府在经济中的地位

C. 公共物品的需求人数

D. 社会公共需要在整个社会需要中所占的比例

5. 以下属于准公共物品的有（　　）。

　　A. 基础科学研究　　B. 高等教育　　C. 环境保护　　D. 法律设施

6. 履行财政分配职能的目标是（　　）。

　　A. 实现收入分配效率　　　　　　　B. 实现收入公平分配

　　C. 实现资源合理配置　　　　　　　D. 实现公平竞争

7. 税收是调节收入分配的主要手段，要想调节企业的利润水平，应采取的财政政策是（　　）。

　　A. 征收赠与税　　　　　　　　　　B. 征收企业所得税

　　C. 征收遗产税　　　　　　　　　　D. 征收个人所得税

8. 通过制度性安排，可以发挥财政"内在稳定器"的作用。财政"内在稳定器"调节的最大特点在于（　　）。

　　A. 必须借助于外力才可以产生调节的效果

　　B. 无须借助于外力就可以直接产生调节的效果

　　C. 在财政收入方面，主要实行累进所得税制度

　　D. 在财政支出方面，主要体现在转移性支出的安排上

9. 财政"内在稳定器"在收入方面的调节，主要体现在（　　）。

　　A. 财政预算的调节　　　　　　　　B. 实行累进所得税制

　　C. 财政补贴的调节　　　　　　　　D. 社会保障制度的调节

二、多项选择题（每题2分，每题备选项中，有2个或2个以上符合题意，至少有1个错项。错选，本题不得分；少选，所选的每个选项得0.5分）

1. 下列各项中，属于资源配置职能机制和主要手段的有（　　）。

　　A. 规范工资制度　　　　　　　　　B. 优化支出结构

　　C. 创新财政资源配置方式　　　　　D. 调节资源在不同地区之间的配置

　　E. 首先保证民生性的社会公共需求

2. 下列关于通过税收的调节作用实现收入分配职能的手段中，说法正确的有（　　）。

　　A. 通过间接税调节各类商品的相对价格，从而调节经济主体的要素分配

　　B. 通过增值税调节企业所得利润水平

　　C. 通过个人所得税调节个人的劳动收入和非劳动收入

　　D. 通过资源税调节资源的级差收入

　　E. 通过遗产税调整个人财产分布

3. 下列各项中，属于经济稳定职能主要内容的有（　　）。

　　A. 在财政收入方面，通过累进所得税制度进行内在稳定器调节

　　B. 通过财政预算收支进行调节

　　C. 通过财政投资、财政补贴和税收进行调节

　　D. 首先保证民生性的社会公共需求

　　E. 合理安排财政投资的规模和结构

4. 调节企业利润水平的财政手段有（　　）。

　　A. 征收财产税　　　　　　　　　　B. 社会保障支出

　　C. 征收遗产税　　　　　　　　　　D. 征收消费税

　　E. 征收房产税

5. 货币政策的松紧主要通过（　　）来衡量和判断。
   A. 预算规模的扩张与收缩
   B. 利率的下降与上升
   C. 信贷规模的扩张与收缩
   D. 税收的提高与降低
   E. 物价水平的下降与上升

6. 下列各项中，属于政府干预失效表现的有（　　）。
   A. 外部效应
   B. 寻租
   C. 政府职能的"越位"
   D. 收入分配不公
   E. 政府决策失误

本章同步练习参考答案及解析

一、单项选择题

1. [答案] C
   [解析] 某个人或者集团对公共物品的享用，不排斥或妨碍其他个人或集团同时享用，消费者的增加不引起生产成本的增加，即增加一个消费者，边际成本为零，如国防的提供体现的即是公共物品的取得方式的非竞争性这一特征。

2. [答案] D
   [解析] 公共物品是西方经济学中的一个具有特定意义的概念。它与私人物品的区别主要是通过消费该物品的不同特征来加以区别的，而不是物品的所有制性质。

3. [答案] C
   [解析] 在现代市场经济社会中，市场失灵是财政存在的前提，从而决定了财政的职能范围。

4. [答案] D
   [解析] 本题考查资源配置职能。社会资源在政府部门和非政府部门之间的分配比例，主要取决于社会公共需要在整个社会需要中所占的比例。

5. [答案] B
   [解析] 准公共物品既有公共物品的特征，又有私人物品的特征，如教育、医疗等。

6. [答案] B
   [解析] 收入分配的目标是实现公平分配。

7. [答案] B
   [解析] 税收是调节收入分配的主要手段，通过企业所得税调节企业的利润水平；通过个人所得税调节个人的劳动收入和非劳动收入，使之维持在合理的差距范围内；通过遗产税、赠与税调节个人财产分布。

8. [答案] B
   [解析] 内在稳定器的最大特点在于无须借助于外力就可以直接产生调控的效果，使这种内在稳定可以随社会经济的发展发挥自身调节作用，不用政府采取任何有意识的政策干预。

9. [答案] B
   [解析] 财政"内在稳定器"在收入方面，主要实行累进所得税制；在支出方面，主要是转移性支出。

二、多项选择题

1. [答案] BCD
   [解析] 财政资源配置职能的机制和手段主要包括：①调节资源在政府部门和非政府部门之间的配置；②调节资源在不同地区之间的配置；③优化支出结构；④合理安排财政投资的规模和结构；⑤创新财政资源配置方式。A项属于收入分配职能的机制和手段，E项属于经济稳定职能的主要内容。

2. [答案] ACDE
   [解析] B项，通过企业所得税调节企业的利润水平。

3. [答案] ABCD
   [解析] E项，合理安排财政投资的规模和结构属于财政资源配置职能的机制和手段。

4. [答案] DE
   [解析] 调节企业的利润水平手段包括：①采用税收手段和财政补贴。其中，消费税的征收可以减少或者剔除价格的影响；通过资源税、房产税、土地使用税的征收剔除或减少由于资源、房产、土地状况的不同而形成的级差收入；征收土地增值税

调节土地增值收益对企业利润水平的影响等。②统一税制，公平税负。A、B、C三项是调节居民的个人收入水平的财政手段。

5. [答案] BC
   [解析] 货币政策的松紧主要以利率的下降与上升及信贷规模的扩张与收缩等来衡量和判断。

6. [答案] BCE
   [解析] 政府干预失效的表现包括：①政府决策失误；②寻租行为；③政府提供信息不及时甚至失真；④政府职能的"越位"和"缺位"。C、E两项属于市场失灵的表现。两者要注意区分，避免混淆。

第二章 财政支出理论与内容

本章考情分析

年份	单项选择题	多项选择题	案例分析题	合计
2022 年	9 题 9 分	2 题 4 分	—	13 分
2021 年	6 题 6 分	2 题 4 分	—	10 分
2020 年	7 题 7 分	2 题 4 分	—	11 分
2019 年	7 题 7 分	2 题 4 分	—	11 分
2018 年	6 题 6 分	2 题 4 分	—	10 分

本章考点概览

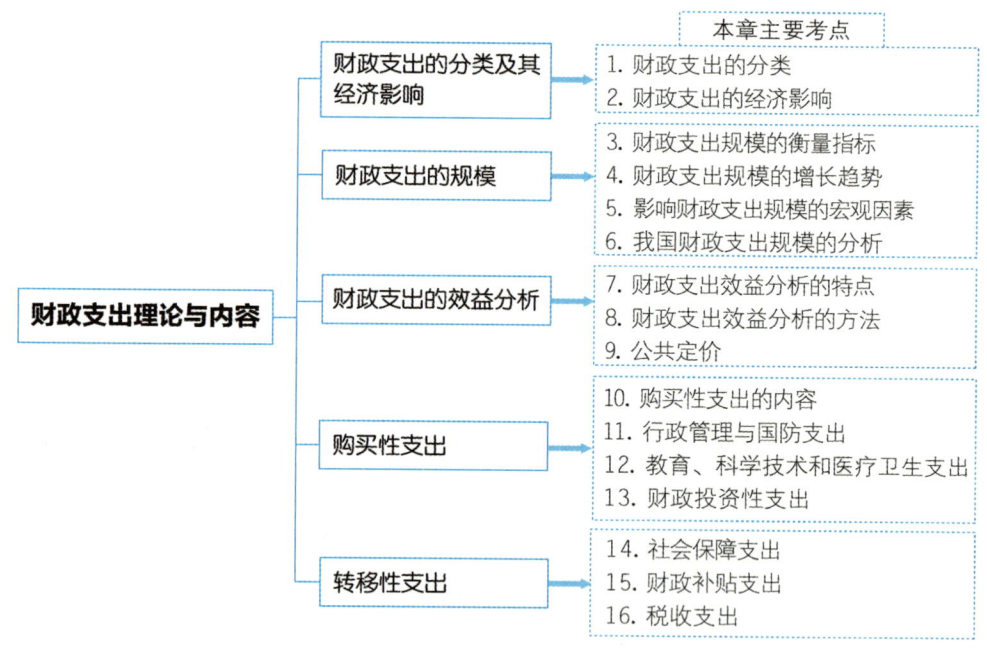

本章学习提示

第二章开始正式进入财政税收理论内容的学习,本章主要介绍财政支出理论与内容。在学习本章时,考生需要熟悉财政支出的不同分类,其中,购买性支出和转移性支出的具体内容需要重点掌握,可根据书中列出的【提示】和【考点小贴士】进行学习。

本章考点详解

考点1 财政支出的分类

根据不同的分类标准，财政支出可以分为不同的类型，具体内容如表2-1所示。

表2-1 财政支出的分类

分类标准	类型	具体内容
按财政支出的经济性质划分	购买性支出	直接表现为政府购买货物或劳务的活动，包括购买进行日常政务活动所需的货物与劳务的支出，也包括用于进行国家投资所需的货物和劳务的支出
	转移性支出	直接表现为资金无偿的、单方面的转移，包括政府部门用于财政补贴、债务利息、社会保障等方面的支出
按财政支出在社会再生产中的作用划分	补偿性支出	用于补偿生产过程中消耗掉的生产资料方面的支出，如挖潜改造支出
	消费性支出	用于社会共同消费方面的支出，包括文教科学卫生事业费、抚恤和社会福利救济费、行政管理费、国防费等项支出
	积累性支出	直接增加社会物质财富及国家物资储备的支出，包括基本建设支出、国家物资储备支出、生产性支农支出
按财政支出的目的性划分	预防性支出	是指用于维持社会秩序和保卫国家安全、保障人民生命财产安全和生活稳定等方面的支出，如国防、司法、公安与政府行政部门的支出
	创造性支出	是指用来改善人民生活，使社会秩序更为良好、经济发展更好的支出，如基本建设投资、文教、卫生和社会福利等项支出
按政府对财政支出的控制能力划分	不可控制性支出	根据现行法律、法规必须要进行的支出（刚性很强的支出）：国家法律、法规已经明确规定的个人享受的最低收入保障和社会保障支出，如失业救济、养老金、职工生活补贴等；政府遗留义务和以前年度设置的固定支出项目，如债务利息支出、对地方政府的补贴等
	可控制性支出	不受法律、契约的约束，能够由政府部门根据每个预算年度的需要分别决定或加以增减的支出，主要是指弹性较大的支出，如经济建设支出
按财政支出的受益范围划分	一般利益支出	全体社会成员均可享受其所提供的利益支出，如国防支出、司法支出、行政管理费支出
	特殊利益支出	对特定的居民或企业给予特殊利益支出，如教育支出、卫生支出、企业补贴支出、债务利息支出

【提示】购买性支出遵循等价交换原则（一手交钱，一手交货），履行国家的相关职能；转移性支出是单方面的付出，即政府财政付出了资金，却无任何货物和劳务所得。

> **经典例题**

[2017年真题·单项选择题] 下列财政支出中，属于一般利益支出的是（　　）。
A. 教育支出
B. 卫生支出
C. 行政管理费支出
D. 企业补贴支出

[解析] 本题考查财政支出的分类。按照财政支出的受益范围，财政支出可分为一般利益支出和特殊利益支出。其中，一般利益支出包括国防支出、行政管理费支出等；特殊利益支出包括教育支出、卫生支出、企业补贴支出、债务利息支出等。故C项属于一般利益支出，A、B、D三项属于特殊利益支出。

[答案] C

经典例题

[2022年真题·单项选择题] 下列支出中，属于政府刚性较强的支出是（ ）。
A. 公债利息支出　　　　　　　B. 经济建设支出
C. 流动资金支出　　　　　　　D. 基本建设支出

[解析] 本题考查财政支出的分类。不可控制性支出是指根据现行法律、法规所必须进行的支出，即表现出刚性很强的支出。这类财政支出一般包括两类：一类是国家法律、法规已经明确规定的个人享受的最低收入保障和社会保障，如失业救济、养老金、职工生活补贴等；另一类是政府遗留义务和以前年度设置的固定支出项目，如债务利息支出、对地方政府的补贴等。

[答案] A

[2016年真题·多项选择题] 财政的积累性支出有（ ）。
A. 国防费支出　　　　　　　　B. 基本建设支出
C. 国家物资储备支出　　　　　D. 生产性支农支出
E. 企业挖潜改造支出

[解题思路] 本题考查财政支出的分类。做这类题目时首先需要清楚积累性支出是按照哪个分类标准进行的分类，然后再进一步细化哪些属于积累性支出。A项属于消费性支出和预防性支出，E项属于补偿性支出。

[答案] BCD

考点2　财政支出的经济影响

财政支出对经济的影响分为<u>购买性支出对经济的影响</u>和<u>转移性支出对经济的影响</u>。购买性支出与转移性支出的经济影响比较如表2-2所示。

表2-2　购买性支出与转移性支出的经济影响比较

区别	购买性支出	转移性支出
对社会的生产和就业的影响不同	对生产和就业的影响是直接的	对生产和就业的影响是间接的
对国民收入分配的影响不同	对国民收入分配的影响是间接的	对国民收入分配的影响是<u>直接的</u>
对政府的效益约束不同	对政府的效益约束<u>较强</u>	对政府的效益约束较弱
对微观经济主体的预算约束不同	对微观经济主体的预算约束是硬的	对微观经济主体的预算约束是软的
执行财政职能的侧重点不同	以购买性支出占较大比重的财政支出活动，执行资源配置的<u>职能较强</u>	以转移性支出占较大比重的财政支出活动，执行国民收入分配的<u>职能较强</u>

【考点小贴士】对比记忆购买性支出和转移性支出的内容，只需要对其中购买性的或者转移性的内容重点记忆，另外一种与之相反。但是有一个例外，比如执行财政职能的侧重点不同，应注意购买性支出对应资源配置职能，转移性支出对应国民收入分配职能。

经典例题

[2015年真题·单项选择题] 关于购买性支出和转移性支出对经济影响的说法，正确的是（ ）。
A. 购买性支出直接影响生产和就业　　B. 转移性支出间接影响国民收入分配
C. 购买性支出侧重执行财政的分配职能　D. 转移性支出对政府的效益约束是较强的

[解题思路] 本题考查财政支出的经济影响。涉及的是判断选项正误的，此类题目在做时要仔细分析每个选项的正确性，确保选择的是正确答案，尤其是这类的多项选择题，在判断时更要注意。

考查购买性支出和转移性支出对经济影响的比较，利用[考点小贴士]的记忆方法进行作答。
[解析] B项，转移性支出直接影响国民收入分配；C项，购买性支出执行资源配置的职能较强；D项，购买性支出对政府的效益约束较强。

[答案] A

[2012年真题·多项选择题] 关于购买性支出和转移性支出对经济影响的说法，正确的有（　　）。
A. 购买性支出直接影响国民收入分配
B. 转移性支出间接影响社会的生产和消费
C. 转移性支出对微观经济主体的预算约束是软的
D. 购买性支出对政府的支出效益约束是硬的
E. 购买性支出执行收入分配的职能较强

[解析] A项，购买性支出间接影响国民收入分配；E项，转移性支出执行收入分配的职能较强。

[答案] BCD

● 考点3　财政支出规模的衡量指标

财政支出规模的衡量指标如表2-3所示。

表2-3　财政支出规模的衡量指标

衡量指标	具体内容
反映财政活动规模的指标	（1）财政收入及其占国内生产总值的比重 （2）财政支出及其占国内生产总值的比重 【注】财政支出占国内生产总值的比重更能反映实际财政的集中程度
反映财政支出规模的指标	财政支出占国内生产总值的比重 【注】该指标可以用作<u>不同国家财政支出规模</u>的分析比较，也可用作<u>一个国家不同时期财政支出规模</u>的分析比较
反映财政支出规模变化的指标	财政支出增长率[ΔG（%）]　　即当年财政支出较上年同期财政支出增长的百分比（%）
	财政支出增长弹性系数（E_g）　　即财政支出增长率与GDP增长率之比
	财政支出增长边际倾向（MGP）　　即财政支出增长额与GDP增长额之比

经典例题

[2022年真题·单项选择题] 目前我们在衡量财政支出的规模时，主要用的指标是（　　）。
A. 财政收入占国内生产总值的比重　　B. 财政支出占国内生产总值的比重
C. 财政收入占国民收入的比重　　　　D. 财政支出占国民收入的比重

[解析] 本题考查反映财政支出规模的指标。我们在衡量财政支出的规模时，用财政支出占国内生产总值的比重来衡量。

[答案] B

● 考点4　财政支出规模的增长趋势

对于财政支出规模的增长趋势的具体阐释主要包括下列几种。

一、瓦格纳的"政府活动扩张法则"

现代工业的发展会引起社会进步，社会进步必然导致国家活动的增长，因此"政府职能不断扩大以及政府活动持续增加"导致公共支出增长。

二、皮科克和怀斯曼的"公共收入增长导致论"

（1）<u>内在因素</u>：在税收条件不变的情况下，随着经济的发展和国民收入的增加，政府所征得的税收收入必然呈现不断增长的趋势，政府公共支出随之上升。

(2) **外在因素**：财政收入因动荡（战争、自然灾害）原因增加后，很难再降低。

三、马斯格雷夫和罗斯托的"经济发展阶段论"

经济发展阶段论如图 2-1 所示。

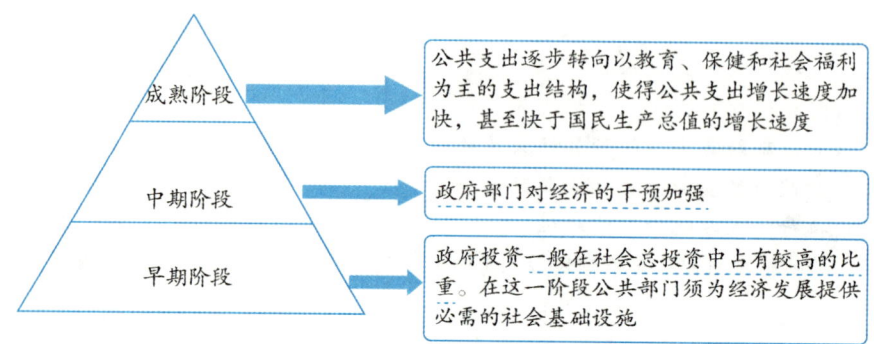

图 2-1　经济发展阶段论

【提示】世界各国的财政支出在绝对量和相对量上均呈现增加趋势。

【考点小贴士】财政支出规模理论易混淆，可采用如下口诀记忆：瓦格纳的"**政府**"拥有皮曼（皮科克和怀斯曼）的"**收入**"和罗马（马斯格雷夫和罗斯托）的"**经济**"。

经典例题

[2022 年真题·单项选择题] 马斯格雷夫提出的"经济发展阶段论"的观点是（　　）。
A. 政府活动不断扩张导致公共支出不断增长
B. 导致公共收入增长的有内在因素和外在因素
C. 公共支出和公共收入总是同步增长的
D. 公共支出在经济从早期阶段发展到成熟阶段的过程中不断变化

[解析] 本题考查"经济发展阶段论"。A 项属于瓦格纳的"政府活动扩张法则"的观点；B 项，皮科克和怀斯曼的"公共收入增长导致论"认为导致公共支出增长的有内在因素和外在因素；C 项属于皮科克和怀斯曼的"公共收入增长导致论"的观点。　　[答案] D

[2015 年真题·单项选择题] 皮科克和怀斯曼将导致公共支出增长的因素归结为内在因素和外在因素，其内在因素是（　　）。
A. 洪涝灾害　　　　　　　B. 经济发展
C. 战争　　　　　　　　　D. 地震

[解析] 本题考查皮科克和怀斯曼的"公共收入增长导致论"。经济的发展和国民收入的增加是导致公共支出增长的内在因素，而导致公共支出增长的外在因素包括战争、自然灾害。　　[答案] B

[2015 年真题·单项选择题] 关于财政支出不断增长理论的说法，错误的是（　　）。
A. 瓦格纳认为财政支出不断增长是由政府活动不断扩张导致的
B. "公共收入增长导致论"认为财政支出与财政收入增长是同步的
C. 经济发展的初级阶段政府支出的重点是基础设施建设
D. 经济发展进入中期阶段，公共支出的侧重点是社会福利

[解析] 本题考查财政支出规模的增长趋势。本题同样是一个判断选项正误的题目，所以秉持着谨慎性原则，分析每一个选项的正确性，对于马斯格雷夫和罗斯托的"经济发展阶段论"，中期阶段的重点是政府部门对经济的干预，故 D 项错误。　　[答案] D

考点5 影响财政支出规模的宏观因素

影响财政支出规模的宏观因素如表2-4所示。

表2-4 影响财政支出规模的宏观因素

宏观因素	具体内容
经济性因素	经济发展水平、经济体制、中长期发展战略和当前的经济政策等
政治性因素	政局是否稳定、政体结构和行政效率、政府干预政策
社会性因素	人口、就业、医疗卫生、社会救济、社会保障及城镇化

【提示】经济性因素始终是影响财政支出规模的主要因素，甚至是决定性因素。

经典例题

[2022年真题·多项选择题] 影响财政支出规模的宏观因素的社会性因素主要包括（　　）。
A. 人口　　　　B. 就业　　　　C. 医疗卫生　　　　D. 劳动
E. 投资建设
[解析] 影响财政支出规模的宏观因素有经济性因素、政治性因素和社会性因素。社会性因素，如人口、就业、医疗卫生、社会救济、社会保障以及城镇化等，都会在很大程度上影响财政支出规模。

[答案] ABC

考点6 我国财政支出规模的分析

从1978年改革开放开始，我国财政支出占国内生产总值以及中央财政支出占全国财政支出总额的比重都呈现出明显的下降趋势。

2005年我国开始实行稳健的财政政策，随后几年虽然财政赤字逐年有所降低，但由于国内生产总值的高速增长带来了财政收入增长率的上升，财政支出占国内生产总值的比重仍维持基本稳定的趋势。

考点7 财政支出效益分析的特点

政府财政支出效益分析的特点是与微观经济组织生产经营支出效益分析比较得出的。财政支出效益分析的特点如表2-5所示。

表2-5 财政支出效益分析的特点

特点	具体阐释
计算所费与所得的范围不同	财政支出效益分析中计算所费与所得的范围较宽，即政府不仅要计算直接的、有形的所费与所得，还要分析间接的、无形的所费与所得等
衡量效益的标准不同	财政支出效益分析中不能单纯地以经济效益为衡量标准，而必须确定经济效益与社会效益双重的效益标准
择优的标准不同	财政分配所追求的是整个社会的最大效益

【提示】财政支出讲求效益的根本原因在于社会经济资源的有限性。

经典例题

[2011年真题·单项选择题] 对于财政支出效益的说法，正确的是（　　）。
A. 要对项目的无形所费与所得进行分析　　B. 项目必须带来直接的经济效益
C. 直接效益必须大于直接投入　　D. 选择的项目必须具有很好的经济效益
[解析] 本题考查财政支出效益分析的特点。政府财政支出效益要考虑经济效益和社会效益双重效益标准，不可仅单纯考虑其经济效益，故B、D两项错误；其中C项也是错误的，描述过于绝对。题目中出现过于绝对的字眼，需多次核实其正确性。

[答案] A

考点8 财政支出效益分析的方法

财政支出效益分析的方法有"成本—效益"分析法、最低费用选择法。

一、"成本—效益"分析法

"成本—效益"分析法的具体内容如表2-6所示。

表2-6 "成本—效益"分析法的具体内容

项目	具体内容
适用领域	适用于投资性支出项目、有直接经济效益的支出项目的分析,如基础设施建设投资支出
基本原理	根据国家所确定的建设目标,提出实现该目标的各种方案,对这些可供选择的方案,用一定的方法计算出各方案的全部预期成本和全部预期效益,通过计算"成本—效益"比率,来比较不同项目或方案的效益,选择最优的支出方案,据此拨付和使用财政资金

【提示】金融成本与效益是指该项目的建设使得社会经济的某些方面受到影响,致使相关产品价格上升或者下降,从而使某些单位或者个人增加了收入或减少了收入。

经典例题

[2019年真题改编·单项选择题] 对于基础设施建设投资支出项目,宜采取的效益分析方法是( )。
A. "成本—效益"分析法　　B. 最低费用选择法
C. 公共劳务收费法　　　　D. 公共定价法

[解析] 本题考查财政支出效益的分析方法。对于那些有直接经济效益的支出项目,如基础设施建设投资支出,采用"成本—效益"分析法。

[答案] A

二、最低费用选择法

(一)定义

最低费用选择法是指对每个备选的财政支出方案进行经济分析时,只计算备选方案的有形成本,而不用货币计算备选方案支出的社会效益,并以成本最低为择优的标准。最低费用选择法源于美国,是对"成本—效益"分析法的补充。

【提示】最低费用选择法简单理解就是选择使用最少的费用就可以达到财政支出目的的方案。

(二)适用范围

最低费用选择法适用于那些只有社会效益,且其产品不能进入市场的支出项目,如国防、军事、行政、文化、卫生等支出项目。

经典例题

[2013年真题·多项选择题] 在财政支出效益分析中,适用"最低费用选择法"的财政支出项目有( )。
A. 军事　　　　B. 电力
C. 行政　　　　D. 文化
E. 铁路

[解析] 本题考查最低费用选择法。最低费用选择法适用于那些只有社会效益,且其产品不能进入市场的支出项目,如国防、军事、行政、文化、卫生等支出项目。

[答案] ACD

考点9 公共定价

一、公共定价的定义和政策

公共定价的定义和政策如表2-7所示。

表 2-7　公共定价的定义和政策

项目	主要内容
含义	政府相关管理部门通过一定程序和规则提供公共物品的价格和收费标准，就是公共定价
定价对象	国家机关和各个部门提供的公共物品，私人部门提供的公共物品
定价内容	政府直接制定的自然垄断行业价格：自然垄断行业包括能源、通信和交通等公共事业
	管制定价或价格管制：政府规定涉及国计民生而又带有竞争性的行业（如金融、农业、高等教育和医药等行业）的价格
目的和原则	(1) 提高整个社会资源的配置效率，使公共物品得到最有效的使用，提高财政支出的效益 (2) 保证居民的生活水平和生活安定
定价政策	免费和低价政策：可以促进社会成员最大限度地使用这些公共物品和公共劳务，使之获得极大的社会效益。适用于在全国普遍使用但居民对此尚无完全觉悟的情形，如强制实施义务教育、强制注射疫苗等
	平价政策：适用于从全社会的利益来看，既无须特别鼓励使用，也无须特别加以限制使用的公共物品和公共劳务，如公路、公园、铁路、医疗等
	高价政策：主要适用于从全社会利益来看必须限制使用的公共物品和公共劳务，如繁华地段的机动车停车费

【提示】公共定价只适用于可以买卖的、适于采用定价收费方法管理的公共服务部门。运用公共定价还必须制定正确的价格政策，才能达到社会资源最佳分配的目的

经典例题

[例题·单项选择题] 关于公共定价政策的说法，错误的是（　　）。
A. 强制义务教育适合采用免费和低价政策
B. 高价政策可以抑制消费
C. 该方法只适用于可以买卖的、适合采用定价收费方法管理的公共服务部门
D. 繁华地段的机动车停车费适合采用平价政策
[解析] 高价政策主要适用于从全社会利益来看必须限制使用的公共物品和公共劳务，如繁华地段的机动车停车费，D项错误。 [答案] D

二、公共定价的一般方法

公共定价的一般方法如表 2-8 所示。

表 2-8　公共定价的一般方法

方法	具体内容
平均成本定价法	是指在保持提供公共物品和公共劳务的企业和事业单位对外收支平衡的情况下，采取尽可能使经济福利最大化的定价方式
二部定价法	定价体系由两种要素构成：与使用量无关的按月或按年支付的"基本费"；按使用量支付的"从量费"。如电力、燃气、电话等自然垄断行业
负荷定价法	是指按不同时间段或时期的需求制定不同的价格，如电力、燃气、电话等行业

> **经典例题**
>
> [2013年真题·单项选择题] 按照不同时间段或时期的需求制定不同价格的公共定价方法是（　　）。
> A. 平均成本定价法　B. 二部定价法　　C. 时限定价法　　D. 负荷定价法
> [解题思路] 本题考查公共定价法。对于公共定价法的三种类型要区分清楚，可根据不同的情况，结合表2-8进行记忆。
> [答案] D

考点10　购买性支出的内容

购买性支出的内容如图2-2所示。

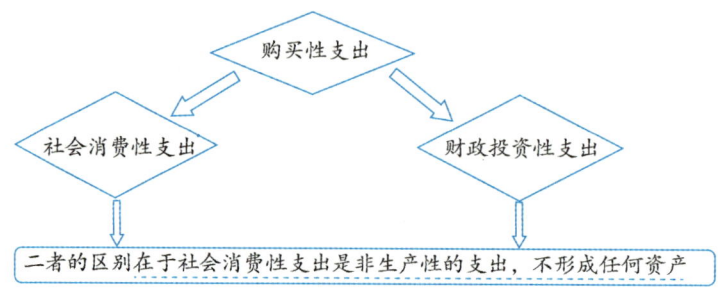

图2-2　购买性支出的内容

【提示】从世界各国的一般发展趋势来看，社会消费性支出的绝对规模总的来讲呈现一种扩张趋势。相对规模在一定发展阶段也是扩张趋势，达到一定规模则相对停滞。

考点11　行政管理与国防支出

一、行政管理与国防支出的属性

行政管理与国防支出是经常性支出，和资本性投资支出同属于购买性支出，但最大的区别在于前者是非生产的消耗性支出。本质来说，经常性支出满足的一般是纯社会公共需要，所提供的产品和服务是为全体公民共同无偿享受的。

二、行政管理支出的具体内容

行政管理支出的具体内容如表2-9所示。

表2-9　行政管理支出的具体内容

项目		具体内容
支出的主要内容	按现行《政府收支分类科目》划分	一般公共服务（人民代表大会、政协、党派团体、政府各部门等）
		公共安全（武装警察、公安、检察、司法等）
		外交（外交管理事务、驻外机构、对外援助对外合作交流等）
	按费用要素区分	人员经费（工资、福利费、离退休人员费用及其他）
		公用经费（公务费、修缮费、设备购置费和业务费等）
直接影响行政管理费规模的主要因素		政府职能、机构设置、行政效率以及管理费本身的使用效率等
行政体制改革		本着"精简、统一、效能"的原则，积极推进政府机构改革

三、国防支出的具体内容

国防支出的具体内容如表2-10所示。

表 2-10　国防支出的具体内容

项目		具体内容
国防支出的组成	人员生活费	用于军官、文职干部、士兵和聘用人员的工资津贴、住房保险、伙食被装等
	训练维持费	用于部队训练、院校教育、工程设施建设维护以及其他日常消耗性支出
	装备费	用于武器装备的研究、试验、采购、维修、运输和储存
保障范围		包括现役部队、预备役部队和民兵,同时也负担部分退役军人、军人配偶生活及子女教育、支援国家和地方经济建设等社会性支出
近年来增长的国防支出的用途	改善部队保障条件	调整军人工资津贴标准,连续提高教育训练、水电取暖的经费标准,开展基层后勤综合配套整治,改善边防部队、边远艰苦地区部队执勤训练和生活条件
	完成多样化军事任务	增加非战争军事行动能力建设投入,保障抗震救灾、亚丁湾和索马里海域护航、抗洪抢险、国际救援等行动
	推进中国特色军事改革	针对采购价格、维修成本不断上涨的势头,适当增加高技术武器装备及其配套建设经费
管理制度	实行严格的财政拨款制度	(1) 每年的国防支出预算都纳入国家预算草案,由全国人民代表大会审查和批准 (2) 实行军费绩效管理制度,以产出和结果为导向,明确作战任务牵引,优化预算编制与使用监督

> **经典例题**
>
> [例题·单项选择题] 下列各项行政管理费支出中,按照费用要素分类,属于人员经费支出的是(　　)。
> A. 公务费　　　　　　　　　　B. 修缮费
> C. 设备购置费　　　　　　　　D. 福利费
> [解析] 行政管理费支出按费用要素区分,分为人员经费和公用经费支出。其中人员经费支出包括工资、福利费、离退休人员费用及其他;公用经费包括公务费、修缮费、设备购置费和业务费等。
> [答案] D

● 考点 12　教育、科学技术和医疗卫生支出

一、教育、科学技术和医疗卫生支出的属性

教育、科学技术和医疗卫生支出属于经常性支出和购买性支出。

【提示】从广义的角度来看,教育、科学技术和医疗卫生支出既有属于生产性的支出,也有属于非生产性的支出。我们这里沿用目前国内各种统计文件普遍采用的做法,将教育、科学技术和医疗卫生支出归入非生产性范畴。

二、教育支出的具体内容

教育支出的具体内容如表 2-11 所示。

表 2-11　教育支出的具体内容

项目	具体内容
教育支出的地位	教育发达程度、教育投入水平是衡量一个国家素质和文明程度的主要标准

续表

项目	具体内容	
经济性质	教育服务是一种混合物品	义务教育是纯公共物品
		义务教育以外的高层次教育（高等教育、职业教育和成人教育）属于混合物品
影响教育经费效益的主要因素	一国财政教育投入的规模和结构是影响教育经费效益的主要因素	
教育经费结构	多元化的教育资金来源结构：政府投入（主体）、民间投资、社会捐赠、事业收费（含学杂费）及其他经费等多种形式 【提示】国家财政性教育经费包括公共财政预算安排的教育经费（主体），政府性基金预算安排的教育经费，企业办学、校办产业等其他财政性教育经费三部分	

【提示】目前，我国小学净入学率、初中毛入学率、初中三年巩固率均超过了发达国家的平均水平

三、科学技术支出的具体内容

（1）对于那些外部效应较强的科学研究活动的经费（主要是基础性、公益性以及高新科技的科研经费），必须由政府承担。

（2）用于那些可以通过市场交换充分弥补成本的科学研究的经费（主要是应用性的科研经费），由微观经济主体来承担。

四、医疗卫生支出的具体内容

医疗卫生支出的具体内容如表2-12所示。

表2-12 医疗卫生支出的具体内容

项目	具体内容	
属性	公共卫生领域是具有外部效应的纯公共物品（如安全饮用水的提供、传染病与寄生虫病防范、病菌传播媒介控制以及免疫、营养信息免费服务）	
主要范围	（1）提供医疗卫生领域的纯公共物品和部分准公共物品，保证这些公共物品的生产、提供和消费达到最优化 （2）弥补由信息不对称造成的市场缺陷，使医疗保险兼顾效率和公平 （3）补助低收入者	
向医疗卫生领域提供的服务	公共卫生服务	纯公共物品
	基本医疗服务	属于混合物品，可采用适当收费的方式
医疗卫生总投入来源	政府、社会和个人	

经典例题

[例题·单项选择题] 下列关于教育、科学技术和医疗卫生支出的说法，错误的是（　　）。
A. 科学支出按照目前的划分体系，属于非生产性支出
B. 基础科学的研究经费支出应当由政府承担
C. 公共卫生领域是具有外部效应的纯公共物品
D. 基本医疗服务属于纯公共物品
[解析] 公共卫生服务属于纯公共物品，基本医疗服务属于混合物品，D项错误。　　[答案] D

考点 13 财政投资性支出

一、政府财政投资的特点、范围和决策标准

在任何社会中,社会总投资的构成如图 2-3 所示。

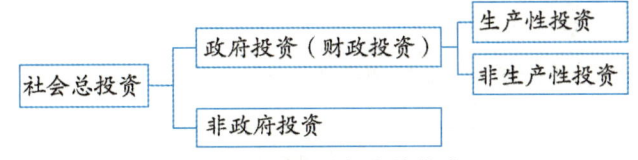

图 2-3 社会总投资的构成

【提示】凯恩斯理论认为投资对经济增长具有乘数作用。投资乘数反映的是投资与收入的关系。

(一)政府财政投资的特点与范围

政府财政投资与非政府投资的特点比较如表 2-13 所示。

表 2-13 政府财政投资与非政府投资的特点比较

项目	非政府投资	政府投资
盈利性	追求微观上的盈利性	可以不盈利或微利,但是政府投资项目的建成(如社会基础设施),可以极大地提高国民经济的整体效益
项目规模	一般无力承担规模较大的投资项目,只能从事周转快、见效快的短期性投资	政府财力雄厚,而且资金来源多半是无偿的,可以投资于大型项目和长期项目
效益标准	不可能顾及非经济的社会效益	可以从事社会效益好而经济效益一般的投资

【提示】政府投资是从宏观的角度整体考虑,非政府投资(微观主体)考虑的仅是个别的企业主体。

因为经济体制和经济发展阶段的不同,政府投资和非政府投资在世界各国社会总投资中所占的比重存在很大的差异。影响政府投资和非政府投资比重的主要因素如表 2-14 所示。

表 2-14 影响政府投资和非政府投资比重的主要因素

主要因素	具体体现
经济体制的差异	实行市场经济的国家,非政府投资在社会总投资中所占比重较大;实行计划经济体制的国家,政府投资所占比重较大
经济发展阶段的差异	发达国家中政府投资占社会总投资的比重较小;欠发达国家和中等发达国家的政府投资占社会总投资的比重较大

随着投资格局和投资主体的变化,政府对投资的宏观调控方式也将发生变化。

(1)在传统体制下,政府对投资主要采用直接调控方式调节自身投资。

(2)在社会主义市场经济体制下,政府对投资的宏观调控需要通过间接和直接两种方式进行。

①间接调控是指通过税收、财政补贴、折旧政策以及产业政策等来制约非政府投资的条件,并通过政府投资的导向作用,来调控非政府投资的方向、规模和结构。

②直接调控是根据宏观经济政策目标,结合非政府投资的状态,安排政府本身投资的方向、规模和结构,从而使全社会的投资达到优化状态。

(二)政府财政投资的决策标准

政府财政投资的决策标准如表 2-15 所示。

表 2-15　政府财政投资的决策标准

决策标准	具体内容
资本—产出比率最小化标准	又称稀缺要素标准,是指政府在确定投资项目时,应当选择单位资本投入产出比最优的投资项目
资本—劳动力最大化标准	是指政府投资应选择使边际人均投资额最大化的投资项目。这种标准强调政府应投资于资本密集型项目
就业创造标准	是指政府应当选择单位投资额能够动员最大数量劳动力的项目。这种标准要求政府优先选择劳动力密集型的项目

经典例题

[2016年真题·单项选择题] 下列关于政府投资的特点与范围的说法,错误的是(　　)。
A. 政府投资包括生产性投资和非生产性投资　　B. 政府投资可以不盈利
C. 政府财力雄厚,可以投资于大型项目　　D. 政府投资只能投资于见效快的项目
[解析] 政府财力雄厚,而且资金来源多半是无偿的,可以投资于大型项目和长期项目。　[答案] D

[2015年真题·多项选择题] 下列关于政府投资的说法,正确的有(　　)。
A. 政府投资可以不盈利
B. 财政投资即为政府投资
C. 政府投资包括生产性投资和非生产性投资
D. 经济发达国家政府投资在社会总投资中所占比重较大
E. 政府投资可以投资长期项目
[解题思路] 本题考查政府投资的相关内容,可根据政府投资的具体内容判断选项的正误。发达国家中政府投资占社会总投资的比重较小,故 D 项错误。　[答案] ABCE

[2014年真题·单项选择题] 政府投资于资本密集型项目,所执行的投资决策标准是(　　)。
A. 就业创造标准　　B. 资本—产出比率最大化标准
C. 资本—劳动力最大化标准　　D. 资本—劳动力最小化标准
[解题思路] 资本—劳动力最大化标准是强调政府应投资于资本密集型项目。政府投资决策的其他两项标准也是常考点,考生可由此题目将其他两点记忆清楚。　[答案] C

二、基础设施投资

(一)基础设施投资的特点

基础设施,特别是大型基础设施,大多数属于资本密集型行业,具有初始投资大、建设周期长、投资回收慢的特征。这些特点决定了大型的基础设施很难由个别企业的独立投资来完成。

(二)基础设施投资的提供方式

我国基础设施投资的提供方式如表 2-16 所示。

表 2-16　我国基础设施的提供方式

提供方式	具体内容
政府筹资建设,或免费提供,或收取使用费	由政府独资建设的项目主要出于三种考虑:关系国计民生的重大项目,如长江三峡工程、青藏铁路等;维护国家安全的需要,如航天事业、核电站、战备公路等;反垄断的需要。此外,还有一些基础设施,诸如市区道路、上下水道、过街天桥等,也适于作为纯公共物品由政府投资提供
私人出资、定期收费补偿成本并适当盈利,或地方主管部门筹资、定期收费补偿成本	典型的例子是地方性公路和桥梁等公共设施的建设,如"贷款修路,收费还贷"

续表

提供方式	具体内容
政府与民间共同投资	适用于具有一定的外部效应、盈利率较低或风险较大的项目，如高速公路、集装箱码头及高新技术产业等基础设施建设
政府投资，法人团体经营运作	适用于道路、港口甚至中小机场等
PPP模式（政府和社会资本合作模式）	PPP模式是以市场竞争的方式提供服务，主要集中在纯公共领域、准公共领域。其不仅是一种融资手段，而且是一次涉及行政体制、财政体制、投融资体制的改革
	PPP模式的优点包括：更高的经济效率、更高的时间效率、增加基础设施项目的投资、提高公共部门和私营部门的财务稳健性、基础设施和公共服务的品质得到改善、实现长远规划、树立公共部门的新形象、私营部门得到稳定发展等
	推广运用PPP模式的意义包括：一是促进经济转型升级、支持新型城镇化建设的必然要求；二是加快转变政府职能、提升国家治理能力的一次体制机制变革；三是深化财税体制改革、构建现代财政制度的重要内容

【提示1】从经济性质看，基础设施可以归类为混合物品，可以由政府提供，可以由市场提供，也可以采取混合提供方式。

【提示2】按照广义概念，BOT投资模式（建设—经营—转让投资模式）也是PPP模式，是指政府公共部门在与非公共部门合作过程中，让非公共部门所掌握的资源参与提供公共物品的一种形式。

【提示3】与BOT投资模式相比，狭义PPP模式的主要特点是政府对项目中后期建设管理运营过程参与更深，企业对项目前期科研、立项等阶段参与更深；政府和企业都是全程参与，双方合作的时间更长，信息也更对称。

【考点小贴士】历年真题中以考查BOT的投资方式为主，今年教材调整为PPP模式，需要根据表格重点把握，同时对其他几种投资方式提高重视程度。

（三）财政投融资制度（政策性金融）

财政投融资通过国家信用方式筹资，是一种政策性投融资，不同于无偿拨款，也不同于商业性投融资。

财政投融资的基本特征包括：

（1）财政投融资是一种政府投入资本金的政策性投融资。

（2）财政投融资的目的性很强，范围有严格限制，主要是为具有提供"公共物品"特征的基础产业部门融资。

（3）计划性与市场机制相结合。

①财政投融资应以市场参数作为配置资金的重要依据，并对市场的配置起补充调整作用。

②财政投融资既可以通过财政的投资预算取得资金，也可以通过信用渠道融通资金；既可以通过金融机构获取资金，也可以通过资本市场筹措资金，部分资金甚至还可以从国外获取。

（4）财政投融资的管理由国家设立的专门机构——政策性金融机构负责统筹管理和经营。一般来说，政策性银行的资本金，主要应由政府预算投资形成。

在政策性银行的负债结构中，发行长期性建设公债、集中邮政储蓄和部分保险性质的基金应占有重要份额。此外，直接对商业银行和其他非银行金融机构发行金融债券，也是重要的投资资金来源渠道。

【提示】政策性金融机构不是商业银行，也不是制定政策的机关，是执行有关长期性投融资政策的机构，是政府投资的代理人。

(5) 财政投融资的预算管理比较灵活。在预算年度内，国家预算的调整需要经过全国人民代表大会审批通过，而财政投融资预算在一定范围内（如50%）的追加，无须主管部门的审批。

> **经典例题**
>
> [2014年真题·单项选择题] 财政投融资的管理机构是（　　）。
> A. 财政部门　　　　　　　　B. 中央银行
> C. 商业银行　　　　　　　　D. 政策性金融机构
> [解析] 本题考查财政投资性支出。财政投融资由国家设立的专门机构——政策性金融机构负责统筹管理和经营。
> [答案] D
>
> [2016年真题·多项选择题] 财政投融资的基本特征包括（　　）。
> A. 财政投融资要有严格的预算管理程序
> B. 财政投融资是一种政策性投融资
> C. 财政投融资的范围有严格的限制
> D. 财政投融资的管理由国家设立的专门机构负责
> E. 财政投融资的资本金是政府投入的
> [解题思路] 财政投融资的基本特征包括五个方面，应理解记忆，选出正确答案。[答案] BCDE

三、财政"三农"支出

（一）财政对农业投资的特征

（1）以立法的形式规定财政对农业的投资规模和环节，使农业的财政投入具有相对稳定性。

（2）财政投资范围应明确界定，主要投资于以水利为核心的农业基础设施建设、农业科技推广、农村教育和培训等方面。

（3）注重农业科研活动，推动农业技术进步。

【提示1】"三农"支出，即财政用于农业、农村、农民方面的支出。研究"三农"问题的目的是解决"农业发展、农村稳定、农民增收"问题。

【提示2】在社会主义市场经济条件下，从长远看，农业投入的资金应当主要来自农业部门和农户自身的积累，国家投资应只发挥辅助的作用。

（二）进一步完善我国财政的支农政策

（1）目前，我国财政在支持农村建设和农业发展方面仍存在众多薄弱环节，还有待进一步完善和加强。

（2）在新的形势下，应当采取下列积极的财政政策。

①根据国家有关法律、法规和政策的规定，多渠道筹集资金，加大对农业的投入。

②加入世界贸易组织以后，把解决"三农"问题放在突出位置，并从思想上实现两个转变：由过去的农村支持城市、农业支持工业逐步转变为城市反哺农村、工业反哺农业；加大农村财政投资体制改革的力度。

③可采取的具体措施包括：

a. 大幅度增加国家对农业和农村建设的投资。

b. 将农业投资的重点放在解决影响农业主体效益提高的薄弱环节。

c. 对主要体现社会效益以及能够形成国家资产的农业项目，原则上采取国家直接无偿投资的方式。对符合国家产业政策、具有示范价值和经济效益显著的建设项目，可以采取国家投资参股、资本金投入和担保、贴息等方式，也可以在项目建成后采取资产租赁、转让和出售等方式实现国家投资的回收。

d. 健全财政监督机制。

> **经典例题**
>
> [2013年真题·单项选择题] 下列关于财政农业投资的说法，错误的是（ ）。
> A. 国家对农业的财力支持是财政的一项基本职责
> B. 农业投入的资金主要靠财政支持
> C. 农业发展与财政有着十分密切的关系
> D. 财政农业投资范围主要是以水利为核心的基础设施建设
> [解析] 农业投入的资金应当主要来自农业部门和农户自身的积累，国家投资只应发挥辅助的作用，故B项错误。
> [答案] B

考点14 社会保障支出

一、社会保障的概念与内容

（一）社会保障的概念

（1）社会保障由19世纪80年代的德国俾斯麦政府首创。
（2）我国社会保障的主要内容包括社会保险、社会救助、社会福利和社会优抚。

（二）社会保障的内容

1. 社会保险

（1）社会保险的具体内容如表2-17所示。

表2-17 社会保险的具体内容

项目	概述	具体规定
养老保险	主要对象是在就业期间的公民，个人及所服务的单位或企业履行缴纳保险费的义务，待年老退休以后，按照法律规定有权享受国家给予的一定数额的收入帮助	①职工应当参加基本养老保险，由用人单位和职工共同缴纳基本养老保险费 ②无雇工的个体工商户、未在用人单位参加基本养老保险的非全日制从业人员以及其他灵活就业人员可以参加基本养老保险，由个人缴纳基本养老保险费
医疗保险	是为了补偿劳动者及其他社会成员因疾病风险造成的经济损失，由用人单位与个人共同缴费，由医疗保险机构对参保人员给予一定的经济补偿	①职工应当参加职工基本医疗保险，由用人单位和职工共同缴纳基本医疗保险费 ②无雇工的个体工商户、未在用人单位参加职工基本医疗保险的非全日制从业人员以及其他灵活就业人员可以参加职工基本医疗保险，由个人缴纳基本医疗保险费 ③符合基本医疗保险的医疗费用，从基本医疗保险基金中支付（即社会保险经办机构与医疗机构、药品经营单位直接结算）
工伤保险	是向因工作负伤的职工支付病假工资、医疗费、伤残补助津贴等	职工应当参加工伤保险，由用人单位缴纳工伤保险费，职工不缴纳
	保险的对象是从事经济活动的劳动者，但最后获得待遇的，不仅是劳动者本人，还包括其家人	

续表

项目	概述	具体规定
失业保险	是对非因本人意愿中断就业、失去工资收入的劳动者提供一定时期的物质帮助	①职工应当参加失业保险，由用人单位和职工共同缴纳失业保险费 ②失业人员领取失业保险金的条件：失业前用人单位和本人已经缴纳失业保险费满1年的；非因本人意愿中断就业的；已经进行失业登记，并有求职要求的 【提示】领取失业保险金最长期限的规定：1年≤缴费年限<5年，领取失业保险金最长期限为12个月；5年≤缴费年限<10年，领取失业保险金最长期限为18个月；缴费年限≥10年，领取失业保险金最长期限为24个月。重新就业后再失业的，缴费时间重新计算，领取失业保险金的期限与前次失业应当领取而尚未领取的失业保险金的期限合并计算，最长不超过24个月
	与养老保险相比，失业保险基金征收较少的原因包括：失业风险涉及的对象相对较少，失业风险经历的时间也相对较短；失业津贴的发放是有条件的，通常标准也较低	
生育保险	使女职工在生育期间得到必要的经济补偿和医疗保健，均衡生育保险费用的负担，是一种专门保护妇女劳动者的社会保险	职工应当参加生育保险，由用人单位缴纳生育保险费，职工不缴纳 【提示】用人单位已缴纳生育保险费的，其职工享受生育保险待遇；职工未就业配偶享受生育医疗费用待遇

【提示】社会保险是社会保障制度的核心内容，具有强制性、社会性和福利性等特点。

(2) 养老保险的筹资模式如表2-18所示。

表2-18 养老保险的筹资模式

要点	现收现付式	基金式	
		完全基金式	部分基金式
含义	是指社会保障完全靠当前的收入满足当前的支出，不为以后年度的社会保险支出作资金准备	为社会保险设立一种基金，这种基金在数量上能够满足今后向投保人支付保险津贴的需要	缴费水平在满足一定阶段支出需要的前提下，留有一定储备
特点	最初保险费率比较低，以后要根据支出水平调整保险费率	保险费率在相当长的时间内稳定不变，但初期保险费率较高	初期保险费率较低，从长期看，缴费率呈阶梯式的上升趋势
模式	靠后代养老的保险模式	自我养老的保险模式	自我养老和后代养老相结合的一种养老模式

【提示】目前我国养老保险筹备模式为社会统筹和个人账户相结合的筹资模式，基本属于现收现付式。

2. 社会救助

社会救助的具体内容如表2-19所示。

表2-19 社会救助的具体内容

项目	具体内容
定义	政府对生活在社会基本生活水平以下的贫困居民给予的基本生活保障
地位	社会救助是基础的、最低层次的社会保障
目的	保障公民享有最低生活水平，给付标准低于社会保险
救助内容	自然灾害救助、失业救助、孤寡病残救助和城乡困难户救助
救助形式	提供必要的生活资助、福利设施、急需的生产资料、劳务、技术、信息服务

续表

项目	具体内容
基本特征	维持最低水平的基本生活
经费来源	政府财政支出和社会捐赠

3. 社会福利

社会福利是政府为社会成员举办的各种公益性事业及为各类残疾人、生活无保障人员提供生活保障的事业，包括生活、教育、医疗等方面的福利待遇，同时包括交通、文娱、体育等方面的福利待遇。

【提示】社会福利机构包括社会福利院、敬老院、疗养院、儿童福利院等。

4. 社会优抚

社会优抚的对象主要是烈军属、复员退伍军人、残疾军人及其家属。

社会优抚的内容主要包括提供抚恤金、优待金、补助金，兴办军人疗养院、光荣院，安置复员退伍军人等。

经典例题

[2022年真题·多项选择题] 社会优抚的内容主要包括（　　）。
A. 抚恤金
B. 优待金
C. 安置复员退伍军人
D. 福利设施
E. 福利待遇

[解析] 社会优抚的内容主要包括提供抚恤金、优待金、补助金，兴办军人疗养院、光荣院，安置复员退伍军人等。

[答案] ABC

[2016年真题改编·单项选择题] 下列关于社会保障的说法，错误的是（　　）。
A. 工伤保险的对象是从事经济活动的劳动者
B. 与养老保险相比较，失业保险基金征集较少
C. 社会救助的对象主要是下岗失业职工
D. 现收现付的筹资模式是代际之间的收入转移

[解析] 社会救助是政府对生活在社会基本生活水平以下的贫困居民给予的基本生活保障。对于下岗失业职工主要实行失业保险制度，故 C 项错误。

[答案] C

二、市场经济条件下社会保障制度的意义

(1) 社会保障制度可以弥补市场经济的缺陷。
(2) 社会保障制度具有"内在稳定器"的作用。
(3) 社会保障制度与税收相得益彰，共同调节社会成员的收入水平。
(4) 社会保障制度可以弥补商业保险的局限。

【提示】商业保险市场的局限性体现在：商业保险市场存在逆向选择和道德风险问题，会导致商业保险市场失灵；商业保险无法解决个人储蓄不足以及"免费搭车"的问题；商业保险市场难以抵御系统性风险；商业保险市场无法进行有目的的收入再分配。

经典例题

[2013年真题·单项选择题] 下列关于社会保障制度的说法，错误的是（　　）。
A. 社会保障制度可以弥补市场经济的缺陷
B. 社会保障制度是"相机抉择"的调控手段
C. 社会保障制度与税收共同调节社会成员的收入水平
D. 社会保障制度可以弥补商业保险的局限

[解析] 本题考查社会保障制度。社会保障制度具有很重要的意义，包括：①社会保障制度可以弥补市场经济的缺陷；②社会保障制度具有"内在稳定器"作用；③社会保障制度与税收相得益彰，共同调节社会成员的收入水平；④社会保障制度可以弥补商业保险的局限。采用排除法可知，B项错误。
[答案] B

三、社会保障制度的类型

社会保障制度的类型如表2-20所示。

表2-20 社会保障制度的类型

类型	特点	采用的国家
社会保险型	政府按照"风险分担，互助互济"的保险原则举办的社会保险计划。受保人和雇主要缴纳保险费。受保人发生受保事故时，无论其经济条件如何，只要按规定缴纳了保险费，就可以享受政府提供的保险金	—
社会救济型	(1) 受保人不用缴纳任何费用，保障计划完全由政府从政府预算中筹资 (2) 受保人享受保障计划的津贴需要经过家庭收入及财产调查，只有经济条件符合受保人的资格才享受政府的津贴	澳大利亚和加拿大
普遍津贴型	是政府按照"人人有份"的福利原则举办的一种社会保障计划。在这种计划中受保人及其雇主并不需要缴纳任何费用。普遍津贴型的资金来源与社会救济一样也完全由政府预算拨款，与社会救济不同的是，受保人在享领津贴时并不需要进行家庭生计调查	新西兰
节俭基金型	是政府按照个人账户的方式举办的社会保障计划。在这种计划模式下，雇主和雇员都必须依法按照职工工资的一定比例向雇员的个人账户缴费，个人账户中缴费和投资收益形成的资产归职工个人所有，但这部分资产要由政府负责管理。一旦个人发生受保事故，政府要从其个人账户中提取资金支付保障津贴；而当职工不幸去世时，其个人账户中的资产余额家属可以依法继承 节俭基金型的社会保障计划与社会保险型计划相比，其最大的特点是受保人之间不能进行任何形式的收入再分配，因而不具有互助互济的保险功能。这种保障计划虽然没有任何收入再分配功能，但却具有强制储蓄的功能	马来西亚、印度等20多个发展中国家

经典例题

[例题·单项选择题] 社会救济型的社会保障制度，其资金来源是（　　）。
A. 受保人和雇主缴纳的保险费
B. 受保人和雇主缴纳的保险费为主，财政补贴为辅
C. 完全由财政拨款
D. 财政拨款为主，受保人和雇主缴纳的保险费为辅
[解析] 社会救济型的社会保障制度受保人不用缴纳任何费用，保障资金完全由政府从一般政府预算中筹资，故C项正确。
[答案] C

[2011年真题·单项选择题] 带有强制储蓄功能的社会保障制度类型是（　　）。
A. 社会保险型　　　　　　　　B. 社会救济型
C. 普遍津贴型　　　　　　　　D. 节俭基金型
[解析] 节俭基金型具有强制储蓄的功能。
[答案] D

四、我国的社会养老保险制度

我国的社会养老保险主要分为<u>城镇企业职工基本养老保险</u>、<u>城乡居民基本养老保险</u>和<u>机关事</u>

业单位工作人员养老保险三种类型。

(一) 城镇企业职工基本养老保险

城镇企业职工基本养老保险的具体内容如表 2-21 所示。

表 2-21 城镇企业职工基本养老保险的具体内容

项目	具体内容
缴费	(1) 单位缴费：2019 年 5 月 1 日起，降低城镇职工基本养老保险单位缴费比例，按照企业工资总额的 16% 计算 (2) 个人缴费：个人账户的规模统一为本人缴费工资的 8%（即：月储存额＝本人缴费工资×8%），全部由个人缴费形成，单位缴费不再划入个人账户
领取条件	(1) 本人达到法定退休年龄并办理了退休手续 (2) 所在单位和个人依法参加基本养老保险并履行缴费义务 (3) 个人累计缴费时间满 15 年
享受的待遇	(1) 按月领取按规定计发的基本养老金，直至死亡 (2) 享受基本养老金的正常调整待遇 (3) 对企业退休人员实行社会化管理服务

【提示】城镇企业职工基本养老保险是社会统筹与个人账户相结合的一种新型的社会养老保险制度。

(二) 城乡居民基本养老保险

城乡居民养老保险的具体内容如表 2-22 所示。

表 2-22 城乡居民养老保险的具体内容

项目		具体内容
基金筹集 (由三部分构成)	个人缴费	参保人自主选择档次缴费、多缴多得
	集团补助	补助、资助金额不超过当地设定的最高缴费档次标准
	政府补贴	对符合领取城乡居民基本养老保险待遇条件的参保人全额支付基础养老金（其中中央财政对西部地区按标准全额补助，东部地区给予 50% 的补助）
建立个人账户		国家为每个参保人建立终身记录的养老保险个人账户，账户存储额按国家规定计息
待遇及调整		城乡居民基本养老保险待遇由基础养老金和个人账户养老金构成，支付终身
领取条件		参加城乡居民基本养老保险的个人，年满 60 周岁、累计缴费满 15 年，且未领取国家规定的基本养老保障待遇的，可以按月领取城乡居民养老保险待遇
制度衔接		参保人员不得同时领取城镇职工基本养老保险和城乡居民基本养老保险待遇
参保范围		年满 16 周岁（不含在校学生），非国家机关和事业单位工作人员及不属于职工基本养老保险制度覆盖范围的城乡居民，可在户籍地参加城乡居民基本养老保险

(三) 机关事业单位工作人员养老保险

国务院于 2015 年 1 月发布《国务院关于机关事业单位工作人员养老保险制度改革的决定》。该决定改革的具体内容如表 2-23 所示。

表 2-23 《国务院关于机关事业单位工作人员养老保险制度改革的决定》改革的具体内容

项目	具体内容
改革目标	坚持全覆盖、保基本、多层次、可持续方针，以增强公平性、适应流动性、保证可持续性为重点，改革机关事业单位工作人员退休保障制度，逐步建立独立于机关事业单位之外、资金来源多渠道、保障方式多层次、管理服务社会化的养老保险体系

续表

项目	具体内容
改革的主要原则	改革前与改革后待遇水平相衔接；统筹规划、合理安排、量力而行
改革的范围	适用于按照公务员法管理的单位、参照公务员法管理的机关（单位）、事业单位及其编制内的工作人员
改革的基本思路	一个统一、五个同步

> **经典例题**
>
> [例题·单项选择题] 下列各项中，不属于我国的社会养老保险类型的是（　　）。
> A. 城镇企业职工基本养老保险　　B. 城乡居民基本养老保险
> C. 机关事业单位工作人员养老保险　　D. 商业养老保险
> [解析] 我国的社会养老保险主要分为城镇企业职工基本养老保险、城乡居民基本养老保险和机关事业单位工作人员养老保险三种类型，故 D 项不属于我国的社会养老保险的具体类型。
> [答案] D

●考点15 财政补贴支出

一、财政补贴概述

财政补贴概述如表 2-24 所示。

表 2-24　财政补贴概述

要点	具体内容
补贴主体	国家
补贴对象	企业和居民
补贴目的	为了贯彻一定的政策，满足某种特定需要，实现特定的政治、经济和社会目标
补贴性质	通过财政资金的无偿补助而进行的一种社会财富的再分配

二、财政补贴的分类

财政补贴的分类如表 2-25 所示。

表 2-25　财政补贴的分类

分类标准	类型	具体内容
按财政补贴的环节分类	生产环节补贴	主要有农业生产资料价格补贴、工矿产品价格补贴、生产企业的政策性亏损补贴
	流通环节补贴	主要有农副产品价格补贴、商业和外贸企业的政策性亏损补贴
	分配环节补贴	主要有财政贴息和税收支出
	消费环节补贴	主要有职工副食品补贴
按财政补贴的经济性质分类	生产补贴	如农业生产资料价格补贴、财政贴息
	生活补贴	如职工副食品价格补贴
按财政补贴的内容分类	现金补贴（一般称为明补）	补贴接受主体在自身权利之外得到超额收入的那部分财政补贴，即不发生补贴利益转移的那部分财政补贴。如职工副食品补贴
	实物补贴（一般称为暗补）	补贴接受主体并未真正获益的财政补贴，即补贴利益发生了转移的那部分财政补贴。如农副产品价格补贴和农业生产资料价格补贴

续表

分类标准	类型	具体内容
按照世界贸易组织（WTO）的分类方法，根据可能对国际贸易造成的危害程度	禁止性补贴	禁止性补贴一旦被证实存在，无须证明是否存在危害或者损害威胁，均必须取消
		包括出口补贴和进口替代补贴
	可诉补贴	在一定范围内可以实施的补贴，若使用此类补贴的成员方在实施过程中对其他成员方的经济利益造成不良影响，则受损的成员方可以向使用此类补贴的成员方提起申诉
	不可诉补贴	主要包括不具有专向性的补贴、给予基础研究的援助性补贴、给予贫困地区的补贴、为适应新环境而实施的补贴，以及用于鼓励农业研究与开发、鼓励农民退休等方面的补贴
按财政补贴的项目和形式分类		主要有价格补贴、企业亏损补贴、外贸补贴、房租补贴、职工生活补贴、财政贴息等

【提示】我国财政补贴以价格补贴和企业亏损补贴为主要项目，且每年反映在国家预算上仅有这两项补贴。

经典例题

[2011年真题·单项选择题] 下列关于财政补贴的说法，错误的是（　　）。

A. 财政补贴是一种转移性支出　　B. 财政补贴全部列入预算支出
C. 财政补贴的主体是国家　　　　D. 财政补贴的性质是社会财富的再分配

[解析] 本题考查财政补贴支出。我国财政补贴以价格补贴和企业亏损补贴为主要项目，且每年反映在国家预算上仅有这两项补贴。可参考[考点小贴士]采用排除法选出正确答案。　　[答案] B

[2010年真题·多项选择题] 下列财政补贴中，属于分配环节的有（　　）。

A. 职工副食品补贴　　　　　　　B. 工矿产品价格补贴
C. 税收支出　　　　　　　　　　D. 外贸企业的政策性亏损补贴
E. 财政贴息

[解析] 本题考查财政补贴支出。属于分配环节的补贴有财政贴息和税收支出。可根据表2-25对号入座。　　[答案] CE

三、财政补贴的经济影响、实际经济效应以及调整和改革

（一）财政补贴的经济影响

（1）财政补贴可以改变需求结构。
（2）财政补贴可以改变供给结构。
（3）财政补贴将外部效应内在化。

（二）财政补贴的实际经济效应

（1）有效地贯彻国家的经济政策（首要意义）。
（2）以少量的财政资金带动社会资金，扩充财政资金的经济效应（实际经济意义）。
（3）加大技术改造力度，推动产业升级。
（4）消除"排挤效应"。
（5）稳定社会经济。

（三）我国财政补贴的调整和改革

我国财政补贴调整和改革的基本思路包括：
（1）取消不符合WTO规则的补贴。

(2) 合理利用可诉补贴。
(3) 用足用好不可诉补贴。

考点16 税收支出

一、税收支出的概念与分类

（一）税收支出的概念

税收支出是指政府出于引导、扶持某些经济活动，刺激投资意愿或补助某些财务困难的集团而制定各种税收优惠措施，其目的不在于取得收入，而是为了实现特定目标而放弃一些税收。

（二）税收支出的分类

税收支出的分类如图2-4所示。

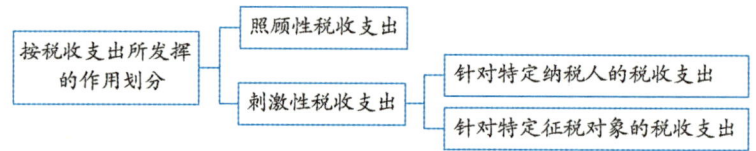

图 2-4　税收支出的分类

【提示】税收支出是政府的一种间接性支出，属于财政补贴性支出。

二、税收支出的形式

税收支出的形式如表2-26所示。

表 2-26　税收支出的形式

形式	定义
税收豁免	是指在一定期间内，对纳税人的某些所得项目或所得来源不予征税，或对其某些活动不列入征税范围等，以减轻其税收负担
纳税扣除	是指准许企业把一些合乎规定的特殊支出，以一定的比例或全部从应税所得中扣除，以减轻其税负
税收抵免	是指允许纳税人从其某种合乎奖励规定的支出中，以一定比率从其应纳税额中扣除，以减轻其税负
优惠税率	是对合乎规定的纳税人课以较一般为低的税率
延期纳税	也称"税负延迟缴纳"，是允许纳税人对那些合乎规定的税收，延迟缴纳或分期缴纳其应负担的税额
盈亏相抵	是指准许企业以某一年度的亏损，抵消以后年度的盈余，以减少其以后年度的应纳税款；或冲抵以前年度的盈余，申请退还以前年度已纳的部分税款。盈亏相抵办法通常只能适用于所得税方面
加速折旧	采用这种折旧方法，可以在固定资产的使用年限内早一些得到折旧费和减免税的税款。加速折旧是一种特殊的税收支出形式
退税	是指国家按规定对纳税人已纳税款的退还，包括出口退税和再投资退税

【提示】税收抵免与纳税扣除的不同之处在于，前者是抵税额，后者是税前扣除。

三、税收支出的预算控制

世界各国对税收支出进行预算控制的做法主要有三种类型：
(1) 非制度化的临时监督与控制。
(2) 建立统一的税收支出账户。
(3) 临时性与制度化相结合的控制方法。

> **经典例题**
>
> [2016年真题·单项选择题] 下列关于税收支出的具体形式的说法，错误的是（　　）。
> A. 税收豁免是对纳税人的某些应税项目不予征税
> B. 纳税扣除是把合乎规定的特殊支出，从其应纳税额中扣除
> C. 优惠税率是对合乎规定的纳税人采取较低的税率征税
> D. 延期纳税是税款延期缴纳
> [解析] 纳税扣除是指准允企业把合乎规定的特殊支出，从其应纳税所得额中扣除，而不是从应纳税额中扣除，故B项错误。
> [答案] B
>
> [2016年真题·多项选择题] 税收支出的形式有（　　）。
> A. 盈亏相抵　　　　　　　　B. 加速折旧
> C. 抵扣进项税额　　　　　　D. 税收抵免　　　　　　E. 优惠税率
> [解析] 税收支出包括八种形式，分别是税收豁免、纳税扣除、优惠税率、税收抵免、延期纳税、盈亏相抵、加速折旧、退税。
> [答案] ABDE

本章易错易混考点

【易错易混考点一】财政补贴与社会保障支出的联系与区别

财政补贴与社会保障支出的联系与区别如表2-27所示。

表2-27　财政补贴与社会保障支出的联系与区别

项目	具体内容
联系	财政补贴支出与社会保障支出均属于财政的转移性支出
区别	两者的区别主要体现在与相对价格体系的关系上，即财政补贴与相对价格的变动有直接联系，具有改变资源配置结构、供求结构的影响；但社会保障支出则很少有这种影响

[例题·单项选择题] 财政补贴与社会保障支出的区别主要体现在（　　）。
A. 与相对价格体系的关系不同　　　　B. 对象不同
C. 主体不同　　　　　　　　　　　　D. 目的不同
[解题思路] 对于财政补贴与社会保障支出的联系与区别可根据表2-27重点进行理解记忆。[答案] A

【易错易混考点二】企业亏损补贴与价格补贴

企业亏损补贴与价格补贴的联系与区别如表2-28所示。

表2-28　企业亏损补贴与价格补贴的联系与区别

项目		企业亏损补贴	价格补贴
联系		均与产品价格有关	
区别	主要关系	与工业生产资料有关	与市场零售商品有关
	受益人	相关企业	居民
	补贴环节	生产环节	流通环节
	补贴对象	企业	商品

【提示】1986年以后，价格补贴改为在财政支出中列支；企业亏损补贴依然作为冲减收入处理。

[2017年真题·多项选择题] 下列关于企业亏损补贴的说法，正确的有（　　）。
A. 企业亏损补贴与工业生产资料有关
B. 企业亏损补贴是生产环节的补贴
C. 企业亏损补贴是直接列入财政支出的项目

D. 企业亏损补贴的直接受益人是相关企业

E. 企业亏损补贴仅限于国有企业

[解析] 本题考查财政补贴支出。价格补贴在财政支出中列支,企业亏损补贴依然作为冲减收入处理,故 C 项错误。

[答案] ABDE

历年经典真题回顾

一、单项选择题(每题1分,每题备选项中,只有1个最符合题意)

1. 某市当地职工月平均工资为 5 000 元,王某 8 月份工资为 20 000 元,其基本养老保险个人缴费基数的上限为( )元。[2021年真题]

   A. 15 000 B. 5 000
   C. 20 000 D. 12 000

   [解析] 本题考查社会保障支出。个人月平均工资低于当地职工月平均工资的60%的,按照当地职工月平均工资的60%为缴费基数;个人月平均工资高于当地职工月平均工资的300%的,按照当地职工月平均工资的300%作为缴费基数。王某的工资20 000元＞当地职工月平均工资的3倍,即15 000元,所以应按照15 000元作为缴费基数。

   [答案] A

2. 适用"成本—效益"分析方法的是( )。[2020年真题]

   A. 国防 B. 投资性支出
   C. 铁路 D. 燃气

   [解析] 本题考查财政支出效益分析的方法。"成本—效益"分析法的基本原理是根据国家所确定的建设目标,提出实现该目标的各种方案,对这些可供选择的方案,用一定的方法计算出各方案的全部预期成本和全部预期效益,通过计算"成本—效益"的比率,来比较不同项目或方案的效益,选择最优的支出方案,据此拨付和使用财政资金。这种方法特别适用于财政支出中有关投资性支出项目的分析。

   [答案] B

3. 向个人提供的最低生活保障或者向遭受自然灾害而遇到生产困难的城乡居民提供必要的资助属于( )。[2020年真题]

   A. 社会保险 B. 社会救助
   C. 社会福利 D. 社会优抚

   [解析] 本题考查社会保障支出。社会救助是政府对生活在社会基本生活水平以下的贫困居民给予的基本生活保障,包括自然灾害救助、失业救助、孤寡病残救助和城乡困难户救助。

   [答案] B

4. 能够比较准确反映不同国家间财政支出规模差异的指标是( )。[2017年真题]

   A. 财政支出增长额 B. 财政支出的数额
   C. 财政支出占国民收入的比重 D. 财政支出占国内生产总值的比重

   [解析] 本题考查财政支出规模的衡量指标。财政支出的相对量既可以用作不同国家财政支出规模的分析比较,也可以用作一个国家不同时期财政支出规模的对比分析。财政支出占国内生产总值的比重,是目前衡量财政支出规模最常用的指标。

   [答案] D

5. 关于社会保障制度类型的说法,正确的是( )。[2017年真题]

   A. 社会保险型的费用全都来自受保人缴纳的保险费
   B. 社会救济型的费用来自政府预算拨款和个人缴纳
   C. 普遍津贴型需要受保人和雇主共同缴纳保险费
   D. 节俭基金型个人账户中的资金具有继承性

   [解析] 本题考查社会保障支出。社会保险型的费用需要受保人和雇主共同缴纳保险费,故 A 项错误。社会救济型和普遍津贴型的费用全部来自政府预算筹资,故 B、C 两项错误。在节俭基金型中,如果职工不幸去世时,其个人账户中的资产家属可以继承,D 项正确。

   [答案] D

6. 关于财政贴息的说法，错误的是（　　）。[2017年真题]
   A. 财政贴息的实质是对企业收益的补贴
   B. 财政贴息是分配环节的补贴
   C. 财政贴息是生产性补贴
   D. 财政贴息是对某些企业或项目的贷款利息给予补贴

   [解析] 本题考查财政补贴支出。财政贴息是指国家财政对某些企业或项目的贷款利息，在一定时期内给予全部或一定比例的补贴，实质是对企业成本价格提供补贴，故A项错误、D项正确。按照财政补贴的环节分类，财政贴息属于分配环节的补贴，故B项正确。按照财政补贴的经济性质分类，财政贴息属于生产性补贴，故C项正确。
   [答案] A

7. 关于基础设施特点的说法，错误的是（　　）。[2016年真题]
   A. 资本密集型反映了基础设施的属性
   B. 基础设施需要投入大量资本
   C. 基础设施建设周期较长
   D. 基础设施投资回收期较短

   [解析] 本题考查财政投资性支出。基础设施，特别是大型基础设施，大多数属于资本密集型行业，具有初始投资大、建设周期长、投资回收慢的特点。这些特点决定了大型的基础设施很难由个别企业的独立投资来完成。
   [答案] D

8. 关于财政投融资的说法，错误的是（　　）。[2015年真题]
   A. 财政投融资的预算管理比较灵活
   B. 财政投融资政策性很强
   C. 财政投融资目的性很强
   D. 财政投融资委托特定的商业银行管理

   [解析] 本题考查财政投资性支出。财政投融资由国家设立的专门机构——政策性金融机构负责统筹管理和经营。政策性金融机构不是商业银行，也不是制定政策的机关，是执行有关长期性投融资政策的机构，是政府投资的代理人。
   [答案] D

9. 瓦格纳认为公共支出不断增长的原因是（　　）。[2014年真题]
   A. 经济发展阶段　　　　　　B. 政府活动扩张
   C. 公共收入增长　　　　　　D. 经济发展不平衡

   [解析] 本题考查财政支出规模的增长趋势。瓦格纳的"政府活动扩张法则"认为，现代工业的发展会引起社会进步的要求，社会进步必然导致国家活动的增长，因此，"政府职能不断扩大以及政府活动持续增加"导致公共支出增长。
   [答案] B

10. 关于购买性支出的说法，正确的是（　　）。[2014年真题]
    A. 购买性支出直接影响国民收入分配
    B. 购买性支出直接影响就业
    C. 购买性支出间接影响生产
    D. 购买性支出对微观经济主体的预算约束是软的

    [解析] 本题考查财政支出的经济影响。购买性支出对国民收入分配的影响是间接的，故A项错误。购买性支出对生产和就业的影响是直接的，故B项正确、C项错误。购买性支出对微观经济主体的预算约束是硬的，故D项错误。
    [答案] B

11. 关于购买性支出与转移性支出对经济影响的说法，错误的是（　　）。[2013年真题]
    A. 转移性支出间接影响就业
    B. 购买性支出直接影响生产

C. 转移性支出对政府的效益约束较强
D. 购买性支出侧重执行资源配置职能

[解析] 本题考查财政支出的经济影响。在安排转移性支出时，政府并没有什么原则可以遵循，其支出规模与结构在相当大的程度上只能根据政府与企业、中央政府与地方政府的协商而定，因此，转移性支出对政府的效益约束较弱。

[提示] 做购买性支出与转移性支出对经济影响的比较的相关题目时，记得利用 [考点小贴士]。

[答案] C

12. 下列财政支出项目中，属于积累性支出的是（　　）。[2013年真题]
   A. 国家物资储备支出　　　　B. 国防支出
   C. 社会福利救济支出　　　　D. 行政管理支出

   [解析] 本题考查财政支出的分类。积累性支出是财政直接增加社会物质财富及国家物资储备的支出，主要包括基本建设支出、国家物资储备支出、生产性支农支出等。

   [答案] A

13. 准许企业把一些合乎规定的特殊支出，以一定的比例或全部从应税所得中扣除，以减轻其税负，这种方式是（　　）。[2012年真题]
   A. 税收豁免　　　　　　　　B. 税收抵免
   C. 纳税扣除　　　　　　　　D. 盈亏相抵

   [解析] 本题考查税收支出。纳税扣除是指准许企业把一些合乎规定的特殊支出，以一定的比例或全部从应税所得中扣除，以减轻其税负。

   [答案] C

14. 关于政策性银行的说法，正确的是（　　）。[2011年真题]
   A. 政策性银行是商业银行
   B. 政策性银行的资本金主要由发行股票取得
   C. 政策性银行可以直接对非银行金融机构发行金融债券
   D. 政策性银行不能发行长期性建设国债

   [解析] 本题考查财政投资性支出。政策性金融机构不是商业银行，也不是制定政策的机关，是执行有关长期性投融资政策的机构，是政府投资的代理人，故A项错误。在政策性银行的负债结构中，发行长期性建设国债、集中邮政储蓄和部分保险性质的基金应占有重要份额。此外，直接对商业银行和其他非银行金融机构发行金融债券，也是重要的投资资金来源渠道，故B、D两项错误，C项正确。

   [答案] C

15. 考核国防支出的效益时，应采用的方法是（　　）。[2010年真题]
   A. 成本效益分析法　　　　　B. 投入产出分析法
   C. 公共劳务收费法　　　　　D. 最低费用选择法

   [解析] 本题考查财政支出效益分析的方法。考核国防支出的效益时，应采用的方法是最低费用选择法。

   [答案] D

二、多项选择题（每题2分，每题备选项中，有2个或2个以上符合题意，至少有1个错项。错选，本题不得分；少选，所选的每个选项得0.5分）

1. 财政补贴对经济的影响有（　　）。[2021年真题]
   A. 财政补贴可以改变需求结构　　B. 财政补贴可以将外部效应内在化
   C. 财政补贴不会扭曲价格体系　　D. 财政补贴可以产生"排挤效应"
   E. 财政补贴可以改变供给结构

   [解析] 本题考查财政补贴支出。财政补贴的经济影响包括：①财政补贴可以改变需求结构；②财政补贴可以改变供给结构；③财政补贴可以将外部效应内在化。

   [答案] ABE

2. 根据马克思《哥达纲领批判》中的社会主义社会产品分配原理，财政支出分为（   ）。[2021年真题]

A. 消费性支出　　　　　　　　B. 购买性支出

C. 转移性支出　　　　　　　　D. 累积性支出

E. 补偿性支出

[解析] 本题考查财政支出的分类。马克思曾经在《哥达纲领批判》中阐述了共产主义第一阶段的社会产品分配原理。财政支出大致分为补偿性支出、消费性支出和积累性支出三类。　　[答案] ADE

3. 下列财政补贴中，属于流通环节的有（   ）。[2020年真题]

A. 农副产品价格补贴　　　　　B. 职工副食品补贴

C. 税收支出　　　　　　　　　D. 外贸企业的政策性亏损补贴

E. 财政贴息

[解析] 本题考查财政补贴支出。属于生产环节的补贴主要有农业生产资料价格补贴、工矿产品价格补贴、生产企业的政策性亏损补贴等。属于流通环节的补贴主要有农副产品价格补贴、商业和外贸企业的政策性亏损补贴等。属于分配环节的补贴主要有财政贴息和税收支出等。属于消费环节的补贴主要有职工副食品补贴等。财政补贴在生产、流通、分配、消费各环节上的选择，主要取决于补贴要解决的问题，以及如何有利于发挥补贴的功能。　　[答案] AD

4. 下列资金来源中，能够形成政策性银行负债的是（   ）。[2012年真题]

A. 长期性建设国债　　　　　　B. 直接吸纳的人民币储蓄存款

C. 集中邮政储蓄　　　　　　　D. 对商业银行发行金融债券

E. 工业企业结算户存款

[解析] 本题考查财政投资性支出。在政策性银行的负债结构中，发行长期性建设国债、集中邮政储蓄和部分保险性质的基金应占有重要份额。此外，直接对商业银行和其他非银行金融机构发行金融债券，也是重要的投资资金来源渠道。　　[答案] ACD

5. 财政的转移性支出主要有（   ）。[2010年真题]

A. 行政管理支出　　　　　　　B. 国防支出

C. 财政补贴支出　　　　　　　D. 养老保险支出

E. 国债利息支出

[解析] 本题考查财政支出的分类。财政的转移性支出主要有财政补贴、债务利息、社会保障等方面的支出。养老保险支出属于社会保障支出。　　[答案] CDE

6. 下列财政支出项目中，属于不可控制性支出的有（   ）。[2010年真题]

A. 养老保险支出　　　　　　　B. 债务利息支出

C. 国家物资储备支出　　　　　D. 基本建设支出

E. 对地方政府的补助支出

[解析] 本题考查财政支出的分类。属于不可控制性支出的有：①国家法律已经明确规定的个人享有的最低收入保障性支出，如失业救济、养老金、职工生活补贴等；②政府遗留任务和以前年度设置的固定支出项目，如债务利息支出、对地方政府的补贴等。　　[答案] ABE

本章同步练习

一、**单项选择题**（每题1分，每题备选项中，只有1个最符合题意）

1. 把财政支出分为预防性支出和创造性支出的分类依据是（   ）。

A. 财政支出的经济性质　　　　B. 财政支出的目的性

C. 财政支出的受益范围　　　　D. 财政支出的控制能力

2. 财政补贴支出属于（　　）。
   A. 转移性支出　　　　　　　B. 购买性支出
   C. 预防性支出　　　　　　　D. 积累性支出
3. A国2019年财政收入为90万亿元，财政支出为110万亿元；而2018年的财政收入和财政支出分别为80万亿元和100万亿元。则该国的财政支出增长率为（　　）。
   A. 1　　　　　　　　　　　B. 10%
   C. 2　　　　　　　　　　　D. 5
4. 下列关于我国社会保险制度具体规定的说法，正确的是（　　）。
   A. 职工应当参加基本养老保险，其保险费用由用人单位单独缴纳
   B. 职工应当参加职工医疗保险，其保险费用应当由用人单位和职工共同缴纳
   C. 职工应当参加工伤保险，其保险费用由职工个人缴纳
   D. 职工应当参加失业保险，其保险费用应当由用人单位单独缴纳
5. 关于财政支出效益的说法，错误的是（　　）。
   A. 需要分析社会为该项支出所付出的代价和所获得的收益
   B. 追求的是整个社会最大的经济效益
   C. 效益标准包括经济效益和社会效益双重标准
   D. 需要对无形的所费与所得进行分析
6. 下列财政支出中，不属于国防支出的主要内容的是（　　）。
   A. 人员生活费　　　　　　　B. 训练维持费
   C. 外交管理事务　　　　　　D. 装备费
7. 与养老保险相比较，失业保险基金征集较少的原因不包括（　　）。
   A. 失业风险涉及的对象相对较少
   B. 失业风险经历的时间相对较短
   C. 失业津贴的发放是有条件的
   D. 失业保险的作用力度较小
8. 下列各项中，（　　）是税收支出的特殊形式。
   A. 税收豁免　　　　　　　　B. 纳税扣除
   C. 税收抵免　　　　　　　　D. 加速折旧
9. 下列各种基础设施投资的提供方式中，道路、港口、中小机场适于采用的方式是（　　）。
   A. 政府与民间共同投资
   B. 私人出资，定期收费补偿成本并适当盈利
   C. 政府投资，法人团体经营运作
   D. 政府主管部门筹资，定期收费补偿成本
10. 关于财政农业投资的说法，错误的是（　　）。
    A. 国家对农业的财力支持是财政的一项基本职责
    B. 我国农业投入的资金应主要靠财政支持
    C. 农业发展与财政有着十分密切的关系
    D. 财政农业投资范围主要是以水利为核心的基础设施建设、农业科技推广、农村教育和培训等

二、多项选择题（每题2分，每题备选项中，有2个或2个以上符合题意，至少有1个错项。错选，本题不得分；少选，所选的每个选项得0.5分）

1. 下列财政支出中，属于特殊利益支出的有（　　）。
   A. 企业补贴支出　　　　　　B. 债务利息支出

C. 卫生支出 D. 基本建设支出
E. 生产性支农支出

2. 在财政支出效益分析中，适用最低费用选择法的财政支出项目有（　　）。
   A. 军事　　B. 电力　　C. 行政　　D. 文化
   E. 铁路

3. 对于皮科克和怀斯曼将导致公共支出增长的因素归结为内在因素和外在因素，其外在因素包括（　　）。
   A. 洪涝灾害　　B. 经济发展　　C. 战争　　D. 地震
   E. 泥石流

4. 关于购买性支出和转移性支出对经济影响的说法，不正确的有（　　）。
   A. 购买性支出侧重执行资源配置的职能
   B. 转移性支出间接影响国民收入分配
   C. 购买性支出侧重执行财政的分配职能
   D. 转移性支出对政府的效益约束是较硬的
   E. 购买性支出直接影响生产和就业

5. 下列选项中，属于分配环节财政补贴的有（　　）。
   A. 财政贴息
   B. 商业和外贸企业的政策性亏损补贴
   C. 职工副食品补贴
   D. 工矿产品价格补贴
   E. 税收支出

本章同步练习参考答案及解析

一、单项选择题

1. [答案] B
   [解析] 按财政支出的目的性划分，可以把财政支出分为预防性支出和创造性支出。

2. [答案] A
   [解析] 财政补贴支出属于政府单方面的、资金无偿的转移，所以属于转移性支出。

3. [答案] B
   [解析] 该国的财政支出增长率＝当年财政支出较上年增长额/上年财政支出数额＝(110－100)/100＝10%。

4. [答案] B
   [解析] 社会保险包括养老保险、医疗保险、工伤保险、失业保险和生育保险五项。养老保险、医疗保险及失业保险由用人单位和职工共同缴纳费用；生育保险和工伤保险由用人单位单独缴纳相关费用，职工个人不用缴纳。

5. [答案] B
   [解析] 财政分配追求的是整个社会的最大效益，包括经济效益和社会效益双重标准，而不单纯是最大经济效益。

6. [答案] C
   [解析] 我国的国防支出包括人员生活费、训练维持费和装备费三项支出。C项属于行政管理支出。

7. [答案] D
   [解析] 与养老保险相比较，失业保险基金征集较少，其原因包括：①失业风险涉及的对象相对较少，失业风险经历的时间也相对较短；②失业津贴的发放是有条件的，通常标准也较低。

8. [答案] D
   [解析] 税收支出的一般形式有税收豁免、纳税扣除、税收抵免、优惠税率、延期纳税、盈亏相抵、加速折旧、退税等。加速折旧与延期纳税是税收支出的特殊形式。

9. [答案] C
   [解析] 政府投资，法人团体经营运作的提供方式的优点包括：①政府既拥有最终的决策权，又可以使政府从具体的经营活动中解脱出来；②法人团体拥有经营自主权，责任明确、可以提高成本效益的透明度，提高服务质量。道路、港口甚至中小机场

等适于采取这种提供方式。
10. [答案] B
[解析] 在社会主义市场经济条件下，从长远看，农业投入的资金应当主要来自农业部门和农户自身的积累，国家投资只应发挥辅助的作用。

二、多项选择题

1. [答案] ABC
[解析] 特殊利益支出包括教育支出、卫生支出、企业补贴支出、债务利息支出等。基本建设支出和生产性支农支出属于积累性支出。

2. [答案] ACD
[解析] 最低费用选择法主要适用于军事、行政、文化、卫生等支出项目。

3. [答案] ACDE
[解析] 皮科克和怀斯曼认为导致公共支出增长的外在因素包括战争、自然灾害。B项属于内在因素。

4. [答案] BCD
[解析] 转移性支出直接影响国民的收入分配，B项错误。购买性支出执行资源配置的职能较强，C项错误。购买性支出对政府的效益约束较强，D项错误。

5. [答案] AE
[解析] 分配环节的补贴主要有财政贴息和税收支出等。商业和外贸企业的政策性亏损补贴是流通环节的补贴，职工副食品补贴是消费环节的补贴，工矿产品价格补贴是生产环节的补贴。

第三章　税收理论

本章考情分析

年份	单项选择题	多项选择题	案例分析题	合计
2022 年	5 题 5 分	1 题 2 分	—	7 分
2021 年	4 题 4 分	2 题 4 分	—	8 分
2020 年	5 题 5 分	1 题 2 分	—	7 分
2019 年	4 题 4 分	2 题 4 分	—	8 分
2018 年	5 题 5 分	2 题 4 分	—	9 分

本章考点概览

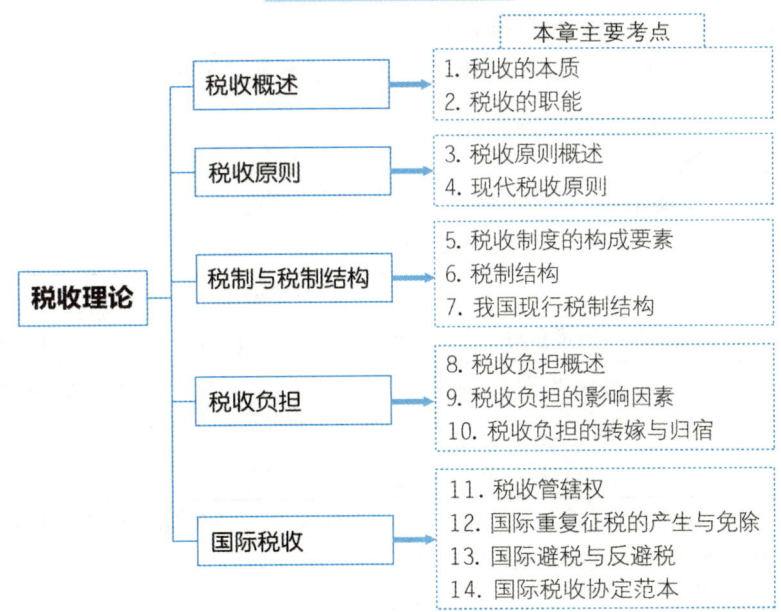

本章学习提示

第三章介绍税收理论的具体内容。在学习本章时，需要掌握税收制度的基本要素，这对于日后学习货物和劳务税、所得税等制度非常有帮助。本书中所有税种的介绍都是按照税制要素的内容来展开的。国际重复征税的产生与免除有低税法、免税法、扣除法等几种方法，在学习时需要熟练掌握，可通过对例题的学习，做到举一反三。

本章考点详解

考点1 税收的本质

税收的本质如表3-1所示。

表3-1 税收的本质

项目	具体内容
税收征收的主体	国家
税收分配的客体	社会产品
在财政收入中的地位	税收是政府取得财政收入最佳、最有效的形式
税收分配的目的	为国家取得财政收入，满足社会公共需要
税收的征收权力	税收的征税权属国家所有

【提示】税收的本质是国家与纳税人在征税、纳税和利益分配上的一种特殊关系。

经典例题

[例题·单项选择题] 下列关于税收的说法，错误的是（ ）。
A. 税收的取得具有强制性和无偿性
B. 税收的本质体现了国家与纳税人在征税、纳税和利益分配上的一种特殊关系
C. 行使征税权的主体是国家
D. 税收分配的目的是满足特定群体的需要
[解析] 税收分配的目的是实现国家职能服务，主要是为了满足社会公共的需要，故D项错误。
[答案] D

考点2 税收的职能

税收的职能如表3-2所示。

表3-2 税收的职能

职能	具体阐述
财政职能（收入职能）	是指税收通过参与社会产品和国民收入的分配再分配，为国家取得财政收入的功能
经济职能（调节职能）	是指通过税收分配，对实现社会总需求与总供给的平衡，对资源配置、国民经济的地区分配格局、产业结构、社会财富分配和居民消费结构等进行调节的功能
监督职能	监督经济运行以及纳税人的生产经营活动（涉及宏观和微观两个层次）

【提示1】税收的职能是由税收的本质决定的，是税收本质的体现。税收的职能具有客观性。
【提示2】财政职能是税收首要和基本的职能。

经典例题

[2014年真题·多项选择题] 关于税收的说法，正确的有（ ）。
A. 征税权力归国家所有
B. 税收的职能具有客观性
C. 监督职能是税收的首要职能
D. 税收可以调节居民消费结构
E. 税收的监督职能涉及宏观和微观两个层次
[解析] 本题考查税收概述的相关内容，做题时参考[提示]，区分不同的税收职能。财政职能是税收首要和基本的职能，C项错误。
[答案] ABDE

考点 3　税收原则概述

一、制定税收原则的依据

（1）政府公共职能。税收的首要和基本目的是满足社会公共需要。
（2）社会生产力水平。
（3）社会生产关系状况。

二、税收原则理论的形成和发展

税收原则理论的形成和发展如表 3-3 所示。

表 3-3　税收原则理论的形成和发展

提出者	概述	具体内容
威廉·配第	威廉·配第在其所著的《赋税论》和《政治算术》中，第一次提出了税收原则的理论	提出了公平、简便和节省三条税收原则
亚当·斯密	亚当·斯密在《国民财富性质和原因的研究》（简称《国富论》）中提出了税收四原则	税收四原则即为平等原则、确定原则、便利原则和最少征收费用原则
阿道夫·瓦格纳	阿道夫·瓦格纳提出了"四端九项"税收原则	（1）财政政策原则，包括收入充分原则、收入弹性原则 （2）国民经济原则，包括慎选税源的原则、慎选税种的原则 （3）社会公平原则，包括普遍原则、平等原则 （4）税务行政原则，包括确定原则、便利原则、节约原则

【提示 1】税收原则的核心是如何使得税收关系适应一定的生产关系的要求，体现了政府征税的基本思想。

【提示 2】税收原则理论是税收理论的重要组成部分和核心问题。

> **经典例题**
>
> [2017 年真题·多项选择题] 德国 19 世纪社会政策学派创始人瓦格纳提出的"四端九项"原则中，属于税务行政原则的有（　　）。
> A. 收入充分原则　　B. 确定原则　　C. 弹性原则　　D. 便利原则
> E. 节约原则
> [解题思路] 阿道夫·瓦格纳提出的"四端九项"税收原则在表 3-3 中已经进行总结。做此类题目时只需根据题意对号入座即可。　　　　　　　　　　　　　　[答案] BDE

考点 4　现代税收原则

税收应遵循的基本原则主要有财政原则、经济原则、公平原则，具体包括的内容如图 3-1 所示。

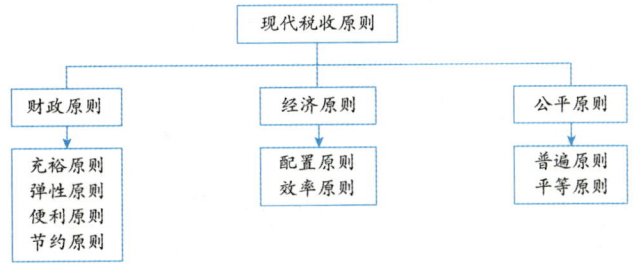

图 3-1　现代税收原则

一、税收的财政原则

税收的财政原则如表 3-4 所示。

表 3-4 税收的财政原则

项目	具体阐述	
含义	是指税收一定要为国家筹集充足的财政资金，以满足国家职能活动需要的原则	
具体内容	充裕原则	是指通过征税获得的收入一定要充分，要能够满足一定时期财政支出的需要。所以，应当选择税源广大、收入稳定的征税对象
	弹性原则	是指税收收入应能随着财政支出的需要进行相应的调整（税收收入弹性和税率弹性）
	便利原则	是指税收要使纳税人付出的"奉行费用"较少，一定要确立尽可能方便纳税人纳税的税收制度。其要求确立尽可能简化和便利的纳税期限和纳税方法及相对稳定的税收制度
	节约原则	是指税收要做到以尽可能少的税务行政费用，获取应得的税收收入

经典例题

[2022 年真题·多项选择题] 现代税收的财政原则包括（   ）。
A. 充裕原则　　　　　　　　　　B. 弹性原则
C. 便利原则　　　　　　　　　　D. 节约原则
E. 配置原则
[解析] 本题考查税收的财政原则。税收的财政原则包括充裕原则、弹性原则、便利原则、节约原则。
[答案] ABCD

[2012 年真题·多项选择题] 关于税收财政原则的说法，正确的有（   ）。
A. 通过征税获得的收入要充分
B. 税收收入应能随着财政支出的需要进行调整
C. 税收的建立应有利于社会公平
D. 税收制度要保持相对稳定
E. 税制的建立应有利于保护国民经济
[解析] A 项体现了税收财政原则中的充裕原则。B 项体现了税收财政原则中的弹性原则。D 项体现了税收财政原则中的便利原则。C 项是税收公平原则的具体体现。E 项是税收经济原则的具体体现，与本题无关。
[答案] ABD

二、税收的经济原则

税收的经济原则如表 3-5 所示。

表 3-5 税收的经济原则

项目	具体阐述		
含义	是指税制的建立应有利于保护国民经济，避免对经济活动产生负面影响，应促进国民经济持续、均衡的发展		
具体内容	配置原则	税收活动必须有利于资源配置	
	效率原则	税收的经济效率原则	国家征税要有利于资源的有效配置和经济机制的有效运行
			检验税收经济效率原则的标准包括税收额外负担最小化和额外收益最大化
		税收本身的效率原则	其基本要求是以最小的税收成本取得最大的税收收入

【提示】税收效率原则要求国家征税要有利于资源的有效配置和经济机制的有效运行，提高税务行政的管理效率。

> **经典例题**
>
> [2014年真题·单项选择题] 检验税收经济效率原则的标准是（　　）。
> A. 征税成本最小化　　　　B. 税收额外负担最小化
> C. 税收额外收益最小化　　D. 税收收入最大化
> [解析] 本题考查现代税收原则。检验税收经济效率原则的标准包括税收额外负担最小化和额外收益最大化，故 B 项正确。　　　　　　　　　　　　　　　　　　[答案] B

三、税收的公平原则

税收的公平原则如表 3-6 所示。

表 3-6　税收的公平原则

项目		具体阐述
含义		是指国家征税应使各个纳税人承担的税负与其经济状况相适应，并使各个纳税人之间的负担水平保持均衡
具体内容	普遍原则	除特殊情况外，税收应由本国全体公民共同负担
	平等原则 横向公平（水平公平）	即对相同境遇的纳税人课征相同的税收。横向公平要求包括：排除特权阶层免税；自然人和法人都要纳税；公私经济均等纳税；对本国人和外国人在课税上一视同仁
	平等原则 纵向公平（垂直公平）	是指对不同境遇的纳税人课征不同的税收。判断"境遇"的标准包括受益标准和能力标准。测定纳税人纳税能力的标准包括<u>收入（测定纳税人纳税能力最好的尺度）、财产和消费支出</u>

【提示】公平原则是设计和实施税收制度的最重要的原则。

> **经典例题**
>
> [2015年真题·多项选择题] 可以作为测定纳税人能力大小的指标有（　　）
> A. 收入　　　　　　　　B. 财产
> C. 家庭人口　　　　　　D. 年龄
> E. 消费支出
> [解析] 本题考查现代税收原则。测定纳税人纳税能力的标准包括收入、财产和消费支出。其中，收入是测定纳税人纳税能力最好的尺度。　　　　　　　　　　　　　　　　[答案] ABE

● 考点5　税收制度的构成要素

税收制度，简称税制，是国家财政经济制度的重要组成部分，是国家处理税收分配关系的规范。其构成要素如图 3-2 所示。

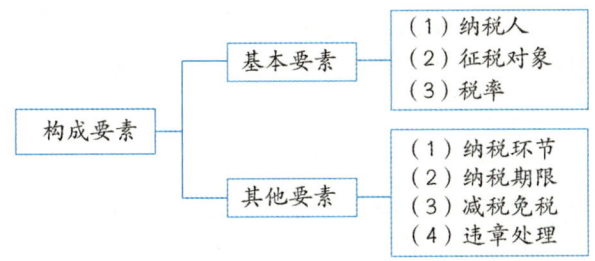

图 3-2　税收制度的构成要素

一、税收制度的基本要素

(一) 纳税人

纳税人又称纳税义务人或纳税主体,是税法规定直接负有纳税义务的单位和个人。它规定了税款的直接承担者。

(二) 征税对象

征税对象的具体内容如表 3-7 所示。

表 3-7 征税对象的具体内容

项目	具体内容
征税范围	凡是列入征税范围的,都应征税
税目	又称课税品目、征税品目,是税法规定应征税的具体项目,是征税对象的具体化。它体现了征税的广度,反映的是各税种具体的征税范围
计税依据	从价计征的税收以计税金额为依据 从量计征的税收以征税对象的重量、容积、体积、数量为计税依据
计税标准 (两层含义)	划分征税对象适用税目税率所依据的标准 计算应纳税额的依据,与计税依据同义
税类	是国家税收制度中税收类别的简称
税种	根据征税对象的不同,将税收划分为若干不同的税种,一个税种一般由若干税制要素构成
税基	是指征税的客观基础
税源	是指税收的最终出处

【提示】征税对象规定了每一种税的征税界限,是一种税区别于另一种税的主要标志。

(三) 税率

税率是应纳税额与征税对象数额(量)之间的法定比例,是计算税额和税收负担的尺度,体现征税的程度,是税收制度的中心环节,是税收制度中最活跃、最有力的因素。

税率的分类如表 3-8 所示。

表 3-8 税率的分类

分类	定义	具体内容
比例税率	是指对同一征税对象,不论数额大小,均按同一比例计征的税率,一般适用商品流转额的征税	可以分为产品比例税率、地区差别比例税率、幅度比例税率
累进税率	是指随征税对象数额或相对比例的增大而逐级提高税率的一种递增等级税率	可以分为全额累进税率、超额累进税率、全率累进税率、超率累进税率、超倍累进税率
定额税率	又称固定税额,是指对每一单位的征税对象直接规定固定税额的一种税率,一般适用于从量计征的税种	可以分为地区差别定额税率、幅度定额税率、分类分级定额税率

【提示】累进税率中,使用时间较长和应用较多的是超额累进税率。

经典例题

[2017 年真题·单项选择题] 关于税率的说法,正确的是( )。
A. 累进税率中使用时间较长的是超率累进税率
B. 对于累进税率而言,征税对象数额或相对比例越大,规定的等级税率越低
C. 一般来说,税率的累进程度越大,纳税人的边际税率与平均税率的差距越小
D. 税率是税收制度中最有力、最活跃的因素

[解析] 本题考查税制要素。累进税率中，使用时间较长和应用较多的是超额累进税率，故 A 项错误。累进税率是指随征税对象数额和相对比例增大而逐级提高税率的一种递增等级税率，故 B 项错误。税率的累进程度越大，纳税人的边际税率与平均税率的差距越大（该内容在本章考点中涉及），故 C 项错误。

[答案] D

二、税收制度的其他要素

税收制度的其他要素如表 3-9 所示。

表 3-9 税收制度的其他要素

其他要素		具体内容
纳税环节		按照纳税环节的多少，可分为"一次课征制""两次课征制""多次课征制"
纳税期限		纳税期限分为按年征收、按季征收、按月征收、按天征收和按次征收等多种形式
减税免税	税基式减免	通过直接缩小计税依据的方式实现的减税免税，具体包括起征点、免征额、项目扣除和跨期结转
	税额式减免	通过直接减少应纳税额的方式实现的减税免税，具体包括全部免征、减半征收、核定减免率以及另定减征税额等
违章处理		具体形式包括加收滞纳金、处以罚款、通知银行扣款、吊销税务登记证、吊销营业执照、移送司法机关追究刑事责任等

经典例题

[2010 年真题·单项选择题] 通过直接缩小计税依据的方式实现的减税免税属于（　　）。

A. 税率式减免　　　　　　　B. 税额式减免
C. 税基式减免　　　　　　　D. 税源式减免

[解析] 本题考查税制要素。通过直接缩小计税依据的方式实现的减税免税属于税基式减免。

[答案] C

● 考点6 税制结构

一、税制结构模式

税制结构模式是指由主体税特征所决定的税制结构类型。

不同的税制结构模式如表 3-10 所示。

表 3-10 不同的税制结构模式

项目	以所得税为主体的税制结构	以货物和劳务税为主体的税制结构	以所得税与货物和劳务税为双主体的税制结构
特点	所得税作为主体税，占比较高并起主导作用	货物和劳务税作为主体税，占比较高并起主导作用	所得税与货物和劳务税占有相近的比重，在财政收入和调节经济方面共同起着主导作用
采用国家	主要发达国家	一些发展中国家	—
优势	(1) 所得税作为直接税的一种，税负相对不易转嫁 (2) 税收收入弹性较高，具有自动稳定器功能，有利于经济稳定	(1) 征税对象普遍、税源丰富，对经济扭曲较小 (2) 征管相对容易，征收成本较小 (3) 税负容易转嫁	既能确保财政收入的稳定可靠，又能使税收的刚性与弹性相结合，充分发挥税收的宏观调控作用

续表

项目	以所得税为主体的税制结构	以货物和劳务税为主体的税制结构	以所得税与货物和劳务税为双主体的税制结构
局限性	（1）所得税会抑制劳动者的工作积极性和投资者的投资热情，促使其更多地选择闲暇和消费，从而对经济产生扭曲 （2）所得税的计算和征管相对复杂，征税成本相对更高	（1）货物与劳务税与价格关系密切，一旦提高税率往往会导致价格上涨，抑制需求，从而使税收减少 （2）具有一定的累退性，不利于税收公平目标的实现	—

二、税制结构的影响因素

税制结构的影响因素如表3-11所示。

表3-11 税制结构的影响因素

影响因素	具体内容
经济因素	经济发展水平（根本因素）、经济结构
政策因素	国家的经济政策目标和收入再分配政策目标会对税制结构设计和选择产生一定的影响
征管因素	—

经典例题

[例题·单项选择题] 影响税制结构的根本因素是（　　）。
A. 经济发展水平
B. 经济结构
C. 征管因素
D. 收入再分配政策

[解析] 本题考查税制结构的影响因素。影响税制结构的根本因素是经济发展水平。　　[答案] A

考点7 我国现行税制结构

根据我国现行税收法律制度，税种可按照性质和作用进行分类，具体内容如表3-12所示。

表3-12 我国现行税收法律制度按照税种的性质和作用的分类

类别	具体内容
货物和劳务税类	包括增值税、消费税、关税
所得税类	包括企业所得税和个人所得税
财产税类	包括房产税、契税、车船税
资源税类	包括资源税、城镇土地使用税、耕地占用税、土地增值税
行为、目的税类	包括印花税、城市维护建设税、车辆购置税、烟叶税、环境保护税、船舶吨税

【提示】

（1）我国目前的税制结构是以货物和劳务税为主体，财产税和特定行为税的比重较低。就单个税种而言，增值税的比重最高，其次是企业所得税。税制结构的发展趋势是向以所得税与货物和劳务税为双主体的模式转变。

（2）深化我国税制改革主要包括：完善直接税体系；健全间接税体系；积极稳妥推进地方税体系改革；全面落实税收法定原则新开征税种，一律由法律进行规范。

> **经典例题**

[2012年真题·单项选择题] 下列税种中，属于财产税类的是（ ）。
A. 增值税 B. 房产税
C. 消费税 D. 个人所得税
[解析] 按照税种的性质和作用进行分类，财产税类包括房产税、契税、车船税。A、C两项属于货物和劳务税类，D项属于所得税类。 [答案] B

● 考点8　税收负担概述

税收负担的衡量指标如表3-13所示。

表3-13　税收负担的衡量指标

分类	具体指标	计算公式
宏观税收负担的衡量指标（从全社会的角度来衡量）	国民（国内）生产总值负担率	税收收入总额/国民（国内）生产总值×100%
	国民收入负担率	税收收入总额/国民收入×100%
微观税收负担的衡量指标（某企业或个人）	企业（个人）综合税收负担率	企业（或个人）缴纳的各项税收的总和/企业总产值（或个人毛收入）×100%
	直接税税收负担率	企业（或个人）一定时期缴纳的所得税（包括财产税）/企业（或个人）一定时期获得的纯收入×100%
	货物和劳务税税收负担率	企业在一定时期实际缴纳的货物和劳务税税额/同期销售（营业）收入×100%
	企业增值税税收负担率	企业在一定时期实际缴纳的增值税税额/同期实现营业收入总额×100%
	企业所得税税收负担率	企业在一定时期实际缴纳的所得税税额/同期实现的利润总额×100%
	个人所得税税收负担率	个人在一定时期实际缴纳的个人所得税税额/同期个人收入总额×100%

【提示】
（1）从绝对的角度来看，税收负担指纳税人应支付给国家的税款额。
（2）从相对的角度来看，税收负担指税收负担率，即纳税人的应纳税额与其计税依据价值的比率。
（3）税收负担是税收制度和税收政策的核心。

> **经典例题**

[2016年真题·单项选择题] 某企业2015年度销售收入额为1 000万元，营业外收入为100万元，增值额为200万元，利润总额为50万元，缴纳增值税为34万元，该企业的增值税税负率为（ ）。
A. 3.0% B. 3.4%
C. 17%   D. 68%
[解析] 本题考查企业的增值税税收负担率。企业的增值税税收负担率＝企业在一定时期实际缴纳的增值税税额/同期实现营业收入总额×100%＝34/1 000×100%＝3.4%。 [答案] B

经典例题

[2013年真题·多项选择题] 宏观税收负担衡量指标包括（　　）。
A. 国民生产总值负担率　　B. 国民收入负担率
C. 企业综合税收负担率　　D. 企业流转税税负率
E. 纯收入直接税负担率

[解题思路] 宏观税收负担的衡量指标是从全社会角度来衡量的，根据考虑的角度不同区分微观税负衡量指标和宏观税负衡量指标。

[答案] AB

●考点9 税收负担的影响因素

一、经济因素

（1）经济发展水平或生产力发展水平。这是影响税收负担的决定性因素。
（2）一国的政治经济体制。

二、税制因素

影响税收负担的税制因素如表 3-14 所示。

表 3-14　影响税收负担的税制因素

税制因素	具体内容
征税对象	在其他因素既定的情况下，征税对象的范围和数额越大，税负水平越高；反之，则越低
计税依据	在相同税率标准下，如果纳税人计征所得税时允许扣除许多项目，则会使计税依据缩小，从而引起纳税人的实际负担率低于名义税率
税率	税率直接决定着税负的高低，即税率越高，税收负担越高；反之，则越低 在不考虑其他因素的情况下： （1）若实行比例税率，则税率等于纳税人的实际负担率 （2）若实行累进税率，则名义的边际税率与纳税人的实际税负率是不同的，税率累进的程度越大，纳税人的名义税率与实际税率、边际税率与平均税率的差距也越大
减免税	减少纳税人的部分税收负担或免除纳税人的全部税收负担
税收附加和加成	使纳税人税收负担加重的税制因素

三、政策因素

一是通过对税收负担的调节来对国家的宏观经济政策进行调节；二是税收本身，国家在一定时期实行的财政税收政策会对税收负担形成直接影响。

四、征管因素

税务部门征管效率与征管水平会影响实际税收负担率。在既定的名义宏观税收负担水平下，税收征收率的高低直接决定了实际宏观税收负担水平。

经典例题

[例题·单项选择题] 下列税收负担的影响因素中，属于税收负担水平的决定性因素的是（　　）。
A. 经济发展水平　　B. 一国的政治经济体制
C. 征税对象　　D. 税率

[解析] 一国的经济发展水平是影响其税收负担水平的决定性因素，在众多因素中占据重要地位。

[答案] A

考点 10　税收负担的转嫁与归宿

一、税负转嫁的形式和条件

（一）税负转嫁的形式

税负转嫁的形式如表 3-15 所示。

表 3-15　税负转嫁的形式

形式	具体内容
前转（顺转）	是指纳税人在进行货物或劳务的交易时，通过提高价格的方法将其应负担的税款向前转移给货物或劳务的购买者或最终消费者负担的形式
前转（顺转）	这种税负转嫁形式多发生在货物和劳务征税上，是最典型和最普通的形式
后转（逆转）	是指纳税人通过压低生产要素的进价，进而将应缴纳的税款转嫁给生产要素的销售者或生产者负担的形式
消转（税收转化）	是指纳税人对其税收负担既不向前转嫁也不向后转嫁，而是通过改善经营管理或改进生产技术等方法，自行消化
税收资本化（资本还原）	是指生产要素购买者将购买的生产要素未来应纳税款，通过从购入价格中扣除的方法，向后转移给生产要素的出售者的一种形式
税收资本化（资本还原）	税收资本化主要发生在某些资本品的交易中

【提示】

（1）税负转嫁中，前转和后转的具体形式如图 3-3 所示。

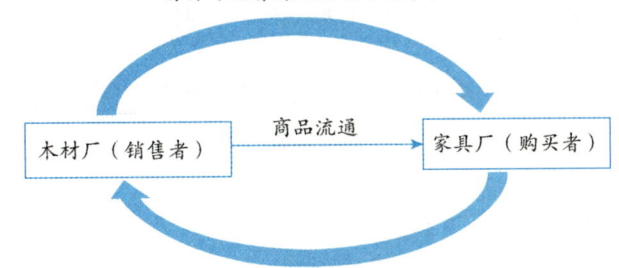

图 3-3　税负转嫁前转和后转的具体形式

（2）税负转嫁是纳税人通过各种途径将缴纳税金全部或部分地转给他人负担，因此造成纳税人与负税人不一致的经济现象。

（3）税负归宿是指税收负担的最终归着点。

经典例题

[2013 年真题·单项选择题] 纳税人在进行货物或劳务的交易时，通过提高价格的方法将其应负担的税收转移给货物或劳务的购买者的税负转嫁形式称为（　　）。

A. 前转　　　　　　　　　　B. 后转
C. 混转　　　　　　　　　　D. 消转

[解题思路] 本题参考[提示]，理解什么是前转，什么是后转，用图示法结合题意理解区分。

[答案] A

（二）税负转嫁的条件

税负转嫁的条件为商品经济的存在和自由的价格体制。

二、税负转嫁的一般规律

（1）供给弹性较大、需求弹性较小的商品征税较易转嫁。商品供需弹性与税负转嫁的关系如表 3-16 所示。

表 3-16　商品供需弹性与税负转嫁的关系

供需弹性		税负转嫁	
商品需求弹性	越大	税负前转的量越小（反比）	税负后转的量越大（正比）
	越小	税负前转的量越大（反比）	税负后转的量越小（正比）
	完全有弹性	税负全部由供给方负担	
	完全无弹性	税负全部由需求方负担	
商品供给弹性	越大	税负前转的量越大（正比）	税负后转的量越小（反比）
	越小	税负前转的量越小（正比）	税负后转的量越大（反比）
	完全有弹性	税负全部由需求方负担	
	完全无弹性	税负全部由供给方负担	
商品需求弹性＞商品供给弹性		税负由需求方负担的比例小于由供给方负担的比例	
商品需求弹性＜商品供给弹性		税负由需求方负担的比例大于由供给方负担的比例	

（2）对垄断性商品课征的税较易转嫁。

（3）货物和劳务税较易转嫁。

（4）征税范围广的税种较易转嫁。

【提示 1】竞争性商品是根据市场供求状况决定价格，因此，相对于垄断性商品，竞争性商品的转嫁能力较弱。

【提示 2】所得税属于直接税，是对收益所得额征税，由纳税人负担，不能转嫁。

经典例题

[2017 年真题·多项选择题] 关于税负转嫁的说法，正确的有（　　）。

A. 商品需求弹性越大，税负后转的量越大
B. 商品供给弹性越大，税负前转的量越大
C. 当商品需求完全有弹性时，税负将全部由需求方负担
D. 所得税较易转嫁
E. 当商品的需求弹性大于供给弹性时，则税负由需求方负担的比例小于由供给方负担的比例

[解析] 本题考查税收负担的转嫁与归宿。当商品需求完全有弹性时，税负将全部由供给方负担，故 C 项错误。所得税作为直接税，由于是对收益所得额征税，一般由纳税人负担，不能转嫁，故 D 项错误。

[答案] ABE

[2016 年真题·单项选择题] 税负转嫁的一般规律是（　　）。

A. 商品需求弹性大的商品易于税负前转
B. 流转税不易转嫁
C. 竞争性商品的税负转嫁能力较弱
D. 所得税容易转嫁

[解析] 税负转嫁的一般规律包括四大点：①供给弹性较大、需求弹性较小的商品的征税较易转嫁；②对垄断性商品课征的税较易转嫁；③货物和劳务税较易转嫁；④征税范围广的税种较易转嫁。

[答案] C

考点11 税收管辖权

一、税收管辖权的确定原则

税收管辖权的确定原则如表3-17所示。

表3-17 税收管辖权的确定原则

确定原则	具体内容
属地主义原则（最基本原则）	以纳税人的收入来源地或经济活动所在地为标准确定国家行使税收管辖权的范围的原则
属人主义原则	以纳税人的国籍和住所为标准确定国家行使税收管辖权范围的原则，即对该国的居民（包括自然人和法人）行使征税权力的原则

二、税收管辖权的分类

税收管辖权的分类如表3-18所示。

表3-18 税收管辖权的分类

分类	定义	依据原则
收入来源地管辖权	一国政府只对来自或被认为是来自本国境内的所得拥有征税权力	按照属地主义原则确立的税收管辖权
居民管辖权	一国政府对本国居民的全部所得拥有征税权，不管该收入是否来源于该国	按照属人主义原则确立的税收管辖权

【提示】包括我国在内的多数国家，都是同时实行收入来源地管辖权和居民管辖权。

经典例题

[2010年真题·单项选择题] 按照纳税人的国籍和住所为标准确定国家行使税收管辖权范围的原则称为（ ）。
A. 属地主义原则 B. 属人主义原则
C. 属地兼属人主义原则 D. 属人兼属地主义原则
[解析] 税收管辖权的原则分为两类，即属地主义原则和属人主义原则。按照纳税人的国籍和住所为标准确定国家行使税收管辖权范围的原则称为属人主义原则。 [答案] B

[2011年真题·单项选择题] 关于税收管辖权的说法，正确的是（ ）。
A. 实行居民管辖权的国家有权对非本国居民来自于本国境内的所得征税
B. 实行地域管辖权的国家有权对本国居民取得的境外所得征税
C. 税收管辖权的交叉会产生国际重复征税
D. 一国政府不能同时行使居民管辖权和地域管辖权
[解析] 本题考查税收管辖权。实行居民管辖权的国家对本国居民的全部所得拥有征税权，不论该收入是否来源于该国，由此可推知实行居民管辖权的国家无权对非本国居民来自本国境内的所得征税，A项错误。实行地域管辖权的国家只对来自或被认为是来自本国境内的所得拥有征税权力，因此实行地域管辖权的国家无权对本国居民取得的境外所得征税，B项错误。一国政府可以同时行使居民管辖权和地域管辖权，D项错误。 [答案] C

考点12 国际重复征税的产生与免除

一、低税法

低税法是指居住国政府对其居民国外来源的所得，单独制定比较低的税率征税，以减轻重复征税。

【举例】A国甲公司2015年境内、外所得总计200万元，其中来自境内所得为160万元，来自设在 B 国的分公司所得为 40 万元，在 B 国已纳所得税额为 12 万元。A 国的税率为 30%，但 A 国对本国居民来自境外所得实行 15% 的低税率。试计算甲公司的应纳税额。

【分析】A 国甲公司来自境外所得 40 万元的应纳税额 = 40×15% = 6（万元），A 国甲公司来自境内所得 160 万元的应纳税额 = 160×30% = 48（万元），则甲公司在 A 国缴纳所得税共计 54 万元。已知甲公司在 B 国缴纳所得税为 12 万元，则甲公司的应纳税额 = 6+48+12 = 66（万元）。

二、扣除法

扣除法是指居住国政府对其居民取得的国内外所得汇总征税时，允许居民将其在国外已纳的所得税视为费用在应税所得中予以扣除，就扣除后的部分征税。

【举例】甲国 A 公司在某纳税年度的所得为 200 万元，其中来自甲国所得为 100 万元，来自乙国所得为 100 万元。甲国的税率为 35%，乙国的税率为 20%。已知甲、乙国均实行属人兼属地税收管辖权，甲国对本国居民来自境外所得实行扣除法。试计算 A 公司在该年度的应纳税额。

【分析】A 公司来自乙国所得的应纳税额 = 100×20% = 20（万元），A 公司来自甲国所得的应纳税额 = （200−20）×35% = 63（万元），则 A 公司该年度的应纳税额 = 20+63 = 83（万元）。

经典例题

[2015 年真题·单项选择题] 甲国某居民公司 2014 年度来源于乙国所得 200 万元，甲国、乙国均实行属人兼属地税收管辖权，甲、乙两国的企业所得税税率分别为 40% 和 30%，甲国对境外所得实行扣除法，该公司 2014 年度境外所得应向甲国缴纳企业所得税（　　）万元。
A. 20　　　　　B. 56　　　　　C. 60　　　　　D. 80
[解析] 本题考查国际重复征税免除方法中的扣除法。解题方法参考上述举例的分析方法。应纳企业所得税 = （200−200×30%）×40% = 56（万元）。
[答案] B

三、免税法

免税法是指居住国政府对其居民来源于非居住国的所得额单方面放弃征税权。

【举例】A 国居民公司甲在某一纳税年度的所得为 300 万元，其中来自 A 国的所得为 200 万元，来自 B 国的所得为 100 万元。A 国的税率为 40%，B 国的税率为 30%。已知 A、B 国均实行属人兼属地税收管辖权，A 国对本国居民来自境外所得实行免税法。试计算甲公司在该年度的应纳税额。

【分析】甲公司在 B 国缴纳所得税额 = 100×30% = 30（万元）。甲公司计算在 A 国的应纳税额时，其来源于 B 国的所得免税，A 国的应纳税所得额 = 300−100 = 200（万元），则在 A 国应纳所得税 = 200×40% = 80（万元）。因此，甲公司该年度的应纳税额 = 80+30 = 110（万元）。

经典例题

[2012 年真题·单项选择题] Lily 为 A 国居民，2011 年度在 A 国取得所得 200 万元，在 B 国取得所得 100 万元。已知 A 国税率为 30%，对本国居民来自境外所得实行免税法；B 国税率为 20%。则 Lily 应在 A 国纳税（　　）万元。
A. 10　　　　　B. 24　　　　　C. 60　　　　　D. 90
[解析] 本题考查国际重复征税的产生与免除。A 国实行的是免税法，类推上面的例题计算方法，在国外的所得不用缴纳税款。所以，该居民在 A 国纳税 = 200×30% = 60（万元）。
[答案] C

四、抵免法

抵免法是指居住国政府对其居民的国外所得在国外已纳的所得税，允许从其应汇总缴纳的本国所得税款中抵扣。税收抵免是承认收入来源地管辖权优先于居民管辖权。在实际应用中，抵免法又分为直接抵免和间接抵免两种方法。

（一）分国抵免限额

分国抵免限额是指居住国政府对其居民纳税人来自每一个外国的所得，分别计算抵免限额。其计算公式为：

分国抵免限额＝国内外应税所得额×本国税率×（某一外国应税所得额/国内外应税所得额）
＝某一外国应税所得额×本国税率

（二）综合抵免限额

综合抵免限额是指居住国政府对其居民纳税人的全部外国来源所得，不分国别、项目汇总在一起计算抵免限额。其计算公式为：

综合抵免限额＝国内外应税所得额×本国税率×（国外应税所得额/国内外应税所得额）
＝国外应税所得额×本国税率

【举例】A国居民甲有来源于A国所得0、B国所得100万元、C国所得80万元，A、B、C三国所得税税率分别为50％、50％、30％。已知A、B、C三国均实行属人兼属地税收管辖权，假设A国采用综合抵免限额，试计算居民甲在A国的应纳税额。

【分析】综合抵免限额＝（100＋80）×50％＝180×50％＝90（万元）。在国外实际纳税＝100×50％＋80×30％＝74（万元），小于抵免限额，实际抵免额为74万元。居民甲在A国应补缴税额＝（100＋80）×50％－74＝16（万元）。

【提示】采用综合抵免限额法可以使纳税人获得最大限度的抵免。

（三）分项抵免限额

在采用综合抵免法时，为防止纳税人以某一外国较低税率形成的不足限额部分，冲抵另一外国较高税率形成的超限额部分进行国际税收逃避，对某些项目的收入采用单独计算抵免限额的方法。其计算公式为：

分项抵免限额＝国内外应税所得额×本国税率×（国外某一单项所得额/国内外应税所得额）
＝国外某一单项所得额×本国税率

经典例题

[2011年真题·单项选择题] Susan女士为甲国居民，2010年度在乙国取得经营所得100万元，利息所得10万元。甲、乙两国经营所得的税率分别为30％和20％，利息所得的税率分别为10％和20％。假设甲国对本国居民的境外所得实行分项抵免限额法计税，则Susan女士应在甲国纳税（　　）万元。

A. 0　　　　　　　　　　　　B. 9
C. 10　　　　　　　　　　　　D. 30

[解析] 本题考查抵免法中的分项抵免限额。经营所得的抵免限额＝100×30％＝30（万元）。来源于乙国的经营所得已纳税款＝100×20％＝20（万元），小于抵免限额30万元，因此经营所得的已纳税款可以全额得到抵免，故在甲国还需纳税10万元（30－20）。利息所得的抵免限额＝10×10％＝1（万元），来源于乙国利息所得已纳税款＝10×20％＝2（万元），大于抵免限额1万元，实际抵免限额为1万元，在甲国不用纳税。因此，Susan女士应在甲国纳税10万元。

[答案] C

（四）税收饶让

税收饶让是指居住国政府对其居民在国外得到的所得税减免优惠的部分，视同在国外实际缴纳的税款给予税收抵免，不再按居住国税法规定的税率进行补征，是税收抵免的延伸。其主要是为了保障各国税收优惠措施的实际效果。

税收饶让多数发生在发展中国家和发达国家之间。两国之间一般采取签订税收协定的方式确定税收饶让政策。这样既有利于作为非居住国的发展中国家利用外资，同时也不影响发达国家作为居住国行使居民管辖权的正当税收权益。

【举例】A 国某总公司在 B 国设立了分公司，该分公司来源于 B 国的所得 1 000 万元，B 国所得税税率为 30%。B 国为鼓励外来投资，对该分公司减按 25% 税率征收所得税。已知 A、B 两国均实行属人兼属地税收管辖，A 国和 B 国之间签订有税收饶让协定，并对境外所得实行综合抵免限额法，A 国所得税税率为 40%。试计算该公司在 A 国的应纳税额。

【分析】该公司在 B 国按税法规定应纳税额 300 万元，减按 25% 税率征税后，在 B 国实际缴纳 250 万元。由于签订了税收饶让协定，A 国政府在对总公司进行抵免时，按照 300 万元（1 000×30%）的税额进行抵免。抵免限额 = 1 000×40% = 400（万元），所以，在 A 国应补缴税额 = 400 − 300 = 100（万元）。

经典例题

[2015 年真题·单项选择题] 关于税收饶让的说法，正确的是（　　）。
A. 税收饶让可以完全解决重复征税
B. 居民在境外所得的已纳税款可以得到抵免
C. 居民在国外所得的减免税部分可以得到抵免
D. 居民在境外所得按居住国规定的税率进行补征

[解析] 税收饶让是指居住国政府对其居民在国外得到的所得税减免优惠的部分，视同在国外实际缴纳的税款给予税收抵免，不再按居住国税法规定的税率进行补征。　　　　[答案] C

【提示】国际重复征税零碎知识记忆如图 3-4 所示。

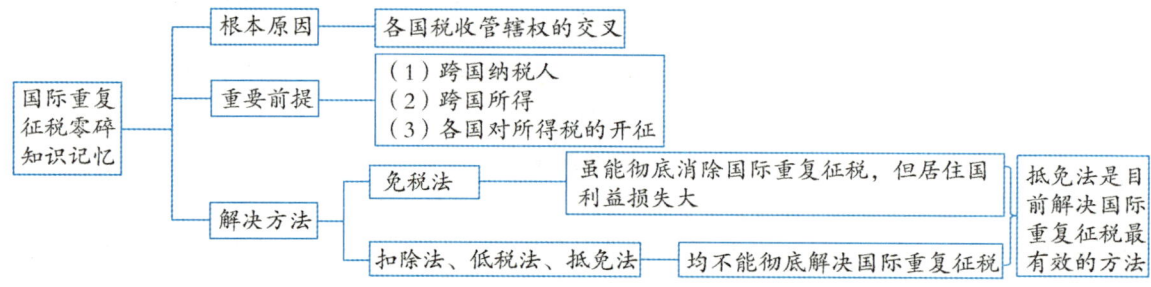

图 3-4　国际重复征税零碎知识记忆

【考点小贴士】利用免除国际重复征税的方法在进行计算时，采用类比法，题目虽然变更，但是计算方式是一致的。

考点 13　国际避税与反避税

一、国际避税产生的具体原因

（1）国际避税产生的内在动机是跨国纳税人对利润的追求。
（2）国际避税产生的外部条件是各国税收制度的差别和税法的缺陷。

二、国际避税的基本手段

（1）利用转让定价转移利润。通过关联企业之间的商品交易、劳务派遣、金融行为等，将利润聚集在低税率国家（或地区），尽可能降低在高税率国家（或地区）的税负。
（2）利用避税地规避纳税义务。
（3）滥用国际税收协定。

三、国际反避税的措施

（1）完善税法。
①完善税制。
②加强税收立法，制定专门的反避税条款。
③国际避税案件的裁定应形成相应的法规，作为法院或税务官员对国际避税有关事宜做出裁定的依据。
（2）加强税务管理。
（3）加强国际多边合作。

四、BEPS行动计划与国际税收合作

（1）BEPS行动计划。BEPS行动计划15项产出成果不仅包含对现行国际税收规则的多处修改，而且针对如何遏制跨国企业规避全球纳税义务、侵蚀各国（或地区）税基的行为提出了具体的行动方案。
（2）国际税收合作。签订《多边税收征管互助公约》；金融账户涉税信息自动交换标准等。

● 考点 14　国际税收协定范本

国际税收协定范本的具体内容如表3-19所示。

表3-19　国际税收协定范本的具体内容

项目	具体内容
示范性范本	国际上最重要、影响力最大的两个国际税收协定范本： （1）《关于对所得和财产避免双重征税的协定范本》，即《OECD协定范本》 （2）《关于发达国家与发展中国家间避免双重征税的协定范本》，即《UN协定范本》
特征	（1）规范化 （2）内容弹性化

本章易错易混考点

【易错易混考点一】起征点和免征额

（1）起征点，即征税数额达到一定数额开始征税的起点。
（2）免征额，即在征税对象的全部数额中免予征税的数额。

[2012年真题·单项选择题]王先生某月取得劳务收入为5 000元，假设当地规定的起征点为2 000元，则王先生本月应税收入为（　　）元。

A. 2 000　　　　　　　　　　B. 3 000
C. 5 000　　　　　　　　　　D. 7 000

[解析]本题考查税制要素。起征点是征税数额达到一定数额开始征税的起点。免征额是在征税对象的全部数额中免予征税的数额。本题中规定了劳务收入的起征点为2 000元，所以本月的应税收入为全部收入5 000元。

[答案] C

【易错易混考点二】全额累进税率和超额累进税率的比较

（1）全额累进税率是指按征税对象的绝对数额划分征收级距，就纳税人征税对象全部数额按与之相应的各级距税率计征的一种累进税率，即一定征税对象的数额只适用一个等级的税率。
（2）超额累进税率是指按征税对象的绝对数额划分征收级距，就纳税人征税对象全部数额中符合不同级距部分的数额，分别按与之相应的各级距税率计征的一种累进税率，即一定征税对象

的数额会同时适用几个等级的税率。

按超额累进税率方法计算的税额，计算公式为：

应纳税额＝应税所得额×适用税率－速算扣除数

本级速算扣除数＝（本级税率－上一级税率）×上一级征税对象的最高数额＋上一级速算扣除数

【提示】对同一征税对象采用同一税率，按超额累进税率计算的应纳税额小于按全额累进税率计算的应纳税额。

[2012年真题·单项选择题] 关于累进税率的说法，错误的是（　　）。

A. 在全额累进税率下，一定征税对象的数额只适用一个等级的税率

B. 在超额累进税率下，征税对象数额越大，适用税率越高

C. 对同一征税对象采用同一税率，按超额累进税率计算的应纳税额大于按全额累进税率计算的应纳税额

D. 按全额累进税率计算的应纳税额与按超额累进税率计算的应纳税额的差额为速算扣除数

[解析] 对同一征税对象采用同一税率，按超额累进税率计算的应纳税额小于按全额累进税率计算的应纳税额，C项错误。

[答案] C

历年经典真题回顾

一、**单项选择题**（每题1分，每题备选项中，只有1个最符合题意）

1. 企业2021年度的销售收入额为1 000万元，投资收益为300万元，实现的利润总额为300万元，缴纳的企业所得税税额为25万元，该企业的企业所得税税收负担率为（　　）。[2022年真题]

   A. 8.33%   B. 2.5%

   C. 1.92%   D. 30%

   [解析] 本题考查企业所得税税收负担率。其计算公式为：企业所得税税收负担率＝企业在一定时期实际缴纳的所得税税额/同期实现的利润总额×100%＝25/300×100%≈8.33%。

   [答案] A

2. 下列减免税方式中，属于税基式减免的是（　　）。[2021年真题]

   A. 减半征收   B. 核定减免率

   C. 全部免征   D. 免征额

   [解析] 本题考查税收制度的构成要素。税基式减免是通过直接缩小计税依据的方式实现的减税免税，具体包括起征点、免征额、项目扣除以及跨期结转等。

   [答案] D

3. 关于税收饶让的说法，正确的是（　　）。[2017年真题]

   A. 税收饶让多发生在发达国家之间

   B. 两国之间一般采取签订税收协定的方式确定税收饶让政策

   C. 税收饶让主要是为了解决国际重复征税

   D. 税收饶让会影响发达国家作为居住国行使居民管辖权的正当税收权益

   [解析] 本题考查国际重复征税的产生与免除。税收饶让主要发生在发展中国家和发达国家之间，故A项错误。税收饶让是税收抵免的延伸，是以税收抵免的发生为前提的，但其意义已超出了解决国际重复征税的范围，主要是为了保障各国税收优惠措施的实际效果，故C项错误。两国之间一般采取签订税收协定的方式确定税收饶让政策，这样既利于作为非

居住国的发展中国家利用外资,同时也不影响发达国家作为居住国行使居民管辖权的正当税收权益,故 D 项错误。

[答案] B

4. 甲国居民公司 A 在乙国所得 100 万元,甲、乙两国的所得税税率分别为 20% 和 15%,两国均实行属人兼属地税收管辖权,甲国对境外两国实行抵免法,A 公司应向甲国缴纳所得税( )万元。[2016 年真题]

A. 0
B. 5
C. 15
D. 20

[解析] 本题考查国际重复征税的产生与免除。由于实行抵免法,甲国抵免限额为 100×20%=20(万元),在国外实际纳税=100×15%=15(万元),小于抵免限额 20 万元,所以在国外的已纳税款可以全额得到抵免。在甲国需要缴纳的税款=20-15=5(万元)。

[答案] B

5. 纳税人通过压低生产要素的进价从而将应缴纳的税款转嫁给生产要素的销售者或生产者负担的税负转嫁形式为( )。[2015 年真题]

A. 前转
B. 后转
C. 消转
D. 税收资本化

[解析] 本题考查税收负担的转嫁与归宿。后转,亦称"逆转",是指纳税人通过压低生产要素的进价从而将应缴纳的税款转嫁给生产要素的销售者或生产者负担的形式。

[提示] 本题考查后转的定义,可结合[考点小贴士]图示进行理解。

[答案] B

6. L 公司是甲国居民纳税人,2013 年度的所得为 100 万元,其中来自甲国所得 80 万元,来自乙国所得 20 万元。甲国实行居民管辖权,所得税税率为 30%,对境外所得实行扣除法;乙国实行地域管辖权,所得税税率为 20%。L 公司 2013 年度在甲国应纳所得税税额为( )万元。[2014 年真题]

A. 4.0
B. 20.0
C. 26.0
D. 28.8

[解析] 本题考查国际重复征税的产生与免除。L 公司在乙国缴纳所得税税额=20×20%=4(万元)。L 公司计算在甲国的应纳税额时,其在 B 国缴纳的 4 万元税款可以作为费用进行扣除。甲国的应纳税额=100-4=96(万元)。在甲国应纳所得税税额=96×30%=28.8(万元)。

[答案] D

7. 税收的纵向公平是指( )。[2013 年真题]

A. 排除特权阶层免税
B. 自然人和法人均需纳税
C. 公私经济均等征税
D. 对不同境遇的人课征不同的税收

[解析] 在平等原则中,横向公平(水平公平),即对相同境遇的纳税人课征相同的税收。纵向公平(垂直公平),即对不相同境遇的纳税人课征不同的税收。

[答案] D

8. 通过征税获得的收入要能满足一定时期财政支出的需要,体现的税收原则是( )。[2013 年真题]

A. 弹性原则
B. 充裕原则
C. 便利原则
D. 节约原则

[解析] 本题考查现代税收原则。充裕原则是指通过征税获得的收入要充分,能满足一定时期

财政支出的需要,故 B 项正确。

[答案] B

9. 某企业年度收入总额为 1 000 万元,利润总额为 200 万元,缴纳企业所得税 30 万元,该企业的所得税税负率为( )。[2013 年真题]

A. 3%
B. 15%
C. 25%
D. 30%

[解析] 本题考查税收负担概述。企业所得税负担率=实际缴纳的所得税税额/同期实现的利润总额×100%=30/200×100%=15%。

[答案] B

10. A 公司为甲国居民纳税人,2012 年度来自甲国的所得为 50 万元,来自乙国的所得为 50 万元。甲、乙两国的税率分别为 20% 和 30%。A 公司已在乙国缴纳税款,甲国对本国居民来自境外的所得实行的免除重复征税方法为扣除法,A 公司 2012 年度应向甲国缴纳所得税( )万元。[2013 年真题]

A. 10
B. 15
C. 17
D. 20

[解析] 本题考查国际重复征税的产生与免除中的扣除法。应纳所得税额=50×20%+(50-50×30%)×20%=17(万元)。

[答案] C

11. 关于税收效率原则的说法,错误的是( )。[2012 年真题]

A. 税收要有利于资源的有效配置
B. 税收要有利于经济机制的有效运行
C. 税收负担要公平合理地分配
D. 征收费用要节省

[解析] 税收效率原则包括两部分:①税收的经济效率原则,税收应有利于资源的有效配置和经济的有效运行,检验税收经济效率原则的标准是税收额外负担最小化和额外收益最大化。表现在税收上,就是国家税收不应对经济行为产生干预。②税收本身的效率原则,是指节约税收的行政费用的原则,其基本要求是以最小的税收成本取得最大的税收收入。故 A、B、D 三项正确,C 项属于税收公平原则的内容。

[答案] C

12. 下列税种中,属于财产和行为税类的是( )。[2011 年真题]

A. 增值税
B. 营业税
C. 关税
D. 印花税

[解析] 本题考查我国现行税收法律制度。印花税属于财产和行为税。A、B、C 三项都属于流转税,也称商品劳务税。

[提示] 本题为 2011 年真题,涉及营业税,现教材已变更,营业税取消,不作为考查内容。

[答案] D

13. 关于税率的说法,错误的是( )。[2011 年真题]

A. 在比例税率下,纳税人均适用于同一税率
B. 在累进税率下,征税对象数额越大,适用税率越高
C. 在定额税率下,应纳税额与商品销售价格无关
D. 按超额累进税率计算的应纳税额大于按全额累进税率计算的应纳税额

[解析] 本题考查税制要素。按超额累进税率计算的应纳税额小于按全额累进税率计算的应纳税额。

[答案] D

14. 下列征税行为中,体现了税收横向公平原则的是（　　）。[2010年真题]

　　A. 对经济条件相同的纳税人同等课税

　　B. 对经济条件不同的纳税人区别课税

　　C. 对经济条件相同的纳税人区别课税

　　D. 对经济条件不同的纳税人同等课税

　　[解析] 现代税收原则中的公平原则包括普遍原则和平等原则。其中,平等原则包括横向公平和纵向公平原则。对经济条件相同的纳税人同等课税体现了税收的横向公平原则。B项体现的是纵向公平原则。　　　　　　　　　　　　　　　　　　　　　　　[答案] A

二、多项选择题（每题2分,每题备选项中,有2个或2个以上符合题意,至少有1个错项。错选,本题不得分;少选,所选的每个选项得0.5分）

1. 税收的职能包括（　　）。[2015年真题]

　　A. 财政职能　　　　　　　　B. 经济职能

　　C. 保障职能　　　　　　　　D. 救济职能

　　E. 监督职能

　　[解析] 税收的职能包括财政职能、经济职能、监督职能。其中,财政职能是税收首要和基本的职能。　　　　　　　　　　　　　　　　　　　　　　　　　　　　　[答案] ABE

2. 税收的经济原则包括（　　）。[2013年真题]

　　A. 财政原则　　　　　　　　B. 配置原则

　　C. 效率原则　　　　　　　　D. 公平原则

　　E. 弹性原则

　　[解析] 在现代税收原则中,税收的经济原则包括配置原则和效率原则。　　[答案] BC

3. 税收的公平原则包括（　　）。[2010年真题]

　　A. 普遍原则　　　　　　　　B. 效率原则

　　C. 公平原则　　　　　　　　D. 确定原则

　　E. 节约原则

　　[解题思路] 本题考查税收的公平原则。税收的公平原则包括普遍原则和平等原则（现代社会的公平原则主要指平等原则）。　　　　　　　　　　　　　　　　　　　[答案] AC

本章同步练习

一、单项选择题（每题1分,每题备选项中,只有1个最符合题意）

1. 关于税收本质的说法,正确的是（　　）。

　　A. 税收是国家有偿取得财政收入的工具

　　B. 税收表现了国家与纳税人在征税、纳税和利益分配上的一种特殊关系

　　C. 税收的目的是调节贫富差距

　　D. 国家存在和对资金的需求是税收产生、存在和发展的内在的、根本的决定依据

2. 明确提出税制建立必须遵循平等、确定、便利、最少征收费用四原则的经济学家是（　　）。

　　A. 瓦格纳

　　B. 威廉·配第

　　C. 亚当·斯密

　　D. 马斯格雷夫

3. 在当代西方税收学界看来，设计和实施税收制度最重要的原则是（　　）。
   A. 公平原则　　　　　　　　　B. 经济原则
   C. 效率原则　　　　　　　　　D. 财政原则

4. 在税负转嫁的形式中，主要发生在资本品交易中的是（　　）。
   A. 税收资本化　　　　　　　　B. 后转
   C. 前转　　　　　　　　　　　D. 消转

5. A国公司R在某一纳税年度的总所得额为300万元，其中源自A国的所得为200万元，源自B国的所得为100万元。A国所得税税率为35%，B国所得税税率为20%。两国均实行属人兼属地税收管辖权。已知A国政府对本国居民来自境外所得实行扣除法，则R公司该年度的应纳税额为（　　）万元。
   A. 20　　　　　　　　　　　　B. 78
   C. 98　　　　　　　　　　　　D. 118

6. 甲国居民有来源于乙国的所得400万元，甲、乙两国的所得税税率分别为80%和60%，两国均实行属人兼属地税收管辖权。在扣除法下甲国应对这笔所得征收所得税为（　　）万元。
   A. 100　　　　　　　　　　　 B. 48
   C. 128　　　　　　　　　　　 D. 120

7. 甲国居民有来源于乙国的所得200万元、丙国的所得160万元。甲、乙、丙三国的所得税税率分别为20%、30%、10%。已知两国均实行属人兼属地税收管辖权。在综合抵免法下，抵免限额为（　　）万元。
   A. 36　　　　　　　　　　　　B. 72
   C. 16　　　　　　　　　　　　D. 60

8. 关于减免税的说法，错误的是（　　）。
   A. 减免税有针对纳税人的，也有针对征税对象的
   B. 任何单位与部门都不得擅自减税免税
   C. 征税对象超过起征点的只对超过部分征税
   D. 征税对象没有达到起征点的不征税

9. 以下属于税额式减免的是（　　）。
   A. 减半征收　　　　　　　　　B. 跨期结转
   C. 减征额　　　　　　　　　　D. 免征额

10. 下列指标中属于衡量宏观税收负担的指标是（　　）。
    A. 企业税收负担率　　　　　　B. 间接税负担率
    C. 直接税负担率　　　　　　　D. 国民收入负担率

二、多项选择题（每题2分，每题备选项中，有2个或2个以上符合题意，至少有1个错项。错选，本题不得分；少选，所选的每个选项得0.5分）

1. 亚当·斯密的税收原则有（　　）。
   A. 平等原则　　　　　　　　　B. 确定原则
   C. 便利原则　　　　　　　　　D. 公平原则
   E. 最少征收费用原则

2. 19世纪德国经济学家瓦格纳提出的税收原则包括（　　）。
   A. 财政政策原则　　　　　　　B. 国民经济原则
   C. 民生为本原则　　　　　　　D. 社会公平原则
   E. 税务行政原则

3. 税负转嫁的条件包括（　　）。
   A. 商品经济的存在　　　　　B. 价格管制
   C. 税收资本化　　　　　　　D. 自由的价格体制
   E. 垄断竞争
4. 横向公平是现代税收公平原则的重要方面，其应具备的要求包括（　　）。
   A. 排除特权阶层免税
   B. 对不同来源的收入加以区分
   C. 公私经济均等课税
   D. 对本国人和外国人在课税上一视同仁
   E. 自然人和法人均需纳税
5. 国际上最重要、影响力最大的国际税收协定范本包括（　　）。
   A.《OECD 协定范本》　　　　B.《IMF 协定范本》
   C.《UN 协定范本》　　　　　D.《东盟协定范本》
   E.《欧盟协定范本》

本章同步练习参考答案及解析

一、单项选择题

1. [答案] B
   [解析] 本题考查税收的本质。税收是国家强制、无偿地取得财政收入的一种规范形式，A 项错误。税收的目的是国家取得财政收入，从而满足社会公共需要，C 项错误。对于税收的产生、存在和发展，社会经济是内在的、根本的决定依据，国家的存在和对资金的需求则是一个必要的前提条件，D 项错误。

2. [答案] C
   [解析] 亚当·斯密提出税制建立必须遵循平等、确定、便利、最少征收费用四原则。

3. [答案] A
   [解析] 在现代税收原则中，税收公平原则是设计和实施税收制度的最重要的原则。

4. [答案] A
   [解析] 税收资本化亦称为"资本还原"，即生产要素购买者将购买的生产要素未来应纳税款通过从购入价格中扣除的方法，向后转移给生产要素的出售者的一种形式，其主要发生在某些资本品交易中。
   [提示] 历年真题中考查比较多的都是"前转"和"后转"的概念，在以后的考查中有可能会考查到其他几个方面，大家备考时要注意一下。

5. [答案] D
   [解析] R 公司在 B 国取得所得 100 万元，在 B 国应缴纳税款 $=100\times 20\%=20$（万元），由于该公司采用的是扣除法，其在 B 国缴纳的 20 万元税款可以作为费用进行扣除。A 国的应纳税所得额 $=300-20=280$（万元）。在 A 国应纳税额 $=280\times 35\%=98$（万元）。R 公司该年度的应纳税额 $=98+20=118$（万元）。

6. [答案] C
   [解析] 在扣除法下，允许居民将其在国外已纳的所得税视为费用在应纳税所得中予以扣除，就扣除后的部分征税，即：应纳税额 $=(400-400\times 60\%)\times 80\%=128$（万元）。

7. [答案] B
   [解析] 综合抵免限额 $=$ 国内外应税所得额 $\times$ 本国税率 $\times$（国外应税所得额/国内外应税所得额）$=200\times 20\%+160\times 20\%=72$（万元）。

8. [答案] C
   [解析] 本题考查税制要素。征税对象超过起征点全额征税，故 C 项错误。

9. [答案] A
   [解析] 税额式减免包括全部免征、减半征收、核定减免率以及另定减征税额等。

10. [答案] D
    [解析] 衡量宏观税负的指标包括两个方

面，主要是国民生产总值（或国内生产总值）负担率和国民收入负担率。

二、多项选择题

1. [答案] ABCE

   [解析] 亚当·斯密的税收原则包括平等原则、确定原则、便利原则、最少征收费用原则。

2. [答案] ABDE

   [解析] 本题考查税收原则理论的形成与发展。瓦格纳提出的"四端九项"税收原则包括：①财政政策原则；②国民经济原则；③社会公平原则；④税务行政原则。

3. [答案] AD

   [解析] 税负转嫁的条件包括商品经济的存在和自由的价格体制。

4. [答案] ACDE

   [解析] 横向公平的要求包括：①排除特权阶层免税；②自然人和法人均需纳税；③公私经济均等课税；④对本国人和外国人在课税上一视同仁。

5. [答案] AC

   [解析] 国际上最重要、影响力最大的国际税收协定范本包括经济合作与发展组织的《关于对所得和财产避免双重征税的协定范本》，即《OECD协定范本》，和联合国的《关于发达国家与发展中国家间避免双重征税的协定范本》，即《UN协定范本》。

第四章　货物和劳务税制度

本章考情分析

年份	单项选择题	多项选择题	案例分析题	合计
2022 年	9 题 9 分	2 题 4 分	4 题 8 分	21 分
2021 年	8 题 8 分	3 题 6 分	5 题 10 分	24 分
2020 年	8 题 8 分	2 题 4 分	5 题 10 分	22 分
2019 年	8 题 8 分	2 题 4 分	5 题 10 分	22 分
2018 年	8 题 8 分	2 题 4 分	5 题 10 分	22 分

本章考点概览

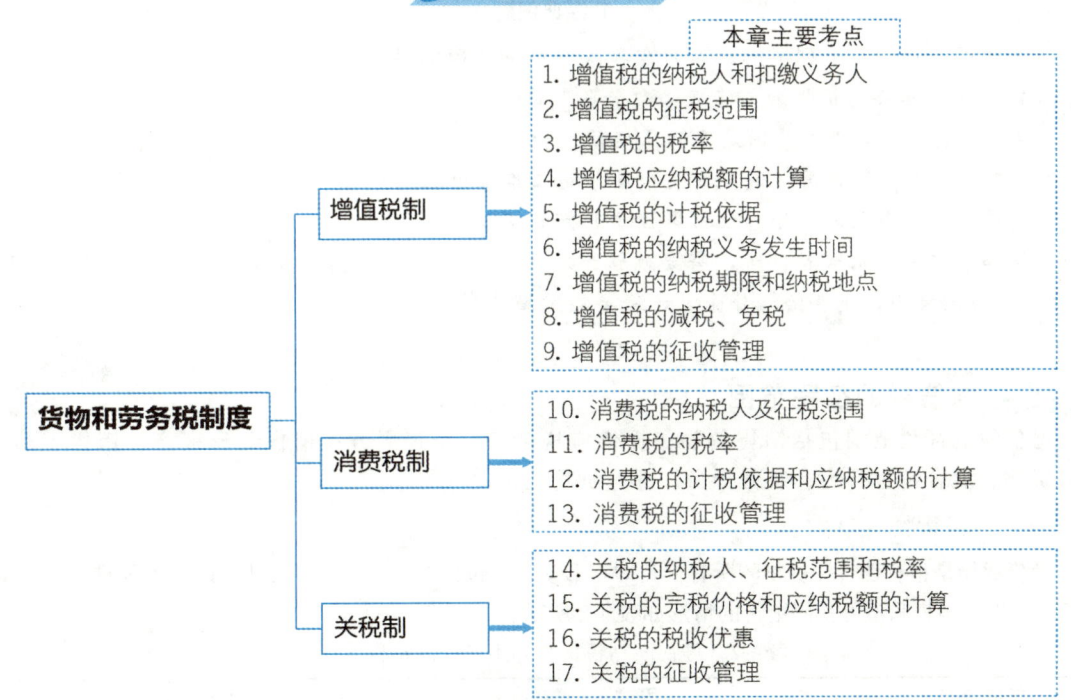

本章学习提示

第四章介绍货物和劳务税制度。每个税种的内容虽然看似杂乱，但是都有其内在逻辑性，可按照税制要素的内容进行理解记忆，这对本章的学习有很大帮助。

本章考点详解

考点1 增值税的纳税人和扣缴义务人

增值税的纳税人和扣缴义务人如表 4-1 所示。

表 4-1 增值税的纳税人和扣缴义务人

项目	具体内容
纳税人	在我国境内销售货物、劳务、服务、无形资产或不动产,以及进口货物的单位和个人
扣缴义务人	(1) 境外的单位或个人在境内提供应税劳务,在境内未设立经营机构的,以其境内代理人为扣缴义务人;若境内没有代理人,以购买方为扣缴义务人。 (2) 境外的单位或个人在境内发生应税行为,在境内未设有经营机构的,以购买方为增值税的扣缴义务人
合并纳税	两个或两个以上的纳税人,经财政部和国家税务总局批准可作为一个纳税人合并纳税

【提示】境内的具体解释包括:

① 在中华人民共和国境内销售货物或劳务,是指销售货物的起运地或所在地在境内,或是提供的应税劳务发生在境内。

② 在境内销售服务、无形资产或者不动产,是指服务(租赁不动产除外)或者无形资产(自然资源使用权除外)的销售方或购买方在境内、所销售或租赁的不动产在境内、所销售自然资源使用权的自然资源在境内以及财政部和国家税务总局规定的其他情形。

> **经典例题**
>
> [例题·单项选择题] 下列情形,需要在我国缴纳增值税的是( )。
> A. 向美国 A 汽车公司提供加工修理修配劳务
> B. 向美国甲企业转让曾在美国购置的土地使用权
> C. 俄罗斯某汽车租赁公司在俄罗斯向中国某施工单位出租汽车
> D. 境内单位或者个人向境外单位出售位于北京的不动产
> [解题思路] 在分析本道题目时,需要确认境内和境外的具体范围,确认是否需要缴纳增值税。不动产在我国境内,出售给境外企业,需要缴纳增值税。
> [答案] D

考点2 增值税的征税范围

增值税的征税范围包括销售货物、提供应税劳务、销售服务、销售无形资产、销售不动产、进口货物、混合销售行为、兼营行为、部分货物征税。

一、销售货物

销售货物是指有偿转让货物的所有权,即有形动产,包括热力、电力、气体在内。单位或个体工商户的行为可视同销售和不可视同销售的情形如表 4-2 所示。

表 4-2 可视同销售货物和不可视同销售的情形

货物类型	用途	税务处理
自产或委托加工的货物	用于非应税项目、集体福利或个人消费、投资、分配、无偿赠送	视同销售,因此购进货物的进项税额,符合规定可以抵扣
购买的货物	投资、分配、无偿赠送(向外部移送)	
	用于非应税项目、集体福利或个人消费,即最终使用	不视同销售,因此进项税额不得抵扣,已抵扣的,作进项税转出处理

【提示】将货物交给其他单位或者个人代销、销售代销业务也属于视同销售行为。

> **经典例题**
>
> [2022年真题·单项选择题] 下列各项中，不属于视同销售的是（   ）。
> A. 将购进的货物无偿赠送给他人
> B. 将购进的货物用于职工食堂
> C. 将购进的货物分配给股东
> D. 将自产的货物用于职工福利
> [解题思路] 本题根据表4-2给出的可视同销售和不可视同销售的情形，对应题目选项中的不同行为，对比分析记忆。
> [答案] B

二、提供应税劳务

增值税的应税劳务是指有偿提供加工、修理修配劳务。

三、销售服务

销售服务的具体内容如表4-3所示。

表 4-3　销售服务的具体内容

销售服务	具体内容
交通运输服务（税率为9%）	包括陆路运输服务（铁路运输服务和其他陆路运输服务）、水路运输服务（水路运输的程租和期租业务）、航空运输服务（航天运输服务和航空运输的湿租业务）、管道运输服务 (1) 无运输工具承运业务，按照交通运输服务缴纳增值税 (2) 出租车公司向使用本公司自有出租车的出租车司机收取的管理费用，按照陆路运输服务缴纳增值税 (3) 自2018年1月1日起，纳税人已售票但客户逾期未消费取得的运输逾期票证收入，按照交通运输服务缴纳增值税 (4) 自2019年10月1日起，关于运输工具舱位承包和舱位互换业务适用税目规定为： ①运输工具舱位承包业务：发包方以其向承包方收取的全部价款和价外费用为销售额，按照交通运输服务缴纳增值税。承包方以其向托运人收取的全部价款和价外费用为销售额，按照交通运输服务缴纳增值税 ②运输工具舱位互换业务：互换运输工具舱位的双方均以各自换出运输工具舱位确认的全部价款和价外费用为销售额，按照交通运输服务缴纳增值税
邮政服务（税率为9%）	包括邮政普遍服务、邮政特殊服务、其他邮政服务
电信服务	(1) 基础电信服务（语音通话服务），税率为9% (2) 增值电信服务（短信和彩信服务、互联网接入等服务），税率为6% (3) 卫星电视信号落地转接服务，按照增值电信服务缴纳增值税
建筑服务（税率为9%）	包括工程服务、安装服务、修缮服务、装饰服务和其他建筑服务 (1) 固定电话、有线电视、宽带、水、电、燃气、暖气等经营者向用户收取的安装费、初装费、开户费、扩容费以及类似收费，按照安装服务缴纳增值税 (2) 物业服务企业为业主提供的装修服务，按照"建筑服务"缴纳增值税 (3) 纳税人将建筑施工设备出租给他人使用并配备操作人员的，按照"建筑服务"缴纳增值税 (4) 自2019年10月1日起，关于建筑服务分包款差额扣除的规定为：纳税人提供建筑服务，按照规定允许从其取得的全部价款和价外费用中扣除的分包款，即支付给分包方的全部价款和价外费用

续表

销售服务	具体内容
金融服务（税率为6%）	包括贷款服务、直接收费金融服务、保险服务和金融商品转让 (1) 以货币资金投资收取的固定利润或者保底利润，按贷款服务缴纳增值税 (2) 银行提供贷款服务按期计收利息的，结息日当日计收的全部利息收入，均应计入结息日所属期的销售额，按照现行规定计算缴纳增值税 (3) 2017年7月1日以后，资管产品运营过程中发生的增值税应税行为，以资管产品管理人为增值税纳税人，按照现行规定缴纳增值税；2017年7月1日以前，资管产品运营过程中发生增值税应税行为，未缴增值税的，不再缴纳；已纳增值税的，已纳税额从以后月份的应纳税额中抵减
现代服务	包括研发和技术服务、信息技术服务、文化创意服务、物流辅助服务、租赁服务、鉴证咨询服务、广播影视服务、商务辅助服务和其他现代服务 (1) 宾馆、旅馆、旅社、度假村和其他经营性住宿场所提供会议场地及配套服务的活动，按照"会议展览服务"缴纳增值税 (2) 港口设施经营人收取的港口设施保安费按照港口码头服务缴纳增值税 (3) 纳税人提供武装守护押运服务，按照"安全保护服务"缴纳增值税 (4) 翻译服务和市场调查服务按照咨询服务缴纳增值税 (5) 自2017年5月1日起，纳税人对安装运行后的电梯提供的维护保养服务，按照其他现代服务缴纳增值税 (6) 自2018年1月1日起，纳税人为客户办理退票而向客户收取的退票费、手续费等收入，按照其他现代服务缴纳增值税
生活服务	包括文化体育服务、教育医疗服务、旅游娱乐服务、餐饮住宿服务、居民日常服务、其他生活服务 (1) 纳税人在游览场所经营索道、摆渡车、电瓶车、游船等取得的收入，按照"文化体育服务"缴纳增值税 (2) 提供餐饮服务的纳税人销售的外卖食品，按照"餐饮服务"缴纳增值税。自2019年10月1日起，纳税人现场制作食品并直接销售给消费者，按照餐饮服务缴纳增值税 (3) 自2017年5月1日起，纳税人提供植物养护服务，按照其他生活服务缴纳增值税

【提示】

(1) 金融服务中的发卡机构、清算机构和收单机构提供银行跨机构资金清算服务的具体征税规定如表4-4所示。

表4-4 提供银行跨机构资金清算服务的具体征税规定

不同机构	具体征税规定
发卡机构	按照其向收单机构收取的发卡行服务费为销售额，并按此销售额向清算机构开具增值税发票
清算机构	按照其向发卡机构、收单机构收取的网络服务费为销售额，并按其向各机构支付的网络服务费向各机构开具增值税发票
收单机构	按照其向商户收取的收单服务费为销售额，并按此销售额向商户开具增值税发票

(2) 现代服务中的专业技术服务的具体规定。纳税人受托对垃圾、污泥、污水、废气等废弃物进行专业化处理，即运用填埋、焚烧、净化、制肥等方式，对废弃物进行减量化、资源化和无害化处理处置，按照以下规定适用增值税税率。

废弃物专业化处理的具体规定如表4-5所示。

表4-5 废弃物专业化处理的具体规定

情形	具体规定
采取填埋、焚烧等方式进行专业化处理后未产生货物的，受托方属于提供"现代服务"中的"专业技术服务"	收取的处理费用适用6%的增值税税率

续表

情形	具体规定
专业化处理后产生货物,且货物归属委托方的,受托方属于提供"加工劳务"	收取的处理费用适用13%的增值税税率
专业化处理后产生货物,且货物归属受托方的,受托方属于提供"专业技术服务"	收取的处理费用适用6%的增值税税率
专业化处理后产生货物,且货物归属受托方的,受托方将产生的货物用于销售	适用货物的增值税税率

经典例题

[例题·多项选择题] 下列劳务中,按照建筑服务征收增值税的有( )。
A. 将建筑施工设备出租给他人使用并配备操作人员的
B. 汽车修理劳务
C. 有线电视初装费
D. 办公楼装修劳务
E. 水路运输的期租业务

[解题思路] 在做此类题目时,可以根据选项具体对应不同形式的征税范围。根据分析,B项属于提供加工修理修配劳务的范畴。E项属于交通运输服务的范畴。 [答案] ACD

[例题·单项选择题] 甲电信企业为增值税一般纳税人,2017年4月取得不含税语音通话服务费20万元、取得含税短信和彩信服务费10.6万元,甲电信企业当月的销项税额为( )万元。
A. 2.4 B. 3.25
C. 2.84 D. 3.37

[解析] 基础电信服务适用税率为9%,增值电信服务适用税率为6%。甲电信企业当月的销项税额=20×9%+10.6/(1+6%)×6%=2.4(万元)。 [答案] A

[例题·单项选择题] 甲建筑公司引入专业的建筑垃圾回收利用公司相关技术,将产生的建筑垃圾加工成再生砖,再生砖归属于甲建筑公司,甲建筑公司支付给专业的建筑垃圾回收利用公司10 000元的费用,则专业的建筑垃圾回收利用公司应缴纳的增值税税额为( )元。
A. 0 B. 600
C. 900 D. 1 300

[解析] 建筑垃圾回收利用公司在进行专业化处理后产生货物,且货物归属委托方的,受托方属于提供"加工劳务",其收取的处理费用适用13%的增值税税率。应缴纳的增值税税额=10 000×13%=1 300(元)。 [答案] D

四、销售无形资产

无形资产包括技术、商标、著作权、商誉、自然资源使用权和其他权益性无形资产。

纳税人通过省级土地行政主管部门设立的交易平台 转让补充耕地指标,按照销售无形资产缴纳增值税, 税率为6%。

【提示】转让土地使用权(特殊规定除外)适用税率为9%,其他销售无形资产的行为适用税率为6%。

五、销售不动产

转让建筑物有限产权或者永久使用权的,转让在建的建筑物或者构筑物所有权的,以及在转让建筑物或者构筑物时一并转让其所占土地的使用权的,按照销售不动产缴纳增值税。

六、进口货物

进口货物是指申报进入我国海关境内的货物。确定一项货物是否属于进口货物,必须看其是否办理了报关进口手续。

只要是报关进口的应税货物,均属于增值税征税范围,在进口环节缴纳增值税(享受免税政策的货物除外)。

七、混合销售行为

一项销售行为如果既涉及货物又涉及服务,为混合销售。纳税划分如下:

(1)从事货物的生产、批发或者零售的单位和个体工商户的混合销售行为,按照销售货物缴纳增值税。

(2)其他单位和个体工商户的混合销售行为,按照销售服务缴纳增值税。

【提示】自 2017 年 5 月 1 日起,纳税人销售活动板房、机器设备、钢结构件等自产货物的同时提供建筑、安装服务,不属于混合销售,应分别核算货物和建筑的销售额,分别适用不同的税率或者征收率。

八、兼营行为

兼营行为的税务处理如图 4-1 所示。

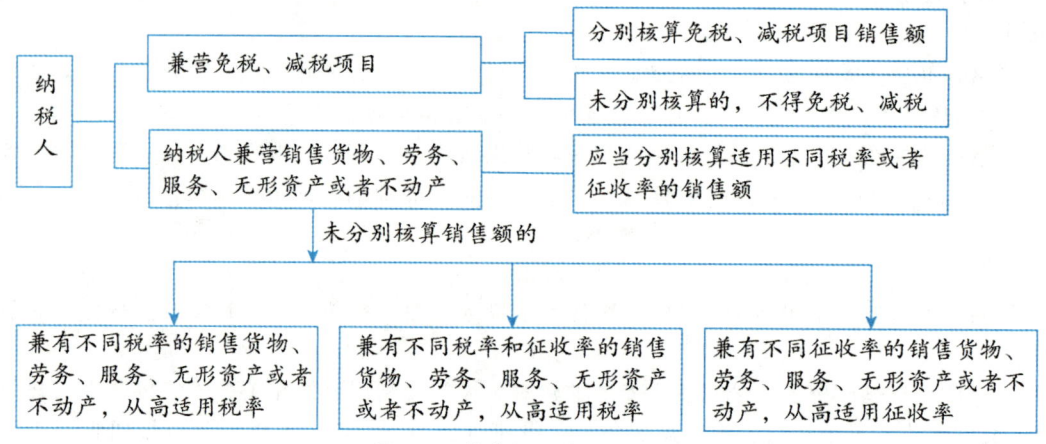

图 4-1 兼营行为的税务处理

(1)一般纳税人销售自产机器设备的同时提供安装服务,应分别核算机器设备和安装服务的销售额,安装服务按照甲供工程选择适用简易计税方法计税。

(2)一般纳税人销售外购机器设备的同时提供安装服务,如果已经按照兼营的有关规定,分别核算机器设备和安装服务的销售额,安装服务按照甲供工程选择适用简易计税方法计税。

(3)纳税人对安装运行后的机器设备提供的维护保养服务,按照"其他现代服务"缴纳增值税。

九、部分货物的征税

(1)货物期货(包括商品期货和贵金属期货),应当征收增值税。

(2)银行销售金银的业务,应当征收增值税。

(3)在建筑现场制造的预制构件,凡直接用于本单位或本企业建筑工程的,不征收增值税。其他情形,征收增值税。

(4)集邮商品的生产、调拨征收增值税。

(5)缝纫(属于加工业务),应当征收增值税。

(6)饮食店、餐馆、酒店、宾馆、饭店等单位附设的门市部、外卖点对外销售货物的,仍按关于兼营行为的征税规定征收增值税。专门生产或销售货物(包括烧卤熟制食品在内)的个体工商户及其他个人应当征收增值税。

> **经典例题**
>
> [2016年真题·单项选择题] 某增值税一般纳税人将购进的一批货物分配给投资者,下列税务处理中,正确的是( )。
> A. 货物视同销售计算销项税额,其进项税额符合条件的可以抵扣
> B. 该批货物不计算销项税额,不得抵扣该批货物的进项税额
> C. 该批货物不计算销项税额,但可以抵扣其进项税额
> D. 该批货物视同销售计算销项税额,并且不得抵扣其进项税额
> [解析] 本题考查增值税的征税范围。如果确定货物是视同销售的行为,需要计算其相关的进项税额和销项税额。　　　　　　　　　　　　　　　　　　　　　　　　[答案] A
>
> [例题·单项选择题] 下列各项服务,按照现代服务征税的是( )。
> A. 远洋运输的程租服务　　　　　　B. 航空运输的湿租服务
> C. 航空运输的干租服务　　　　　　D. 远洋运输的期租服务
> [解题思路] 在做此类题目时,需要区分的是各项征税范围的具体内容,分析选项,对比进行记忆。其中A、B、D三项属于交通运输服务项目,不属于现代服务业,故C项正确。　[答案] C

考点3　增值税的税率

一、税率

增值税的税率如表4-6所示。

表4-6　增值税的税率

税率	具体内容
13%	(1) 一般纳税人销售或进口货物(除适用9%低税率外) (2) 提供加工、修理修配劳务 (3) 有形动产租赁服务
9%	(1) 生活必需品类(农产品、食用植物油;自来水、暖气、天然气、沼气、居民用煤炭制品等) (2) 文化用品类(图书、报纸、杂志、音像制品、电子出版物) (3) 农业生产资料类(饲料、化肥、农机、农药、农膜) (4) 提供交通运输、邮政、基础电信、建筑、不动产租赁服务(含纳税人以经营租赁方式将土地出租给他人使用),销售不动产,转让土地使用权
6%	增值电信服务、金融服务、现代服务(租赁服务除外)、生活服务、转让土地使用权以外的其他无形资产
0	(1) 出口货物(除国家个别禁止出口的货物),税率为零 (2) 境内单位和个人发生的跨境销售服务、无形资产或不动产

二、简易征收率

纳税人销售物品以及销售旧货的征收率规定如表4-7所示。

表4-7　纳税人销售物品以及销售旧货的征收率规定

纳税人分类	具体情况	税率及计算
一般纳税人	销售自己使用过的固定资产 (2008年12月31日之前购入)	依照3%征收率减按2%,即: 应纳税额=含税销售额/(1+3%)×2%
	销售自己使用过的固定资产 (2009年1月1日之后购入)	按照适用税率进行征收,即: (1) 销项税额=含税销售额/(1+13%)×13% (2) 销项税额=含税销售额/(1+9%)×9%
	销售自己使用的旧物	

续表

纳税人分类	具体情况	税率及计算
小规模纳税人	销售自己使用过的固定资产和旧货（二手车除外）	依照3%征收率减按2%，即： 应纳税额=含税销售额/（1+3%）×2%
	销售自己使用过的除固定资产以外的物品	依照3%征收率征收，即： 应纳税额=含税销售额/（1+3%）×3%
从事二手车经销业务的纳税人销售其收购的二手车 （2020年5月1日至2023年12月31日）		纳税人减按0.5%征收率征收增值税，即： 应纳税额=含税销售额/（1+0.5%）×0.5% 【注意】纳税人应当开具二手车销售统一发票。购买方索取增值税专用发票的，应当再开具征收率为0.5%的增值税专用发票

一般纳税人销售货物的特殊规定如表4-8所示。

表4-8 一般纳税人销售货物的特殊规定

特殊规定	具体内容
一般纳税人销售自产的一些货物，**可选择**按照3%征收率计税	（1）县级及县级以下小型水力发电单位生产的电力 （2）建筑用和生产建筑材料所用的砂、土、石料 （3）自来水 （4）商品混凝土（仅限于以水泥为原料生产的水泥混凝土）
一般纳税人销售货物，暂按简易办法依照3%征收率计算缴纳增值税	（1）寄售商店代销寄售物品（包括居民个人寄售的物品在内） （2）典当业销售死当物品 （3）经国务院或国务院授权机关批准的免税商店零售的免税品

【提示1】一般纳税人选择简易办法计算缴纳增值税后，36个月内不得变更。

【提示2】资管产品管理人运营资管产品过程中发生的增值税应税行为，暂适用简易计税方法，按照3%的征收率缴纳增值税。

【提示3】自2018年5月1日起，增值税一般纳税人生产销售和批发、零售抗癌药品，可选择按照简易办法依照3%征收率计算缴纳增值税，上述纳税人选择简易办法计算缴纳增值税后，36个月内不得变更。

【提示4】自2019年3月1日起，增值税一般纳税人生产销售和批发、零售罕见病药品，可选择按照简易办法依照3%征收率计算缴纳增值税，上述纳税人选择简易办法计算缴纳增值税后，36个月内不得变更。

经典例题

[2014年真题·单项选择题] 某生产企业属于增值税小规模纳税人，2014年2月对部分资产盘点后进行处理：销售边角废料，由税务机关代开增值税专用发票，取得不含税收入60 000元；销售自己使用过的小汽车1辆，小汽车原值为130 000元，销售后取得含税收入36 000元。该企业上述业务应缴纳增值税为（　　）元。

A. 1 800.00　　　　　　　　　　B. 2 499.03
C. 3 400.00　　　　　　　　　　D. 4 200.00

[解析] 小规模纳税人销售自己使用过的固定资产，减按2%征收率征收增值税。小规模纳税人销售自己使用过的除固定资产以外的物品，应当按3%的征收率征收增值税。应缴纳增值税=60 000×3%+36 000/（1+3%）×2%=2 499.03（元）。 [答案] B

[2016年真题改编·单项选择题] 下列行为适用增值税13%税率的是（　　）。

A. 某自来水厂销售自来水　　　　B. 某天然气公司销售天然气
C. 某印刷厂受托加工印刷图书报刊　D. 某商贸公司批发销售食用植物油

[解题思路] 本题根据表4-6的税率选择，经过对比分析，A、B、D三项适用9%的低税率。[答案] C

考点4 增值税应纳税额的计算

一、一般纳税人应纳税额的计算

（一）一般纳税人应纳税额的计算公式

一般纳税人的应纳税额＝当期销项税额－当期进项税额
　　　　　　　　　＝当期不含税的销售额×税率－当期进项税额

（二）进项税额

1. 准予从销项税额中抵扣的进项税额

（1）增值税专用发票上注明的增值税额。

（2）海关进口增值税专用缴款书上注明的增值税额。

（3）从境外单位或者个人购进的服务、无形资产或者不动产，自税务机关或扣缴义务人取得的解缴税款的完税凭证上注明的增值税额。

（4）纳税人购进农产品，进项税额抵扣规定。农产品的适用税率自2017年至今，实现三连降，税率从13%下调至9%；目前分为两种情况：一是普遍性规定，适用税率从10%调整为9%；二是特殊性规定，纳税人购进用于生产或委托加工13%税率货物的农产品，按照10%的扣除率计算进项税额。

按照10%扣除率计算的农产品的具体规定如表4-9所示。

表4-9　按照10%扣除率计算的农产品的具体规定

项目	具体内容
适用范围	仅限于纳税人生产或委托加工13%税率货物所购进的农产品
需要取得的凭证	一是农产品收购发票或者销售发票 二是取得一般纳税人开具的增值税专用发票或海关进口增值税专用缴款书 三是从按照3%征收率缴纳增值税的小规模纳税人处取得的增值税专用发票
加计农产品进项税额的时间	购进农产品时，按农产品抵扣的一般规定，按9%计算抵扣进项税额 领用农产品环节，如用于生产或委托加工13%税率货物，再加计1%进项税额

（5）自2018年1月1日起，纳税人支付的道路、桥、闸通行费抵扣进项税额的规定。

①纳税支付的道路通行费，按照收费公路通行费增值税电子普通发票上注明的增值税额抵扣进项税额。未能取得增值税电子普通发票的特殊规定如表4-10所示。

表4-10　未能取得增值税电子普通发票的特殊规定

特殊规定	计算公式
2018年1月1日起，纳税人支付的高速公路通行费，如暂未能取得收费公路通行费增值税电子普通发票	高速公路通行费可抵扣进项税额＝高速公路通行费发票上注明的金额÷（1＋3%）×3%
2018年1月1日起，纳税人支付的一级、二级公路通行费，如暂未能取得收费公路通行费增值税电子普通发票	一级、二级公路通行费可抵扣进项税额＝一级、二级公路通行费发票上注明的金额÷（1＋5%）×5%

②纳税人支付的桥、闸通行费，暂凭取得的通行费发票上注明的收费金额按照以下公式计算可抵扣的进项税额：

桥、闸通行费可抵扣进项税额＝桥、闸通行费发票上注明的金额÷（1＋5%）×5%

（6）建筑企业与发包方签订建筑合同后，以内部授权或者第三方协议等方式，授权集团内其他纳税人为发包方提供建筑服务,并由集团内其他纳税人直接与发包方结算工程款的,由集团内其他纳税人缴纳增值税并向发包方开具增值税发票,与发包方签订建筑合同的建筑企业不缴纳增值税。发包方可凭实际提供建筑服务的纳税人开具的增值税专用发票抵扣进项税额。

(7) 自 2019 年 4 月 1 日起,纳税人 2016 年 5 月 1 日后取得不动产或者不动产在建工程的进项税额不再分两年抵扣。此前按照两年抵扣规定尚未抵扣完毕的待抵扣进项税额,可自 2019 年 4 月税款所属期起从销项税额中抵扣。

(8) 自 2019 年 4 月 1 日起,纳税人购进国内旅客运输服务(限于与本单位签订了劳动合同的员工,以及本单位作为用工单位接受的劳务派遣员工发生的国内旅客运输服务),其进项税额允许从销项税额中抵扣。纳税人未取得增值税专用发票的,进项税额的确定如表 4-11 所示。

表 4-11 未取得增值税专用发票的纳税人进项税额的确定

情形	进项税额确定
取得增值税电子普通发票的	发票上注明的税额
取得注明旅客身份信息的航空运输电子客票行程单的	航空旅客运输进项税额=(票价+燃油附加费)/(1+9%)×9%
取得注明旅客身份信息的铁路车票的	铁路旅客运输进项税额=票面金额/(1+9%)×9%
取得注明旅客身份信息的公路、水路等其他客票的	公路、水路等其他旅客运输进项税额=票面金额/(1+3%)×3%

(9) 按照规定不得抵扣进项税额的不动产,发生用途改变,用于允许抵扣进项税额项目的,按照下列公式在改变用途的次月计算可抵扣进项税额。

可抵扣进项税额=增值税扣税凭证注明或计算的进项税额×不动产净值率

(10) 丢失发票的税务处理如表 4-12 所示。

表 4-12 丢失发票的税务处理

情形	具体处理
纳税人同时丢失已开具增值税专用发票或机动车销售统一发票的发票联和抵扣联	可凭加盖销售方发票专用章的相应发票记账联复印件,作为增值税进项税额的抵扣凭证、退税凭证或记账凭证
纳税人丢失已开具增值税专用发票或机动车销售统一发票的抵扣联	可凭相应发票的发票联复印件,作为增值税进项税额的抵扣凭证或退税凭证
纳税人丢失已开具增值税专用发票或机动车销售统一发票的发票联	可凭相应发票的抵扣联复印件,作为记账凭证

2. 进项税额加计抵减政策

进项税额加计抵减政策的具体规定如表 4-13 所示。

表 4-13 进项税额加计抵减政策的具体规定

项目	加计抵减 10%政策	加计抵减 15%政策
适用范围	生产、生活性服务业纳税人,提供邮政服务、电信服务、现代服务、生活服务取得的销售额占全部销售额的比重超过 50%的纳税人	生活性服务业纳税人,提供生活服务取得的销售额占全部销售额的比重超过 50%的纳税人
适用时间	2019 年 4 月 1 日至 2022 年 12 月 31 日	2019 年 10 月 1 日至 2022 年 12 月 31 日

续表

项目	加计抵减10%政策	加计抵减15%政策
政策规定	(1) 两项政策分别按照政策开始日期（即2019年4月1日和2019年10月1日）之前设立的纳税人，设立满1年的，按照政策实施前12个月的销售额（经营期不满12个月的，按照实际经营期的销售额）计算是否符合条件；符合条件的，自政策开始日期起适用加计抵减政策 (2) 政策开始日期后设立的纳税人，自设立之日起3个月的销售额符合上述规定条件的，自登记为一般纳税人之日起适用加计抵减政策 (3) 纳税人确定适用加计抵减政策后，当年内不再调整，以后年度是否适用，根据上年度销售额计算确定 (4) 已计提加计抵减额的进项税额，不得加计扣除的，应做进项税额转出处理，相关公式为： 当期计提加计抵减额＝当期可抵扣进项税额×10%或15% 当期可抵减加计抵减额＝上期末加计抵减额余额＋当期计提加计抵减额－当期调减加计抵减额	

【2023年新规】自2023年1月1日至2023年12月31日，允许生产性服务业纳税人按照当期可抵扣进项税额加计5%抵减应纳税额，允许生活性服务业纳税人按照当期可抵扣进项税额加计10%抵减应纳税额。

经典例题

[2022年真题·单项选择题] 某企业为一般纳税人。2022年4月，从农民手中购入5万元苹果用于生产苹果醋，支付运费取得增值税专用发票标注的金额为0.6万元，销售苹果醋取得的不含税收入为12万元。该企业4月应缴纳的增值税税额为（　　）万元。

A. 1.006　　　　　　　　　　　B. 1.056
C. 0.856　　　　　　　　　　　D. 1.06

[解析] 对于纳税人购进用于生产或委托加工13%税率货物的农产品，允许其按照10%的扣除率计算进项税额。该企业4月应缴纳的增值税税额＝12×13%－0.6×9%－5×10%＝1.006（万元）。
[答案] A

[2020年真题改编·单项选择题] 2023年1月1日至12月31日，允许（　　）纳税人按照当期可抵扣进项税额加计10%抵减应纳税额。

A. 生活性服务业　　　　　　　B. 邮政服务业
C. 电信服务业　　　　　　　　D. 交通服务业

[解析] 2023年1月1日至12月31日，允许生活性服务业纳税人按照当期可抵扣进项税额加计10%抵减应纳税额。
[答案] A

---

3. 进项税额的申报抵扣时间

(1) 自2020年3月1日起，增值税一般纳税人取得2017年1月1日及以后开具的增值税专用发票、海关进口增值税专用缴款书、机动车销售统一发票、收费公路通行费增值税电子普通发票，取消认证确认、稽核比对、申报抵扣的期限。

(2) 增值税一般纳税人取得2016年12月31日及以前开具的增值税专用发票、海关进口增值税专用缴款书、机动车销售统一发票，超过认证确认、稽核比对、申报抵扣的期限，但符合规定条件的，可继续抵扣进项税额。

4. 不得抵扣进项税额的情形——未产生销项税额

(1) 用于简易计税方法计税项目、免征增值税项目、集体福利或者个人消费的购进货物、劳务、服务、无形资产（不包括其他权益性无形资产）和不动产。

【注意】自2018年1月1日起，纳税人租入固定资产、不动产，既用于一般计税方法计税项目，又用于简易计税方法计税项目、免征增值税项目、集体福利或个人消费的，其进项税额准予从销项税额中全额抵扣。

（2）非正常损失的购进货物，以及相关的加工修理修配劳务和交通运输服务。

（3）非正常损失的在产品、产成品所耗用的购进货物（不包括固定资产）、加工修理修配劳务和交通运输服务。

（4）非正常损失的不动产，以及该不动产所耗用的购进货物、设计服务和建筑服务。

（5）非正常损失的不动产在建工程（包括新建、改建、扩建、修缮、装饰不动产）所耗用的购进货物、设计服务和建筑服务。

【提示】非正常损失，是指因管理不善造成被盗、丢失、霉烂变质的损失，以及因违反法律法规造成货物或不动产被依法没收、毁损、拆除的情形。

（6）贷款服务、餐饮服务、居民日常服务和娱乐服务。

（7）纳税人接受贷款服务向贷款方支付的与该笔贷款直接相关的投融资顾问费、手续费、咨询费等费用。

（8）适用一般计税方法的纳税人，兼营简易计税方法计税项目、免征增值税项目而无法划分不得抵扣的进项税额的。

不得抵扣的进项税额＝当期无法划分的全部进项税额×（当期简易计税方法计税项目销售额＋免征增值税项目销售额）/当期全部销售额

（9）增值税一般纳税人取得的增值税专用发票列入异常凭证范围，其尚未申报抵扣增值税进项税额的，暂不允许抵扣。已经申报抵扣增值税进项税额的，除另有规定外，一律作进项税额转出处理。异常凭证范围包括：

①纳税人丢失、被盗税控专用设备中未开具或已开具未上传的增值税专用发票。

②非正常户纳税人未向税务机关申报或未按规定缴纳税款的增值税专用发票。

③增值税发票管理系统稽核比对发现"比对不符""缺联""作废"的增值税专用发票。

④经税务总局、省税务局大数据分析发现，纳税人开具的增值税专用发票存在涉嫌虚开、未按规定缴纳消费税等情形的。

⑤属于走逃（失联）企业存续经营期间发生下列情形之一，所对应属期开具的增值税专用发票列入异常增值税扣税凭证范围：①商贸企业购进、销售货物名称严重背离的；生产企业无实际生产加工能力且无委托加工，或生产能耗与销售情况严重不符，或购进货物并不能直接生产其销售的货物且无委托加工的。②直接走逃失踪不纳税申报，或虽然申报但通过填列增值税纳税申报表相关栏次，规避税务机关审核比对，进行虚假申报的。

5. 进项税额的扣减

（1）已抵扣进项税额的购进货物、劳务、服务、无形资产或不动产，事后改变用途（用于不准抵扣进项税额的情形），应当将该项购进货物、劳务、服务、无形资产或者不动产的进项税额从当期发生的进项税额中扣减。

已抵扣进项税额的不动产，发生非正常损失，或者改变用途，专用于简易计税方法计税项目、免征增值税项目、集体福利或者个人消费的，按照下列公式计算不得抵扣的进项税额，并从当期进项税额中扣减：

不得抵扣的进项税额＝已抵扣进项税额×不动产净值率

不动产净值率＝不动产净值/不动产原值×100％

（2）一般纳税人因进货退出或折让而收回的增值税额，应从发生进货退出或折让当期的进项税额中扣减。

6. 进项税额不足抵扣的处理

当期销项税额小于当期进项税额,不足抵扣时,其不足部分可以结转下期继续抵扣。

7. 开具增值税专用发票的规定

自 2019 年 3 月 1 日起,扩大取消增值税发票认证的纳税人范围。将取消增值税发票认证的纳税人范围扩大至全部一般纳税人。一般纳税人取得增值税发票(包括增值税专用发票、机动车销售统一发票、收费公路通行费增值税电子普通发票)后,可以自愿使用增值税发票选择确认平台查询、选择用于申报抵扣、出口退税或者代办退税的增值税发票信息。

8. 增值税期末留抵税额退税规定——增量留抵退税和存量留抵退税

自 2022 年 4 月 1 日起,增值税期末留抵退税按新规定执行。

增值税期末留抵税额退税规定如表 4-14 所示。

表 4-14 增值税期末留抵税额退税规定

项目		具体规定
特定纳税人		(1) 小微企业 (2) 制造业等6行业:制造业,科学研究和技术服务业,电力、热力、燃气及水生产和供应业,软件和信息技术服务业,生态保护和环境治理业,交通运输、仓储和邮政业(相应发生的增值税销售额占全部增值税销售额的比重超过50%的纳税人)
纳税人需同时符合的条件		(1) 纳税信用等级为 A 级或者 B 级 (2) 申请退税前36个月未发生骗取留抵退税、出口退税或虚开增值税专用发票情形的 (3) 申请退税前36个月未因偷税被税务机关处罚2次及以上的 (4) 自 2019 年 4 月 1 日起未享受即征即退、先征后返(退)政策的
退还方式	增量留抵税额 (符合条件的当月)	小微企业、制造业等6行业:从 2022 年 4 月纳税申报期起向主管税务机关申请退还增量留抵税额
	存量留抵税额 (一次性退还)	(1) 小微企业和制造业:从 2022 年 4 月纳税申报期起向主管税务机关申请一次性退还存量留抵税额 (2) 符合条件的制造业中型企业:从 2022 年 7 月纳税申报期起向主管税务机关申请一次性退还存量留抵税额 (3) 符合条件的制造业大型企业:从 2022 年 10 月纳税申报期起向主管税务机关申请一次性退还存量留抵税额
《财政部 税务总局关于进一步加大增值税期末留抵退税政策实施力度的公告》(以下简称14号公告)所称 增量 留抵税额	获得一次性存量留抵退税前	增量留抵税额为当期期末留抵税额与 2019 年 3 月 31 日相比新增加的留抵税额
	获得一次性存量留抵退税后	增量留抵税额=当期期末留抵税额
14 号公告所称 存量 留抵税额	获得一次性存量留抵退税前	存量留抵税额为当期期末留抵税额与 2019 年 3 月 31 日期末留抵税额中的较小者
	获得一次性存量留抵退税后	存量留抵税额=0
允许退还的留抵税额	允许退还的增量留抵税额	允许退还的增量留抵税额=增量留抵税额×进项构成比例×100%
	允许退还的存量留抵税额	允许退还的存量留抵税额=存量留抵税额×进项构成比例×100%

续表

项目	具体规定
进项构成比例	2019年4月至申请退税前一税款所属期已抵扣的增值税专用发票（含带有"增值税专用发票"字样全面数字化的电子发票、税控机动车销售统一发票）、收费公路通行费增值税电子普通发票、海关进口增值税专用缴款书、解缴税款完税凭证注明的增值税额占同期全部已抵扣进项税额的比重
其他规定	纳税人出口货物劳务、发生跨境应税行为，适用免抵退税办法的，办理免抵退税后，仍符合本公告规定条件的，可以申请退还留抵税额；适用免退税办法的，相关进项税额不得用于退还留抵税额

【提示】

（1）增量留抵税额是指与2019年3月底相比新增加的期末留抵税额。

（2）各类企业根据年增值税销售额的区分：微型企业，年增值税销售额＜100万元；小型企业，100万元≤年增值税销售额＜2 000万元；中型企业，2 000万元≤年增值税销售额＜1亿元；大型企业，年增值税销售额≥1亿元。

经典例题

[例题·单项选择题] 某企业为增值税一般纳税人，按月申报增值税，符合留抵退税条件。2023年5月申请留抵退税，其中2019年3月期末留抵税额为100万元；进项构成比例为75%，此前未申请获得一次性存量留抵退税，同时已知其4月期末留抵税额为150万元。则该企业允许退还的增量留抵税额为（　）万元。

A. 18.0　　　　　　　　　　　　B. 22.5
C. 37.5　　　　　　　　　　　　D. 45.0

[解析] 本题考查增值税期末留抵税额退税规定。由于该企业未获得一次性存量留抵退税，其当期的增量留抵税额为当期期末留抵税额与2019年3月31日相比新增加的留抵税额，即50万元（150－100）。允许退还的增量留抵税额＝增量留抵税额×进项构成比例×100%＝50×75%×100%＝37.5（万元）。

[答案] C

二、简易办法应纳税额的计算

（一）全面推开营改增试点实施后小规模纳税人按简易方法计税的规定

小规模纳税人按简易方法计税的规定如表4-15所示。

表4-15　小规模纳税人按简易方法计税的规定

征收率	具体情形	计税依据
3%	小规模纳税人跨县提供建筑服务	销售额＝全部价款＋价外费用－支付的分包款
5%	销售其取得（不含自建）的不动产（不含个体工商户销售购买的住房和其他个人销售不动产）	销售额＝全部价款＋价外费用－该项不动产购置原价或者取得不动产作价
	销售其自建的不动产	销售额＝全部价款＋价外费用
	房地产开发企业（自行开发）	销售额＝全部价款＋价外费用
	小规模纳税人出租其取得的不动产（不含个人出租住房）	—
	其他个人出租其取得的不动产（不含住房）	—

续表

征收率	具体情形	计税依据
5%的征收率减按1.5%	个人出租住房	—
	住房租赁企业中的增值税小规模纳税人向个人出租住房	—

(二) 全面推开营改增试点实施后一般纳税人按简易方法计税的规定

1. 适用简易计税方法按照3%的征收率计算缴纳增值税的行为

全面推开营改增试点实施后,一般纳税人可以选择适用简易计税方法按照3%的征收率计算缴纳增值税的行为包括:

(1) 公共交通运输服务。

(2) 经认定的动漫企业为开发动漫产品提供的各种服务(如动漫脚本编撰、形象设计等)。

(3) 电影放映服务、仓储服务、装卸搬运服务、收派服务和文化体育服务。

(4) 以纳入营改增试点之日前取得的有形动产为标的物提供的经营租赁服务。

(5) 在纳入营改增试点之日前签订的尚未执行完毕的有形动产租赁合同。

(6) 非企业性单位中的一般纳税人提供的研发和技术服务、信息技术服务、鉴证咨询服务,以及销售技术、著作权等无形资产。

【提示】非企业性单位中的一般纳税人提供技术转让、技术开发和与之相关的技术咨询、技术服务,可以参照上述规定,选择简易计税方法按照3%征收率计算缴纳增值税。

(7) 一般纳税人提供的教育辅助服务。

2. 建筑服务

(1) 一般纳税人以清包工方式提供的建筑服务,可以选择适用简易计税方法计税。

(2) 一般纳税人为甲供工程提供的建筑服务,可以选择适用简易计税方法计税。

(3) 一般纳税人为建筑工程老项目提供的建筑服务,可以选择适用简易计税方法依照3%的征收率计税(建筑工程开工日期在2016年4月30日前)。

(4) 一般纳税人跨县(市)提供建筑服务,适用简易计税的,纳税人应以取得的全部价款和价外费用扣除支付的分包款后的余额为销售额,按照3%的征收率计算缴纳税额。

(5) 建筑工程总承包单位为房屋建筑的地基与基础、主体结构提供工程服务、建设单位自行采购全部或部分钢材、混凝土、砌体材料、预制构件的,适用简易计税方法计税。

(6) 一般纳税人销售电梯的同时提供安装服务,其安装服务可以按照甲供工程选择适用简易计税方法计税。

(7) 自2019年10月1日起,增值税一般纳税人提供建筑服务,按规定适用或选择适用简易计税方法计税的,不再实行备案制。

3. 销售不动产

(1) 一般纳税人销售其2016年4月30日前取得(不含自建)的不动产,可以选择适用简易计税方法,以取得的全部价款和价外费用减去该项不动产购置原价或者取得不动产时的作价后的余额为销售额,按照5%的征收率计算应纳税额。

(2) 一般纳税人销售其2016年4月30日前自建的不动产,可以选择适用简易计税方法,以取得的全部价款和价外费用为销售额,按照5%的征收率计算应纳税额。

(3) 房地产开发企业中的一般纳税人销售自行开发的房地产老项目,可以选择适用简易计税方法按照5%的征收率计税。

(4) 房地产开发企业采取预收款方式销售所开发的房地产项目,在收到预收款时按照3%的预征率缴纳增值税。

（5）房地产开发企业中的一般纳税人购入未完工的房地产老项目继续开发后，以自己名义立项销售的不动产，属于房地产老项目，可以选择适用简易计税方法按照5％的征收率计算缴纳增值税。

4. 不动产经营租赁服务

（1）一般纳税人出租其2016年4月30日前取得的不动产，可以选择适用简易计税方法，按照5％的征收率计算应纳税额。若出租的该不动产与机构所在地不在同一县（市）的，应按照上述计税方法在不动产所在地预缴税款后，向机构所在地主管税务机关进行纳税申报。

（2）一般纳税人出租其2016年5月1日后取得的、与机构所在地不在同一县（市）的不动产，应按照3％的预征率在不动产所在地预缴税款后，向机构所在地主管税务机关进行纳税申报。

（3）住房租赁企业中的增值税一般纳税人向个人出租住房取得的全部出租收入，可以选择适用简易计税方法，按照5％的征收率减按1.5％计算缴纳增值税，或适用一般计税方法计算缴纳增值税。

三、进口货物应纳税额的计算

组成计税价格和应纳税额的计算公式如下：

$$组成计税价格＝关税完税价格＋关税＋消费税$$

$$应纳税额＝组成计税价格×税率$$

经典例题

[2016年真题·单项选择题] 非正常损失的购进货物及相关的应税劳务，其进项税额不得从销项税中抵扣，其中非正常损失是指（　　）。

A. 自然灾害损失　　　　　　　　B. 购进货物滞销过期报废损失

C. 合理损失　　　　　　　　　　D. 因管理不善造成被盗、丢失、腐烂变质的损失

[解析] 本题考查增值税应纳税额的计算。非正常损失是指因管理不善造成被盗、丢失、霉烂变质的损失，以及被执法部门依法没收或者强令自行销毁的货物。

[答案] D

[2015年真题·单项选择题] 某修理修配厂（增值税小规模纳税人）2015年6月份购进零配件15 000元，支付电费1 200元，当月对外提供修理修配业务取得含税收入36 000元，该厂当月应缴纳增值税（　　）元。

A. 0　　　　　　　　　　　　　B. 1 048.54

C. 1 080.00　　　　　　　　　　D. 5 230.77

[解析] 本题考查小规模纳税人应纳税额的计算。小规模纳税人当期对外提供修理修配业务取得含税收入为36 000元，换算为不含税收入，该厂当月应缴纳增值税＝36 000/（1＋3％）×3％＝1 048.54（元）。

[答案] B

● **考点5** 增值税的计税依据

一、增值税的计税依据概述

增值税的计税依据是销售额，包括全部价款和价外费用，但不包括收取的销项税额。

【提示】价外费用是含税收入。

价外费用包括价外向购买方收取的手续费、补贴、基金、集资费、返还利润、奖励费用、违约金、滞纳金、延期付款利息、赔偿款、包装费、包装物租金、储备费、优质费、运输装卸费、代收款项、代垫款项及其他各种性质的价外收费。

二、不同形式下增值税的具体计税依据

（一）不同销售方式下增值税的计税依据

不同销售方式下增值税的计税依据如表4-16所示。

表 4-16　不同销售方式下增值税的计税依据

销售方式		增值税的计税依据
折扣销售		（1）销售额和折扣额在同一张发票上的"金额"栏分别注明的，可按折扣后的销售额征收增值税 （2）未在同一张发票"金额"栏注明折扣额，而仅在发票的"备注"栏注明折扣额的，折扣额不得从销售额中减除
以旧换新	一般货物	纳税人采取以旧换新方式销售货物的（金银首饰除外），应按新货物的同期销售价格确定销售额
	金银首饰	按销售方实际收取的不含增值税的全部价款征收增值税
还本销售		销售额就是货物的销售价格，不得从销售额中减除还本支出
以物易物		销售双方都应作购销处理。以各自发出的货物核算销售额并计算销项税额，以各自收到的货物核算购货额并计算进项税额

（二）包装物押金是否并入的具体情形

纳税人为销售货物而出租出借包装物收取的押金是否并入销售额的具体情形如表 4-17 所示。

表 4-17　包装物押金是否并入销售额的具体情形

货物	具体情形
一般货物	（1）如单独记账核算，时间在 1 年以内，又未逾期的，不并入销售额征税 （2）因逾期（1 年为限）未收回包装物不再退还的押金，应并入销售额征税，征税时注意：逾期包装物押金为含税收入，需换算成不含税价再并入销售额；税率为所包装货物适用税率
特殊货物	特殊货物是指除啤酒、黄酒外的其他酒类产品。无论是否返还以及会计上如何核算，其包装物押金均应并入当期销售额征税

（三）视同销售货物或售价明显偏低且无正当理由时销售额的确定

纳税人发生应税行为价格明显偏低或者偏高且不具有合理商业目的的，或者发生被视同销售货物、服务、无形资产或者不动产行为而无销售额的，销售额的确定如图 4-2 所示。

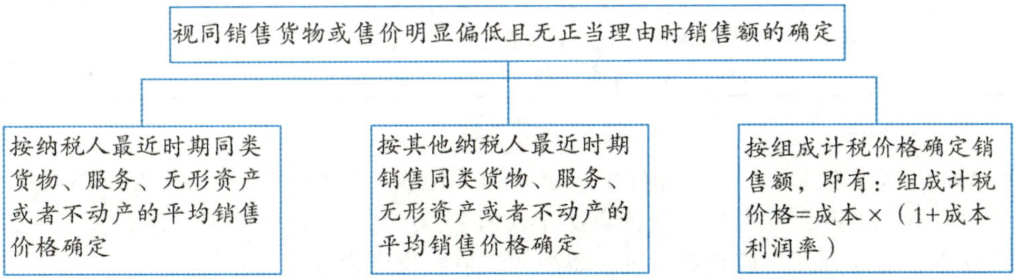

```
                视同销售货物或售价明显偏低且无正当理由时销售额的确定
                                    │
        ┌───────────────────┬───────────────────┬───────────────────┐
 按纳税人最近时期同类      按其他纳税人最近时期      按组成计税价格确定销
 货物、服务、无形资产      销售同类货物、服务、      售额，即有：组成计税
 或者不动产的平均销售      无形资产或者不动产的      价格=成本×（1+成本
 价格确定                  平均销售价格确定          利润率）
```

图 4-2　视同销售货物或售价明显偏低且无正当理由时销售额的确定

（四）纳税人发生应税行为，开具增值税专用发票的相关情形

纳税人发生应税行为，开具增值税专用发票的，发生开票有误或者销售折让、中止、退回等情形的，应当按照国家税务总局的规定开具红字增值税专用发票；未按照规定开具红字增值税专用发票的，不得按规定扣减销项税额或者销售额。

（五）全面推开营改增试点实施后关于销售额的若干规定

全面推开营改增试点实施后关于销售额的若干特殊规定如表 4-18 所示。

表 4-18　全面推开营改增试点实施后关于销售额的若干特殊规定

项目	计税依据
贷款服务	以提供贷款服务取得的全部利息及利息性质的收入为销售额

续表

项目	计税依据
直接收费金融服务	以提供直接收费金融服务收取的各类费用，如手续费、佣金、酬金等为销售额
金融商品转让	按照卖出价扣除买入价后的余额为销售额
开展贴现、转贴现业务	以其实际持有票据期间取得的利息收入作为贷款服务销售额计算缴纳增值税。此前贴现机构已就贴现利息收入全额缴纳增值税的票据，转贴现机构转贴现利息收入继续免征增值税
经纪代理服务	以取得的全部价款和价外费用，扣除向委托方收取并代为支付的政府性基金或者行政事业性收费后的余额为销售额
融资租赁和融资性售后回租业务	(1) 以取得的全部价款和价外费用，扣除支付的借款利息、发行债券利息和车辆购置税后的余额为销售额（融资租赁） (2) 以取得的全部价款和价外费用（不含本金），扣除对外支付的借款利息（包括外汇借款和人民币借款利息）、发行债券利息后的余额作为销售额（融资性售后回租业务）
一般纳税人提供客运场站服务	以其取得的全部价款和价外费用，扣除支付给承运方运费后的余额为销售额
试点纳税人提供旅游服务	以取得的全部价款和价外费用，扣除向旅游服务购买方收取并支付给其他单位或者个人的住宿费、餐饮费、交通费、签证费、门票费和支付给其他接团旅游企业的旅游费用后的余额为销售额
纳税人提供建筑服务（适用简易计税办法的）	以取得的全部价款和价外费用扣除支付的分包款后的余额为销售额
房地产开发企业中的一般纳税人销售其开发的房地产项目	以取得的全部价款和价外费用，扣除受让土地时向政府部门支付的土地价款后的余额为销售额
航空运输销售代理企业提供境外航段机票代理服务	以取得的全部价款和价外费用，扣除向客户收取并支付给其他单位或者个人的境外航段机票结算款和相关费用后的余额为销售额
资管产品管理人运营资管产品提供的贷款服务、发生的部分金融商品转让业务	(1) 提供贷款服务，以2018年1月1日起产生的利息及利息性质的收入为销售额 (2) 转让2017年12月31日前取得的股票、债券、基金、非货物期货，可选择按照实际买入价计算销售额，或者以2017年最后一个交易日的股票收盘价、债券估值、基金份额净值、非货物期货结算价格为买入价计算销售额

> **经典例题**
>
> [2022年真题·单项选择题] 某零部件生产企业为增值税一般纳税人。2021年4月销售零部件取得不含税收入200万元，当月收取包装物押金2.16万元，约定两个月后返还，当月逾期未退回的包装物押金为3万元，该企业4月应缴纳的增值税税额为（　　）元。
> A. 26.35　　　　B. 26　　　　C. 26.59　　　　D. 26.39
> [解析] 本题考查包装物押金的处理。纳税人为销售货物而出租出借包装物收取的押金，单独记账核算的，不并入销售额征税。但对因逾期未收回包装物不再退还的押金，应按所包装货物的适用税率征收增值税。该企业4月应缴纳的增值税税额＝200×13%＋3/（1＋13%）×13%≈26.35（万元）。
> [答案] A

●考点6 增值税的纳税义务发生时间

(1) 不同销售结算方式下增值税的纳税义务发生时间如表4-19所示。

表4-19 不同销售结算方式下增值税的纳税义务发生时间

销售方式	纳税义务发生时间
直接收款	不论货物是否发出，均为收到销售款或者取得索取销售款凭据当天

续表

销售方式	纳税义务发生时间
赊销和分期收款	为书面合同约定的收款日期的当天,无书面合同的或者书面合同没有约定收款日期的为发出货物的当天
预收货款	为货物发出的当天,但生产销售生产工期超过 12 个月的大型机械设备、船舶、飞机等货物,为收到预收款或者书面合同约定的收款日期的当天
托收承付和委托银行收款	为发出货物并办妥托收手续的当天
委托其他纳税人代销货物	为收到代销单位的代销清单或者收到全部或者部分货款的当天。未收到代销清单及货款的,为发出代销货物满 180 天的当天
视同销售行为	为货物移送的当天
销售应税劳务	为提供应税劳务同时收讫销售款或者取得索取销售款的凭据的当天

(2) 销售服务、无形资产或者不动产的,为收讫销售款项或者取得索取销售款项凭据的当天;先开具发票的,为开具发票的当天。

(3) 提供租赁服务采取预收款方式的,为收到预收款的当天。

(4) 提供建筑服务取得预收款,应在收到预收款时,以取得的预收款扣除支付的分包款后的余额,按照规定的预征率预缴增值税(其中一般计税方法计税的项目预征率为 2%,简易计税方法的项目预征率为 3%)。

【提示】按照现行规定应在建筑服务发生地预缴增值税的项目,纳税人收到预收款时在建筑服务发生地预缴增值税。按照现行规定无须在建筑服务发生地预缴增值税的项目,纳税人收到预收款时在机构所在地预缴增值税。

(5) 从事金融商品转让的,为金融商品所有权转移的当天。

(6) 纳税人发生视同销售服务、无形资产或者不动产行为的,为服务、无形资产转让完成的当天或者不动产权属变更的当天。

(7) 进口货物,为报关进口的当天。

【提示】增值税扣缴义务发生时间为纳税人增值税纳税义务发生的当天。

经典例题

[例题·单项选择题] 下列结算方式中,以货物发出当天为增值税纳税义务发生时间的是( )。

A. 预收货款   B. 赊销

C. 分期收款   D. 将货物交付他人代销

[解题思路] 根据表 4-19 中的总结,可对不同的销售结算方式下增值税纳税义务发生时间分别进行对比记忆。

[答案] A

● 考点7 **增值税的纳税期限和纳税地点**

一、增值税的纳税期限

(1) 纳税人以 1 个月或 1 个季度为 1 个纳税期限的,自期满之日起 15 日内申报纳税。

(2) 纳税人以 1 日、3 日、5 日、10 日、15 日为 1 个纳税期限的,自期满之日起 5 日内预缴税款,于次月 1 日起 15 日内申报纳税并结清上月应纳税款。

【提示】纳税人进口货物,应当自海关填发海关缴款书之日起 15 日内缴纳税款。以 1 个季度为纳税期限的规定适用于小规模纳税人、银行、财务公司、信托投资公司、信用社,以及财政部和国家税务总局规定的其他纳税人。

二、增值税的纳税地点

(1) 固定业户应当向其机构所在地或者居住地主管税务机关申报纳税。

(2) 固定业户到外县（市）销售货物或应税劳务，应当向其机构所在地主管税务机关报告外出经营事项，并向其机构所在地的主管税务机关申报纳税。

(3) 非固定业户销售货物、提供劳务和发生应税行为应当向应税行为发生地的主管税务机关申报纳税；未申报纳税的，由其机构所在地或者居住地主管税务机关补征税款。

(4) 其他个人提供建筑服务，销售或者租赁不动产，转让自然资源使用权，应向建筑服务发生地、不动产所在地、自然资源所在地主管税务机关申报纳税。

(5) 进口货物，应当向报关地海关申报纳税。

(6) 扣缴义务人应当向其机构所在地或者居住地的主管税务机关申报缴纳其扣缴的税款。

> **经典例题**
>
> [2016年真题改编·多项选择题] 关于增值税的纳税义务发生时间和纳税地点的说法，正确的有（　　）。
> A. 纳税人发生视同销售货物行为的，纳税义务发生时间为货物移送的当天
> B. 委托其他纳税人代销货物，未收到代销清单不发生纳税义务
> C. 固定业户到外县（市）提供应税劳务的，应向劳务发生地主管税务机关申报纳税
> D. 固定业户的分支机构与总机构不在同一地方的，应当分别向各自所在地主管税务机关申报纳税
> E. 非固定业户销售货物，应当向销售地主管税务机关申报纳税
> [解题思路] 对于增值税纳税义务的发生时间和纳税地点，可根据总结提炼的相关表格和重点内容对比选项，判断正误。
> [答案] ADE

● 考点8 增值税的减税、免税

一、增值税的免征项目

(1) 农业生产者销售的自产农产品。

(2) 由残疾人组织直接进口供残疾人专用的物品。

(3) 外国政府、国际组织无偿援助的进口物资和设备。

(4) 直接用于科学研究、科学实验和教学的进口仪器、设备。

(5) 销售的自己使用过的物品。

(6) 避孕药品和用具。

(7) 古旧图书，是指向社会收购的古书和旧书。

【提示】

(1) 纳税人兼营免税、减税项目的，应当分别核算免税、减税项目的销售额；未分别核算销售额的，不得免税、减税。

(2) 增值税起征点的适用范围仅限于"个人"（主要是指按照小规模纳税人纳税的个体工商户和其他个人）。

二、若干具体免税的规定

(1) 自2016年5月1日起，社会团体收取的会费，免征增值税。社会团体开展经营服务性活动取得的其他收入，一律照章缴纳增值税。

(2) 纳税人采取转包、出租、互换、转让、入股等方式将承包地流转给农业生产者用于农业生产的，免征增值税。

(3) 自2019年2月1日至2023年12月31日，对企业集团内单位（含企业集团）之间的资金

无偿借贷行为，免征增值税。

（4）自 2019 年 1 月 1 日至 2025 年 12 月 31 日，对单位或者个体工商户将自产、委托加工或购买的货物通过公益性社会组织、县级及以上人民政府及其组成部门和直属机构，或直接无偿捐赠给目标脱贫地区的单位和个人，免征增值税。

（5）自 2019 年 1 月 1 日至 2023 年 12 月 31 日，继续对国产抗艾滋病病毒药品免征生产环节和流通环节增值税。

（6）自 2020 年 1 月 1 日起，纳税人取得的财政补贴收入，与其销售货物、劳务、服务、无形资产、不动产的收入或者数量直接挂钩的，应按规定计算缴纳增值税。纳税人取得的其他情形的财政补贴收入，不属于增值税应税收入，不征收增值税。

（7）自 2020 年 1 月 20 日，纳税人将国有农用地出租给农业生产者用于农业生产，免征增值税。

（8）自 2018 年 11 月 30 日至 2023 年 11 月 29 日，对经国务院批准对外开放的货物期货品种保税交割业务，暂免征收增值税。

（9）自 2023 年 1 月 1 日至 2023 年 12 月 31 日，合计月销售额未超过 10 万元（以 1 个季度为 1 个纳税期的，季度销售额未超过 30 万元）的，免征增值税。自 2023 年 1 月 1 日至 2023 年 12 月 31 日，增值税小规模纳税人适用 3% 征收率的应税销售收入，减按 1% 征收率征收增值税；适用 3% 预征率的预缴增值税项目，减按 1% 预征率预缴增值税。

（10）自 2022 年 5 月 1 日至 2022 年 12 月 31 日，对纳税人为居民提供必需生活物资快递收派服务取得的收入，免征增值税。

考点9 增值税的征收管理

根据年销售额的大小和会计水平，纳税人可划分为一般纳税人和小规模纳税人。

一、小规模纳税人的认定及管理

小规模纳税人和一般纳税人的划分标准如表 4-20 所示。

表 4-20　小规模纳税人和一般纳税人的划分标准

时间界定	小规模纳税人		一般纳税人
2018 年 5 月 1 日前	根据不同行业的应税销售额确定	生产企业的年应税销售额 50 万元及以下	年应税销售额在小规模纳税人标准以上
		其他企业（流通企业）的年应税销售额 80 万元及以下	
		营改增纳税人的年应税销售额 500 万元及以下	
2018 年 5 月 1 日起	统一为年应税销售额 500 万元及以下		

【提示】

（1）按照《增值税暂行条例实施细则》第二十八条规定，已登记为增值税一般纳税人的单位和个人，在 2018 年 12 月 31 日前，可转登记为小规模纳税人，其未抵扣的进项税额作转出处理。

（2）自 2020 年 2 月 1 日起，增值税小规模纳税人（其他个人除外）发生增值税应税行为，需要开具增值税专用发票的，可以自愿使用增值税发票管理系统自行开具。选择自行开具增值税专用发票的小规模纳税人，税务机关不再为其代开增值税专用发票。

二、一般纳税人的登记及管理

（一）一般纳税人的登记

纳税人办理一般纳税人资格登记的程序如图 4-3 所示。

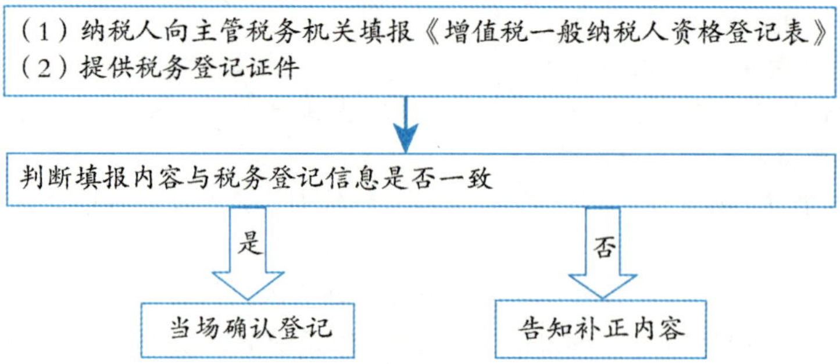

```
(1) 纳税人向主管税务机关填报《增值税一般纳税人资格登记表》
(2) 提供税务登记证件
         ↓
判断填报内容与税务登记信息是否一致
     是 ↓        否 ↓
  当场确认登记    告知补正内容
```

图 4-3 纳税人办理一般纳税人资格登记的程序

【提示】

(1) 纳税人资格登记应当在申报期结束后 15 日内办理相关手续；纳税人未按规定时限办理一般纳税人资格登记的，主管税务机关应当在规定期限结束后 5 日内制作《税务事项通知书》，告知纳税人应当在 5 日内向主管税务机关办理相关手续。

(2) 纳税人应该自其选择一般纳税人资格生效之日起，按照增值税一般计税方法计算应纳税额，并按照规定领用增值税专用发票。

(二) 一般纳税人的管理

(1) 对已使用增值税防伪税控系统但年应税销售额未达到规定标准的一般纳税人，如会计核算健全，且未有下列情形之一者，不取消其一般纳税人资格：虚开增值税专用发票或者有偷税、骗税、抗税行为的；连续 3 个月未申报或连续 6 个月纳税申报异常且无正当理由的；不按规定保管、使用增值税专用发票、税控装置，造成严重后果的。

(2) 纳税人一经认定为一般纳税人以后，不得转为小规模纳税人（国家税务总局另有规定的除外）；个体工商户以外的其他个人年应税销售额超过规定标准的，不需要向主管税务机关提交书面证明。

经典例题

[例题·单项选择题] 下列关于一般纳税人和小规模纳税人认定及管理的说法，错误的是（　　）。

A. 小规模纳税人和一般纳税人的划分标准为年销售额的大小和会计水平
B. 一般情况下，纳税人一经认定为一般纳税人，不得转为小规模纳税人
C. 目前，增值税小规模纳税人标准为年应税销售额不超过 500 万元
D. 纳税人办理一般纳税人资格登记时，纳税人只要填写相关内容即可当场登记为一般纳税人

[解析] 纳税人在办理一般纳税人资格登记，在填报内容时，如果与税务登记信息一致的，主管税务机关当场登记；如果填报内容与税务登记信息不一致时，或者不符合填列要求的，税务机关应当告知纳税人需要补正的内容。并不是只要填写相应内容即可登记为一般纳税人，D 项错误。　　[答案] D

考点10 消费税的纳税人及征税范围

消费税的纳税人是指在中华人民共和国境内生产、委托加工和进口应税消费品的单位和个人，以及国务院确定销售相关消费品的其他单位和个人。

消费税的征税范围包括 15 个税目：烟、酒、化妆品、贵重首饰及珠宝玉石、鞭炮、焰火、成品油、摩托车、小汽车、高尔夫球及球具、高档手表、游艇、木制一次性筷子、实木地板、电池和涂料。

【提示】

(1) 卷烟和电子烟：卷烟在生产（进口）环节、批发两个环节征收消费税，实行复合征税；电子烟在生产（进口）环节、批发两个环节征收消费税，实行比例税率（生产环节税率为 36%，

批发环节税率为 11%)。

(2) 白酒。复合征税为 20% 的比例税率加 0.5 元/500 克的从量税率。

(3) 化妆品。主要是指高档化妆品，税率为 15%。

(4) 贵重首饰及珠宝玉石。金银首饰、铂金首饰和钻石及钻石饰品在零售环节征收消费税，消费税税率为 5%，其他环节不征税；其他贵重首饰和珠宝玉石在委托加工环节和进口环节征收消费税，消费税税率为 10%。

(5) 超豪华小汽车在零售环节适用 10% 的税率。

经典例题

[例题·单项选择题] 下列商品中，属于消费税征收范围的是（　　）。

A. 高尔夫球具　　　　　　　　B. 竹制筷子
C. 电动自行车　　　　　　　　D. 护肤护发品

[解析] 高尔夫球及球具属于消费税的征收范围。　　　　　　　　　　[答案] A

● 考点 11　消费税的税率

一、消费税税率的一般规定

消费税税率的一般规定如表 4-21 所示。

表 4-21　消费税税率的一般规定

形式	具体范围
比例税率	除啤酒、黄酒、成品油、白酒、卷烟以外的其他应税产品
定额税率	啤酒、黄酒、成品油
复合税率	白酒、卷烟

【提示】

(1) 纳税人兼营不同税率的应税消费品（即生产销售两种税率以上的应税消费品）时，应该分别核算不同税率应税消费品的销售额或销售数量，未分别核算的，按最高税率征税。

(2) 纳税人将应税消费品与非应税消费品，以及适用税率不同的应税消费品组成成套消费品销售的，应根据组合产制品的销售金额按应税消费品中适用最高税率的消费品税率征税。

(3) 自 2015 年 5 月 10 日起，纳税人兼营卷烟批发和零售业务的，应当分别核算批发和零售环节的销售额、销售数量；未分别核算批发和零售环节销售额、销售数量的，按照全部销售额、销售数量计征批发环节消费税。

二、关于酒的适用税率的特殊规定

(1) 外购酒精生产的白酒，应按照酒精所用原料确定白酒的适用税率。

(2) 外购两种以上酒精生产的白酒，一律从高确定税率征税。

(3) 以外购的不同品种的白酒勾兑的白酒，一律按照粮食白酒的税率征税。

(4) 配制酒消费税适用税率。

①以<u>蒸馏酒或食用酒精</u>为酒基，其中酒精度不高于 38 度且具有国家相关部门批准的国食健字或卫食健字文号的，按消费税税目税率表"<u>其他酒</u>" 10% 适用税率征收消费税。

②以<u>发酵酒</u>为酒基，酒精度不高于 20 度的配制酒，按消费税税目税率表"<u>其他酒</u>" 10% 适用税率征收消费税。

③其他配制酒，按消费税税目税率表"<u>白酒</u>"适用税率征收消费税。

经典例题

[2020年真题·多项选择题] 下列选项中,既适用比例税率又适用定额税率的有（ ）。

A. 白酒 B. 小汽车 C. 啤酒 D. 雪茄烟

E. 甲类卷烟

[解题思路] 本题考查税率的具体形式。可参考表4-21,对不同税率形式的使用范围对比记忆,对号入座。适用复合税率的为卷烟和白酒。

[答案] AE

● 考点12 消费税的计税依据和应纳税额的计算

一、自行销售应税消费品应纳税额的计税依据

自行销售应税消费品应纳税额的计税公式如表4-22所示。

表4-22 自行销售应税消费品应纳税额的计税公式

计税方法	计税公式
从量定额计税	应纳税额＝销售数量×单位税额
从价定率计税	应纳税额＝销售额×比例税率
复合计税	应纳税额＝销售额×比例税率＋销售数量×单位税额

（一）实行从量定额计征办法的计税依据

从量定额通常以每单位应税消费品的重量、容积或数量为计税依据,并按每单位应税消费品规定固定税额。这种固定税额即为定额税率。

我国消费税对黄酒、啤酒、汽油、柴油等实行定额税率,采用从量定额的办法征税,其计税依据是纳税人销售应税消费品的销售数量。

（二）实行从价定率计征办法的计税依据

1. 从价定率计税的计税依据

实行从价定率计税的计税依据是应税消费品的销售额,即从购买方取得的全部价款和价外费用。

销售额不包括应向购买方收取的增值税税款。价外费用不包括同时符合以下两个条件的代垫运输费用:承运部门的运费发票开具给购买方的;纳税人将该项发票转交给购买方的。

【提示】

（1）含增值税销售额换算成不含增值税销售额的公式为:

应税消费品的销售额＝含增值税的销售额／(1＋增值税税率或征收率)

（2）通常所说的不含税价只是不含增值税。增值税是价外税,消费税是价内税。

2. 包装物押金的特殊处理

（1）一般货物的包装物押金处理同增值税部分押金处理规定。

（2）对酒类产品生产企业销售酒类产品（除啤酒、黄酒外）而收取的包装物押金,无论押金是否返还及会计上如何核算,均应并入酒类产品销售额中征收消费税。

（3）包装物连同产品销售,并入应税消费品的销售额中征收消费税。

（4）白酒生产企业随应税白酒的销售而向购货方收取的"品牌使用费"属于价款的组成部分,应缴纳消费税。

3. 电子烟消费税额的计算

自2022年11月1日起,纳税人生产、批发电子烟的,按照生产、批发电子烟的销售额计算纳税。具体规定如表4-23所示。

表 4-23　电子烟消费税额的计算

不同形式	计税依据
电子烟生产环节纳税人采用代销方式销售电子烟的	经销商（代理商）销售给电子烟批发企业的销售额
纳税人进口电子烟的	组成计税价格
电子烟生产环节纳税人从事电子烟代加工业务的	应当分开核算持有商标电子烟的销售额和代加工电子烟的销售额；未分开核算的，一并缴纳消费税 【提示】通过代加工方式生产电子烟的，由持有商标的企业缴纳消费税

【举例】某电子烟消费税纳税人于 2022 年 12 月生产持有商标的电子烟产品并销售给电子烟批发企业，取得不含增值税销售额 100 万元，则该纳税人 2023 年 1 月应申报缴纳电子烟消费税多少万元？如果该纳税人委托经销商（代理商）销售同一电子烟产品，经销商（代理商）销售给电子烟批发企业，取得不含增值税销售额 110 万元，则该纳税人 2023 年 1 月应申报缴纳电子烟消费税多少万元？

【解析】

（1）生产持有商标的电子烟产品并销售给电子烟批发企业，应缴纳的消费税税额＝100×36％＝36（万元）。

（2）由经销商（代理商）销售给电子烟批发企业，应缴纳的消费税税额＝110×36％＝39.6（万元）。

（三）计税依据的若干特殊规定

消费税计税依据的若干特殊规定如表 4-24 所示。

表 4-24　消费税计税依据的若干特殊规定

特殊规定	具体内容
自设非独立核算门市部计税	纳税人通过自设非独立核算门市部销售的自产应税消费品，应当按照门市部对外销售额或者销售数量计算征收消费税
应税消费品用于其他方面	纳税人自产的应税消费品用于换取生产资料和消费资料、投资入股和抵偿债务等方面，应当按纳税人同类应税消费品的最高销售价格作为计税依据

> **经典例题**
>
> [2013 年真题·单项选择题] 纳税人因销售应税消费品而出租出借包装物收取的押金，其正确的计税方法是（　　）。
>
> A. 啤酒的包装物收取押金时征收增值税
> B. 啤酒的包装物押金征收消费税
> C. 黄酒的包装物押金征收消费税
> D. 白酒的包装物押金既征收增值税，又征收消费税
>
> [解析] 本题考查包装物押金是否计入销售额。纳税人为销售货物而出租出借包装物收取的押金，单独记账核算的，在收取时不并入销售额征税。对销售除啤酒、黄酒以外的其他酒类产品而收取的包装物押金，无论是否返还均应并入当期销售额征税。　　[答案] D
>
> [例题·单项选择题] 某电子烟生产企业持有电子烟商标 A 生产电子烟产品。2022 年 12 月，该纳税人生产销售 A 电子烟给电子烟批发企业，取得不含增值税销售额 100 万元。同时，当月该纳税人（不持有电子烟商标 B）从事电子烟代加工业务，生产销售 B 电子烟给 B 电子烟生产企业（持有电子烟商标 B），取得不含增值税销售额 50 万元，该纳税人能够分开核算 A 电子烟和

B电子烟的销售额,则该纳税人2023年1月应申报缴纳电子烟消费税（　　）万元。
A. 36
B. 39.6
C. 54
D. 60

[解析] 该纳税人能分开核算A电子烟和B电子烟的销售额,则该纳税人2023年1月应申报缴纳电子烟消费税税额36万元（100×36％）。B电子烟生产企业将B电子烟销售给电子烟批发企业时,自行申报缴纳消费税。
[答案] A

二、自产自用应税消费品的计税依据和应纳税额的计算

用于不同方面的自产自用应税消费品的纳税情形如图4-4所示。

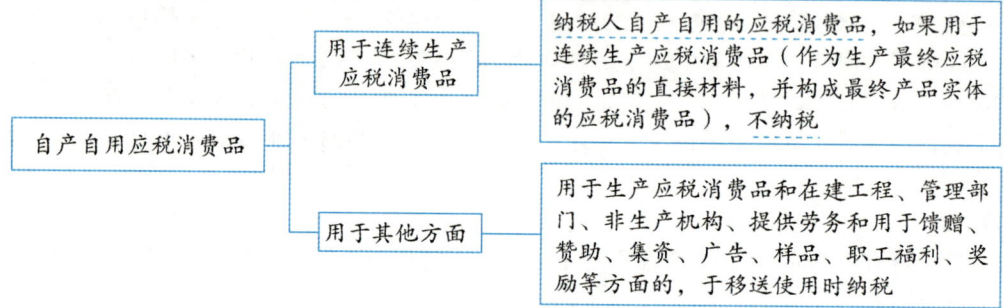

图4-4　用于不同方面的自产自用应税消费品的纳税情形

自产自用应税消费品应纳税额的计算如表4-25所示。

表4-25　自产自用应税消费品应纳税额的计算

具体情况	计算公式
有同类消费品销售价格的	应纳税额＝同类消费品销售价格×自产自用数量×适用税率
无同类消费品销售价格的	应纳税额＝组成计税价格×适用税率 ＝（成本＋利润）/（1－消费税税率）×适用税率 ＝成本×（1＋成本利润率）/（1－消费税税率）×适用税率

经典例题

[2016年真题·单项选择题] 下列应税消费品不缴纳消费税的是（　　）。
A. 炼化厂用于本企业基建部门车辆的自产汽油
B. 汽车厂用于管理部门的资产汽车
C. 日化厂用于交易会样品的自产化妆品
D. 卷烟厂用于生产卷烟的自制烟丝

[解题思路] 纳税人自产自用的应税消费品,用于连续生产应税消费品的,不纳税。可根据图4-4判断题目中选项是否正确。
[答案] D

三、委托加工应税消费品的计税依据和应纳税额的计算

委托加工应税消费品消费税的计税依据和应纳税额的计算如表4-26所示。

表4-26　委托加工应税消费品消费税的计税依据和应纳税额的计算

具体情况	计税依据	计算公式
有同类消费品销售价格的	同类消费品的销售价格	应纳税额＝同类消费品销售价格×委托加工数量×适用税率

续表

具体情况	计税依据	计算公式
无同类消费品销售价格的	组成计税价格	应纳税额＝组成计税价格×适用税率 ＝（材料成本＋加工费）/（1－消费税税率）×适用税率

【提示】

（1）委托加工一定是委托方提供原料和主要材料，受托方只收取加工费和代垫部分辅助材料加工的应税消费品，即委托方处于主体地位，受托方处于辅助地位，并且注意"提供""收取"这些关键词。

（2）委托个人加工应税消费品，由委托方收回后缴纳消费税；委托加工的应税消费品，除受托方为个人外，由受托方在向委托方交货时代收代缴税款（总结为委托方为消费税的纳税人）。

委托加工的应税消费品由委托方收回后直接出售的，不再缴纳消费税。

纳税人用委托加工收回的下列应税消费品连续生产应税消费品，在计征消费税时准予从应纳消费税税额中扣除原料已纳消费税税额。

（1）以委托加工收回的已税烟丝为原料生产的卷烟。
（2）以委托加工收回的已税高档化妆品为原料生产的高档化妆品。
（3）以委托加工收回的已税珠宝玉石为原料生产的贵重首饰及珠宝玉石。
（4）以委托加工收回的已税鞭炮、焰火为原料生产的鞭炮、焰火。
（5）以委托加工收回的已税杆头、杆身和握把为原料生产的高尔夫球杆。
（6）以委托加工收回的已税木制一次性筷子为原料生产的木制一次性筷子。
（7）以委托加工收回的已税实木地板为原料生产的实木地板。
（8）以委托加工收回的已税汽油、柴油为原料连续生产的汽油、柴油。
（9）以委托加工收回的已税摩托车连续生产应税摩托车。

四、进口应税消费品的应纳税额的计算

进口应税消费品的应纳税额的计算如表 4-27 所示。

表 4-27　进口应税消费品的应纳税额的计算

计征方法	计算公式
从价定率计征	应纳税额＝组成计税价格×适用税率 ＝（关税完税价格＋关税）/（1－消费税比例税率）×适用税率
从量定额计征	应纳税额＝应税消费品数量×消费税单位税额
复合计征 （进口卷烟的计征）	应纳消费税税额＝进口卷烟消费税组成计税价格×进口卷烟消费税适用比例税率＋消费税定额税 ＝（关税完税价格＋关税＋消费税定额税）/（1－进口卷烟消费税适用比例税率）×进口卷烟消费税适用比例税率＋海关核定的进口卷烟数量×消费税定额税率

【经典例题】

[2020 年真题·单项选择题] 下列选项中，属于委托加工应税消费品的是（　　）。
A. 由委托方提供原料和主要材料，受托方只收取加工费和代垫部分辅助材料加工的应税消费品
B. 由受托方以委托方的名义购进原材料生产的应税消费品
C. 由受托方提供原材料生产的应税消费品
D. 受托方先将原材料卖给委托方，然后再接受加工的应税消费品

[解析] 委托加工的应税消费品是指由委托方提供原料和主要材料，受托方只收取加工费和代垫部分辅助材料加工的应税消费品。

[答案] A

[2013年真题·单项选择题] 某公司 2013 年 6 月进口 10 箱卷烟（5 万支/箱），经海关审定，关税完税价格 22 万元/箱，关税税率 50%，消费税税率 56%，定额税率 150 元/箱。2013 年 6 月该公司进口环节应纳消费税（　　）万元。

A. 1 183.64　　　　　　　　B. 420.34
C. 288.88　　　　　　　　　D. 100.80

[解析] 本题考查消费税应纳税额的计算。进口卷烟消费税组成计税价格 =（关税完税价格 + 关税 + 消费税定额税）/（1 − 进口卷烟消费税适用比例税率）。从量计征消费税应纳税额 = 10×150 = 1 500（元）= 0.15（万元）。从价计征消费税应纳税额 = [22×10×（1+50%）+ 0.15]/（1−56%）×56% = 420.19（万元）。进口环节的消费税 = 0.15 + 420.19 = 420.34（万元）。

[答案] B

● 考点 13　消费税的征收管理

不同销售结算方式下消费税的纳税义务发生时间如表 4-28 所示。

表 4-28　不同销售结算方式下消费税的纳税义务发生时间

销售结算方式	纳税义务发生时间
赊销和分期收款	为书面合同约定的收款日期的当天，无书面合同的或者书面合同没有约定收款日期的，为发出应税消费品的当天
预收货款	为发出应税消费品的当天
托收承付和委托银行收款	为发出应税消费品并办妥托收手续的当天
其他结算方式	为收讫销售款或者取得索取销售款的凭据的当天
自产自用	为移送使用的当天
委托加工	为纳税人提货的当天
进口应税消费品	为报关进口的当天

消费税的纳税地点如表 4-29 所示。

表 4-29　消费税的纳税地点

不同的情况	纳税地点
纳税人到外县（市）销售或者委托外县（市）代销自产应税消费品的	在应税消费品销售后，向机构所在地或者居住地主管税务机关申报纳税
纳税人的总机构与分支机构不在同一县（市）的	分别向总分支机构所在地的主管税务机关申报纳税
委托个人加工的应税消费品	由委托方向机构所在地或者居住地主管税务机关申报纳税
进口的应税消费品	由进口人或者其代理人向报关地海关申报纳税

【提示】消费税的纳税期限如下：

（1）纳税人以 1 个月或者 1 个季度为 1 个纳税期限的，自期满之日起 15 日内申报纳税。

（2）纳税人以 1 日、3 日、5 日、10 日、15 日为 1 个纳税期限的，自期满之日起 5 日内预缴税款，于次月 1 日起 15 日内申报纳税并结清上月应纳税款。

（3）纳税人进口应税消费品，应当自海关填发海关进口增值税专用缴款书之日起 15 日内缴纳税款。

> **经典例题**
>
> [2016年真题·多项选择题] 关于消费税纳税义务发生时间的说法,正确的有( )。
>
> A. 某酒厂销售葡萄酒20箱,直接收取价款4 800元,其纳税义务发生时间为收款当天
>
> B. 某汽车厂自产自用3台小汽车,其纳税义务发生时间为小汽车移送使用的当天
>
> C. 某烟花企业采用托收承付结算方式销售焰火,其纳税义务发生时间为发出焰火并办妥托收手续的当天
>
> D. 某化妆品厂采用赊销方式销售化妆品,合同规定收款日期为6月23日,7月20日收到货款,纳税义务发生时间为6月份
>
> E. 某高档手表厂采取预收货款方式销售高档手表,其纳税义务发生时间为销售合同规定的收款日期的当天
>
> [解题思路] 本题考查消费税的纳税义务发生时间。对于不同的销售结算方式,消费税的纳税义务发生时间是不同的,需根据表4-28分别进行记忆。采取预收货款方式销售货物,其纳税义务发生时间为发出应税消费品的当天,故E项错误。
>
> [答案] ABCD

考点14 关税的纳税人、征税范围和税率

关税的纳税人、征税范围和税率如表4-30所示。

表4-30 关税的纳税人、征税范围和税率

要点	具体内容
纳税人	货物的纳税人是<u>经营进出口货物的收货人和发货人</u> 物品的纳税人包括:入境时随身携带行李、物品的携带人;各种入境运输工具上携带自用物品的持有人;馈赠物品以及其他方式入境个人物品的所有人;进口个人邮件的收件人
征税范围	属于《中华人民共和国进出口税则》规定应税的货物、物品,具体是指: (1) 货物是指贸易性商品 (2) 物品是指非贸易性商品,包括入境旅客随身携带的行李和物品,个人邮递物品,各种运输工具上的服务人员携带进口的自用物品以及其他方式进入我国国境或关境的个人物品
税率	进口货物税率包括普通税率和优惠税率 出口货物采用比例税率;出口货物的征税原则是征税的品种不宜太多,税率适度 进出口货物,应当适用海关接受该货物申报进口或者出口之日实施的税率

> **经典例题**
>
> [2015年真题·单项选择题] 属于关税法定纳税义务人的是( )。
>
> A. 进口货物的收货人
>
> B. 进口货物的代理人
>
> C. 出口货物的代理人
>
> D. 出境物品的携带人
>
> [解析] 关税法定纳税义务人包括货物的纳税人和物品的纳税人。其中,货物的纳税人是经营进出口货物的收货人、发货人。
>
> [答案] A

考点15 关税的完税价格和应纳税额的计算

一、进口货物的完税价格

不同形式进口货物的完税价格如表4-31所示。

表 4-31 不同形式进口货物的完税价格

分类	形式	完税价格的确定
一般货物的完税价格	—	进口货物的完税价格＝货物的货价＋运输及其相关费用、保险费
特殊货物的完税价格	运往境外修理的机械器具、运输工具或其他货物，出境时已向海关报明，并在海关规定期限内复运进境的	关税完税价格＝境外修理费＋料件费
	运往境外加工的货物，出境时已向海关报明，并在海关规定期限内复运进境的	关税完税价格＝境外加工费＋境外料件费＋复运进境的运保费
	经海关批准留购的暂时进境货物	关税完税价格＝留购价格
	租赁方式进口货物	租赁方式进口的货物中，以租金方式对外支付的租赁货物，在租赁期的，完税价格＝租金
		留购的租赁货物，关税完税价格＝留购价格
		承租人申请一次性缴纳税款的，完税价格按照估价方法的顺序确认（当成交价格不能确定时）
	应当补税的减税或者免税进口的货物	完税价格＝海关审定的该货物原进口时的价格×[1－补税时实际已进口的时间（月）/（监管年限×12）]

【提示】

（1）如果进口货物的保险费无法确定或者未实际发生，海关应当按照"货价加运费"两者总额的 3‰ 计算保险费。

（2）出口货物是以成交价格为基础的完税价格，不包括在货物价款中单独列明货物运至我国境内输出地点装载后的运输及其相关费用、保险费和在货物价款中单独列明由卖方承担的佣金，不包括出口关税。

二、应纳税额的计算

关税应纳税额的计算公式如表 4-32 所示。

表 4-32 关税应纳税额的计算公式

计征方式	具体公式
从价计征	关税应纳税额＝应税进（出）口货物数量×单位完税价格×适用税率
从量计征	关税应纳税额＝应税进（出）口货物数量×单位货物税额
复合计征	关税应纳税额＝应税进（出）口货物数量×单位货物税额＋应税进（出）口货物数量×单位完税价格×适用税率

【提示】从价计征中，进口货物的成交价格确定形式分为以下三种：

（1）CIF＝成本＋运费＋保险费（到岸价格）。

（2）FOB＝船上交货（离岸价格）。

（3）CFR＝成本＋运费（离岸加运费价格）。

> **经典例题**

[2014年真题·单项选择题] 某企业2014年4月将一台账面原值80万元、已提折旧8万元的进口设备运往境外修理，当月在海关规定的期限内复运入境。经海关审定的境外修理费4万元、料件费12万元、运费1万元。假定该设备的进口关税税率为20%，则该企业应缴纳关税为（ ）万元。

A. 3.2　　　　　　　　　　B. 3.4
C. 8.4　　　　　　　　　　D. 12.0

[解析] 运往境外修理的机械器具、运输工具或其他货物，完税价格＝境外修理费＋料件费＝4+12=16（万元），则该企业应缴纳关税＝16×20%=3.2（万元）。　　[答案] A

[2016年真题·多项选择题] 根据《中华人民共和国进出口关税条例》，下列说法正确的有（ ）。
A. 出口货物的关税完税价格不包含出口关税
B. 进口货物的保险费无法确定时，海关应按照售价的5‰计算保险费
C. 进口货物成交价格"FOB"的含义是"船上交货"的价格术语简称，又称"离岸价格"
D. 进口货物成交价格"CFR"的含义是"到岸价格"的价格术语简称
E. 进口货物成交价格"CIF"的含义是"成本加运费、保险费"的价格术语简称，又称"到岸价格"

[解析] 进口货物的保险费无法确定时，海关应按照"货价加运费"的3‰计算保险费，故B项错误。进口货物成交价格"CFR"的含义是"成本加运费"的价格术语简称，故D项错误。　　[答案] ACE

考点16　关税的税收优惠

关税的税收优惠如图4-5所示。

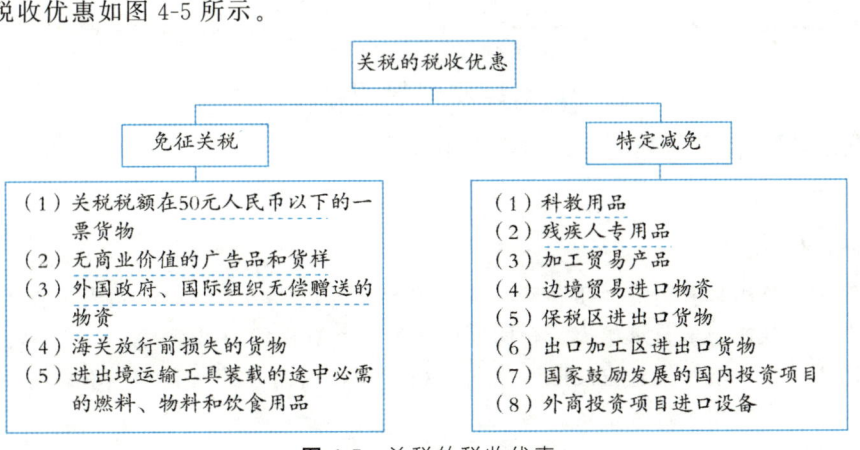

图4-5　关税的税收优惠

> **经典例题**

[2022年真题·单项选择题] 关于关税制度的说法，错误的是（ ）。
A. CIF是成本加运费、保险费的价格的简称，又称到岸价格
B. CFR是到岸价格的简称
C. 关税税额在人民币50元以下的一票货物免征关税
D. 无商业价值的广告品和货样免征关税

[解析] CFR是"成本加运费"的价格术语的简称，又称离岸加运费价格，B项错误。　　[答案] B

考点17　关税的征收管理

关税的征收管理如图4-6所示。

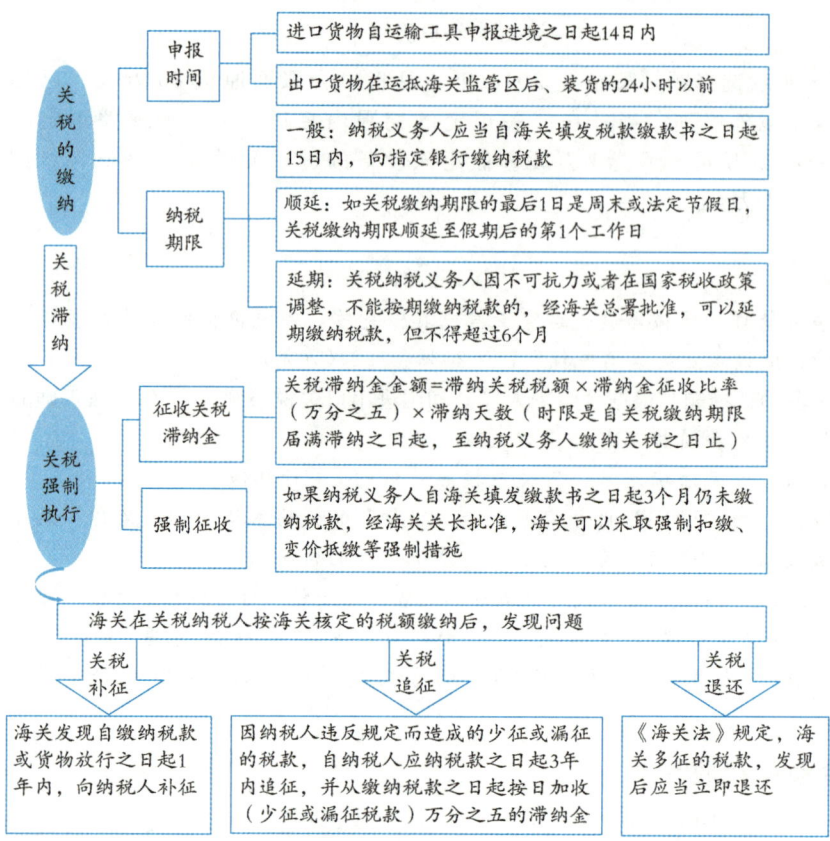

图 4-6 关税的征收管理

本章易错易混考点

【易错易混考点】 融资租赁服务和经营租赁服务

一、概念的比较

(一) 融资租赁服务

融资租赁服务是指具有融资性质和所有权转移特点的租赁活动,即出租人根据承租人的要求购入有形动产或不动产租赁给承租人,合同期内租赁物所有权属于出租人,承租人只拥有使用权。合同期满付清租金后,承租人有权按照残值购入租赁物,以拥有其所有权,不论出租人是否将租赁物销售给承租人,均属于融资租赁。

(二) 经营租赁服务

经营租赁服务,是指在约定时间内将有形动产或者不动产转让他人使用且租赁物所有权不变更的业务活动。

二、具体的适用税率划分

租赁服务具体的适用税率划分如表 4-33 所示。

表 4-33 租赁服务的适用税率划分

分类	按照标的物不同划分	税率
融资租赁服务	有形动产融资租赁服务	13%
	不动产融资租赁服务	9%

续表

分类	按照标的物不同划分	税率
经营租赁服务	有形动产经营租赁服务	13%
	不动产经营租赁服务	9%

【提示】

（1）将建筑物、构筑物等不动产或者飞机、车辆等有形动产的广告位出租给其他单位或者个人用于发布广告，按经营租赁服务缴纳增值税。

（2）车辆停放服务、道路通行服务（包括过路费、过桥费、过闸费等）等按不动产经营租赁服务缴纳增值税，适用税率9%。

（3）水路运输的光租业务、航空运输的干租业务，属于经营租赁，适用税率13%。光租和干租具有的共同特点是只租赁运输工具，不租赁操作人员。

[例题·多项选择题] 下列增值税的征税范围中，适用增值税的税率9%的是（   ）。

A. 有形动产融资租赁服务　　　　B. 不动产经营租赁服务

C. 车辆停放服务　　　　　　　　D. 不动产的融资租赁服务

E. 水路运输的光租业务

[解析] 参考"本章易错易混考点"，A、E两项适用增值税的税率为13%。　　　[答案] BCD

历年经典真题回顾

一、单项选择题（每题1分，每题备选项中，只有1个最符合题意）

1. 企业发生的下列经营行为中，应同时缴纳增值税和消费税的是（   ）。[2022年真题]

    A. 食品加工厂将自产啤酒用于生产熟食制品

    B. 百货公司零售金首饰

    C. 连锁超市零售卷烟

    D. 4S店销售大型商用客车

[解析] A项，自产应税消费品用于生产非应税消费品，于移送环节缴纳消费税但不缴纳增值税。C项，卷烟的消费税在生产（进口）和批发环节征收，零售不属于消费税的纳税环节，只需缴纳增值税。D项，大型商用客车不属于消费税应税消费品，只需缴纳增值税。　　　[答案] B

2. 2022年1月，某汽车生产企业生产了10辆乘用车，其中7辆销售给4S店，取得不含税价款1 120万元；1辆直接销售给消费者，取得不含税售价180万元；其余待售。已知该乘用车生产环节的消费税税率为12%，该汽车生产企业当月应缴纳的消费税税额为（   ）万元。

    A. 268　　　　　　　　　　　B. 286

    C. 156　　　　　　　　　　　D. 174

[解析] 本题考查应纳消费税税额的计算。1 120/7=160（万元）>130万元，此题中的汽车为超豪华小汽车，需要在零售环节加征10%的消费税。该汽车生产企业当月应缴纳的消费税税额=1 120×12%+180×（12%+10%）=174（万元）。　　　[答案] D

3. 根据增值税法律制度，下列行为中，属于应税劳务的是（   ）。[2021年真题]

    A. 提供缝纫劳务

    B. 利用橱窗为客户进行广告发布、宣传、展示

    C. 对建筑物进行修饰装修服务

    D. 通过铁路运送旅客的运输业务活动

[解析] 我国增值税的应税劳务是指有偿提供加工、修理修配劳务。B项广告服务，C项是装饰服务，D项是铁路运输服务。缝纫应当征收增值税。缝纫是指代客零星裁剪、加工（包括机缝

和手缝以及手工编织）服装、鞋、帽及其他物品的加工业务。

[答案] A

4. 某百货公司为增值税一般纳税人，2019年4月销售给消费者日用品一批，收取含税价款为62 400元，当月货物购进时取得增值税专用发票注明的价款为30 000元，则该百货公司4月应缴纳的增值税为（　　）元。[2016年真题改编]

　　A. 2 400.00　　　　　　　　　　B. 2 496.00
　　C. 3 278.76　　　　　　　　　　D. 9 066.67

[解析] 应纳的增值税税额＝销项税额－进项税额，即：应纳的增值税税额＝62 400/（1＋13%）×13%－30 000×13%≈3 278.76（元）。

[答案] C

5. 下列行为中，不属于增值税征收范围的是（　　）。[2014年真题]

　　A. 将购买的货物分配给股东
　　B. 将购买的货物用于集体福利
　　C. 将自产的货物无偿赠送给他人
　　D. 将自产的货物用于对外投资

[解题思路] 本题考查增值税征税范围。B项，将购买的货物用于集体福利不属于增值税视同销售行为，因此不属于增值税征收范围。

[答案] B

6. 某制药厂（增值税一般纳税人）2019年5月销售抗生素药品取得含税收入113万元，销售免税药品取得收入50万元，当月购进生产用原材料一批，取得增值税专用发票上注明税款6.8万元，抗生素药品与免税药品无法划分耗料情况，则该制药厂当月应纳增值税（　　）万元。[2013年真题改编]

　　A. 10.20　　　　B. 8.47　　　　C. 14.73　　　　D. 17.86

[解析] 免征增值税项目不交税，所以耗用的原材料也不应抵扣销项税额。同时对于兼营纳税项目与免税项目且无法划分清楚原材料使用情况的一般纳税人，可根据应税收入占总收入的比例，计算出可抵扣的增值税。具体计算如下：可以抵扣的增值税＝6.8×（100/150）＝4.53（万元），应纳增值税＝13－4.53＝8.47（万元）。

[答案] B

7. 企业生产的下列消费品，无需缴纳消费税的是（　　）。[2013年真题]

　　A. 卷烟企业生产用于连续生产卷烟的烟丝
　　B. 化妆品企业生产用于交易会样品的化妆品
　　C. 汽车企业生产用于本企业管理部门的轿车
　　D. 地板企业生产的装修本企业办公室的实木地板

[解析] 本题考查消费税的计税依据。自产自用应税消费品用于连续生产应税消费品的，不纳税。用于其他方面的，于移送使用时纳税。

[答案] A

二、多项选择题（每题2分，每题备选项中，有2个或2个以上符合题意，至少有1个错项。错选，本题不得分；少选，所选的每个选项得0.5分）

1. 根据消费税法律制度，征收消费税的行为有（　　）。[2021年真题]

　　A. 白酒生产企业用于广告宣传的样品白酒
　　B. 器材厂委托加工收回后直接销售的高尔夫球
　　C. 木材厂将自产的实木地板用于连续生产实木地板
　　D. 卷烟生产企业用于本企业招待所的卷烟
　　E. 汽车生产企业将自产的小汽车用于抵偿债务

[解析]《消费税暂行条例》规定，纳税人自产自用的应税消费品，用于连续生产应税消费品的不纳税；用于其他方面的，于移送使用时纳税。所谓"用于其他方面"，是指纳税人用于生产非应税消费品、在建工程、管理部门、非生产机构、提供劳务以及用于馈赠、赞助、集资、广

告、样品、职工福利、奖励等方面的应税消费品。

[答案] ADE

2. 纳税人销售应税消费品收取的下列款项中，应并入消费税计税依据的有（　　）。[2015年真题]

　　A. 装卸费　　　　　　　　　　　B. 集资款
　　C. 增值税销项税额　　　　　　　D. 白酒优质费
　　E. 未逾期的啤酒包装物押金

[解析] 本题考查消费税的计税依据。应税消费品的销售额包括销售应税消费品从购买方收取的全部价款和价外费用。A、B、D三项属于价外费用。

[答案] ABD

3. 关于关税制度的说法，正确的有（　　）。[2013年真题]

　　A. 进口货物完税价格的确定首先应按相同货物成交价格估算
　　B. FOB是成本加运费的价格的简称
　　C. 无商业价值的货样免征关税
　　D. CFR是到岸价格的简称
　　E. CIF是成本加运费、保险费的价格的简称，又称到岸价格

[解析] 本题考查关税的完税价格和应纳税额的计算。FOB是"船上交货"的价格术语简称；CFR是"成本加运费"的价格术语简称。

[答案] ACE

4. 甲企业销售给乙企业一批货物，约定当月支付贷款，至月底乙企业因资金紧张无法支付，经双方协商，乙企业用自产的产品抵顶货款，双方按规定互开专用发票。则下列税务处理中，错误的有（　　）。[2011年真题]

　　A. 甲企业应作购销处理，核算销售额和购进额，并计算销项税额和进项税额
　　B. 乙企业应作购销处理，核算销售额和购进额，并计算销项税额和进项税额
　　C. 甲企业收到乙企业的抵顶货物不应作购货处理
　　D. 乙企业发出抵顶货款的货物不应作销售处理，不应计算销项税额
　　E. 甲、乙双方发出货物都作销售处理，但收到货物所含增值税额一律不能计入进项税额

[解析] 纳税人采取以物易物方式，销售双方都应作购销处理。以各自发出的货物核算销售额并计算销项税额，以各自收到的货物核算购货额并计算进项税额。

[答案] CDE

三、案例分析题（每题2分。由单项选择题和多项选择题组成。错选，本题不得分；少选，所选的每个正确选项得0.5分）

某工业企业为增值税一般纳税人，生产销售机床，适用13%的增值税税率，2019年5月发生下列业务：

（1）购进原材料一批，取得增值税专用发票注明的价款为40万元，增值税为5.2万元，材料已经验收入库，款项尚未支付。

（2）购进低值易耗品一批，取得增值税专用发票注明的价款为5万元，增值税为0.65万元，款项已经支付，低值易耗品尚未验收入库。

（3）销售机床给甲公司，开出增值税专用发票，价款为90万元，增值税为11.7万元；同时收取包装物押金3.29万元。

（4）将产品投资入股20万元（成本价），该企业没有同类产品售价，适用成本利润率为10%。

（5）该企业附设一非独立核算的维修部，取得产品维修费全部收入1.13万元。

根据以上材料，回答下列问题。[2016年真题改编]

1. 本月销售给甲公司的机床应计提增值税销项税额（　　）元。

　　A. 5 100　　　B. 117 000　　　C. 158 100　　　D. 158 967

[解析] 销售机床给甲公司，开具了增值税专用发票，确认的销项税额为11.7万元，即117 000元。

[答案] B

2. 本月允许抵扣的增值税进项税额为（　　）元。

  A. 54 000   B. 58 000   C. 58 500   D. 85 000

  [解析] 购进原材料的和购进低值易耗品产生的进项税额均可进行抵扣，进项税额=（5.2＋0.65）×10 000＝58 500（元）。

                                [答案] C

3. 视同销售的投资入股产品的增值税计税价格为（　　）元。

  A. 20 000   B. 220 000   C. 240 000   D. 260 000

  [解析] 视同销售的投资入股产品按照组成计税价格进行计税，即：20×（1＋10％）×10 000＝220 000（元）。

                                [答案] B

4. 本月应缴纳增值税（　　）元。

  A. 88 400.00   B. 114 354.37

  C. 117 300.00   D. 119 000.00

  [解析] 本月应缴纳的增值税＝销项税额－进项税额＝117 000＋220 000×13％＋113 00/（1＋13％）×13％－585 00＝88 400.00（元）。

                                [答案] A

本章同步练习

一、单项选择题（每题1分，每题备选项中，只有1个最符合题意）

1. 企业租赁或承包给他人经营的，以（　　）为增值税纳税人。

  A. 承租人或承包人   B. 企业

  C. 出租人   D. 机关团体

2. 下列关于增值税税率的说法中，错误的是（　　）。

  A. 纳税人提供加工劳务的税率为13％

  B. 纳税人出口服装的税率为0

  C. 纳税人进口天然气的税率为9％

  D. 纳税人兼营不同税率的货物应当分别核算不同税率货物的销售额，未分别核算销售额的，适用加权平均税率

3. 下列情况中，不应当征收增值税的是（　　）。

  A. 某企业将自产货物分配给投资者

  B. 某企业将外购的货物用于职工福利

  C. 某钟表眼镜商店为顾客有偿修理眼镜

  D. 某企业委托酒厂加工白酒，收回后直接对外销售

4. 某服装厂为增值税小规模纳税人，2016年7月销售自己使用过3年的固定资产，取得含税销售额100 000元；销售自己使用过的包装物，取得含税销售额40 000元。2016年7月该服装厂上述业务应纳增值税（　　）元。

  A. 2 718.45   B. 3 106.80   C. 3 125.83   D. 4 077.67

5. 关于个人出租住房的增值税计税规定的说法，正确的是（　　）。

  A. 免征增值税   B. 按3％征收率计算应纳税额

  C. 按5％征收率计算应纳税额   D. 按5％征收率减按1.5％计算应纳税额

6. 下列纳税人应该申请认定为增值税小规模纳税人的是（　　）。

  A. 年应征增值税销售额为600万元的食品加工企业

  B. 年应征增值税销售额为75万元的超市

  C. 年应征增值税销售额为800万元的汽车修理厂

  D. 年应征增值税销售额为520万元的服装批发企业

7. 2019年2月某化妆品厂将一批自产高档护肤类化妆品用于集体福利，生产成本35 000元；将新研制的香水用于广告样品，生产成本20 000元。上述产品的成本利润率为5%，消费税税率为15%。上述货物已全部发出，均无同类产品售价。2019年2月该化妆品厂上述业务应纳消费税为（ ）元。

    A. 10 191.18　　B. 14 750.50　　C. 25 150.00　　D. 30 214.60

8. 下列关于增值税纳税期限说法，不正确的有（ ）。

    A. 增值税纳税期限的规定为1日、3日、5日、10日、15日、1个月或者1个季度

    B. 纳税人以一个月为一期纳税的，自期满之日起15日内申报纳税

    C. 纳税人以1日、3日、5日、10日或者15日为一期纳税的，自期满之日起5日内预缴税款，于次月1日起15日内申报纳税并结清上月应纳税额

    D. 纳税人进口货物的，应自海关填发税款缴纳证的次日起5日内缴纳税款

9. 实行从价定率办法计算应纳消费税额的进口应税消费品，其组成计税价格为（ ）。

    A. 关税完税价格

    B. 关税完税价格/（1－消费税比例税率）

    C. 关税完税价格＋关税

    D. （关税完税价格＋关税）/（1－消费税比例税率）

10. 进口货物的完税价格由海关以该货物的（ ）为基础审查确定。

    A. 进口国市场价格　　　　B. 出口国市场价格

    C. 离岸加运费价格　　　　D. 实际成交价格

11. 进口货物自运输工具申报进境之日起（ ）日内，应由纳税人向货物进境地海关申报关税。

    A. 10　　B. 12　　C. 14　　D. 15

12. 以租赁方式进口的货物，关于其完税价格的确定，说法正确的是（ ）。

    A. 以租金方式对外支付的租赁货物，在租赁期间以海关审查确定的租金作为完税价格，不计利息

    B. 留购的租赁货物以海关审查确定的市场价格作为完税价格

    C. 纳税义务人申请一次性缴纳税款的，只能按照海关审查确定的租金总额作为完税价格

    D. 纳税义务人申请一次性缴纳税款的，可以根据倒扣价格估价方法来确定该货物的完税价格

13. 关于增值税纳税地点的说法，错误的是（ ）。

    A. 其他个人销售不动产，应向不动产所在地主管税务机关申报纳税

    B. 其他个人提供建筑服务，应向建筑服务发生地主管税务机关申报纳税

    C. 其他个人租赁不动产，应向机构所在地主管税务机关申报纳税

    D. 其他个人转让自然资源使用权，应向自然资源所在地主管税务机关申报纳税

二、多项选择题（每题2分，每题备选项中，有2个或2个以上符合题意，至少有1个错项。错选，本题不得分；少选，所选的每个选项得0.5分）

1. 下列行为适用9%增值税税率的有（ ）。

    A. 邮政业服务　　　　　　B. 铁路运输业

    C. 货物运输代理服务　　　D. 既出租船舶，又配备操作人员

    E. 基础电信服务

2. 关于增值税小规模纳税人，下列说法中正确的有（ ）。

    A. 年应税销售额在500万元以上的小规模纳税人不能申请认定为一般纳税人

    B. 选择自行开具增值税专用发票的小规模纳税人，税务机关不再为其代开

    C. 小规模纳税人不能使用增值税专用发票

    D. 小规模纳税人的征收率为3%

E. 一般情况下，纳税人一经认定为一般纳税人后，不得转为小规模纳税人

3. 增值税的销售额为纳税人销售货物或提供应税劳务向购买方取得的全部价款和价外费用。下列不属于价外费用的有（　　）。
   A. 向购买方收取的增值税税款
   B. 向购买方收取的手续费
   C. 向购买方收取的包装费
   D. 向购买方收取的储备费
   E. 承运部门的运费发票开具给购买方的同时纳税人将该发票转交给购买方

4. 根据现行关税政策，下列进口货物中不能享受法定减免税的有（　　）。
   A. 关税税额在人民币500元以下的边境小额贸易进口的货物
   B. 从保税区运往非保税区的货物
   C. 国际组织无偿赠送的物资
   D. 从国外进口用于生产保健品的生产设备
   E. 海关放行前损失的货物

5. 关于消费税纳税义务发生时间的说法，正确的有（　　）。
   A. 自产自用的应税消费品，为该货物生产的当天
   B. 进口的应税消费品，为报关进口的当天
   C. 委托加工的应税消费品，为纳税人提货的当天
   D. 采取分期收款结算方式的，为发出货物的当天
   E. 采取预收货款结算方式的，为发出应税消费品的当天

本章同步练习参考答案及解析

一、单项选择题

1. [答案] A
   [解析] 企业租赁或承包给他人经营的，以承租人或承包人为增值税纳税人。

2. [答案] D
   [解析] 本题考查增值税的税率。D项，纳税人兼营不同税率的货物或者应税劳务，应当分别核算不同税率货物或者应税劳务的销售额；未分别核算销售额的，从高适用税率。

3. [答案] B
   [解析] 企业外购的货物用于职工福利不视同销售，因此不应征收增值税。

4. [答案] B
   [解析] 应纳增值税＝100 000/（1＋3%）×2%＋40 000/（1＋3%）×3%＝3 106.80（元）。

5. [答案] D
   [解析] 本题考查增值税简易办法应纳税额的计算。个人出租住房，应按照5%的征收率减按1.5%计算应纳税额。

6. [答案] B
   [解析] 本题考查增值税的纳税人。自2018年5月1日起，增值税小规模纳税人的标准为年应征增值税销售额500万元及以下。故B项可申请认定为小规模纳税人。

7. [答案] A
   [解析] 消费税＝组成计税价格×消费税税率＝[（成本＋利润）/（1－消费税税率）]×消费税税率＝（35 000＋20 000）×（1＋5%）/（1－15%）×15%＝10 191.18（元）。

8. [答案] D
   [解析] 纳税人进口货物，应当自海关填发海关进口增值税专用缴款书之日起15日内缴纳税款，故D项错误。

9. [答案] D
   [解析] 进口的应税消费品，实行从价定率办法计算应纳税额的，按照组成计税价格计算纳税，计算公式为：组成计税价格＝（关税完税价格＋关税）/（1－消费税比例税率）。

10. [答案] D
    [解析] 本题考查关税的完税价格。进口货物的完税价格由海关以该货物的实际成交价格为基础审查确定。

11. [答案] C
    [解析] 进口货物自运输工具申报进境之日起14日内，应由纳税人向货物进境地

海关申报，海关根据税则归类和完税价格计算应缴纳的关税和进口环节代征税，并填发税款缴款书。

12. [答案] D

[解析] 以租金方式对外支付的租赁货物，在租赁期间以海关审查确定的租金作为完税价格，利息应当予以计入，A项错误。留购的租赁货物以海关审查确定的留置价格作为完税价格，B项错误。纳税义务人申请一次性缴纳税款的，可以选择申请按照相同货物成交价格估价方法、类似货物成交价格估价方法、倒扣价格估价方法、计算价格估价方法或者合理方法确定该货物的完税价格，也可以按照海关审查确定的租金总额作为完税价格，C项错误。

13. [答案] C

[解析] 其他个人租赁不动产，应向不动产所在地主管税务机关申报纳税。

二、多项选择题

1. [答案] ABDE

[解析] 本题考查增值税的税率。提供交通运输业服务、邮政业服务、基础电信服务，税率为9%。

2. [答案] BDE

[解析] 本题考查增值税的征收管理。年应税销售额超过500万元的小规模纳税人应申请认定为一般纳税人，A项错误。小规模纳税人实行简易办法征收增值税，一般不使用增值税专用发票，C项错误。

3. [答案] AE

[解析] 价外费用包括价外向购买方收取的手续费、补贴、基金、集资费、返还利润、奖励费、违约金、滞纳金、延期付款利息、赔偿金、代收款项、代垫款项、包装费、包装物租金、储备费、优质费、运输装卸费以及其他各种性质的价外收费。但不包括A、E两项。

4. [答案] ABD

[解析] 本题考查关税的税收优惠。进出口货物可免征关税的包括：①关税税额在人民币50元以下的一票货物；②无商业价值的广告品和货样；③外国政府、国际组织无偿赠送的物资；④海关放行前损失的货物；⑤进出境运输工具装载的途中必需的燃料、物料和饮食用品。

5. [答案] BCE

[解析] 本题考查消费税的征收管理。自产自用的应税消费品，为移送使用的当天，A项错误。采取分期收款结算方式的，为书面合同约定的收款日期的当天，无书面合同的或者书面合同没有约定收款日期的，为发出应税消费品的当天，D项错误。

第五章　所得税制度

本章考情分析

年份	单项选择题	多项选择题	案例分析题	合计
2022年	5题5分	1题2分	10题20分	27分
2021年	6题6分	2题4分	5题10分	20分
2020年	6题6分	2题4分	5题10分	20分
2019年	6题6分	2题4分	5题10分	20分
2018年	6题6分	2题4分	5题10分	20分

本章考点概览

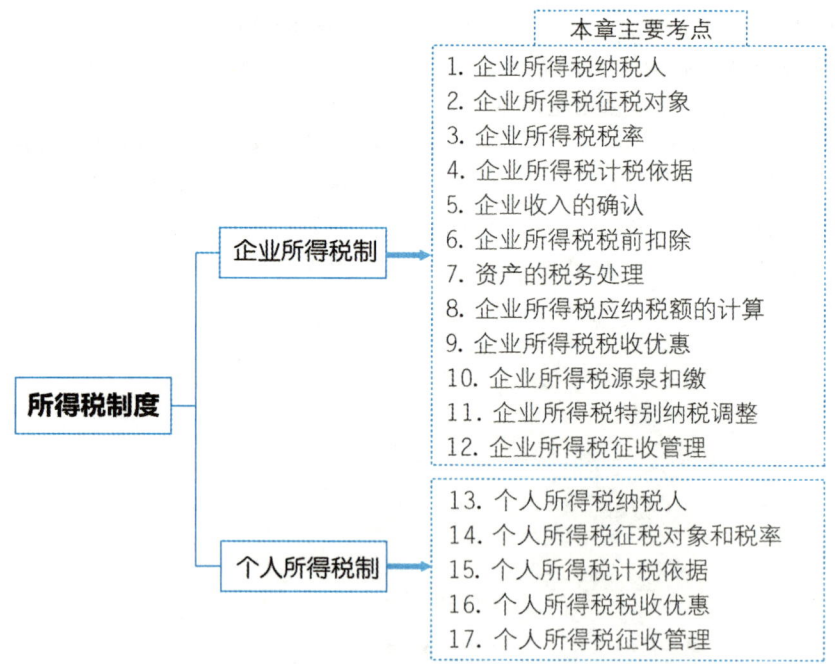

本章学习提示

所得税制度包括企业所得税和个人所得税两个方面，与实际生活关联度较高，大家可结合实际生活学习本章内容。

本章考点详解

考点1 企业所得税纳税人

企业所得税纳税人的分类如图 5-1 所示。

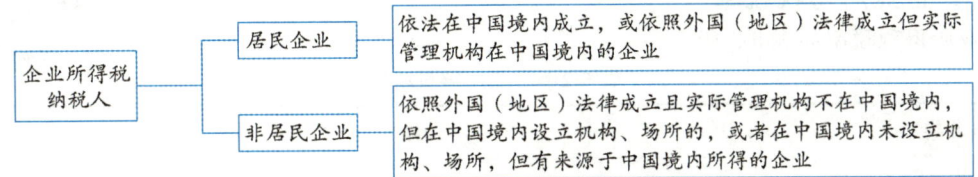

图 5-1 企业所得税纳税人的分类

【提示】企业所得税纳税人包括企业、事业单位、社会团体，不包括个人独资企业和合伙企业。

经典例题

[2011年真题·单项选择题] 下列机构中，不属于企业所得税纳税人的是（　　）。
A. 基金会　　　　　　　　　B. 有限合伙企业
C. 非企业单位　　　　　　　D. 社会团体

[解析] 本题考查企业所得税的纳税人，参考[提示]采用排除法即可确认本题答案。个人独资企业和合伙企业不属于企业所得税纳税人，故 B 项正确。　　[答案] B

考点2 企业所得税征税对象

居民企业就其来源于中国境内、境外的所得（全部所得）缴纳企业所得税。非居民企业就其来源于中国境内的所得（部分所得）缴纳企业所得税。

中国境内外所得的确定原则如表 5-1 所示。

表 5-1 中国境内外所得的确定原则

所得项目	确定标准
销售货物所得	按照交易活动发生地确定
提供劳务所得	按照劳务发生地确定
转让财产所得	(1) 不动产转让所得按不动产所在地确定 (2) 动产转让所得按照转让动产的企业或者机构、场所所在地确定 (3) 权益性投资资产转让所得按被投资企业所在地确定
利息所得、租金所得、特许权使用费所得	按负担、支付所得的企业或者机构、场所所在地确定，或按照负担、支付所得的个人的住所地确定
其他所得	由国务院财政、税务主管部门确定
股息、红利等权益性投资所得	按照分配所得的企业所在地确定

经典例题

[2020年真题·多项选择题] 根据企业所得税法，下列判断来源于中国境内、境外的所得的原则中，正确的有（　　）。
A. 销售货物所得，按照生产货物所在地确定
B. 提供劳务所得，按照劳务发生地确定
C. 股息所得，按照被投资企业所在地确定
D. 利息所得，按照负担、支付所得的企业或者机构、场所所在地确定
E. 不动产转让所得，按照不动产所在地确定

[解析] 销售货物所得,按照交易活动发生地确定,A项错误。股息、红利等权益性投资所得,按照分配所得的企业所在地确定,C项错误。

[答案] BDE

考点3 企业所得税税率

企业所得税税率如表5-2所示。

表5-2 企业所得税税率

税率分类	具体内容
法定税率（25%）	(1) 居民企业 (2) 在中国境内设立机构、场所的,且取得的所得与机构场所有实际联系的非居民企业
优惠税率（20%）	符合条件要求的小型微利企业
优惠税率（15%）	(1) 符合条件要求的高新技术企业 (2) 技术先进型服务企业 (3) 自2021年1月1日至2030年12月31日止,设在西部地区的鼓励类产业企业 (4) 自2014年1月1日起至2025年12月31日止,设在平潭综合实验区、前海深港现代服务业合作区的鼓励类产业企业 (5) 自2020年1月1日起至2024年12月31日止,注册在海南自由贸易港并实质性运营的鼓励类产业企业 (6) 自2021年1月1日起,设在横琴粤澳深度合作区符合条件的产业企业 (7) 自2022年1月1日至2026年12月31日止,设在广州南沙先行启动区符合条件的鼓励类产业企业 【提示】上述鼓励类产业企业,是指以鼓励类产业为主营业务,并且主营业务收入占企业收入总额60%以上的
其他优惠税率	(1) 国家鼓励的集成电路设计、装备、材料、封装、测试企业和软件企业,自获利年度起,第1年至第2年免征企业所得税,第3年至第5年按照25%的法定税率减半征收企业所得税 (2) 国家鼓励的重点集成电路设计企业和软件企业,自获利年度起,第1年至第5年免征企业所得税,接续年度减按10%的税率征收企业所得税
非居民企业优惠税率（10%）	(1) 在中国境内未设立机构、场所的 (2) 虽在中国境内设立机构、场所但取得的所得与其所设机构、场所无实际联系的

【提示1】小型微利企业优惠税率的具体规定:
(1) 小型微利企业具备的条件如图5-2所示。

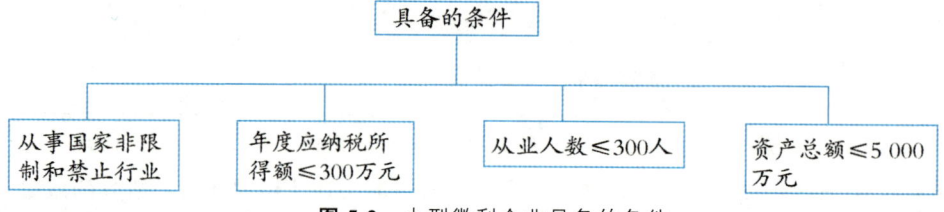

图5-2 小型微利企业具备的条件

(2) 小型微利企业的具体优惠政策如表5-3所示。

表 5-3　小型微利企业的具体优惠政策

时间	应纳税所得额	应纳税所得额优惠政策	适用税率	应纳税额计算
2021年1月1日至2022年12月31日	年应纳税所得额≤100万元	减按12.5%计入应纳税所得额	20%的税率	应纳税额=年应纳税所得额×12.5%×20%=年应纳税所得额×2.5%
2023年1月1日至2024年12月31日	年应纳税所得额≤100万元	减按25%计入应纳税所得额		应纳税额=年应纳税所得额×25%×20%=年应纳税所得额×5%
2022年1月1日至2024年12月31日	100万元<年应纳税所得额≤300万元			应纳税额=100×25%×20%+（年应纳税所得额-100）×25%×20%=年应纳税所得额×5%

【提示2】符合优惠税率为15%的高新技术企业必须同时满足以下条件：

(1) 对企业主要产品（服务）发挥核心支持作用的技术属于《国家重点支持的高新技术领域》规定的范围。

(2) 企业近3个会计年度的研究开发费用总额占同期销售收入总额的比例应符合如图5-3所示的要求。

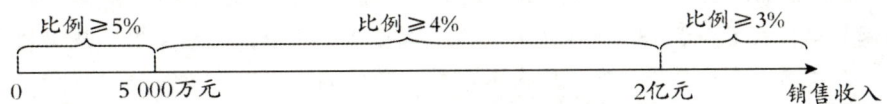

图 5-3　研究开发费用总额占比

图 5-3 所示的内容可阐述为：

①最近1年销售收入小于5 000万元（含）的企业，比例不低于5%。
②最近1年销售收入在5 000万元至2亿元（含）的企业，比例不低于4%。
③最近1年销售收入在2亿元以上的企业，比例不低于3%。

(3) 企业在中国境内发生的研究开发费用总额占全部研究开发费用总额的比例不低于60%。

(4) 高新技术产品（服务）收入占企业当年总收入的60%（含）以上。

(5) 企业从事研发和相关技术创新活动的科技人员占企业当年职工总数的比例超过10%（含）。

(6) 高新技术企业认定管理办法规定的其他条件。

经典例题

[2020年真题改编·单项选择题] 2023年度某企业资产总额2 000万元，从业人数100人，主营业务收入1 000万元，相关成本费用成本800万元，则应缴纳企业所得税（　　）万元。
A. 50　　　　B. 40　　　　C. 20　　　　D. 10

[解析] 符合条件的小型微利企业，减按20%的税率征收企业所得税。符合条件的小型微利企业是指从事国家非限制和禁止行业，且同时符合年度应纳税所得额不超过300万元、从业人数不超过300人、资产总额不超过5 000万元等3个条件的企业。本题中应纳税所得额=收入-成本费用=1 000-800=200（万元）。根据最新优惠政策，应缴纳企业所得税=200×5%=10（万元）。　　[答案] D

[2012年真题·单项选择题] 根据企业所得税法，国家需要重点扶持的高新技术企业，减按15%的税率征收企业所得税。但高新技术企业取得的高新技术产品（服务）收入必须占企业当年总收入的（　　）以上。
A. 50%　　　B. 60%　　　C. 70%　　　D. 80%

[解题思路] 本题考查国家重点扶持的高新技术企业的优惠税率。符合条件的高新技术企业是历年考查的重点，尤其是对百分比的考查，建议大家重点区分记忆。　　　　　　　　　　　　[答案] B

● 考点4 企业所得税计税依据

企业所得税计税依据如表5-4所示。

表5-4 企业所得税计税依据

项目	具体内容
应纳税所得额的计算原则	权责发生制原则；税法优先原则
应纳税所得额的计算公式	应纳税所得额＝收入总额－不征税收入－免税收入－各项扣除－允许弥补的以前年度亏损
亏损弥补	企业纳税年度发生的亏损，准予用以后年度的所得弥补，但结转年限最长不得超过5年
非居民企业应纳税所得额的计算	（1）股息、红利等权益性投资收益和利息、租金、特许权使用费所得，以收入全额为应纳税所得额 （2）转让财产所得，应纳税所得额＝收入全额－财产净值

【提示】

（1）自2018年1月1日起，当年具备高新技术企业或科技型中小企业资格的企业，其具备资格年度之前5个年度发生的尚未弥补完的亏损，准予结转以后年度弥补，最长结转年限由5年延长至10年。

（2）国家鼓励的线宽小于130纳米（含）的集成电路生产企业，属于国家鼓励的集成电路生产企业清单年度之前5个纳税年度发生的尚未弥补完的亏损，准予向以后年度结转，总结转年限最长不得超过10年。

经典例题

[2013年真题·单项选择题] 某公司2011年成立，当年经税务机关核实亏损20万元，2012年该公司利润总额为200万元。假设公司无其他纳税调整事项，也不享受税收优惠，则2012年度该公司应纳税额为（　　）万元。
A. 45　　　　B. 50　　　　C. 59.4　　　　D. 66

[解析] 企业纳税年度发生的亏损，准予向以后年度结转，用以后年度的所得弥补，但结转年限最长不得超过5年。应纳税额＝（200－20）×25%＝45（万元）。　　[答案] A

● 考点5 企业收入的确认

企业的收入就是企业利用货币形式和非货币形式从各种来源取得的收入。

企业收入的确认方式如表5-5所示。

表5-5 企业收入的确认方式

收入项目	确认方式
销售货物收入	要遵循权责发生制原则和实质重于形式的原则
提供劳务收入	采用完工百分比法确认劳务收入
股息、红利等权益性投资收益	按被投资方做出利润分配决定的日期确认收入实现（另有规定的除外）
利息收入	按合同约定的债务人应付利息的日期确认收入实现
租金收入	按合同约定的承租人应付租金的日期确认收入实现
特许权使用费收入	按合同约定的特许权使用人应付特许权使用费日期确认收入的实现
接受捐赠收入	按实际收到捐赠资产的日期确认收入实现
以分期收款方式销售货物	应当按合同约定的收款日期确认收入实现

续表

收入项目	确认方式
企业受托加工制造大型机械设备、船舶、飞机等，以及从事建筑、安装、装配工程业务或者提供劳务等，持续时间超过12个月	按纳税年度内完工进度或者完成的工作量确认收入实现
采取产品分成方式取得收入	按照企业分得产品的日期确认收入实现
转让股权收入	应在转让协议生效且完成股权变更手续时确认收入实现
债务重组收入	应在债务重组合同或协议生效时确认收入实现

【提示1】企业销售货物确认收入的实现应满足的条件包括：
(1) 商品销售合同已经签订，并且商品所有权相关的主要风险和报酬转移给购货方。
(2) 对已售出的商品没有保留与所有权相联系的继续管理权，也没有实施有效控制。
(3) 收入的金额和已发生或将发生的成本可以可靠计量。

【提示2】提供劳务交易的结果能够可靠估计需满足的条件包括：
(1) 收入的金额能够可靠地计量。
(2) 交易的完工进度能够可靠地确定。
(3) 交易中已发生和将发生的成本能够可靠地核算。
(4) 相关的经济利益很可能流入企业。

经典例题

[2014年真题·单项选择题] 根据企业所得税法，企业受托加工制造船舶，持续时间超过12个月的，按照（ ）确认收入的实现。
A. 实际收款日期　　　　　　B. 纳税年度内完成的工作量
C. 船舶交付日期　　　　　　D. 船舶完工日期
[解析] 企业受托加工制造大型机械设备、船舶、飞机等，以及从事建筑、安装、装配工程业务或者提供劳务等，持续时间超过12个月的，按照纳税年度内完工进度或者完成的工作量确认收入的实现。
[答案] B

[2013年真题·单项选择题] 根据企业所得税法，不属于企业销售货物收入确认条件的是（ ）。
A. 货物销售合同已经签订，企业已将货物所有权相关的主要风险和报酬转移给购货方
B. 收入的金额能够可靠地计量
C. 相关的经济利益很可能流入企业
D. 已发生或将发生的销售方的成本能够可靠地核算
[解题思路] 企业销售货物收入确认的条件可根据[提示]逐项对比记忆。同时应注意，提供劳务交易的结果能可靠估计时，具备的条件包括"相关的经济利益很可能流入企业"，请勿混淆。
[答案] C

考点6　企业所得税税前扣除

一、准予税前扣除的主要项目

准予税前扣除的主要项目如表5-6所示。

表5-6　准予税前扣除的主要项目

项目	具体内容
工资、薪金支出	合理的工资、薪金支出，可以扣除
补充保险	补充养老保险、补充医疗保险，分别在不超过职工工资总额5%标准内的部分，准予扣除；超过部分，不予扣除

续表

项目	具体内容
利息	（1）非金融企业向非金融企业借款的利息支出，不超过按照金融企业同期同类贷款利率计算的数额的部分，准予扣除；超过部分不予扣除 （2）企业为购置、建造固定资产、无形资产和经过12个月以上的建造才能达到预定可销售状态的存货而发生的借款，在有关资产购建期间发生的借款费用，应作为资本性支出计入有关资产的成本，并按税法规定扣除
职工福利费	不超过工资、薪金总额14%的部分，准予扣除
工会经费	工会经费支出，不超过工资、薪金总额2%的部分，准予扣除
职工教育经费	一般情况，不超过工资、薪金总额8%的部分，准予扣除；超过部分，在以后年度结转扣除
业务招待费	按照发生额的60%扣除，但最高不得超过当年销售收入的5‰（两个标准中取较小的数）
广告费和业务宣传费	（1）不超过当年销售收入15%的部分，准予扣除；超过部分，准予结转以后年度扣除 （2）2025年12月31日之前，对化妆品制造或销售、医药制造和饮料制造（不含酒类制造）企业发生的广告费和业务宣传费支出，不超过当年销售（营业）收入30%的部分，准予扣除；超过部分，准予在以后纳税年度结转扣除
公益性捐赠支出	不超过年度会计利润总额12%的部分，准予扣除；超过年度会计利润总额12%的部分，准予以后三年内在计算应纳税所得额时扣除

人身意外保险费；环境保护、生态恢复等方面的专项资金；非居民企业境内机构、场所分摊境外总机构费用，符合规定，准予扣除。

二、禁止税前扣除的项目

（1）向投资者支付的股息、红利等权益性投资收益款项。
（2）企业所得税税款。
（3）税收滞纳金。
（4）罚金、罚款和被没收财物的损失。
（5）非公益性捐赠支出。
（6）赞助支出。
（7）未经核定的准备金支出。
（8）企业为投资者或者职工支付的商业保险费。
（9）企业按照投资资产处理，购买的用于收藏、展示、保值增值的文物、艺术品。

【考点小贴士】禁止税前扣除的项目，根据历年考查的情况，本书对经常考查的几种情况进行了总结。大家在复习时应重点记忆。

经典例题

[2011年真题·单项选择题] 企业下列支出项目中，准予在企业所得税前扣除的是（　　）。
A. 企业所得税税款
B. 已提取尚未实际发放的工资、薪金
C. 库存商品销售成本
D. 赞助支出

[解题思路] 本题考查企业所得税准予税前扣除的项目。由于税前禁止扣除项目的数量少于税前扣除项目的数量，为简化记忆，可选择某一方面的内容记忆。　　　　　　　　[答案] C

考点7 资产的税务处理

企业的各项资产，包括固定资产、生物资产、无形资产、长期待摊费用、投资资产、存货等，以历史成本为计税基础。

【提示】历史成本，是指企业取得该项资产时实际发生的支出。

企业持有各项资产期间资产增值或者减值，除国务院财政、税务主管部门规定可以确认损益外，不得调整该资产的计税基础。

一、固定资产的税务处理

固定资产的税务处理如表 5-7 所示。

表 5-7　固定资产的税务处理

项目		具体内容
确定计税基础	外购的固定资产	以购买价款和支付的相关税费以及直接归属于使该资产达到预定用途发生的其他支出为计税基础
	自行建造的固定资产	以竣工结算前发生的支出为计税基础
	融资租入的固定资产	（1）以租赁合同约定的付款总额和承租人在签订租赁合同过程中发生的相关费用为计税基础 （2）租赁合同未约定付款总额的，以该资产的公允价值和承租人在签订租赁合同过程中发生的相关费用为计税基础
	盘盈的固定资产	以同类固定资产的重置完全价值为计税基础
	通过捐赠、投资、非货币性资产交换、债务重组等方式取得的固定资产	以该资产的公允价值和支付的相关税费为计税基础
	改建的固定资产	以改建过程中发生的改建支出增加计税基础（除已足额提取折旧的固定资产和租入的固定资产外）
不得计算折旧扣除的固定资产		（1）房屋、建筑物以外未投入使用的固定资产 （2）以经营租赁方式租入的固定资产 （3）以融资租赁方式租出的固定资产 （4）已足额提取折旧仍继续使用的固定资产 （5）与经营活动无关的固定资产 （6）单独估价作为固定资产入账的土地 （7）其他不得计算折旧扣除的固定资产
固定资产的折旧方法		固定资产按照直线法计算的折旧，准予扣除。企业应当自固定资产投入使用月份的次月起计算折旧；停止使用的固定资产，应当自停止使用月份的次月起停止计算折旧
		固定资产的预计净残值一经确定，不得变更
固定资产的最低折旧年限	3 年	电子设备
	4 年	飞机、火车、轮船以外的运输工具
	5 年	与生产经营活动有关的器具、工具、家具等
	10 年	飞机、火车、轮船、机器、机械和其他生产设备
	20 年	房屋、建筑物

二、生产性生物资产的税务处理

生产性生物资产的税务处理如表 5-8 所示。

表 5-8　生产性生物资产的税务处理

项目		具体内容
	生产性生物资产的概念	企业为生产农产品、提供劳务或者出租等而持有的生物资产
确定计税基础	外购的生产性生物资产	以购买价款和支付的相关税费以及直接归属于使该资产达到预定用途发生的其他支出为计税基础
	通过捐赠、投资、非货币性资产交换、债务重组方式取得的生产性生物资产	以该资产的公允价值和支付的相关税费为计税基础

续表

项目	具体内容
生产性生物资产的折旧方法	同固定资产的折旧方法
	生产性生物资产的预计净残值一经确定，不得变更
生产性生物资产的最低折旧年限	3年　畜类生产性生物资产
	10年　林木类生产性生物资产

三、无形资产的税务处理

无形资产的税务处理如表5-9所示。

表5-9　无形资产的税务处理

项目		具体内容
确定计税基础	外购的无形资产	以购买价款和支付的相关税费以及直接归属于使该资产达到预定用途发生的其他支出为计税基础
	自行开发的无形资产	以开发过程中该资产符合资本化条件后达到预定用途前发生的支出为计税基础
	通过捐赠、投资、非货币性资产交换、债务重组方式取得的无形资产	以该资产的公允价值和支付的相关税费为计税基础
不得计算摊销费用扣除的无形资产		(1) 自行开发的支出已在计算应纳税所得额时扣除的无形资产 (2) 自创商誉 (3) 与经营活动无关的无形资产
无形资产的摊销		无形资产按照直线法计算的摊销费用，准予扣除
		无形资产的摊销年限不得少于10年
		外购商誉的支出，在企业整体转让或清算时，准予扣除

四、企业重组的税务处理

企业重组的税务处理如表5-10所示。

表5-10　企业重组的税务处理

项目			具体内容
基本规定	一般性税务处理规定		在交易发生时确认有关资产的转让所得或者损失，相关资产应当按照交易价格重新确定计税基础 【注意】除符合国务院财政、税务主管部门规定适用特殊性税务处理规定的外
	特殊性税务处理规定		重组交易各方对交易中股权支付暂不确认有关资产的转让所得或损失的，其非股权支付仍应在交易当期确认相应的资产转让所得或损失，并调整相应资产的计税基础
			适用特殊性税务处理规定的条件包括：具有合理的商业目的，且不以减少、免除或者推迟缴纳税款为主要目的；被收购、合并或分立部分的资产或股权比例符合规定的比例；企业重组后的连续12个月内不改变重组资产原来的实质性经营活动；重组交易对价中涉及股权支付金额不低于交易支付总额的85%；企业重组中取得股权支付的原主要股东，在重组后连续12个月内，不得转让所取得的股权
股权、资产划转税务处理规定	适用特殊性税务处理规定的条件		对100%直接控制的居民企业之间，以及受同一或相同多家居民企业100%直接控制的居民企业之间按账面净值划转股权或资产，凡具有合理商业目的，不以减少、免除或者推迟缴纳税款为主要目的，股权或资产划转后连续12个月内不改变被划转股权或资产原来实质性经营活动，且划出方企业和划入方企业均未在会计上确认损益的
	具体的税务处理规定		(1) 划出方企业和划入方企业均不确认所得 (2) 划入方企业取得被划转股权或资产的计税基础，以被划转股权或资产的原账面净值确定；划入方企业取得的被划转资产，应按其原账面净值计算折旧扣除

> **经典例题**

[例题·单项选择题] 最低折旧年限为 20 年的固定资产包括（　　）。
A. 飞机　　　　　B. 房屋　　　　　C. 轮船　　　　　D. 汽车
[解析] 最低折旧年限为 20 年的固定资产包括房屋、建筑物，故 B 项正确。　　[答案] B

[2016 年真题·多项选择题] 根据企业所得税法，股权、资产划转适用特殊性税务处理的条件，包括（　　）。
A. 100% 间接控制的居民企业之间划转股权或资产
B. 按账面净值划转股权或资产
C. 具有合理的商业目的
D. 股权或资产划转后连续 6 个月内不改变原来的实质性经营活动
E. 划出方企业在会计上已确认损益
[解析] A 项应为"100% 直接控制的居民企业之间划转股权或资产"；D 项应为"股权或资产划转后连续 12 个月内不改变原来的实质性经营活动"；E 项应为"划出方企业未在会计上确认损益"。
[答案] BC

考点 8　企业所得税应纳税额的计算

企业所得税应纳税额的计算公式为：

$$应纳税额 = 应纳税所得额 \times 适用税率 - 减免税额 - 抵免税额$$

考点 9　企业所得税税收优惠

一、减征与免征

项目减免所得税的具体内容如表 5-11 所示。

表 5-11　项目减免所得税的具体内容

减免要点	具体内容
从事农、林、牧、渔业项目的所得	从事花卉、茶以及其他饮料作物和香料作物种植，海水和内陆养殖项目的所得减半征收企业所得税
企业从事国家重点扶持的公共基础设施项目的投资经营所得，从事符合条件的环境保护、节能节水项目的所得	自项目取得第一笔生产经营收入所属纳税年度起，第 1 年至第 3 年免征企业所得税；第 4 年至第 6 年减半征收企业所得税（三免三减半）
技术转让优惠	在一个纳税年度内，居民企业技术转让所得不超过 500 万元的部分，免征企业所得税；超过 500 万元的部分，减半征收企业所得税
免征企业所得税	（1）外国政府向中国政府提供贷款取得的利息所得 （2）国际金融组织向中国政府和居民企业提供优惠贷款取得的利息所得
减半征收企业所得税	企业投资者持有 2019—2023 年发行的铁路债券取得的利息收入
暂免征收企业所得税	（1）自 2014 年 11 月 17 日起，对香港企业投资者通过沪港通投资上海证券交易所上市 A 股取得的转让差价所得 （2）自 2016 年 12 月 5 日起，对香港企业投资者通过深港通投资深圳证券交易所上市 A 股取得的转让差价所得

> **经典例题**

[例题·单项选择题] 某专门从事技术转让的公司 2016 年度取得符合条件的技术转让所得 400 万元，不考虑其他因素，则该公司 2016 年度应缴纳企业所得税（　　）万元。
A. 0　　　　　　B. 50　　　　　　C. 100　　　　　　D. 125

[解析] 本题考查企业所得税税收优惠。在一个纳税年度内，居民企业技术转让所得不超过500万元的部分，免征企业所得税；超过500万元的部分，减半征收企业所得税。所以，该公司取得技术转让所得400万元，属于免征企业所得税的情况。　　　　　　　　　　　　[答案] A

二、加计扣除

（1）自2018年1月1日至2023年12月31日，企业开展研发活动中实际发生的研发费用，未形成无形资产计入当期损益，在按规定据实扣除的基础上，按照实际发生额的75%（2021年1月1日后，制造业为100%；2022年1月1日后，科技型中小企业为100%）在税前加计扣除；形成无形资产的，按照无形资产成本的175%（2021年1月1日后，制造业为200%；2022年1月1日后，科技型中小企业为100%）在税前摊销。

（2）企业安置残疾人员的，在按照支付给残疾职工工资据实扣除的基础上，可以在计算应纳税所得额时按照支付给残疾职工工资的100%加计扣除。

（3）自2022年1月1日起，对企业出资给非营利性科学技术研究开发机构、高等学校和政府性自然科学基金用于基础研究的支出，在计算应纳税所得额时可按实际发生额在税前扣除，并可按100%在税前加计扣除。

【提示】不适用税前加计扣除政策的行业的企业包括：烟草制造业、住宿和餐饮业、批发和零售业、房地产业、租赁和商务服务业、娱乐业。

三、创业投资企业投资抵免

创业投资企业投资抵免的规定如表5-12所示。

表5-12　创业投资企业投资抵免的规定

投资企业形式	投资方式	被投资企业的规定	税收优惠
创业投资企业	股权投资方式	投资于未上市的中小高新技术企业2年以上的	（1）按投资额的70%在股权持有满2年的当年抵扣该投资企业的应纳税所得额
公司制创业投资企业		直接投资于种子期、初创期科技型企业满2年的	（2）当年不足抵扣的，可以在以后纳税年度结转抵扣

四、加速折旧的规定

加速折旧的规定如图5-4所示。

加速折旧的规定
- 固定资产由于技术进步或处于强震动、高腐蚀状态的，采取缩短折旧年限或加速折旧
- 自2014年1月1日，对所有行业企业持有的单位价值不超过5 000元的固定资产，允许一次性全额扣除
- 2018年1月1日至2023年12月31日，企业新购进的设备、器具（除房屋、建筑物以外的固定资产），单位价值不超过500万元的，允许一次性计入当期成本费用在计算应纳税所得额时扣除，不再分年度计算折旧。2022年第四季度内，高新技术企业新购置的设备、器具允许一次性全额扣除，并100%加计扣除
- 对生物药品制造业，专用设备制造业，铁路、船舶、航空航天和其他运输设备制造业，计算机、通信和其他电子设备制造业，仪器仪表制造业，信息传输、软件和信息技术服务业等6个行业的企业2014年1月1日后新购进的固定资产，可缩短折旧年限或采取加速折旧的方法
- 2020年1月1日至2024年12月31日，对在海南自由贸易港设立的企业，新购置（含自建、自行开发）固定资产或无形资产，单位价值不超过500万元（含）的，允许一次性计入当期成本费用在计算应纳税所得额时扣除，不再分年度计算折旧和摊销；新购置（含自建、自行开发）固定资产或无形资产，单位价值超过500万元的，可以缩短折旧、摊销年限或采取加速折旧、摊销的方法

图5-4　加速折旧的规定

【提示】采取缩短折旧年限方法的，最低折旧年限不得低于实施条例所规定折旧年限的60%。

五、减计收入和专用设备投资抵免

（1）企业综合利用资源，生产符合国家产业政策规定的产品取得的收入，在计算应纳税所得

额时，减按 90% 计入收入总额。

（2）企业购置并且实际使用税法规定的环境保护、节能节水、安全生产等专用设备的，该专用设备的投资额的 10% 可以从企业当年的应纳税额中抵免；如果当年不足抵免，允许在以后 5 个纳税年度结转抵免。

> **经典例题**
>
> [2022年真题·单项选择题] 制造业企业在开展研发活动中实际发生的研发费用未形成无形资产，自 2021 年 1 月 1 日后，在按规定据实扣除的基础上，再按照实际发生额的（　　）在税前加计扣除。
> A. 75%　　　　B. 90%　　　　C. 60%　　　　D. 100%
> [解析] 本题考查加计扣除。自 2018 年 1 月 1 日至 2023 年 12 月 31 日，企业开展研发活动中实际发生的研发费用，未形成无形资产计入当期损益的，在按规定据实扣除的基础上，再按照实际发生额的 75%（2021 年 1 月 1 日后，制造业为 100%）在税前加计扣除；形成无形资产的，在上述期间按照无形资产成本的 175%（2021 年 1 月 1 日后，制造业为 200%）在税前摊销。
> [答案] D
>
> [2015年真题·多项选择题] 根据企业所得税法，关于固定资产加速折旧的说法，正确的有（　　）。
> A. 固定资产由于技术进步，确需加速折旧的，可以缩短折旧年限
> B. 加速折旧不可以采取双倍余额递减法
> C. 餐饮企业 2014 年 1 月 1 日后购进的固定资产，可以加速折旧
> D. 互联网企业 2014 年 1 月 1 日后新购进的专门用于研发的设备，单位价格 120 万元，可一次性税前扣除
> E. 采取缩短折旧年限方法的，最低折旧年限不得低于税法规定最低折旧年限的 60%
> [解题思路] 本题考查固定资产的加速折旧，可参考图 5-4 根据固定资产不同的折旧情况进行对比记忆。
> [答案] AE

● 考点 10　企业所得税源泉扣缴

企业所得税源泉扣缴的具体内容如表 5-13 所示。

表 5-13　企业所得税源泉扣缴的具体内容

项目		具体内容
扣缴形式	法定扣缴	对非居民企业实行源泉扣缴，以支付人为扣缴义务人
	指定扣缴	对非居民企业在境内的工程作业和劳务所得应缴纳的所得税的扣缴，税务机关可指定工程价款或劳务费的支付人为扣缴义务人
	特定扣缴	依法应扣缴的所得税，扣缴义务人未依法扣缴或无法履行扣缴义务的，由纳税人在所得发生地缴纳。纳税人未依法缴纳的，税务机关可从该纳税人在中国境内其他收入项目的支付人应付的款项中，追缴该纳税人的应纳税款
扣缴申报		扣缴义务人代扣税款，自代扣之日起 7 日内缴入国库

● 考点 11　企业所得税特别纳税调整

企业所得税特别纳税调整涉及的内容较多，本书重点讲述历年考查的内容，具体如表 5-14 所示。

表 5-14　企业所得税特别纳税调整

项目	具体内容
转让定价调整	转让定价调整的合理方法包括可比非受控价格法、再销售价格法、成本加成法、交易净利润法、利润分割法、其他符合独立交易原则的方法
防范资本弱化规定	企业从其关联方接受的债权性投资与权益性投资的比例超过规定比例（通常金融企业是 5∶1，其他企业是 2∶1）而发生的利息支出，不能在计算应纳税所得额时扣除

续表

项目	具体内容
追溯调整	税务机关有权在一些业务（如企业与其关联方之间的业务往来，不符合独立交易原则，或者企业实施其他不具有合理商业目的安排）发生的纳税年度起10年内，进行纳税调整

> **经典例题**
>
> [2014年真题·单项选择题] 企业与其关联方之间的业务往来，不符合独立交易原则而减少企业或者其关联方应纳税收入或者所得额的，税务机关有权按照合理方法调整，该调整的追溯期为（ ）。
> A. 3年　　　　B. 5年　　　　C. 10年　　　　D. 无限期
> [解析] 企业与其关联方之间的业务往来，不符合独立交易原则，或者企业实施其他不具有合理商业目的安排的，税务机关有权在该业务发生的纳税年度起10年内，进行纳税调整。[答案] C

● 考点12 企业所得税征收管理

一、企业所得税征收管理的一般规定

（1）居民企业以<u>企业登记注册</u>地为纳税地点，但是登记注册地在境外的，以<u>实际管理机构所在地</u>为纳税地点。

（2）除<u>国务院</u>有特殊规定外，企业之间不得合并缴纳企业所得税。

（3）企业纳税年度自公历1月1日起至12月31日止。企业在一个纳税年度中间开业，或停止经营活动的，应以实际经营期为一个纳税年度。

（4）企业所得税要分月或分季预缴。企业要自月份或季度终了之日起15日内，向税务机关报送预缴企业所得税纳税申报表，预缴税款。

二、跨地区经营汇总缴纳企业所得税征收管理

（一）征管办法

居民企业为跨地区经营汇总纳税企业，实行统一计算、分级管理、就地预缴、汇总清算、财政调库的企业所得税征收管理办法。

（二）税款分摊

纳税企业当期应纳所得税额的分摊如图5-5所示。

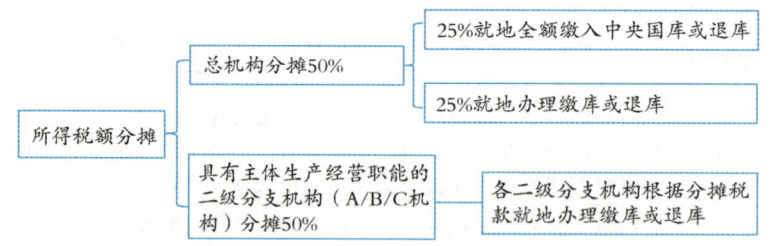

图 5-5　纳税企业当期应纳所得税额的分摊

【提示】

（1）总机构应按照上年度二级分支机构的营业收入、职工薪酬和资产总额三个因素计算各二级分支机构分摊所得税款的比例。三因素的权重依次为0.35、0.35、0.30。

计算公式如下：

某二级分支机构分摊比例 =（该二级分支机构营业收入/各二级分支机构营业收入之和）×0.35 +（该二级分支机构职工薪酬/各二级分支机构职工薪酬之和）×0.35 +（该二级分支机构资产总额/各二级分支机构资产总额之和）×0.30

（2）总机构和具有主体生产经营职能的二级分支机构<u>就地分摊缴纳企业所得税</u>。

> 【考点小贴士】对于企业所得税税款分摊的计算,按照总结的税款分摊计算的方法进行确认计算。

(三)税款预缴

总机构要将本期企业应纳所得税额的50%部分,在**每月或季度终了后15日内就地申报预缴**。各二级分支机构(将应纳税所得额的50%按照一定的比例分摊),应在每月或季度终了之日起15日内,就其分摊的所得税额就地申报预缴。

【提示】企业所得税分月或者分季预缴,由总机构所在地主管税务机关具体核定。

(四)汇算清缴

汇总纳税企业应当自年度终了之日起5个月内,由总机构汇总计算企业年度应纳所得税额。扣除总机构和各二级分支机构已预缴的税款,计算出应缴应退税款,按照分摊方法计算总机构和各二级分支机构的企业所得税应缴应退税款。

经典例题

[2013年真题·案例分析题]某跨地区经营汇总缴纳企业所得税的企业。总公司设在北京。在上海和南京分别设有一个分公司,2013年6月共实现应纳税所得额2 000万元,假设企业按月预缴,企业所得税率为25%。另外,上海分公司2012年度的营业收入、职工薪酬和资产总额分别为400万元、100万元、500万元;南京分公司2012年度的营业收入、职工薪酬和资产总额分别为1 600万元、300万元、2 000万元。营业收入、职工薪酬和资产总额的权重依次为0.35、0.35和0.30。2013年7月,该企业按规定在总机构和分支机构之间计算分摊税款就地预缴。

1. 该企业2013年6月的应纳企业所得税额为( )万元。
A. 300　　　　　　　　　　　　B. 400
C. 500　　　　　　　　　　　　D. 600
[解析]本题考查企业所得税征收管理。应纳税额按照应纳税所得额的25%计算缴纳,即:2 000×25%=500(万元)。
[答案] C

2. 总公司在北京就地分摊预缴的企业所得税款为( )万元。
A. 50　　　　B. 150　　　　C. 200　　　　D. 250
[解析]本题考查企业所得税征收管理。总机构分摊50%的应纳税所得额=500×50%=250(万元)。
[答案] D

3. 上海分公司就地分摊预缴的企业所得税款为( )万元。
A. 54.375　　　　　　　　　　B. 75.000
C. 87.500　　　　　　　　　　D. 125.000
[解析]本题考查企业所得税征收管理。上海分公司分摊比例=0.35×(该二级分支机构营业收入/各二级分支机构营业收入之和)+0.35×(该二级分支机构工资总额/各二级分支机构职工薪酬之和)+0.30×(该二级分支机构资产总额/各二级分支机构资产总额之和)=0.35×[400/(400+1 600)]+0.35×[100/(100+300)]+0.30×[500/(500+2 000)]=0.07+0.087 5+0.06=0.217 5=21.75%,因此,上海分公司应预缴企业所得税=250×21.75%=54.375(万元)。
[答案] A

4. 南京分公司就地分摊预缴的企业所得税款为( )万元。
A. 125.000　　　　　　　　　　B. 162.500
C. 175.000　　　　　　　　　　D. 195.625
[解析]本题考查企业所得税征收管理。南京分公司分摊比例=0.35×[1 600/(400+1 600)]+0.35×[300/(100+300)]+0.30×[2 000/(500+2 000)]=0.28+0.262 5+0.24=0.782 5=78.25%,因此,南京分公司应预缴企业所得税=250×78.25%=195.625(万元)。
[答案] D

5. 关于跨地区（指跨省、自治区、直辖市和计划单列市）经营汇总纳税企业所得税征收管理的说法，正确的有（　　）。
A. 总机构和二级分支机构，就地分摊缴纳企业所得税
B. 二级分支机构不就地分摊企业汇算清缴应缴应退税款
C. 企业所得税分月或者分季预缴，由总机构和二级分支机构所在地主管税务机关分别核定
D. 总机构应将本期企业应纳所得税额的50%部分，在每月或季度终了后15日内就地申报预缴

[解析] 本题考查企业所得税征收管理。二级分支机构应当就地分摊企业汇算清缴应缴应退税款，B项错误。企业所得税分月或者分季预缴，由总机构所在地主管税务机关具体核定，C项错误。

[答案] AD

考点13　个人所得税纳税人

按照住所和居住时间两个标准，个人所得税的纳税人分为居民纳税人和非居民纳税人。居民纳税人和非居民纳税人的具体划分如图5-6所示。

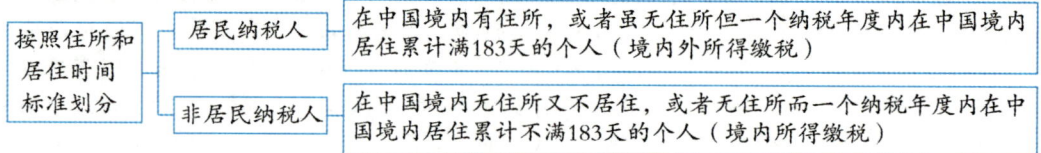

图5-6　居民纳税人和非居民纳税人的具体划分

【提示】下列所得除另有规定外，不论支付地点是否在中国境内，均为来源于中国境内的所得：
（1）因任职、受雇、履约等在中国境内提供劳务取得的所得。
（2）将财产出租给承租人在中国境内使用而取得的所得。
（3）许可各种特许权在中国境内使用而取得的所得。
（4）转让中国境内的不动产等财产或者在中国境内转让其他财产取得的所得。
（5）从中国境内企业、事业单位、其他组织以及居民个人取得的利息、股息、红利所得。

经典例题

[例题·单项选择题] 下列纳税主体中，不属于个人所得税纳税人的是（　　）。
A. 个体工商户
B. 个人独资企业
C. 合伙企业的个人投资者
D. 事业单位

[解析] 个人所得税的纳税人包括中国居民、个体工商户、个人独资企业和合伙企业的个人投资者、在华取得所得的外籍人员（包括无国籍人员）和港、澳、台同胞。A、B、C三项都属于个人所得税纳税人，D项属于企业所得税的纳税人。

[答案] D

考点14　个人所得税征税对象和税率

个人所得税的征税对象和税率如表5-15所示。

表5-15　个人所得税的征税对象和税率

征税对象	具体内容	税率
综合所得	工资、薪金所得，劳务报酬所得，稿酬所得，特许权使用费所得	3%~45%的超额累进税率

续表

征税对象	具体内容	税率
经营所得	(1) 个体工商户从事生产、经营活动取得的所得,个人独资企业投资人、合伙企业的个人合伙人来源于境内注册的个人独资企业、合伙企业生产、经营的所得 (2) 个人依法从事办学、医疗、咨询以及其他有偿服务活动取得的所得 (3) 个人对企业、事业单位承包经营、承租经营以及转包、转租取得的所得 (4) 个人从事其他生产、经营活动取得的所得	5%~35%的超额累进税率
其他所得	利息、股息、红利所得,财产租赁所得,财产转让所得,偶然所得	20%的比例税率

【提示】综合所得和经营所得适用个人所得税税率表如表5-16、表5-17所示。

表5-16 综合所得适用个人所得税税率表

级数	全年应纳税所得额	税率
1	不超过36 000元的	3%
2	超过36 000元至144 000元的部分	10%
3	超过144 000元至300 000元的部分	20%
4	超过300 000元至420 000元的部分	25%
5	超过420 000元至660 000元的部分	30%
6	超过660 000元至960 000元的部分	35%
7	超过960 000元的部分	45%

表5-17 经营所得适用个人所得税税率表

级数	全年应纳税所得额	税率
1	不超过30 000元的	5%
2	超过30 000元至90 000元的部分	10%
3	超过90 000元至300 000元的部分	20%
4	超过300 000元至500 000元的部分	30%
5	超过500 000元的部分	35%

经典例题

[例题·单项选择题] 下列各项个人所得中,适用5%~35%超额累进税率的是(　　)。
A. 工资、薪金所得　　　　　　　　　B. 稿酬所得
C. 个体工商户的生产、经营所得　　　D. 财产租赁所得
[解析] A、B两项属于综合所得的范畴,适用3%~45%的超额累进税率;D项应按照20%的比例税率计算缴纳;C项属于经营所得,适用5%~35%超额累进税率。 [答案] C

考点15 个人所得税计税依据

一、综合所得

(一) 综合所得应纳税所得额的计算

综合所得的应纳税所得额如图5-7所示。

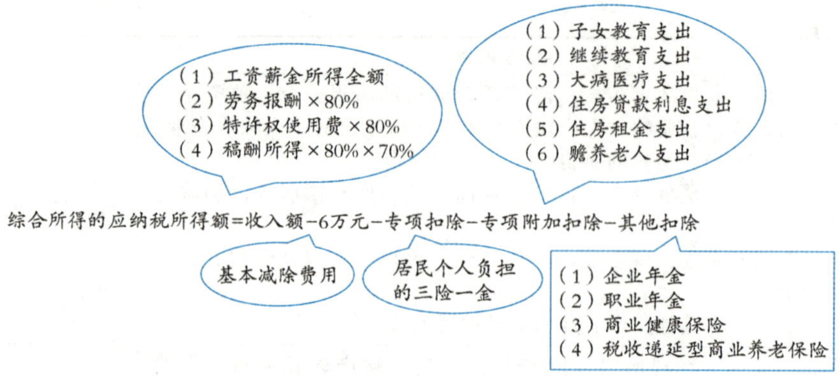

```
(1) 工资薪金所得全额              (1) 子女教育支出
(2) 劳务报酬×80%                  (2) 继续教育支出
(3) 特许权使用费×80%              (3) 大病医疗支出
(4) 稿酬所得×80%×70%             (4) 住房贷款利息支出
                                  (5) 住房租金支出
                                  (6) 赡养老人支出
```

综合所得的应纳税所得额＝收入额－6万元－专项扣除－专项附加扣除－其他扣除

基本减除费用　　居民个人负担的三险一金

(1) 企业年金
(2) 职业年金
(3) 商业健康保险
(4) 税收递延型商业养老保险

图 5-7　综合所得的应纳税所得额

【提示】 综合所得的应纳税额＝应纳税所得额×适用税率－速算扣除数。

(二) 专项附加扣除的具体内容

专项附加扣除的具体内容如表 5-18 所示。

表 5-18　专项附加扣除的具体内容

项目	具体内容
子女教育支出	(1) 纳税人的子女接受全日制学历教育的相关支出，按照每个子女每月 1 000 元的标准定额扣除 (2) 年满 3 岁至小学入学前处于学前教育阶段的子女，享受该扣除 【提示】学历教育包括义务教育、高中阶段教育、高等教育
继续教育支出	(1) 纳税人在中国境内接受学历（学位）继续教育的支出，在学历（学位）教育期间按照每月 400 元定额扣除 (2) 接受技能人员职业资格继续教育、专业技术人员职业资格继续教育的支出，在取得相关证书当年，按 3 600 元定额扣除
大病医疗支出	在一个纳税年度内，纳税人发生的与基本医保相关的医药费用支出，扣除医保报销后个人负担（医保目录范围内的自付部分）累计超过 15 000 元的部分，由纳税人在办理年度汇算清缴时，在 80 000 元限额内据实扣除
住房贷款利息支出	纳税人本人或配偶首套住房贷款利息支出（双方单独或共同使用商业银行或住房公积金贷款），在实际发生贷款利息的年度，按照每月 1 000 元的标准定额扣除，扣除期限最长不超过 240 个月
住房租金支出	(1) 直辖市、省会（首府）城市、计划单列市以及国务院确定的其他城市，扣除标准为每月 1 500 元 (2) 除第一项所列城市外，市辖区户籍人口超过 100 万的城市，扣除标准为每月 1 100 元 (3) 市辖区户籍人口不超过 100 万的城市，扣除标准为每月 800 元 【注意】纳税人在主要工作城市没有自有住房而发生的住房租金支出
赡养老人支出	(1) 纳税人为独生子女的，按照每月 2 000 元的标准定额扣除 (2) 纳税人为非独生子女的，由其与兄弟姐妹分摊每月 2 000 元的扣除额度，每人分摊的额度不能超过每月 1 000 元，可以由赡养人均摊或者约定分摊，也可以由被赡养人指定分摊 【注意】此处的赡养标准是指纳税人赡养一位及以上被赡养人的赡养支出
3 岁以下婴幼儿照护支出	纳税人照护 3 岁以下婴幼儿的相关支出，父母（监护人）按照每孩每月 1 000 元的标准定额扣除。父母（监护人）可以选择由其中一方按标准的 100%扣除，父母（监护人）也可以由双方分别按扣除标准的 50%扣除

二、其他所得的计税依据

其他所得的计税依据如表 5-19 所示。

表 5-19　其他所得的计税依据

所得来源	计税依据及计算公式
经营所得	应纳税所得额＝收入总额－成本－费用－损失 【提示】取得经营所得的个人，没有综合所得的，在计算纳税年度的应纳税所得额时，应减除费用 6 万元、专项扣除、专项附加扣除及其他扣除
财产租赁所得	每次收入≤4 000 元，则应纳税额＝（每次收入－800）×20％；每次收入＞4 000 元，应纳税额＝每次收入×（1－20％）×20％
财产转让所得	应纳税所得额＝收入额－财产原值－合理费用
利息、股息、红利所得和偶然所得	应纳税所得额＝每次收入额
公益性捐赠支出	个人将其所得通过中国境内的公益性社会组织及国家机关向教育、扶贫、济困等公益慈善事业的捐赠，捐赠额未超过纳税人申报的应纳税所得额 30％的部分，可以从其应纳税所得额中扣除

【提示】个人所得税的应纳税额应分项分别计算。
综合所得应纳税额＝全年应纳税所得额×适用税率－速算扣除数
经营所得应纳税额＝全年应纳税所得额×适用税率－速算扣除数
其他所得应纳税额＝每月或每次应纳税所得额×适用税率
应纳税额＝综合所得应纳税额＋经营所得应纳税额＋其他所得应纳税额

> **经典例题**
>
> [例题·多项选择题] 在计算综合所得时，可以扣除的专项扣除包括（　　）。
> A. 基本养老保险金　　　　　　B. 住房租金
> C. 住房公积金　　　　　　　　D. 大病医疗
> E. 基本医疗保险
> [解析] 可以进行专项扣除的内容包括"三险一金"，即基本养老保险、基本医疗保险、失业保险等社会保险费用和住房公积金等。
> [答案] ACE

● 考点16　个人所得税税收优惠

一、免征个人所得税的项目

（1）省级人民政府、国务院部委和中国人民解放军军以上单位，以及外国组织、国际组织颁发的科学、教育、技术、文化、卫生、体育、环境保护等方面的奖金。

（2）国债和国家发行的金融债券利息。

（3）按照国家统一规定发给的补贴、津贴。

（4）福利费、抚恤金、救济金。

（5）军人的转业费、复员费、退役金。

（6）保险赔款。

（7）按照国家统一规定发给干部、职工的安家费、退职费、基本养老金或者退休费、离休费、离休生活补助费。

（8）中国政府参加的国际公约、签订的协议中规定免税的所得。

（9）依照有关法律规定应予免税的各国驻华使馆、领事馆的外交代表、领事官员和其他人员的所得。

（10）国务院规定的其他免税所得。

二、法定减免项目

（1）残疾、孤老人员和烈属的所得。

(2) 因自然灾害遭受重大损失的。

三、其他免税或暂免征收项目

(1) 个人举报、协查各种违法、犯罪行为获得的奖金。
(2) 个人办理代扣代缴税款手续按规定取得的扣缴手续费。
(3) 个人转让自用5年以上且是唯一家庭生活用房取得的收入。
(4) 个人购买社会福利有奖募捐奖券、体育彩票，一次中奖在1万元以下（含1万元）的收入。
(5) 法律援助人员按照《中华人民共和国法律援助法》规定获得的法律援助补贴。
(6) 计入个人养老金资金账户的投资收益。

四、其他优惠政策

居民个人取得全年一次性奖金，符合相关规定的，在2023年12月31日前，可以选择并入当年综合所得计算纳税，也可以选择不并入当年综合所得，单独作为一个月工资、薪金所得计算纳税，但在一个纳税年度内，对每一个纳税人，该计税办法只允许采用一次。

2022年10月1日至2023年12月31日，对出售自有住房并在现住房出售后1年内在市场重新购买住房的纳税人，对其出售现住房已缴纳的个人所得税予以退税优惠。其中，新购住房金额大于或等于现住房转让金额的，全部退还已缴纳的个人所得税；新购住房金额小于现住房转让金额的，按新购住房金额占现住房转让金额的比例退还出售现住房已缴纳的个人所得税。

经典例题

[2022年真题·单项选择题] 个人取得的下列收入中，应征收个人所得税的是（　　）。

A. 个人取得的保险赔款　　　　　　B. 职工缴纳的企业年金
C. 个人投保的商业意外保险　　　　D. 个人购买体育彩票取得的中奖收入8 000元

[解析] 本题考查个人所得税的税收优惠。A项，保险赔款免征个人所得税。B项，个人缴付符合国家规定的企业年金、职业年金，个人购买符合国家规定的商业健康保险、税收递延型商业养老保险的支出，以及国务院规定可以扣除的其他项目，可以在计算个人所得税应纳税所得额时扣除。D项，个人购买社会福利有奖募捐奖券、体育彩票，一次中奖在1万元以下（含1万元）的收入，免征个人所得税。

[答案] C

● 考点17 个人所得税征收管理

2019年1月1日开始，个人所得税实行扣缴义务人扣缴申报和纳税人自行申报相结合的征收管理模式。

一、个人所得税的扣缴申报

（一）个人所得税的扣缴申报概述

个人所得税的扣缴申报概述如表5-20所示。

表5-20　个人所得税的扣缴申报概述

项目	具体内容
扣缴义务人	向个人支付所得的单位或个人，应当依法办理全员全额扣缴申报
全员全额扣缴申报	扣缴义务人应当在扣缴税款次月15日内，向主管税务机关报送其支付所得的所有个人的有关信息、支付所得数额、扣除事项和数额、扣缴税款的具体数额和总额以及其他相关涉税信息资料
实行个人所得税全员全额扣缴申报的应税所得范围	工资、薪金所得，劳务报酬所得，稿酬所得，特许权使用费所得，利息、股息、红利所得，财产租赁所得，财产转让所得，偶然所得，经国务院财政部门确定征税的其他所得

续表

项目	具体内容
扣缴税款信息提供	（1）支付工资、薪金所得的扣缴义务人应当于年度终了后两个月内，向纳税人提供其个人所得和已扣缴税款等信息。纳税人年度中间需要提供上述信息的，扣缴义务人应当提供 （2）纳税人除取得工资、薪金所得以外的其他所得，扣缴义务人应当在扣缴税款后，及时向纳税人提供其个人所得和已扣缴税款等信息

（二）个人所得税具体项目的扣缴申报

个人所得税具体项目的扣缴申报如表5-21所示。

表5-21　个人所得税具体项目的扣缴申报

项目	计算公式
工资、薪金所得（累计预扣法）	（1）本期应预扣预缴税额＝（累计预扣预缴应纳税所得额×预扣率－速算扣除数）－累计减免税额－累计已预扣预缴税额 （2）累计预扣预缴应纳税所得额＝累计收入－累计免税收入－累计减除费用－累计专项扣除－累计专项附加扣除－累计依法确定的其他扣除 【注意】累计减除费用，按照5 000元/月乘以纳税人当年截至本月在本单位的任职受雇月份数计算
劳务报酬所得、稿酬所得、特许权使用费所得	应预扣预缴税额＝每次收入额（每次收入－费用）×20%

【提示】

（1）个人所得税预扣税率表如表5-22、表5-23所示。

表5-22　个人所得税预扣税率表（居民个人工资、薪金所得预扣预缴适用）

级数	累计预扣预缴应纳税所得额	预扣率	速算扣除数
1	不超过36 000元	3%	0
2	超过36 000元至144 000元的部分	10%	2 520
3	超过144 000元至300 000元的部分	20%	16 920
4	超过300 000元至420 000元的部分	25%	31 920
5	超过420 000元至660 000元的部分	30%	52 920
6	超过660 000元至960 000元的部分	35%	85 920
7	超过960 000元的部分	45%	181 920

表5-23　个人所得税预扣税率表（居民个人劳务报酬所得预扣预缴适用）

级数	预扣预缴应纳税所得额	预扣率	速算扣除数
1	不超过20 000元	20%	0
2	超过20 000元至50 000元的部分	30%	2 000
3	超过50 000元的部分	40%	7 000

（2）工资、薪金所得扣缴申报中，余额为负值时，暂不退税。纳税人年度终了后余额仍为负值时，由纳税人通过办理综合所得年度汇算清缴，*税款多退少补*。

（3）居民个人办理年度综合所得汇算清缴时，应当依法计算劳务报酬所得、稿酬所得、特许权使用费所得的收入额，并纳入年度综合所得计算应纳税款，税款多退少补。

（4）对一个纳税年度内首次取得工资、薪金所得的居民个人，扣缴义务人在预扣预缴个人所得税时，可*按照5 000元/月乘以纳税人当年截至本月月份数计算累计减除费用*。

（5）对上一完整纳税年度内每月均在同一单位预扣预缴工资、薪金所得个人所得税且全年工资、薪金收入不超过6万元的居民个人，扣缴义务人在预扣预缴本年度工资、薪金所得个人所得税时，累计减除费用自 1 月份起 直接按照全年 6 万元计算扣除。

二、个人所得税的自行申报

（一）自行申报情形

自行申报的情形如图 5-8 所示。

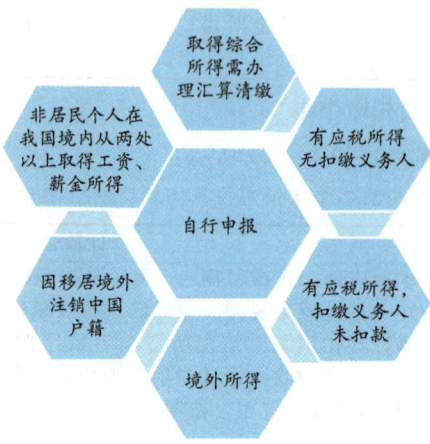

图 5-8 自行申报的情形

（二）自行申报方式

纳税人可采用 远程税端、邮寄方式 申报，或者直接到主管税务机关申报。

（三）2022 年度个人所得税综合所得汇算清缴的办理

1. 2022 年度个人所得税汇算的基本内容

2022 年度个人所得税汇算的基本内容如表 5-24 所示。

表 5-24 2022 年度个人所得税汇算的基本内容

项目	内容
无须办理 2022 年度汇算清缴的情形	（1）年度汇算需补税但综合所得收入全年不超过 12 万元的 （2）年度汇算需补税金额不超过 400 元的 （3）已预缴税额与年度汇算应纳税额一致的 （4）符合年度汇算退税条件但不申请退税的
需要办理 2022 年度汇算的情形	（1）已预缴税额大于年度应纳税额且申请退税的 （2）综合所得收入全年超过 12 万元且需要补税金额超过 400 元的 因适用所得项目错误或者扣缴义务人未依法履行扣缴义务，造成纳税年度内少申报或者未申报综合所得的，纳税人应当依法据实办理年度汇算
计算公式	2022 年度汇算应退或应补税额＝［（综合所得收入额－60 000 元－"三险一金"等专项扣除－子女教育等专项附加扣除－依法确定的其他扣除－捐赠）×适用税率－速算扣除数］－2022 年已预缴税额
可享受的税前扣除	（1）纳税人及其配偶、未成年子女符合条件的大病医疗支出 （2）纳税人符合条件的 3 岁以下婴幼儿照护、子女教育、继续教育、住房贷款利息或住房租金、赡养老人专项附加扣除，以及减除费用、专项扣除、依法确定的其他扣除 （3）纳税人符合条件的公益慈善事业捐赠 （4）纳税人符合条件的个人养老金扣除

【注意】上述所享受的税前扣除需满足以下条件：均在 2022 年度发生，且未申报扣除或未足额扣除的税前扣除项目，纳税人可在年度汇算期间办理扣除或补充扣除。

2. 办理汇算清缴的规定

办理汇算清缴的规定如表 5-25 所示。

表 5-25　办理汇算清缴的规定

项目	具体规定
办理时间	（1）一般规定：年度汇算时间为 2023 年 3 月 1 日至 6 月 30 日 （2）特殊规定：在中国境内无住所的纳税人在 2023 年 3 月 1 日前离境的，可以在离境前办理年度汇算
办理方式	（1）自行办理年度汇算 （2）通过任职受雇单位代为办理 （3）委托涉税专业服务机构或其他单位及个人办理，受托人需与纳税人签订授权书
办理地点	（1）按照方便就近原则，纳税人自行办理或受托人为纳税人代为办理年度汇算的，向纳税人任职受雇单位的主管税务机关申报；有两处及以上任职受雇单位的，可自主选择向其中一处申报 （2）纳税人没有任职受雇单位的，向其户籍所在地、经常居住地或者主要收入来源地的主管税务机关申报 （3）单位为纳税人代办年度汇算的，向单位的主管税务机关申报 （4）为方便纳税服务和征收管理，年度汇算期结束后，税务部门将为尚未办理申报的纳税人确定其主管税务机关

（四）主要所得项目的纳税申报

主要所得项目的纳税申报如表 5-26 所示。

表 5-26　主要所得项目的纳税申报

主要项目	纳税申报	
经营所得	预缴纳税申报	取得经营所得的纳税人，由纳税人在月度或季度终了后 15 日内，向经营管理所在地主管税务机关办理预缴纳税申报
	汇算清缴纳税申报	在取得所得的次年 3 月 31 日前，向经营管理所在地主管税务机关办理汇算清缴
取得应税所得，扣缴义务人未扣缴税款的纳税申报	居民个人取得综合所得	在取得所得的次年 3 月 1 日至 6 月 30 日内办理纳税申报
	非居民个人取得工资、薪金所得，劳务报酬所得，稿酬所得，特许权使用费所得	在取得所得的次年 6 月 30 日前，向扣缴义务人所在地主管税务机关办理纳税申报
	纳税人取得利息、股息、红利所得，财产租赁所得，财产转让所得和偶然所得	在取得所得的次年 6 月 30 日前，按相关规定向主管税务机关办理纳税申报
取得境外所得的纳税申报		在取得所得的次年 3 月 1 日至 6 月 30 日内，向我国境内主管税务机关办理纳税申报
因移居境外注销中国户籍的纳税申报		在申请注销中国户籍前，向户籍所在地主管税务机关办理纳税申报，进行税款清算
非居民纳税人在我国境内两处以上取得工资、薪金所得的纳税申报		在取得所得的次月 15 日内，向其中一处任职、受雇单位所在地主管税务机关办理纳税申报

经典例题

[例题·案例分析题] 某职工李某 2016 年入职，2019 年每月应发工资均为 35 000 元，每月减除费用 5 000 元，"三险一金"专项扣除为 4 500 元，享受子女教育、赡养老人两项专项附加扣除 2 000 元，没有减免收入及减免税额等情况，以前三个月为例，根据以上资料，分别计算下列各题。

1. 1 月份应预扣预缴税款为（　　）元。
   A. 700　　　B. 705　　　C. 720　　　D. 750

   [解析] 1 月份应预扣预缴的税款＝（35 000－5 000－4 500－2 000）×3％＝705（元）。 [答案] B

2. 2 月份应预扣预缴税款为（　　）元。
   A. 705　　　B. 1 410　　　C. 1 475　　　D. 1 500

   [解析] 2 月份应预扣预缴的税款＝（35 000×2－5 000×2－4 500×2－2 000×2）×10％－2 520－705＝1 475（元）。 [答案] C

3. 3 月份应预扣预缴税款为（　　）元。
   A. 705　　　B. 1 475　　　C. 2 350　　　D. 2 950

   [解析] 3 月份应预扣预缴的税款＝（35 000×3－5 000×3－4 500×3－2 000×3）×10％－2 520－705－1 475＝2 350（元）。 [答案] C

本章易错易混考点

【易错易混考点】不征税收入和免税收入

不征税收入和免税收入的区别如表 5-27 所示。

表 5-27　不征税收入和免税收入的区别

不征税收入	免税收入
（1）财政拨款 （2）依法收取并纳入财政管理的行政事业性收费 （3）依法收取并纳入财政管理的政府性基金 （4）国务院规定的专项用途财政性资金 【注意】上述专项用途财政性资金应同时符合下列条件：企业能够提供规定资金专项用途的资金拨付文件；财政部门或其他拨付资金的政府部门对该资金有专门的资金管理办法；企业对该资金以及以该资金发生的支出单独进行核算	（1）国债利息收入 （2）地方政府债券利息收入 （3）符合条件的居民企业之间的股息、红利等权益性投资收益 （4）在中国境内设立机构、场所的非居民企业从居民企业取得与该机构、场所有实际联系的股息、红利等权益性投资收益（不包括连续经营持有居民企业公开发行并上市流通的股票不足 12 个月取得的投资收益） （5）符合条件的非营利组织的收入（捐赠收入、政府补助收入、会费等）

[2022 年真题·单项选择题] 下列选项中，属于不征税收入的是（　　）。
A. 国债利息收入　　　　　　　　　B. 依法收取并纳入财政管理的行政事业性收费
C. 地方政府债券利息收入　　　　　D. 权益性投资收益

[解题思路] 本题可参考表 5-27 区分记忆不征税收入和免税收入。 [答案] B

历年经典真题回顾

一、单项选择题（每题 1 分，每题备选项中，只有 1 个最符合题意）

1. 个人所得税专项附加扣除时，除本人或配偶发生的大病医疗支出扣除外，还可以扣除其他亲属的是（　　）。[2021 年真题]
   A. 已成年子女　　B. 父母　　C. 兄弟姐妹　　D. 未成年子女

   [解析] 纳税人发生的医药费用支出可以选择由本人或者其配偶扣除；未成年子女发生的医药费用支出可以选择由其父母一方扣除。 [答案] D

2. 根据企业所得税法，企业发生的下列支出中，属于允许税前扣除的是（　　）。[2017年真题]
   A. 企业所得税税款　　　　　　　　B. 罚息
   C. 股息　　　　　　　　　　　　　D. 烟草企业的烟草广告费
   [解析] 本题考查企业所得税税前扣除。A、C、D三项都属于不允许税前扣除的项目。　　[答案] B

3. 企业所得税法规定应当源泉扣缴所得税，但扣缴义务人未依法扣缴，纳税人也未依法缴纳的，税务机关可以从该纳税人在中国境内其他收入项目的支付人应付的款项中，追缴该纳税人的应纳税额，这种行为属于企业所得税源泉扣缴的（　　）。[2016年真题]
   A. 法定扣缴　　B. 特定扣缴　　C. 指定扣缴　　D. 商定扣缴
   [解析] 特定扣缴是规定应当依法扣缴所得税，但扣缴义务人未依法扣缴，纳税人也未依法缴纳的，税务机关可以从该纳税人在中国境内其他收入项目的支付人应付的款项中，追缴该纳税人的应纳税额。　　[答案] B

4. 2015年6月，某劳务派遣公司购置价值4 000元的电脑一台，作为固定资产处理，会计折旧年限2年，该公司2015年可在企业所得税前扣除电脑折旧（　　）元。[2016年真题]
   A. 1 000　　B. 2 000　　C. 3 000　　D. 4 000
   [解析] 本题考查企业所得税税收优惠。自2014年1月1日起，对所有行业企业持有的单位价值不超过5 000元的固定资产，允许一次性计入当期成本费用在计算应纳税所得额时扣除，不再分年度计算折旧。　　[答案] D

5. 香港某财务公司2015年4月通过沪港通投资上海证券交易所上市股票，当月实现股票买卖所得3 000万元，该公司应缴纳企业所得税（　　）万元。[2015年真题]
   A. 0　　B. 300　　C. 450　　D. 750
   [解析] 自2014年11月17日起，对香港市场投资者通过沪港通投资上交所上市A股的转让差价所得暂免征收企业所得税。　　[答案] A

二、多项选择题（每题2分，每题备选项中，有2个或2个以上符合题意，至少有1个错项。错选，本题不得分；少选，所选的每个选项得0.5分）

1. 在计算企业所得税时，不得计算折旧扣除的固定资产有（　　）。[2022年真题]
   A. 房屋、建筑物以外未投入使用的固定资产
   B. 以经营租赁方式租入的固定资产
   C. 以融资租赁方式租出的固定资产
   D. 与经营活动有关的固定资产
   E. 单独估价作为固定资产入账的土地
   [解析] 不得计算折旧扣除的固定资产包括：①房屋、建筑物以外未投入使用的固定资产；②以经营租赁方式租入的固定资产；③以融资租赁方式租出的固定资产；④已足额提取折旧仍继续使用的固定资产；⑤与经营活动无关的固定资产；⑥单独估价作为固定资产入账的土地；⑦其他不得计算折旧扣除的固定资产。　　[答案] ABCE

2. 个人取得的下列所得中，按规定可以减免个人所得税的有（　　）。[2014年真题]
   A. 科技部颁发的科技创新奖金　　　　B. 救济金
   C. 福利彩票中奖所得　　　　　　　　D. 国债利息
   E. 信托投资收益
   [解析] A、B、D三项属于可以免征个人所得税的项目。　　[答案] ABD

三、案例分析题（每题2分。由单项选择题和多项选择题组成。错选，本题不得分；少选，所选的每个正确选项得0.5分）

某自行车制造企业，2022年实现产品销售收入2 000万元，支付合理的工资、薪金总额

200万元（其中，残疾职工工资50万元），实际发生职工福利费60万元，为全体员工支付补充医疗保险费40万元，发生广告费和业务宣传费500万元。另外，企业当年购置安全生产专用设备500万元，购置完毕即投入使用。[2016年真题改编]

1. 该企业2022年度允许税前扣除的工资、薪金数额为（　　）。

    A. 150万元　　　　B. 200万元　　　　C. 250万元　　　　D. 300万元

    [解析] 支付合理的工资、薪金支出可以税前扣除，对于残疾职工工资实行加100%扣除。所以，允许税前扣除的工资、薪金数额＝200＋50＝250（万元）。

    [答案] C

2. 该企业2022年度允许税前扣除的职工福利费为（　　）。

    A. 28万元　　　　B. 32万元　　　　C. 55万元　　　　D. 60万元

    [解析] 职工福利费不超过工资、薪金总额14%的部分，准予扣除。允许扣除的金额＝200×14%＝28（万元）。

    [答案] A

3. 该企业2022年度允许税前扣除的补充医疗保险费为（　　）。

    A. 40万元　　　　B. 30万元　　　　C. 10万元　　　　D. 5万元

    [解析] 补充医疗保险费、补充养老保险费分别在不超过工资总额5%标准内的部分，在计算应纳税所得额时准予扣除，超过部分不允许扣除。允许扣除的补充医疗保险费＝200×5%＝10（万元）。

    [答案] C

4. 该企业2022年度允许税前扣除的广告费和业务宣传费为（　　）。

    A. 200万元　　　　　　　　　　　　B. 300万元
    C. 500万元　　　　　　　　　　　　D. 600万元

    [解析] 企业发生的符合条件的广告费和业务宣传费，在不超过当年销售收入15%的部分，准予扣除；超过部分，准予以后纳税年度结转扣除。所以，允许扣除的广告费和业务宣传费＝2 000×15%＝300（万元）。

    [答案] B

5. 企业所得税法规定，企业购置并实际使用环境保护专用设备，可以按设备投资额的一定比例抵免企业当年的应纳所得税额，则该企业最多可以抵免2022年的应纳所得税额为（　　）。

    A. 25万元　　　　　　　　　　　　B. 50万元
    C. 200万元　　　　　　　　　　　　D. 500万元

    [解析] 企业购置并实际使用税法规定的环境保护、节能节水、安全生产等专用设备的，该专用设备的投资额的10%可以从企业当年的应纳税额中抵免；当年不足抵免的，可以在以后5个纳税年度结转抵免。会计利润＝2 000－200－60－40－500－500＝700（万元）；应纳税额＝[700－50＋（60－28）＋（40－10）＋（500－300）]×25%＝228（万元）。所以，投资额的10%，即56万元（500×10%），可以进行抵免。

    [答案] B

本章同步练习

一、单项选择题（每题1分，每题备选项中，只有1个最符合题意）

1. 某调查公司为符合条件的小型微利企业，假设2021年全年实现应纳税所得额50万元，该公司2021年应缴纳企业所得税（　　）万元。

    A. 1　　　　B. 1.25　　　　C. 7.5　　　　D. 10.5

2. 纳税人在境外取得所得，在进行纳税申报时，向中国境内主管税务机关办理纳税申报的时间是

    A. 取得所得的次年3月1日至6月30日　　　B. 取得所得的次年6月30日前
    C. 取得所得的次月15日内　　　　　　　　D. 取得所得的次年3月31日前

3. 居民企业以非货币性资产对外投资确认的非货币性资产转让所得，可以在不超过（　　）年期限内，分期均匀计入相应年度的应纳税所得额，按规定计算缴纳企业所得税。

    A. 1　　　　B. 3　　　　C. 5　　　　D. 10

4. 某一般性生产企业 2010 年度亏损 20 万元，2011 年度亏损 10 万元，2012 年度盈利 5 万元，2013 年度亏损 15 万元，2014 年度盈利 8 万元，2015 年度盈利 6 万元，2016 年度盈利 74 万元，则 2016 年度的应纳税所得额为（　　）万元。
   A. 47　　　　B. 48　　　　C. 49　　　　D. 74
5. 与生产经营活动有关的器具、工具、家具折旧的最低年限为（　　）年。
   A. 2　　　　B. 4　　　　C. 5　　　　D. 10
6. 某专门从事技术转让的公司 2022 年度取得符合条件的技术转让所得 900 万元，不考虑其他因素，则该公司 2022 年度应缴纳企业所得税（　　）万元。
   A. 0　　　　B. 50　　　　C. 112.5　　　　D. 225
7. 假设 2019 年贾某取得稿酬所得 40 000 元，则该笔收入所得应预扣预缴税款为（　　）元。
   A. 4 480　　　　B. 6 400　　　　C. 8 000　　　　D. 22 400
8. 李某 2017 年入职，2019 年每月应发工资均为 30 000 元，每月减除费用 5 000 元，"三险一金"等专项扣除为 4 500 元，享受子女教育、赡养老人两项专项附加扣除共计 2 000 元，没有减免收入及减免税额等情况，则 2 月份应预扣预缴税额为（　　）元。
   A. 555　　　　B. 625　　　　C. 1 850　　　　D. 2 250
9. 下列各项个人所得中，免征个人所得税的是（　　）。
   A. 孤老人员所得　　　　　　B. 因自然灾害遭受重大损失的补偿
   C. 保险赔款　　　　　　　　D. 偶然所得
10. 居民甲 2022 年度符合（　　）情况，需要办理 2022 年度个人所得税综合所得汇算清缴。
    A. 汇算需补税但年度综合所得收入为 10 万元
    B. 汇算需补税金额为 400 元的
    C. 已预缴税额与年度应纳税额一致
    D. 综合所得收入额为 15 万元且需补税金额为 500 元的

二、多项选择题（每题 2 分，每题备选项中，有 2 个或 2 个以上符合题意，至少有 1 个错项。错选，本题不得分；少选，所选的每个选项得 0.5 分）

1. 按照现行个人所得税法的规定，下列所得项目中实行超额累进税率的所得项目有（　　）。
   A. 工资、薪金所得　　　　　B. 偶然所得
   C. 经营所得　　　　　　　　D. 劳务报酬所得
   E. 利息、股息、红利所得
2. 根据企业所得税法，销售收入确认的条件包括（　　）。
   A. 收入的金额能够可靠地计量
   B. 已发生或将发生的销售方的成本能够可靠地核算
   C. 企业已在财务账上做销售处理
   D. 相关经济利益流入
   E. 销售合同已签订，并将商品所有权相关的主要风险和报酬转移给购货方
3. 纳税人可享受的专项附加扣除除赡养老人外，还包括（　　）。
   A. 子女教育　　　　　　　　B. 继续教育
   C. 大病医疗　　　　　　　　D. 住房贷款利息或住房租金
   E. 住房公积金
4. 下列关于固定资产税务处理的表述中，正确的有（　　）。
   A. 停止使用的固定资产，应当从停止使用月份的次月起，停止计提折旧
   B. 未使用的房屋不得计提折旧

C. 以经营租赁方式租入的固定资产，承租方可以计提折旧
D. 以融资租赁方式租出的固定资产，出租方不再计提折旧
E. 已足额提取折旧仍继续使用的固定资产不得计提折旧

5. 下列各项个人收入中，属于全员全额扣缴申报的应税所得的有（　　）。
   A. 工资、薪金所得
   B. 劳务报酬所得
   C. 取得境外所得
   D. 偶然所得
   E. 特许权使用费所得

三、案例分析题（每题2分。由单项选择题和多项选择题组成。错选，本题不得分；少选，所选的每个正确选项得0.5分）

一家在北京设立的高新技术企业，2022年实际支付合理的工资、薪金总额300万元，实际发生职工福利费60万元，职工教育经费20万元。另外，企业为全体员工购买补充养老保险支付50万元，购买补充医疗保险支付20万元。

1. 该企业2022年度职工福利费不准予税前扣除的金额为（　　）万元。
   A. 0
   B. 18
   C. 42
   D. 60

2. 该企业2022年度允许税前扣除的职工教育经费金额为（　　）万元。
   A. 1
   B. 6
   C. 7.5
   D. 20

3. 该企业2022年度对于补充养老保险费的不准予税前扣除的金额为（　　）万元。
   A. 15
   B. 20
   C. 30
   D. 35

4. 该企业2022年度允许税前扣除的补充医疗保险费金额为（　　）万元。
   A. 7.5
   B. 15
   C. 17.5
   D. 20

本章同步练习参考答案及解析

一、单项选择题

1. [答案] B
   [解析] 自2021年1月1日至2022年12月31日，对小型微利企业年应纳税所得额不超过100万元的部分，减按12.5%计入应纳税所得额，按20%的税率缴纳企业所得税。所以，该企业2021年应纳企业所得税税额＝50×12.5%×20%＝1.25（万元）。

2. [答案] A
   [解析] 居民个人从中国境内取得所得的，应当在取得所得的次年3月1日至6月30日内，向中国境内主管税务机关办理纳税申报。

3. [答案] C
   [解析] 居民企业以非货币性资产对外投资确认的非货币性资产转让所得，可以在不超过5年期限内，分期均匀计入相应年度的应纳税所得额，按规定计算缴纳企业所得税。

4. [答案] C
   [解析] 企业纳税年度发生的亏损，准予用以后年度的所得弥补，但结转年限最长不得超过5年。因此2010年度的亏损不得用2016年度的盈利弥补。2016年度的应纳税所得额＝74－10－15＝49（万元）。

5. [答案] C
   [解析] 与生产经营活动有关的器具、工具、家具等固定资产折旧的最低年限为5年。

6. [答案] B
   [解析] 一个纳税年度内，居民企业技术转让所得不超过500万元的部分免征企业所得税，超过500万元的部分，减半征收企业所得税。因此，该公司2022年度应纳企业所得税＝(900－500)/2×25%＝50（万元）。

7. [答案] A
   [解析] 贾某取得稿酬收入额＝(40 000－

$40\,000\times20\%)\times70\%=22\,400$（元）。应扣预缴税额$=22\,400\times20\%=4\,480$（元）。

8. [答案] B

   [解析] 本期应预扣预缴税额＝（累计预扣预缴应纳税所得额×预扣率－速算扣除数）－累计减免税额－累计已预扣预缴税额。所以，2月份应预扣预缴税额＝（30 000×2－5 000×2－4 500×2－2 000×2）×10％－2 520－（30 000－5 000－4 500－2 000）×3％＝625（元）。

9. [答案] C

   [解析] A、B两项属于减征个人所得税的情况，D项应按照20％的比例税率计算应纳税额。

10. [答案] D

    [解析] 无须办理2022年汇算清缴情形包括：①纳税人年度汇算需补税但年度综合所得收入不超过12万元的；②纳税人年度汇算需补税金额不超过400元的；③已预缴税额与年度汇算应纳税额一致的；④符合年度汇算退税条件但不申请退税的。A、B、C三项均属于无须办理汇算清缴的情形。需要办理2022年度汇算的情形：①已预缴税额大于年度应纳税额且申请退税的；②综合所得收入全年超过12万元且需要补税金额超过400元的。

二、多项选择题

1. [答案] ACD

   [解析] 工资、薪金所得，经营所得，劳务报酬所得实行超额累进税率。偶然所得、利息、股息、红利所得实行20％的比例税率。

2. [答案] ABE

   [解析] 企业所得税法中销售货物收入确认的条件包括：①货物销售合同已经签订，企业已将商品所有权相关的主要风险和报酬转移给购货方；②企业对已售出的货物既没有保留通常与所有权相联系的继续管理权，也没有实施有效控制；③收入的金额能够可靠地计量；④已发生或将发生的销售方的成本能够可靠地核算。

3. [答案] ABCD

   [解析] 纳税人享受的专项附加扣除包括子女教育、继续教育、大病医疗、住房贷款利息、住房租金、赡养老人、3岁以下婴幼儿照护7项支出。

4. [答案] ADE

   [解析] 未使用的房屋可以计提折旧，B项错误。以经营租赁方式租入的固定资产，由出租方计提折旧，C项错误。

5. [答案] ABDE

   [解析] 实行个人所得税全员全额扣缴申报的应税所得包括工资、薪金所得，劳务报酬所得，稿酬所得，特许权使用费所得，利息、股息、红利所得，财产租赁所得，财产转让所得，偶然所得。

三、案例分析题

1. [答案] B

   [解析] 企业发生的职工福利费支出，不超过工资、薪金总额14％的部分，准予扣除。扣除限额$=300\times14\%=42$（万元），纳税调整额＝实际发生额－扣除限额$=60-42=18$（万元）。

2. [答案] D

   [解析] 本题考查企业所得税的税前扣除。高新技术企业发生的职工教育经费，不超过工资、薪金总额8％的部分，准予在计算企业所得税应纳税所得额时扣除。扣除限额$=300\times8\%=24$（万元），限额大于实际发生的金额，所以准予扣除20万元。

3. [答案] D

   [解析] 补充养老保险，在不超过职工工资总额5％标准内的部分，准予扣除，超过部分，不予扣除。扣除限额$=300\times5\%=15$（万元），实际发生50万元，所以，不准予税前扣除的金额$=50-15=35$（万元）。

4. [答案] B

   [解析] 补充医疗保险，在不超过职工工资总额5％标准内的部分，准予扣除，超过部分，不予扣除。扣除限额$=300\times5\%=15$（万元），实际发生20万元，大于扣除限额，所以按照扣除限额15万元进行扣除。

第六章　其他税收制度

本章考情分析

年份	单项选择题	多项选择题	案例分析题	合计
2022 年	4 题 4 分	1 题 2 分	6 题 12 分	18 分
2021 年	6 题 6 分	2 题 4 分	5 题 10 分	20 分
2020 年	4 题 4 分	2 题 4 分	5 题 10 分	18 分
2019 年	5 题 5 分	2 题 4 分	5 题 10 分	19 分
2018 年	5 题 5 分	1 题 2 分	5 题 10 分	17 分

本章考点概览

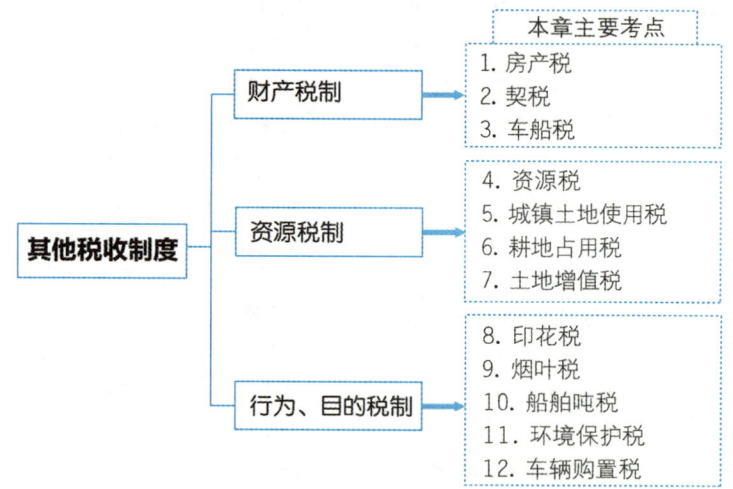

本章学习提示

本章主要介绍各类小税种的相关税收制度。学习本章内容时切忌急躁，可根据税制要素的内容分类对比记忆，避免混淆。

本章考点详解

● 考点 1　房产税

一、房产税的纳税人

不同类型房产的纳税人如表 6-1 所示。

表6-1　不同类型房产的纳税人

房产类型	纳税人
产权属全民所有的	由经营管理单位纳税
产权归集体和个人所有的	由集体单位和个人纳税
产权出典的	由承典人按照房产余值纳税
无租使用其他单位房产的应税单位和个人	由房产使用人纳税
产权所有人、承典人不在房屋所在地的	由房产代管人或者使用人纳税
产权未确定及租典纠纷未解决的	由房产代管人或者使用人纳税
融资租赁的房产	(1) 由承租人自融资租赁合同约定开始日的次月起按照房产余值缴纳房产税 (2) 合同未约定开始日的，由承租人自合同签订的次月起按照房产余值缴纳房产税

【提示】

(1) 外商投资企业、外国企业和组织以及外籍个人依照《中华人民共和国房产税暂行条例》缴纳房产税。

(2) 房产税的征税范围包括城市、县城、建制镇和工矿区，不包括农村。

(3) 房产指的是有屋面和围护结构，能遮风避雨，供人们在其中生产、学习、工作、娱乐、居住或储藏物资的场所。其中独立于房屋的建筑物，如围墙、暖房、水塔、烟囱、室外游泳池等不属于房产，但室内游泳池属于房产。

二、房产税应纳税额的计算

房产税应纳税额的计算如图6-1所示。

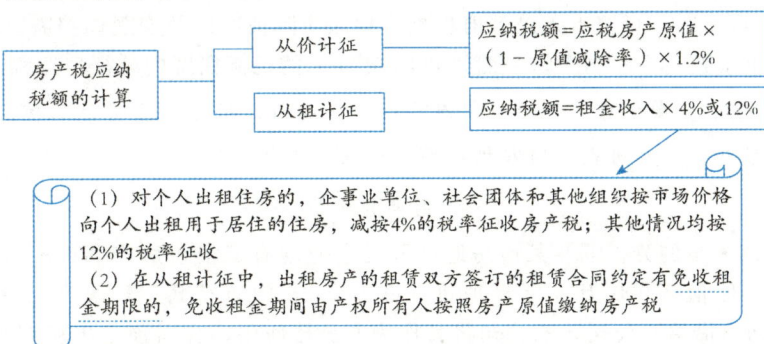

图6-1　房产税应纳税额的计算

三、房产税的减免

(1) 国家机关、人民团体、军队自用的房产，免征房产税。

(2) 由国家财政部门拨付事业经费的单位自用的房产，免征房产税；但对经费来源实行自收自支的事业单位，要按规定征收房产税。

(3) 宗教寺庙、公园、名胜古迹自用的房产，免征房产税。

(4) 个人所有的非营业用房产，免征房产税。

(5) 对按政府规定价格出租的公有住房和廉租住房，暂免征收房产税。

(6) 不在开征地区范围之内的工厂、仓库，不应征收房产税。

(7) 经财政部批准免税的其他房产，可免征房产税。

①为社区提供养老、托育、家政等服务的机构自有或其通过承租、无偿使用等方式取得并用于提供社区养老、托育、家政服务的房产，免征房产税。

②经有关部门核实属危房，不准使用的房产，可免征房产税。

③自2004年8月1日起，对军队空余房产租赁收入暂免征收房产税。

④凡是在基建工地为基建工地服务的各种工棚、材料棚、休息棚和办公室、食堂、茶炉房、汽车房等临时性房屋，在施工期间，一律免征房产税。

⑤纳税人因房屋大修导致连续停用半年以上的，在房屋大修期间免征房产税，免征税额由纳税人在申报缴纳房产税时自行计算扣除。

⑥纳税单位与免税单位共同使用房屋，按各自使用的部分划分，分别征收或免征房产税。

⑦老年服务机构自用的房产免征房产税。

⑧对非营利性医疗机构、疾病控制机构和妇幼保健机构等卫生机构自用的房产，免征房产税。

⑨房地产开发企业开发的商品房在出售前，免征房产税。但对出售前房地产开发企业已经使用或出租、出借的商品房要按规定征收房产税。

⑩自2016年1月1日起，国家机关、军队、人民团体、财政补助事业单位、居民委员会、村民委员会拥有的体育场馆，用于体育活动的房产，免征房产税。

企业拥有并运营管理的大型体育场馆，其用于体育活动的房产，减半征收房产税。

（8）对企事业单位、社会团体以及其他组织向个人、专业化规模化住房租赁企业出租住房的，减按4%的税率征收房产税。

（9）对公租房免征房产税。

（10）对高校学生公寓免征房产税。

（11）对农产品批发市场、农贸市场（包括自有和承租）专门用于经营农产品的房产、土地，暂免征收房产税。对同时经营其他产品的农产品批发市场和农贸市场使用的房产、土地，按其他产品与农产品交易场地面积的比例确定征免房产税。

（12）由省、自治区、直辖市人民政府根据本地区实际情况以及宏观调控需要确定，对增值税小规模纳税人、小型微利企业和个体工商户可以在50%的税额幅度内减征房产税。

【考点小贴士】 由于房产税的减免内容较多，本书仅根据历年考试的重点内容进行总结。本章减免税的内容有一个共同点，国家机关事业单位一般都免税。

经典例题

[2016年真题改编·案例分析题] 某市房地产开发企业现有未出售房产A、B、C三套，A房产建于2020年初，原值4 000万元（含地价600万元），闲置待售；B房产已完工三年，原值600万元，1月初出借给乙公司，乙公司将其作为办公楼使用，合同预定出租期为一年，前两个月为免租期，后10个月租金共100万元；C房产为社区提供养老服务，原值800万元，市场价年租金10万元。当地规定按房产原值一次扣缴30%后的余值计税。

1. 该企业就A房产2020年应缴纳房产税（　　）万元。
A. 48.00　　　　　　　　　　B. 33.60
C. 28.56　　　　　　　　　　D. 0

[解析] 房地产开发企业开发的商品房在出售之前，不征收房产税。 [答案] D

2. 该企业就B房产2020年应缴纳房产税（　　）万元。
A. 12.84　　　　　　　　　　B. 12.00
C. 0.84　　　　　　　　　　 D. 0

[解析] 房地产开发企业开发的商品房在出售之前，不征收房产税。但对出售前房地产开发企业已使用或出租、出借的商品房应按规定征收房产税。应缴纳房产税税额＝600×（1－30%）×1.2%/12×2＋100×12%＝12.84（万元）。 [答案] A

3. 该企业就C房产2020年应缴纳房产税（　　）万元。
A. 6.72　　　　　　　　　　　　B. 4.5
C. 1.2　　　　　　　　　　　　　D. 0

[解析] 该企业房产用于开办幼儿园使用，不用缴纳房产税。
[解题思路] 本道案例分析题考查房产税应纳税额的计算和房产税的税收优惠，一般性税收优惠可根据[考点小贴士]进行分析，特殊的税收优惠可依据房产税的减免对号入座。　　　[答案] D

考点2 契税

一、契税的征税范围

契税的具体征税范围如表6-2所示。

表6-2　契税的具体征税范围

征税范围	具体内容
国有土地使用权出让	土地使用者向国家交付土地使用权出让费用，国家将国有土地使用权在一定年限内让与土地使用者的行为
土地使用权转让	包括出售、赠与、交换或者其他方式将土地使用权转让的行为（不包括农村集体土地承包经营权的转让）
房屋买卖	（1）以房产抵债或实物交换房屋，由产权承受人按房屋现值缴纳契税 （2）以房产作为投资或作股权转让，由产权承受方按投资房产价值或房产买价缴纳契税（自有房屋作股权投入本人经营企业的，免征契税） （3）买房拆料或翻建新房，应照章征收契税
房屋赠与	受赠人按规定缴纳契税（包括获奖方式取得的房产）
房屋交换	交换价值相等的不征收契税；价值不等的，按超出部分由支付差价方缴纳契税
房屋附属设施	（1）对于承受与房屋相关的附属设施（包括停车位、汽车库、自行车库、顶层阁楼和储藏室）所有权或土地使用权的行为，要按契税法律、法规的规定征收契税；如果不涉及土地使用权和房屋所有权转移变动的，不征收契税 （2）承受的房屋附属设施权属单独计价的，应该按当地的适用税率征收契税；与房屋统一计价的，适用与房屋相同的契税税率
特殊情况	下列情形发生土地、房屋权属转移的，承受方应当依法缴纳契税： （1）因共有不动产份额变化的 （2）因共有人增加或者减少的 （3）因人民法院、仲裁委员会的生效法律文书或者监察机关出具的监察文书等因素，发生土地、房屋权属转移的

【提示】境内转移土地、房屋权属，承受的单位和个人为契税的纳税人；契税实行的是3%～5%的幅度比例税率，应纳税额的计算公式为：应纳税额＝计税依据×税率。

二、契税的计税依据

契税的计税依据如表6-3所示。

表6-3　契税的计税依据

征税对象	计税依据
土地使用权出让、出售，房屋买卖	土地、房屋权属转移合同确定的成交价格（包括应交付的货币以及实物、其他经济利益对应的价款）
土地使用权交换、房屋交换	所互换的土地使用权、房屋价格的差额

征税对象	计税依据
土地使用权赠与、房屋赠与以及其他没有价格的转移土地、房屋权属行为	税务机关参照土地使用权出售、房屋买卖的市场价格依法核定的价格

【提示】纳税人申报的成交价格、互换价格差额明显偏低且无正当理由的，由税务机关依照《中华人民共和国税收征收管理法》的规定核定。

三、契税的减免

（一）减免契税的基本规定

（1）国家机关、事业单位、社会团体、军事单位承受土地、房屋用于办公、教学、医疗、科研和军事设施的，免征契税。

（2）非营利性的学校、医疗机构、社会福利机构承受土地、房屋权属用于办公、教学、医疗、科研、养老、救助的，免征契税。

（3）承受荒山、荒地、荒滩土地使用权用于农、林、牧、渔业生产的，免征契税。

（4）婚姻关系存续期间夫妻之间变更土地、房屋权属的，免征契税。

（5）法定继承人通过继承承受土地、房屋权属的，免征契税。

（二）其他减征、免征契税的项目

（1）对于个人购买住房，2016年2月22日起根据下列规定征收契税：

①对个人购买家庭唯一住房（家庭成员范围包括购房人、配偶以及未成年子女），面积为90平方米及以下的，减按1%的税率征收契税；面积为90平方米以上的，减按1.5%的税率征收契税。

②对个人购买家庭第二套改善性住房，面积为90平方米及以下的，减按1%的税率征收契税；面积为90平方米以上的，减按2%的税率征收契税。

（2）法定继承人（包括配偶、子女、父母、兄弟姐妹、祖父母、外祖父母）继承土地、房屋权属的，免征契税。

（3）公租房经营管理单位购买住房作为公租房，免征契税。

（4）对饮水工程运营管理单位为建设饮水工程而承受土地使用权，免征契税。

（5）银行业金融机构、金融资产管理公司接收抵债资产免征契税。

【考点小贴士】由于契税的减免内容较多，本书仅根据历年考试的重点进行总结。

经典例题

[2010年真题改编·案例分析题] 居民甲有两套住房，将其中一套住房出售给居民乙，成交价格为200万元，将另一套住房与居民丙交换，换得一套三室两厅两卫住房。同时，居民甲向居民丙支付差价款100万元。此后，居民甲将此三室两厅两卫住房出租给居民丁居住，2016年全年租金为5万元（与市场租金水平相当），居民丙取得房屋后，将此房屋等价交换给居民丙的同事。（假设该省规定按房产原值一次扣除30%后的余值计税，契税税率为3%）

1. 应缴纳契税的居民有（　　）。

A. 甲　　　　　　　　　　　　B. 乙
C. 丙　　　　　　　　　　　　D. 丁

[解析] 契税的纳税人应该是承受房产的一方，作为互换房屋，支付差价的一方缴纳契税。甲将其中一套住房出售给乙，承受房产的一方是乙；甲将另一套房屋与丙交换并支付差价，由支付差价方甲缴纳契税。所以，应缴纳契税的是甲、乙。

[答案] AB

2. 甲与丙交换得到一套三室两厅两卫住房,并将其出租给丁居住,则(   )。
A. 2016 年丁无需缴纳房产税   B. 2016 年丁缴纳的房产税为 0.6 万元
C. 2016 年丁缴纳的房产税为 0.24 万元   D. 2016 年丁缴纳的房产税为 0.2 万元
[解析] 拥有房产的一方缴纳房产税,所以应该是甲缴纳房产税。   [答案] A

3. 甲出租房屋应缴纳的房产税为(   )万元。
A. 0   B. 0.2
C. 0.3   D. 0.64
[解析] 对个人出租住房的,按照 4% 的税率计算,房产税=5×4%=0.2(万元)。   [答案] B

4. 上述居民缴纳的契税合计为(   )万元。
A. 1.8   B. 4.8
C. 9   D. 10.8
[解析] 上述居民的应纳税额=计税依据×税率=200×3%+100×3%=9(万元)。 [答案] C

考点3 车船税

一、车船税概述

车船税概述如表 6-4 所示。

表 6-4 车船税概述

项目	具体内容
纳税人	车辆、船舶的所有人或者管理人,即在我国境内拥有车船的单位和个人
征税范围	车辆和船舶
税率	车船税采用的是定额税率 挂车按照货车税额的 50% 进行征收;拖船、非机动驳船分别按照机动船舶的 50% 计算
计税依据	(1) 乘用车、客车、摩托车以辆为计税标准 (2) 载货汽车、挂车、三轮汽车和低速货车以整备质量为计税标准 (3) 船舶以净吨位为计税标准 (4) 游艇以艇身长度为计税标准

【提示】车辆的具体适用税额由省、自治区、直辖市人民政府依照"车船税税目税额表"规定的税额幅度和国务院的规定确定。船舶的具体适用税额由国务院在"车船税税目税额表"规定的税额幅度内确定。

二、车船税的税收优惠

(一) 车船税减免的基本规定

(1) 捕捞、养殖渔船免征车船税。
(2) 军队、武装警察部队专用的车船免征车船税。
(3) 警用车船免征车船税。
(4) 对节能汽车,减半征收车船税;对新能源车船,免征车船税。
(5) 悬挂应急救援专用号牌的国家综合性消防救援车辆和国家综合性消防救援专用船舶。
(6) 境内单位和个人租入外国籍船舶的,不征收车船税。境内单位和个人将船舶出租到境外的,应依法征收车船税。

(二) 特定减免

依照法律规定应当予以免税的外国驻华使领馆、国际组织驻华代表机构及其有关人员的车船。

> **经典例题**
>
> [2022年真题·单项选择题] 车船税中船舶的具体税额由（　　）确定。
> A. 省、自治区、直辖市人民政府 B. 国家税务总局
> C. 海关总署 D. 国务院
> [解析] 本题考查车船税的税率。车辆的具体适用税额由省、自治区、直辖市人民政府依照"车船税税目税额表"规定的税额幅度和国务院的规定确定。船舶的具体适用税额由国务院在"车船税税目税额表"规定的税额幅度内确定。 [答案] D
>
> [2016年真题·单项选择题] 境内某单位将船舶出租到境外的，相应车船的车船税应（　　）。
> A. 正常征收
> B. 减半征收
> C. 不征收
> D. 省人民政府根据当地实际情况决定是否征收
> [解析] 本题考查车船税。境内单位和个人租入外国籍船舶的，不征收车船税。境内单位和个人将船舶出租到境外的，应依法征收车船税。 [答案] A

考点4 资源税

一、资源税的纳税人、征税范围及税率

资源税的纳税人、征税范围及税率如表6-5所示。

表6-5 资源税的纳税人、征税范围及税率

项目		具体内容	注意
纳税人		在中华人民共和国领域和中华人民共和国管辖的其他海域开发应税资源的单位和个人	进口矿产品或盐以及经营已税矿产品或盐的单位和个人均不属于资源税纳税人
征税范围	能源矿产	原油，天然气，页岩气，天然气水合物，煤，煤成（层）气，铀，钍，油页岩，油砂，天然沥青，石煤，地热	必须具有商品属性，即具有使用价值和交换价值
	金属矿产	黑色金属和有色金属	
	非金属矿产	即矿物类、岩石类和宝玉石类	
	水气矿产	二氧化碳气、硫化氢气、氦气、氡气和矿泉水	
	盐	钠盐、钾盐、镁盐、锂盐、天然卤水、海盐	
税率		固定比例税率、幅度比例税率、定额税率	纳税人开采或生产同一税目下不同税率应税产品，应分别核算；未分别核算的，从高适用税率

二、资源税的计税依据和应纳税额的计算

（一）从量计征和从价计征方式

从量计征和从价计征方式如表6-6所示。

表6-6 从量计征和从价计征方式

征收方式	应纳税额确定	注意
从量定额	应纳税额＝销售数量×适用税额	销售数量，即纳税人开采或生产应税产品的实际销售数量和自用于应当缴纳资源税情形的应税产品数量

续表

征收方式	应纳税额确定	注意
从价定率	应纳税额＝销售额×适用税率	(1) 销售额按纳税人销售应税产品向购买方收取的全部价款确定，不包括增值税税款 (2) 计入销售额中的相关运杂费用（应税产品从坑口或洗选地到车站、码头或者购买方指定地点的运输费用、建设基金以及随运销产生的装卸、仓储、港杂费用），取得相关合法票据，准予从销售额中扣除

（二）特殊情形下销售额的确定

纳税人申报的应税产品销售额明显偏低且无正当理由的，或者有自用应税产品行为而无销售额的，主管税务机关可以按下列方法和顺序确定其应税产品销售额。

（1）按纳税人最近时期同类产品的平均销售价格确定。
（2）按其他纳税人最近时期同类产品的平均销售价格确定。
（3）按后续加工非应税产品销售价格，减去后续加工环节的成本利润后确定。
（4）按应税产品组成计税价格确定。

组成计税价格＝成本×（1＋成本利润率）/（1－资源税税率）

上述公式中的成本利润率由省、自治区、直辖市税务机关确定。

（5）按其他合理方法确定。

（三）特殊销售行为

（1）纳税人自用应税产品（包括以应税产品用于非货币性资产交换、捐赠、偿债、赞助、集资、投资、广告、样品、职工福利、利润分配或者连续生产非应税产品等）应缴纳资源税。

（2）纳税人以自采原矿直接销售，或自用于应当缴纳资源税情形的，按原矿计征资源税。纳税人以自采原矿洗选加工为选矿产品销售，或者将选矿产品自用于应当缴纳资源税情形的，按选矿产品计征资源税，在原矿移送环节不缴纳资源税。对于无法区分原生岩石矿种的粒级成型砂石颗粒，按砂石税目征收资源税。

（3）纳税人外购应税产品与自采应税产品混合销售或者混合加工为应税产品销售的，在计算应税产品销售额或者销售数量时，准予扣减外购应税产品的购进金额或者购进数量；当期不足扣减的，可结转下期扣减。（外购应税产品应准确核算，否则一并征收资源税）

三、资源税的减免

（一）免征资源税

（1）开采原油以及在油田范围内运输原油过程中用于加热的原油、天然气。
（2）煤炭开采企业因安全生产需要抽采的煤成（层）气。
（3）对青藏铁路公司及其所属单位运营期间自采自用的砂、石等材料免征资源税。

（二）减征资源税

资源税减征的情形如表 6-7 所示。

表 6-7　资源税减征的情形

减征比例	具体内容
20%	从低丰度油气田开采的原油、天然气
30%	(1) 高含硫天然气、三次采油和从深水油气田开采的原油、天然气 (2) 从衰竭期矿山开采的矿产品 (3) 2018 年 4 月 1 日至 2023 年 12 月 31 日对页岩气征收的资源税

续表

减征比例	具体内容
40%	稠油、高凝油
50%	自 2014 年 12 月 1 日至 2023 年 8 月 31 日，对充填开采置换出来的煤炭，资源税减征 50%

(三) 其他规定

(1) 纳税人的免税减税项目，应当单独核算销售额或者销售数量；未单独核算或者不能准确提供销售额或者销售数量的，不予减税或者免税。

(2) 纳税人开采或者生产同一应税产品，其中既有享受减免税政策的，又有不享受减免税政策的，按照免税、减税项目的产量占比等方法分别核算确定免税、减税项目的销售额或者销售数量。

经典例题

[2021 年真题·多项选择题] 现行资源税的税率形式包括（　　）。

A. 超额累进税率　　　　　　　　B. 超率比例税率
C. 定额税率　　　　　　　　　　D. 固定比例税率
E. 幅度比例税率

[解析] 现行资源税实行固定比例税率、幅度比例税率和定额税率。　　　　[答案] CDE

[例题·单项选择题] 某砂石开采企业 2021 年 5 月销售砂石 4 000 立方米，资源税税率为 2 元/立方米。该企业应缴纳的资源税为（　　）元。

A. 6 000　　　　B. 8 000　　　　C. 10 000　　　　D. 12 000

[解析] 砂石开采属于从量计征的形式，应纳税额 = 销售数量 × 适用税额 = 4 000 × 2 = 8 000（元）。　　　　[答案] B

[例题·多项选择题] 下列应税产品的开采项目中，免征资源税的有（　　）。

A. 开采稠油
B. 开采高含硫天然气
C. 煤炭开采企业因安全生产需要抽采的煤层气
D. 从衰竭期矿山开采矿产品
E. 开采原油过程中用于加热的原油

[解析] A 项，开采稠油减征 40% 资源税；B 项，高含硫天然气开采减征 30% 资源税；D 项，从衰竭期矿山开采的矿产品减征 30% 资源税。C、E 两项属于免征资源税的情形。　　　　[答案] CE

四、资源税的征收管理

(1) 纳税人应当在矿产品的开采地或者海盐的生产地缴纳资源税。

(2) 海上开采的原油和天然气资源税由海洋石油税务管理机构征收管理。

(3) 中外合作开采陆上、海上石油资源的企业依法缴纳资源税。

五、水资源费改税

(一) 水资源税的基本内容

水资源税的基本内容如表 6-8 所示。

表 6-8　水资源税的基本内容

项目	内容
概述	自 2017 年 12 月 1 日起，在北京、天津、山西、内蒙古、山东、河南、四川、陕西、宁夏 9 个省（自治区、直辖市）扩大水资源税改革试点，实行从量计征
纳税人	除一些具体情形外（见提示部分），其他直接取用地表水、地下水的单位和个人，为水资源税纳税人

续表

项目	内容
征税范围	（1）地表水（江、河、湖泊、水库） （2）地下水（埋藏在地表以下各种形式的水资源）
税率	（1）超采区地下水税额要高于非超采区 （2）严重超采地区的地下水税额要大幅高于非超采地区 （3）对特种行业，从高征税

【提示】不缴纳水资源税的情形：
（1）农村集体经济组织及其成员从本集体经济组织的水塘、水库中取用水的。
（2）家庭生活和零星散养、圈养畜禽饮用等少量取用水的。
（3）水利工程管理单位为配置或者调度水资源取水的。
（4）为保障矿井等地下工程施工安全和生产安全必须进行临时应急取用（排）水的。
（5）为消除对公共安全或者公共利益的危害临时应急取水的。
（6）为农业抗旱和维护生态与环境必须临时应急取水的。

（二）水资源税税收优惠

水资源税税收优惠如表 6-9 所示。

表 6-9　水资源税税收优惠

优惠项目	具体内容
从低确定税额	（1）对超过规定限额的农业生产取用水，以及主要供农村人口生活用水的集中式饮水工程取用水 （2）对回收利用的疏干排水和地源热泵取用水
免征水资源税	（1）规定限额内的农业生产取用水 （2）取用污水处理再生水 （3）除接入城镇公共供水管网以外，军队、武警部队通过其他方式取用水的 （4）抽水蓄能发电取用水 （5）采油排水经分离净化后在封闭管道回注的

经典例题

[2022 年真题·单项选择题] 水资源税改革试点不包括（　　）。

A. 北京　　　　　　　　　　　　B. 天津
C. 河南　　　　　　　　　　　　D. 重庆

[解析] 本题考查水资源费改税。自 2017 年 12 月 1 日起，在北京、天津、山西、内蒙古、山东、河南、四川、陕西、宁夏 9 个省（自治区、直辖市）扩大水资源税改革试点，采取水资源费改税方式，将地表水和地下水纳入征税范围，实行从量计征。　　　　　　　　　　　　　　　　　　[答案] D

● 考点 5　**城镇土地使用税**

一、城镇土地使用税概述

城镇土地使用税概述如表 6-10 所示。

表 6-10　城镇土地使用税概述

项目	具体内容
纳税人	（1）城镇土地使用税由拥有土地使用权的单位或个人缴纳 （2）土地使用权未确定或权属纠纷未解决的，由**实际使用人**纳税 （3）土地使用权共有的，由共有各方分别纳税

续表

项目	具体内容
征税范围	城市、县城、建制镇和工矿区，不包括农村
税率	实行分级幅度税额税率
应纳税额的计算	应纳税额＝计税土地面积（平方米）×适用单位税额

【提示】

（1）经济落后地区的城镇土地使用税适用税额标准可以适当降低，但降低额不得超过规定的最低税额的30%。经济发达地区城镇土地使用税的适用税额标准可以适当提高，但须报经财政部批准。

（2）对在城镇土地使用税征税范围内单独建造的地下建筑用地，给予税收优惠，暂按应征税额的50%征收。

二、城镇土地使用税的减免

（一）城镇土地使用税免税的基本规定

（1）国家机关、人民团体、军队自用的土地。

（2）由国家财政部门拨付事业经费的单位自用的土地。

（3）宗教寺庙、公园、名胜古迹自用的土地。

（4）市政街道、广场、绿化地带等公共用地。

（5）直接用于农、林、牧、渔业的生产用地。

（6）经批准开山填海整治的土地和改造的废弃土地，从使用的月份起免缴土地使用税5年至10年。

（二）城镇土地使用税减免的特殊规定

（1）对非营利性医疗机构、疾病控制机构和妇幼保健机构等卫生机构自用的土地，免征城镇土地使用税。

（2）为社区提供养老、托育、家政等服务的机构自有或其通过承租、无偿使用等方式取得并用于提供社区养老、托育、家政服务的土地，免征城镇土地使用税。

（3）免税单位无偿使用纳税单位的土地，免征城镇土地使用税。

（三）城镇土地使用税其他减免税的规定

（1）凡是缴纳了耕地占用税的，从批准征用之日起满1年后征收城镇土地使用税；征用非耕地的，应从批准征用之次月起征收城镇土地使用税。

（2）房地产开发公司建造商品房的用地，除经批准开发建设经济适用房的用地外，一律不得减免城镇土地使用税。

（3）凡在开征范围内的土地，除直接用于农、林、牧、渔业的，按规定免予征税外，一律不得减免城镇土地使用税。

（4）对企业厂区（包括生产、生活及办公区）以内的绿化用地，应照章征收土地使用税，厂区以外的公共绿化用地和向社会开放的公园用地，暂免征收土地使用税。

（5）机场飞行区（包括跑道、滑行道、停机坪、安全带、夜航灯光区）用地，场内外通信导航设施用地和飞行区四周排水防洪设施用地，免征城镇土地使用税。

机场道路，区分为场内、场外道路。场外道路用地免征城镇土地使用税；场内道路用地依照规定征收城镇土地使用税。

机场工作区（包括办公、生产和维修用地及候机楼、停车场）用地、生活区用地、绿化用地，均须依照规定征收城镇土地使用税。

（6）个人出租住房，不分用途，免征城镇土地使用税。

（7）自2016年1月1日起，国家机关、军队、人民团体、财政补助事业单位、居民委员会、村民委员会拥有的体育场馆，用于体育活动的土地，免征城镇土地使用税。

（8）对农产品批发市场、农贸市场（包括自有和承租）专门用于经营农产品的房产、土地，暂免征收城镇土地使用税。对同时经营其他产品的农产品批发市场和农贸市场使用的房产、土地，按其他产品与农产品交易场地面积的比例确定征收城镇土地使用税。

（9）对饮水工程运营管理单位自用的生产、办公用房产、土地，免征城镇土地使用税。

（10）对公租房建设期间用地及公租房建成后占地，免征城镇土地使用税。在其他住房项目中配套建设公租房，按公租房建筑面积占总建筑面积的比例免征建设、管理公租房涉及的城镇土地使用税。

（11）对商品储备管理公司及其直属库自用的承担商品储备业务的房产、土地，免征城镇土地使用税。

（12）由省、自治区、直辖市人民政府根据本地区实际情况以及宏观调控需要确定，对增值税小规模纳税人、小型微利企业和个体工商户可以在50%的税额幅度内减征城镇土地使用税。

【提示】企业拥有并运营管理的大型体育场馆，其用于体育活动的土地，减半征收城镇土地使用税。

【考点小贴士】

（1）城镇土地使用税和房产税的减免规定有相似处，可对比进行记忆（一般国家机关，以及一些事业单位的土地都免税）。

（2）由于城镇土地使用税的减免内容较多，本书仅根据历年考试的重点进行总结。

经典例题

[2016年真题·案例分析题] 某镇企业2014年12月底经批准征用一块耕地，占地面积5 000平方米，五等地段，用于厂区内绿化，2015年12月经批准征用一块非耕地，占地面积3 000平方米，属于三等地段。其中医院、托儿所各占1 000平方米，其余为工作区。三等地段年城镇土地使用税税额3元/平方米，五等地段年城镇土地使用税税额2元/平方米。

1. 该企业绿化用地2016年全年应缴纳城镇土地使用税（　　）元。
A. 15 000　　　　　　　　　　　B. 12 500
C. 10 000　　　　　　　　　　　D. 0

[解析] 凡是缴纳了耕地占用税的，从批准征用之日起满一年后征收城镇土地使用税，所以本企业2015年不用缴纳城镇土地使用税，但2016年需要征收的土地使用税＝5 000×2＝10 000（元）。
[答案] C

2. 该企业征用的非耕地2016年全年应缴纳城镇土地使用税（　　）元。
A. 6 000　　　　　B. 3 000　　　　　C. 1 000　　　　　D. 0

[解析] 征用非耕地因不需要缴纳耕地占用税，应从批准征用之次月起征收城镇土地使用税。由于该企业的医院、幼儿园各占1 000平方米，免征城镇土地使用税。所以该企业需要缴纳的城镇土地使用税＝（3 000－1 000×2）×3＝3 000（元）。
[答案] B

考点6 耕地占用税

一、耕地占用税概述

耕地占用税概述如表6-11所示。

表6-11　耕地占用税概述

项目	具体内容
纳税人	占用耕地建房或者从事其他非农业建设的单位和个人，包括各类性质的企业、事业单位、社会团体、国家机关、军队以及其他单位，也包括个体工商户以及其他个人

续表

项目	具体内容
征税范围	建房或从事其他非农业建设而占用的国家所有和集体所有的耕地
	耕地是指种植农业作物的土地，包括菜地、园地。园地包括花圃、苗圃、茶园、果园、桑园和其他种植经济林木的土地
税率	耕地占用税实行地区差别定额税率
	各地适用税额，由省、自治区、直辖市人民政府在规定的税额幅度内，根据本地区情况核定。人均耕地少于0.5亩的地区，适用税额可以适当提高，但是提高的部分最高不得超过规定的当地适用税额的50%。占用基本农田的，应当按照适用税额加按150%征收
应纳税额的计算	应纳税额=纳税人实际占用的耕地面积（平方米）×适用定额税率

二、耕地占用税的税收优惠

耕地占用税的税收优惠如图 6-2 所示。

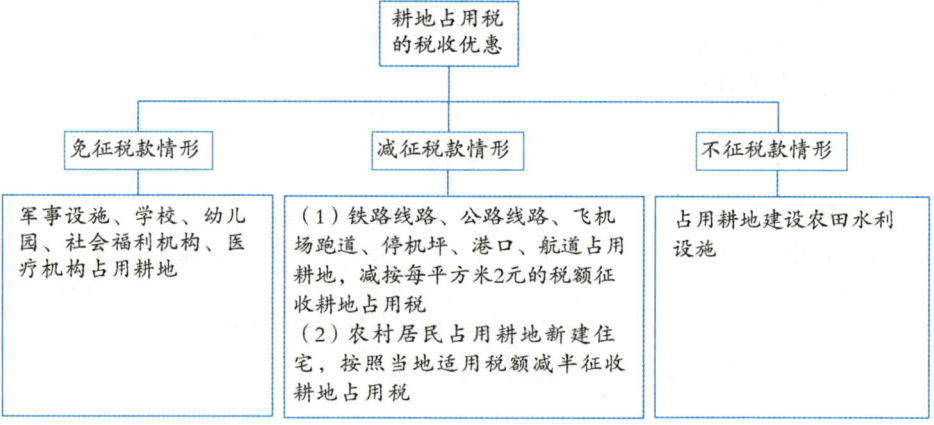

图 6-2　耕地占用税的税收优惠

【提示】

（1）耕地占用税由地方税务机关负责征收。

（2）耕地占用税的纳税义务发生时间为纳税人收到自然资源主管部门办理占用耕地手续的书面通知的当日。

（3）纳税人应当自纳税义务发生之日起30日内申报缴纳耕地占用税。

经典例题

[例题·单项选择题] 根据耕地占用税有关规定，下列各项土地中不属于耕地的有（　　）。

A. 果园　　　　B. 花圃　　　　C. 茶园　　　　D. 工业用地

[解析] 本题考查耕地占用税的征税范围。耕地是指种植农业作物的土地，包括菜地、园地。其中，园地包括花圃、苗圃、茶园、果园、桑园和其他种植经济林木的土地。　　[答案] D

[例题·多项选择题] 下列各项中，应征收耕地占用税的有（　　）。

A. 铁路线路占用耕地　　　　B. 幼儿园占用耕地

C. 医院占用耕地　　　　　　D. 军事设施占用耕地

E. 公路线路占用耕地

[解题思路] 判断是否需要征收耕地占用税，可以参考图 6-2 总结的耕地占用税税收优惠的相关内容，运用排除法记忆分析。　　[答案] AE

考点7 土地增值税

一、土地增值税概述

土地增值税概述如表 6-12 所示。

表 6-12 土地增值税概述

项目	具体内容
纳税人	转让国有土地使用权、地上建筑物及其附着物并取得收入的单位（内、外资企业、行政事业单位）和个人（中、外籍个人）
征税范围	对转让国有土地使用权、地上建筑物及其附着物征税
计税依据	收入额减除国家规定的各项扣除项目后的余额，即在转让房地产中获取的增值额
	应税收入包括货币收入、实物收入、其他收入
应纳税额的计算	应纳税额＝增值额×适用的税率－扣除项目金额×速算扣除系数

【提示1】土地增值税四级超率累进税率如表 6-13 所示。

表 6-13 土地增值税四级超率累进税率

级数	增值额与扣除项目金额的比率	税率	速算扣除系数
1	不超过 50% 的部分	30%	0
2	超过 50%～100% 的部分	40%	5%
3	超过 100%～200% 部分	50%	15%
4	超过 200% 的部分	60%	35%

【提示2】征税范围的具体规定：

（1）"**转让**"国有土地使用权的行为征税，"**出让**"国有土地使用权的行为不征税。

（2）"**有偿转让**"的房地产征税，无偿方式转让（继承、赠与）的房地产，不予征税。

（3）以房地产进行投资联营一方以土地作价入股进行投资或者作为联营条件，免征土地增值税。其中如果投资联营的企业**从事房地产开发**，或者房地产开发企业以其建造的商品房进行投资联营的就**不能暂免**征收土地增值税。

（4）房地产的互换，属于土地增值税的征税范围（**个人之间互换自有居住用房免征土地增值税**）。

（5）合作建房，对于一方出地，另一方出资金，双方合作建房，**建成后按比例分房自用**的，暂免征收土地增值税；但**建成后转让**的，应征收土地增值税。

二、土地增值税的税收优惠

（1）建造普通标准住宅**出售**，其增值额**未超过扣除项目金额 20% 的**，予以**免税**。增值额超过扣除项目金额 20% 的，应就其全部增值额按规定计税。

（2）对企事业单位、社会团体以及其他组织转让旧房作为改造安置住房房源，且增值额**未超过扣除项目金额 20% 的，免征**土地增值税。

（3）因国家建设需要依法征用、收回的房地产，免征土地增值税。

（4）因城市实施规划、国家建设需要而**搬迁**，由纳税人**自行转让原房地产的，免征**土地增值税。

（5）自 2008 年 11 月 1 日起，对**居民个人转让住房一律免征**土地增值税。

> **经典例题**
>
> [2016年真题·单项选择题] 关于土地增值税的说法，错误的是（ ）。
> A. 企业转让旧房作为改造安置住房房源，且增值额未超过扣除项目金额20%的，免征土地增值税
> B. 纳税人建造普通标准住宅出售，增值税超过扣除项目金额20%的，未超过部分免征土地增值税，就其超过部分计税
> C. 因城市规划而搬迁，由纳税人自行转让原房地产的，免征土地增值税
> D. 居民个人转让住房免征收土地增值税
> [解题思路] 土地增值税的税收优惠是历年考查的重点内容，大家可参考已总结的税收优惠记忆，其中有关数字的部分是考查的重点，须记牢。
> [答案] B

考点8 印花税

一、印花税的征税范围和税率

印花税的征税范围和税率如表6-14所示。

表6-14 印花税的征税范围和税率

征税范围		税率
合同（书面合同）	借款合同、融资租赁合同 【提示】借款合同是指银行业金融机构、经国务院银行业监督管理机构批准设立的其他金融机构与借款人（不包括同业拆借）的借款合同	0.05‰
	买卖合同、承揽合同、建设工程合同、运输合同、技术合同 【提示1】买卖合同是指动产买卖合同（不包括个人书立的动产买卖合同） 【提示2】运输合同是指货运合同和多式联运合同（不包括管道运输合同） 【提示3】技术合同不包括专利权、专有技术使用权转让书据	0.3‰
	租赁合同、保管合同、仓储合同、财产保险合同	1‰
产权转移书据	土地使用权出让书据、土地使用权、房屋等建筑物和构筑物所有权转让书据（不包括土地承包经营权和土地经营权转移）、股权转让书据（不包括应缴纳证券交易印花税的）	0.5‰
	商标专用权、著作权、专利权、专有技术使用权转让书据	0.3‰
	【提示】转让包括买卖（出售）、继承、赠与、互换、分割	
营业账簿		0.25‰
证券交易		1‰

【提示】应税合同、产权转移书据未列明金额的，印花税的计税依据按照实际结算的金额确定。计税依据仍不能确定的，按照书立合同、产权转移书据时的市场价格确定；依法应当执行政府定价或者政府指导价的，按照国家有关规定确定。

【提示】
（1）印花税的纳税人：凡在我国境内书立应税凭证、进行证券交易的单位和个人，均为印花税纳税人。凡在我国境外书立在境内使用的应税凭证的单位和个人，应当缴纳印花税。
（2）证券交易印花税对证券交易的出让方征收，不对受让方征收。
（3）应税凭证的具体内容如表6-15所示。

表 6-15　应税凭证的具体内容

分类		具体内容
在我国境外书立在境内使用的应税凭证	应税凭证的标的为不动产的	该不动产在境内
	应税凭证的标的为股权的	该股权为中国居民企业的股权
	应税凭证的标的为动产或者商标专用权、著作权、专利权、专有技术使用权的	其销售方或者购买方在境内（除境外单位或者个人向境内单位或者个人销售完全在境外使用的动产或者商标专用权、著作权、专利权、专有技术使用权之外）
	应税凭证的标的为服务的	提供方或者接受方在境内（不包括境外单位或者个人向境内单位或者个人提供完全在境外发生的服务）
不属于印花税征收范围的凭证		①人民法院的生效法律文书、仲裁机构的仲裁文书、监察机关的监察文书 ②县级以上人民政府及其所属部门按照行政管理权限征收、收回或者补偿安置房地产书立的合同、协议或者行政类文书 ③总公司与分公司、分公司与分公司之间书立的作为执行计划使用的凭证

①企业之间书立的确定买卖关系、明确买卖双方权利义务的订单、要货单等单据，且未另外书立买卖合同的，应当按规定缴纳印花税
②发电厂与电网之间、电网与电网之间书立的购售电合同，应当按买卖合同税目缴纳印花税

二、印花税的计税依据和应纳税额的计算

印花税的计税依据和应纳税额的计算如表 6-16 所示。

表 6-16　印花税的计税依据和应纳税额的计算

各类应税凭证	计税依据	征收方法	应纳税额的计算
应税合同	合同所列的金额，不包括列明的增值税税款	从价计征	应纳税额＝计税依据×适用税率
应税产权转移书据	产权转移书据所列的金额，不包括列明的增值税税款		
应税营业账簿	账簿记载的实收资本（股本）、资本公积合计金额		
证券交易	成交金额		

【提示】
（1）同一应税凭证载有两个以上税目事项并分别列明金额的，按照各自适用的税目税率分别计算应纳税额；未分别列明金额的，从高适用税率。
（2）同一应税凭证由两方以上当事人书立的，按照各自涉及的金额分别计算应纳税额。
（3）已缴纳印花税的营业账簿，以后年度记载的实收资本（股本）、资本公积合计金额比已缴纳印花税的实收资本（股本）、资本公积合计金额增加的，按照增加部分计算应纳税额。
（4）同一应税合同、应税产权转移书据中涉及两方以上纳税人，且未列明纳税人各自涉及金额的，计税依据为纳税人平均分摊的应税凭证所列金额(不包括列明的增值税税款)。
（5）应税合同、应税产权转移书据所列的金额与实际结算金额不一致：
①不变更应税凭证所列金额的，以所列金额为计税依据。
②变更应税凭证所列金额的，以变更后的所列金额为计税依据。
已缴纳印花税的应税凭证，变更后所列金额增加的，纳税人就增加部分的金额补缴印花税；变更后所列金额减少的，纳税人就减少部分的金额申请退还或抵缴印花税。
（6）纳税人因应税凭证列明的增值税税款计算错误导致应税凭证的计税依据减少或者增加的，应当按规定调整应税凭证列明的增值税税款，重新确定应税凭证计税依据。已缴纳印花税的应税凭证，调整后计税依据增加的，纳税人应当就增加部分的金额补缴印花税；调整后计税依据减少的，纳税人就减少部分的金额向税务机关申请退还或者抵缴印花税。

（7）纳税人转让股权的，印花税计税依据为<u>产权转移书据所列的金额</u>（不包括列明的认缴后尚未实际出资权益部分）。

（8）境内的货物多式联运：

①采用<u>在起运地统一结算全程运费</u>的，计税依据为<u>运输合同中的全程运费</u>，由起运地运费结算双方缴纳印花税。

②采用分程结算运费的，以<u>分程的运费</u>作为计税依据，分别由<u>办理运费结算的各方缴纳印花税</u>。

三、印花税的减免

（一）免征印花税

（1）应税凭证<u>副本或者抄本</u>。

（2）依照法律规定应当予以免税的外国驻华使馆、领事馆和国际组织驻华代表机构为获得馆舍书立的应税凭证。

（3）中国人民解放军、中国人民武装警察部队书立的应税凭证。

（4）农民、家庭农场、农民专业合作社、农村集体经济组织、村民委员会购买农业生产资料或者销售农产品书立的买卖合同和农业保险合同。

（5）<u>无息或者贴息借款合同</u>、国际金融组织向中国提供优惠贷款书立的借款合同。

（6）财产所有权人<u>将财产赠与政府、学校、社会福利机构、慈善组织书立的产权转移书据</u>。

（7）非营利性医疗卫生机构采购药品或者卫生材料书立的买卖合同。

（8）个人与电子商务经营者订立的电子订单。

（二）免税的具体情形

（1）对应税凭证适用印花税减免优惠的，书立该应税凭证的纳税人<u>均可享受</u>印花税减免政策，明确特定纳税人适用印花税减免优惠的除外。

（2）享受印花税免税优惠的学校，具体范围为经<u>县级以上人民政府或者其教育行政部门批准成立</u>的大学、中学、小学、幼儿园，实施学历教育的职业教育学校、特殊教育学校、专门学校，以及经省级人民政府或者其人力资源社会保障行政部门批准成立的技工院校。

（3）享受印花税免税优惠的社会福利机构，具体范围为依法登记的<u>养老服务机构、残疾人服务机构、儿童福利机构、救助管理机构、未成年人救助保护机构</u>。

（4）享受印花税免税优惠的非营利性医疗卫生机构，具体范围为<u>经县级以上人民政府卫生健康行政部门</u>批准或者备案设立的非营利性医疗卫生机构。

（三）特殊优惠规定

（1）对<u>个人销售或购买住房</u>暂免征收印花税。

（2）对农民专业合作社与本社成员签订的农业产品和农业生产资料购销合同，免征印花税。

（3）对经济适用住房经营管理单位与经济适用住房相关的印花税以及经济适用住房购买人涉及的印花税予以免征。

（4）对改造安置住房经营管理单位、开发商与改造安置住房相关的印花税以及购买安置住房的个人涉及的印花税予以免征。

（5）对<u>个人出租、承租住房签订的租赁合同</u>，免征印花税。

（6）自2018年1月1日至2025年12月31日，对易地扶贫搬迁项目实施主体取得用于建设安置住房的土地，免征契税、印花税。

（7）自 2019 年 1 月 1 日至 2023 年 12 月 31 日，对公租房经营管理单位免征建设、管理公租房涉及的印花税。在其他住房项目中配套建设公租房，按公租房建筑面积占总建筑面积的比例免征建设、管理公租房涉及的印花税。

（8）对铁路、公路、航空、水路承运快件行李、包裹开具的托运单据，暂免贴花印花。

（9）对房地产管理部门与个人订立的租房合同，凡用于生活居住的，暂免贴花；用于生产经营的，应按规定贴花。

（10）自 2018 年 1 月 1 日至 2023 年 12 月 31 日，对金融机构与小型企业、微型企业签订的借款合同免征印花税。

（11）贴息贷款合同免纳印花税。

四、印花税的征收管理

印花税的征收管理如表 6-17 所示。

表 6-17　印花税的征收管理

项目		具体内容
纳税地点	纳税人为单位	应当向其机构所在地的主管税务机关申报缴纳印花税
	纳税人为个人	应当向应税凭证书立地或者纳税人居住地的主管税务机关申报缴纳印花税
	不动产产权发生转移	应当向不动产所在地的主管税务机关申报缴纳印花税
扣缴义务人	纳税人为境外单位或者个人	在境内有代理人的，以其境内代理人为扣缴义务人；在境内没有代理人的，由纳税人自行申报缴纳印花税，具体办法由国务院税务主管部门规定
	证券登记结算机构为证券交易印花税的扣缴义务人	应当向其机构所在地的主管税务机关申报解缴税款以及银行结算的利息
纳税义务发生时间		纳税人书立应税凭证或者完成证券交易的当日；证券交易印花税扣缴义务发生时间为证券交易完成的当日
其他规定	实行按季、按年计征的	纳税人应当自季度、年度终了之日起 15 日内申报缴纳税款
	实行按次计征的	纳税人应当自纳税义务发生之日起 15 日内申报缴纳税款
	证券交易印花税按周解缴	证券交易印花税扣缴义务人应当自每周终了之日起 5 日内申报解缴税款以及银行结算的利息

经典例题

[例题·多项选择题] 下列各项中，关于印花税的说法，正确的有（　　）。

A. 证券交易印花税对证券交易的受让方征收
B. 管道运输合同按照运输合同缴纳印花税
C. 应税合同的计税依据不包括增值税税款
D. 同一应税凭证载有两个以上税目事项未分别列明金额的，从高适用税率
E. 产权转移书据未列明金额的，印花税的计税依据按照实际结算的金额确定

[解析] 本题考查印花税。证券交易印花税对证券交易的出让方征收，不对受让方征收，A 项错误。运输合同是指货运合同和多式联运合同，不包括管道运输合同，B 项错误。　　[答案] CDE

> **经典例题**
>
> [例题·案例分析题] 甲公司2022年发生如下经济业务：
> (1) 签订专有技术使用权转让合同1份，记载金额为10万元。
> (2) 签订贴息贷款合同一份，总金额为50万元。
> (3) 签订采购合同一份，合同金额为6万元。
> (4) 7月份新增实收资本15万元，资本公积5万元。
> 已知：买卖合同与专有技术使用权转让书据的印花税税率为0.3‰，借款合同的印花税税率为0.05‰，营业账簿的税率为0.25‰。
>
> 1. 甲公司签订专有技术使用权转让合同应缴纳印花税（ ）元。
>   A. 0 B. 5
>   C. 10 D. 30
>   [解析] 甲公司签订专有技术使用权转让合同应缴纳印花税＝10×10 000×0.3‰＝30（元）。
>   [答案] D
>
> 2. 甲公司签订的贴息贷款合同应缴纳印花税（ ）元。
>   A. 0 B. 25 C. 150 D. 250
>   [解析] 贴息贷款合同免征印花税。
>   [答案] A
>
> 3. 甲公司签订采购合同应缴纳印花税（ ）元。
>   A. 0 B. 18
>   C. 30 D. 60
>   [解析] 采购合同按照0.3‰的税率计算缴纳印花税。甲公司签订采购合同应缴纳印花税＝60 000×0.3‰＝18（元）。
>   [答案] B
>
> 4. 甲公司的营业账簿应缴纳印花税（ ）元。
>   A. 15 B. 20
>   C. 50 D. 55
>   [解析] 甲公司的营业账簿应缴纳印花税＝（15+5）×10 000×0.25‰＝50（元）。[答案] C

● 考点9 烟叶税

烟叶税概述如表6-18所示。

表6-18 烟叶税概述

项目	具体内容
纳税人	在中华人民共和国境内，依照《中华人民共和国烟草专卖法》的规定收购烟叶的单位为烟叶税的纳税人
征税范围	烟叶，包括烤烟叶、晾晒烟叶
税率	20%
计税依据	纳税人收购烟叶实际支付的价款总额，包括纳税人支付给烟叶销售者的收购价款和价外补贴，价外补贴统一按烟叶收购价款的10%计算
应纳税额的计算	应纳税额＝（收购价款+价外补贴）×20%＝收购价款×（1+10%）×20%
税收优惠	暂未规定减免税项目
征收管理	(1) 纳税地点：纳税人应当向烟叶收购地的主管税务机关申报缴纳烟叶税 (2) 纳税义务发生时间：纳税人收购烟叶的当日。烟叶税按月计征，纳税人应当于纳税义务发生月终了之日起15日内申报并缴纳税款

> **经典例题**
>
> [例题·单项选择题] 某市一家烟草公司向甲县收购烟叶，2018年4月3日支付烟叶收购价款100万元，同时对烟农按照收购价款的10%支付了价外补贴，该烟草公司应纳的烟叶税税额为（　　）万元。
> A. 20　　　　　B. 22　　　　　C. 24　　　　　D. 26
> [解析] 烟叶税的计税依据为纳税人收购烟叶实际支付的价款总额，包括纳税人支付给烟叶销售者的收购价款和价外补贴，所以，该烟草公司应纳烟叶税税额＝100×（1+10%）×20%＝22（万元）。
> [答案] B

考点10　船舶吨税

船舶吨税概述如表6-19所示。

表6-19　船舶吨税概述

项目	具体内容
纳税人	自中华人民共和国境外港口进入境内港口的船舶的负责人，应当依法缴纳船舶吨税
征税范围	自中华人民共和国境外港口进入境内港口的船舶
税率	（1）中华人民共和国籍的应税船舶，船籍国与中华人民共和国签订含有相互给予船舶税费最惠国待遇条款的条约或协定的应税船舶，适用优惠税率 （2）除适用优惠税率以外的其他应税船舶，适用普通税率 （3）拖船和非机动驳船分别按相同净吨位船舶税率的50%计征税款
计税依据	计税依据为船舶净吨位和船舶执照期限 【注意】应税船舶在船舶吨税执照期满后尚未离开港口的，应当申领新的船舶吨税执照，自上一次执照期满的次日起续缴船舶吨税
应纳税额的计算	应纳税额＝船舶净吨位×适用税率
税收优惠	下列船舶免征船舶吨税： （1）应纳税额在人民币50元以下的船舶 （2）自境外以购买、受赠、继承等方式取得船舶所有权的初次进口到港的空载船舶 （3）船舶吨税执照期满后24小时内不上下客货的船舶 （4）非机动船舶（不包括非机动驳船） （5）捕捞、养殖渔船 （6）军队、武装警察部队专用或者征用的船舶、警用船舶

> **经典例题**
>
> [例题·单项选择题] 下列关于船舶吨税的说法，错误的是（　　）。
> A. 船舶吨税的征税范围是指由我国境外港口进入境内港口的船舶
> B. 军队的车辆免征船舶吨税
> C. 应纳税额在人民币100元以下的船舶，免征船舶吨税
> D. 船舶吨税执照期满后24小时内不上下客货的船舶，免征船舶吨税
> [解析] 应纳税额在人民币50元以下的船舶免征船舶吨税，C项错误。
> [答案] C

考点11　环境保护税

一、环境保护税的纳税人和征税范围

（一）纳税人

在中华人民共和国领域和中华人民共和国管辖的其他海域，直接向环境排放应税污染物的企业事业单位和其他生产经营者。

（二）征税范围

（1）应税污染物，包括大气污染物、水污染物、固体废物和噪声。

（2）依法设立的城乡污水集中处理、生活垃圾集中处理场所超过国家和地方规定的排放标准向环境排放应税污染物的。

（3）企业事业单位和其他生产经营者贮存或放置固体废物不符合国家和地方环境保护标准的。

二、环境保护税的税目、税额、计税依据及应纳税额的计算

环境保护税的税目、税额、计税依据及应纳税额的计算如表6-20所示。

表6-20 环境保护税的税目、税额、计税依据及应纳税额的计算

税目	税额	计税依据	应纳税额的计算
大气污染物	每污染当量1.2元至12元	按照污染物排放量折合的污染当量数确定	应纳税额＝污染当量数×适用税额
水污染物	每污染物当量1.4元至14元	按照污染物排放量折合的污染当量数确定	应纳税额＝污染当量数×适用税额
固体废物	煤矸石每吨5元，尾矿每吨15元，危险废物每吨1000元，冶炼渣、粉煤灰等固体废物每吨25元	按照固体废物的排放量确定	应纳税额＝固体废物排放量×适用税额
噪声	按照超标分贝数分为六档税额	按照超过国家规定标准的分贝数确定	应纳税额为超过国家规定标准的分贝数对应的具体适用税额

【提示】应税大气污染物、水污染物、固体废物的排放量和噪声的分贝数，按照下列方法和顺序计算：

（1）纳税人安装使用符合国家规定和监测规范的污染物自动监测设备的，按照污染物自动监测数据计算。

（2）纳税人未安装使用污染物自动监测设备的，按照监测机构出具的符合国家有关规定和监测规范的监测数据计算。

（3）因排放污染物种类多等原因不具备监测条件的，按照国务院生态环境主管部门规定的排污系数、物料衡算方法计算。

（4）不能按照上述第（1）项至第（3）项规定的方法计算的，按照省、自治区、直辖市人民政府生态环境主管部门规定的抽样测算的方法核定计算。

三、环境保护税的税收优惠

（一）暂免征收环境保护税的情况

（1）农业生产（不包括规模化养殖）排放应税污染物的。

（2）机动车、铁路机车、非道路移动机械、船舶和航空器等流动污染源排放应税污染物的。

（3）依法设立的城乡污水集中处理、生活垃圾集中处理场所排放相应应税污染物，不超过国家和地方规定的排放标准的。

（4）纳税人综合利用的固体废物，符合国家和地方环境保护标准的。

（二）减征环境保护税的情况

（1）纳税人排放应税大气污染物或者水污染物的浓度值低于国家和地方规定的污染物排放标准30%的，减按75%征收环境保护税。

（2）纳税人排放应税大气污染物或者水污染物的浓度值低于国家和地方规定的污染物排放标准50%的，减按50%征收环境保护税。

四、环境保护税的征收管理

(1) 纳税义务发生时间:纳税人排放应税污染物的当日。

(2) 纳税义务发生地点:纳税人应当向应税污染物排放地的税务机关申报缴纳环境保护税。

(3) 环境保护税按月计算,按季申报缴纳。纳税人按季申报缴纳的,应当自季度终了之日起15日内,向税务机关办理纳税申报并缴纳税款。

(4) 环境保护税不能按固定期限计算缴纳的,可以按次申报缴纳。纳税人按次申报缴纳的,应当自纳税义务发生之日起15日内,向税务机关办理纳税申报并缴纳税款。

经典例题

[例题·单项选择题] 甲化工厂是环境保护税纳税人,该厂只有一个污水口排放且直接向黄河排放污水,已安装使用符合国家固定和监测规范的污染物自动监测设备。2018年5月,该排放口共排放污水8万吨,应税污染物当量为2 000,该厂应纳环境保护税为( )元。(该厂所在省的水污染物税率为5元/污染当量)

A. 2 000   B. 5 000   C. 8 000   D. 10 000

[解析] 应税水污染物按照污染物排放量折合的污染当量数确定,应纳税额=污染当量数×适用税额=2 000×5=10 000(元)。

[答案] D

考点12 车辆购置税

车辆购置税的具体内容如表6-21所示。

表6-21 车辆购置税的具体内容

项目	具体内容
纳税人	在中华人民共和国境内购置应税车辆的单位和个人
征税范围	购置汽车、有轨电车、汽车挂车、排气量超过150毫升的摩托车 【提示】 (1) 购置是指以购买、进口、自产、受赠、获奖或者其他方式取得并自用应税车辆的行为 (2) 车辆购置税实行一次性征收。购置已征车辆购置税的车辆,不再征收车辆购置税
税率	实行比例税率,税率为10%
计税依据	纳税人购买自用应税车辆 / 纳税人实际支付给销售者的全部价款,不包括增值税税款 纳税人进口自用应税车辆 / 关税完税价格+关税+消费税 纳税人以受赠、获奖或者其他方式取得自用应税车辆 / 购置应税车辆时相关凭证载明的价格确定,不包括增值税税款 【提示】纳税人申报的应税车辆计税价格明显偏低,又无正当理由的,由税务机关依照《中华人民共和国税收征收管理法》的规定核定其应纳税额
应纳税额的计算	应纳税额=计税价格×10%
税收优惠	(1) 依照法律规定应当予以免税的外国驻华使馆、领事馆和国际组织驻华机构及其有关人员自用的车辆 (2) 中国人民解放军和中国人民武装警察部队列入装备订货计划的车辆 (3) 悬挂应急救援专用号牌的国家综合性消防救援车辆 (4) 设有固定装置的非运输专用作业车辆 (5) 城市公交企业购置的公共汽电车辆 【提示】2023年1月1日至2023年12月31日内购置的新能源汽车免征车辆购置税

续表

项目	具体内容
征收管理	(1) 车辆购置税由税务机关负责征收 (2) 纳税人购置应税车辆,应当向车辆登记地的主管税务机关申报缴纳车辆购置税;购置不需要办理车辆登记的应税车辆的,应当向纳税人所在地的主管税务机关申报缴纳车辆购置税 (3) 车辆购置税的纳税义务发生时间为纳税人购置应税车辆的当日。纳税人应当自纳税义务发生之日起60日内申报缴纳车辆购置税 (4) 纳税人应当在向公安机关交通管理部门办理车辆注册登记前,缴纳车辆购置税

经典例题

[例题·单项选择题] 某4S店于2022年1月进口9辆小汽车,海关核定的关税计税价格为20万元/辆,当月销售3辆,3辆作为样车放置在展厅待售,2辆公司自用。该4S店应缴纳车辆购置税( )万元。(小汽车的关税税率为10%,消费税税率为9%)
A. 4.28　　　　B. 4.60　　　　C. 4.84　　　　D. 8.04
[解析] 进口销售、待售的车辆不缴纳车辆购置税,进口自用的需要征收车辆购置税。该4S店应纳车辆购置税=20×2×(1+10%)÷(1-9%)×10%≈4.84(万元)。 [答案] C

本章易错易混考点

【易错易混考点】城市维护建设税、教育费附加和地方教育附加

城市维护建设税、教育费附加和地方教育附加的具体内容如表6-22所示。

表6-22　城市维护建设税、教育费附加和地方教育附加的具体内容

项目	城市维护建设税	教育费附加和地方教育附加
纳税人	负有缴纳"两税(增值税、消费税)"义务的单位和个人	
税率	(1) 7%的税率:纳税人所在地在市区的 (2) 5%的税率:纳税人所在地在县城、镇的 (3) 1%的税率:纳税人所在地在除市区、县城或镇以外的地方的	(1) 教育费附加征收率为3% (2) 地方教育附加征收率为2%
计税依据	纳税人实际缴纳的消费税、增值税税额之和 【提示】纳税人因违反增值税、消费税的有关规定而加收的滞纳金和罚款不作为两者的计税依据	
应纳税额	应纳税额=实际缴纳的"两税"税额×适用税率	应纳教育费附加和地方教育附加=纳税人实际缴纳的"两税"税额×征收比率
税收优惠	(1) 对于因减免税而需进行"两税"退库的,城市维护建设税、教育费附加同时退库 (2) 经国务院批准,为支持国家重大水利工程建设,对国家重大水利工程建设基金免征城市维护建设税和教育费附加 (3) 海关对进口产品代征的"两税",不征收城市维护建设税和教育费附加 (4) 对出口产品退还代征的"两税"的,不退还已征的教育费附加	

【提示】
(1) 由受托方代扣代缴、代收代缴"两税"的单位和个人,其代扣代缴、代收代缴的城市维护建设税按受托方所在地适用税率执行。
(2) 流动经营等无固定纳税地点的单位和个人,在经营地缴纳"两税"的,其城市维护建设税的缴纳按经营地适用税率执行。
(3) 实际缴纳的增值税税额=应当缴纳的增值税税额+增值税免抵税额-直接减免的增值税

税额—期末留抵退税退还的增值税税额；实际缴纳的消费税税额＝应当缴纳的消费税税额—直接减免的消费税税额。

（4）城市维护建设税的纳税义务发生时间：与"两税"的纳税义务发生时间一致，分别与"两税"同时缴纳（在"两税"同一缴纳地点、同一缴纳期限内，一并缴纳）。

[2022年真题·多项选择题] 下列关于城市维护建设税和教育费附加的说法，正确的有（　　）。

A. 城市维护建设税的纳税人和教育费附加的纳税人是增值税和消费税的纳税人
B. 海关对进口产品代征的增值税、消费税不征收城市维护建设税和教育费附加
C. 城市维护建设税和教育费附加的征收依据包括纳税人违反增值税法律制度缴纳的罚款
D. 城市维护建设税和教育费附加的计征范围和增值税、消费税一致
E. 对出口产品退还代征的增值税、消费税的，不退还已征的城市维护建设税和教育费附加

[解析] 纳税人违反"两税"有关税法而加收的滞纳金和罚款，不作为城市维护建设税和教育费附加的计税依据，C项错误。

[答案] ABDE

◆━━━━━━━━◆ 历年经典真题回顾 ◆━━━━━━━━◆

一、单项选择题（每题1分，每题备选项中，只有1个最符合题意）

1. 某公司2020年12月向烟农收购一批晾晒烟叶，支付收购价款为117万元，实际支付的价外补贴是10万元，则应缴纳的烟叶税为（　　）万元。[2021年真题]

A. 25.4　　　　　　　　　　B. 23.4
C. 18.0　　　　　　　　　　D. 16.0

[解析] 烟叶税的计税依据为纳税人收购烟叶实际支付的价款总额，包括纳税人支付给烟叶生产销售单位和个人的烟叶收购价款和价外补贴。因此，该公司应缴纳的烟叶税＝（117＋10）×20％＝25.4（万元）。

[答案] A

2. 某造纸厂因排放污染物种类过多而不具备污染物监测条件，在计算该造纸厂应缴纳环境保护税时应该（　　）。[2021年真题]

A. 按照省、自治区、直辖市人民政府生态环境主管部门规定的抽样测算的方法计算
B. 按照第三方有监测能力的监测机构出具的符合国家有关规定的监测数据计算
C. 按照同类企业污染物排放量水平进行相应调整的方法计算
D. 按照国务院生态环境主管部门规定的排污系数、物料衡算方法计算

[解析] 应税大气污染物、水污染物、固体废物的排放量和噪声的分贝数，按照下列方法和顺序计算：①纳税人安装使用符合国家规定和监测规范的污染物自动监测设备的，按照污染物自动监测数据计算；②纳税人未安装使用污染物自动监测设备的，按照监测机构出具的符合国家有关规定和监测规范的监测数据计算；③因排放污染物种类多等原因不具备监测条件的，按照国务院生态环境主管部门规定的排污系数、物料衡算方法计算；④不能按照上述第①项至第③项规定的方法计算的，按照省、自治区、直辖市人民政府生态环境主管部门规定的抽样测算的方法核定计算。

[答案] D

3. 下列产品中，不征收资源税的是（　　）。[2016年真题]

A. 国有矿山开采的矿产品
B. 外商投资企业开采的矿产品
C. 进口的矿产品
D. 个体工商户开采的矿产品

[解析] 资源税的征税范围包括能源矿产、金属矿产、非金属矿产、水气矿产、盐等。但对于进口的矿产品或盐以及经营已税矿产品或盐的单位和个人均不属于资源税的纳税人。水资源仅指本书中的9个省份的水资源。

[答案] C

4. 位于农村的甲企业受市区的乙企业委托加工桌椅，乙企业提供原材料，甲企业提供加工劳务并收取加工费，下列对乙企业城市维护建设税的税务处理中正确的是（　　）。[2015年真题]

A. 由乙企业在市区按7%的税率缴纳城市维护建设税
B. 由乙企业按7%的税率自行选择纳税地点
C. 由甲企业在市区按1%的税率代收代缴乙企业的城市维护建设税
D. 由甲企业在市区按7%的税率代收代缴乙企业的城市维护建设税

[解析] 由受托方代扣代缴、代收代缴"两税"的单位和个人，其代扣代缴、代收代缴的城建税按受托方所在地适用税率执行。纳税人所在地不在市区、县城或镇的，税率为1%。 [答案] C

5. 李某在北京拥有一套临街商铺，由于急需用钱将商铺卖给王某，王某由于长期居住在天津，随即将商铺交给其朋友刘某使用，目前该商铺的房产税纳税人是（　　）。[2014年真题]

A. 李某　　　　　　　　　　B. 王某
C. 刘某　　　　　　　　　　D. 王某和刘某

[解析] 产权所有人、承典人不在房屋所在地的由房产代管人或者使用人纳税。产权所有人王某长期居住在天津，房产在北京，因此由房产使用人刘某缴纳房产税。 [答案] C

6. 关于土地增值税税收优惠的说法，错误的是（　　）。[2014年真题]

A. 对企事业单位、社会团体以及其他组织转让旧房作为改造安置住房房源，且增值额未超过扣除项目基金20%的，免征土地增值税
B. 纳税人建造普通标准住宅出售，增值税未超过扣除项目基金20%的，免征土地增值税
C. 纳税人建造普通标准住宅出售，增值税超过扣除项目基金20%的，对超过部分征收土地增值税
D. 对于纳税人员既建造普通标准住宅，又建造其他房地产开发的，未分别核算增值额的，其建造的普通标准住宅不能适用免税的规定

[解析] 纳税人建造普通标准住宅出售，增值税超过扣除项目基金20%的，应就其全部增值额按规定计税。 [答案] C

7. 下列房产中，不属于房产税征税范围的是（　　）。[2013年真题]

A. 位于城市的房产　　　　　B. 位于县城的房产
C. 位于农村的房产　　　　　D. 位于建制镇的房产

[解析] 本题考查房产税的纳税人和征税范围。房产税征税范围为在城市、县城、建制镇和工矿区范围内的房产。 [答案] C

8. 下列机构和个人中，属于房产税纳税人的是（　　）。[2011年真题]

A. 产权不明的房屋的使用人　　B. 拥有农村房产的农民
C. 允许他人无租使用房产的房管部门　D. 房屋的出典人

[解析] 本题考查房产税。B项，房产税在城市、县城、建制镇和工矿区征收，不包括农村，因此农民不是房产税纳税人。C项，房产税纳税人应为房产使用人。D项，房产纳税人应为房产承典人。 [答案] A

9. 关于车船税计税依据的说法，错误的是（　　）。[2011年真题]

A. 乘用车以辆为计税依据　　B. 船舶以净吨位为计税依据
C. 摩托车以辆为计税依据　　D. 客车以自重吨位为计税依据

[解析] 本题考查车船税。客车以辆为计税依据。 [答案] D

10. 下列资源项目中，不属于资源税征收范围的是（　　）。[2011年真题]

A. 石油　　　　　　　　　　B. 天然气
C. 液体盐　　　　　　　　　D. 成品油

[解析] 资源税的征税范围包括能源矿产、金属矿产、非金属矿产、水气矿产、盐等。但对于

进口的矿产品或盐以及经营已税矿产品或盐的单位和个人均不属于资源税的纳税人。水资源仅指本书中的9个省份的水资源。但是不包括成品油。 [答案] D

二、多项选择题（每题2分，每题备选项中，有2个或2个以上符合题意，至少有1个错项。错选，本题不得分；少选，所选的每个选项得0.5分）

1. 纳税人在购买房屋时，下列与房屋相关的附属设施应属于契税征收范围的有（   ）。[2016年真题]
   A. 自行车库　　B. 储藏室　　C. 停车位　　D. 顶层阁楼
   E. 制冷设备
   [解析] 对于承受与房屋相关的附属设施（包括停车位、汽车位、自行车库、顶层阁楼以及储藏室）所有权或土地使用权的行为，按照相关契税法律、法规的规定征收契税，对于不涉及土地使用权和房屋所有权转移变动的，不征收契税。 [答案] ABCD

2. 免征城镇土地使用税的土地包括（   ）。[2014年真题改编]
   A. 个人出租住房　　　　　　B. 军队自用的土地
   C. 妇幼保健机构自用的土地　　D. 公园内商品部使用的土地
   E. 企业研发部门使用的土地
   [解析] D、E两项应征收城镇土地使用税。 [答案] ABC

3. 城镇土地使用税的纳税人不包括（   ）。[2013年真题]
   A. 土地的实际使用人　　　　B. 农用耕地的承包人
   C. 拥有土地使用权的单位　　D. 土地使用权共有的各方
   E. 林地的承包人
   [解析] 城镇土地使用税的纳税人是在城市、县城、建制镇、工矿区范围内使用土地的单位和个人，不包括农村。 [答案] BE

4. 符合财政部批准的免征房产税的房产有（   ）。[2011年真题]
   A. 房地产开发企业未出售的商品房　　B. 经鉴定已停用的危房
   C. 老年服务机构自用的房产　　　　　D. 权属有争议的房产
   E. 大修停用3个月以上的房产
   [解析] A、B、C三项属于经财政部门批准免征房产税的房产。权属有争议的房产由房产代管人或者使用人纳税，D项错误；大修停用6个月以上的房产，免征房产税，E项错误。 [答案] ABC

本章同步练习

一、单项选择题（每题1分，每题备选项中，只有1个最符合题意）

1. 几个单位共同拥有一块土地的使用权，则城镇土地使用税的纳税人为（   ）。
   A. 其中实际占用土地面积最大的单位　B. 税务机关核定的单位
   C. 协商确定纳税人　　　　　　　　　D. 对这块土地拥有使用权的每一个单位

2. 下列各项中，不属于耕地占用税的纳税人的是（   ）。
   A. 占用耕地建住宅的某公司董事长　　B. 从事高科技研发的外商投资企业
   C. 从事农业建设的集体企业　　　　　D. 军工企业

3. 下列需要缴纳车辆购置税的是（   ）。
   A. 城市公交企业购置的公共汽电车辆
   B. 获奖方式取得并使用的应税车辆
   C. 4S店进口车辆作为样车放置在展厅待售
   D. 购买使用的二手车

4. 王某购买了一套住房，签订了一份房屋购买合同，对于该合同的印花税处理为（　　）。
　　A. 依照"经济合同"照章纳税　　　　B. 减半征收印花税
　　C. 免征印花税　　　　　　　　　　D. 由省级人民政府决定是否减免
5. 下列车船中，不属于免征车船税的是（　　）。
　　A. 警用车辆　　　　　　　　　　　B. 捕鱼机动船舶
　　C. 商用客车　　　　　　　　　　　D. 军队专用车辆
6. 下列关于耕地占用税的说法，错误的是（　　）。
　　A. 耕地占用税是以纳税人实际占用耕地面积为计税依据，按照规定税额一次性征收
　　B. 耕地占用税实行地区差别幅度比例税率
　　C. 占用果园、桑园、竹园、药材种植园等园地从事非农业建设应照章征税
　　D. 个人占用耕地建房应缴纳耕地占用税
7. 根据契税的相关规定，以下不视同买卖房屋征收契税的是（　　）。
　　A. 以房产抵债或实物交换房屋　　　B. 以房产作为投资或作股权转让
　　C. 买房拆料或翻建新房　　　　　　D. 房屋赠与
8. 某生产企业本年拥有2辆六座载客汽车和4辆整备质量为5吨的货车。当地车船税的年税额为：载重汽车每吨60元，乘人汽车每辆360元。该公司的应纳车船税为（　　）元。
　　A. 960　　　　B. 1 020　　　　C. 1 920　　　　D. 2 160
9. 关于房屋附属设施涉及契税政策的说法，错误的是（　　）。
　　A. 对于承受与房屋有关的附属设施所有权的行为，应征收契税
　　B. 对于承受与房屋有关的附属设施土地使用权的行为，应征收契税
　　C. 采用分期付款方式购买房屋附属设施土地使用权，应按照合同规定的总价款计征契税
　　D. 承受的房屋附属设施权属单独计价的，适用与房屋相同的契税税率
10. 下列各项中关于环境保护税的说法，错误的是（　　）。
　　A. 应税大气污染物的计税依据为污染当量数
　　B. 在我国领域直接向环境排放应税污染的企业为环境保护税的纳税人
　　C. 机动车产生的流动污染源排放应税污染物的免征环境保护税
　　D. 纳税人排放应税大气污染物的浓度值低于国家规定污染物排放标准50%的，减按75%征收环境保护税

二、多项选择题（每题2分，每题备选项中，有2个或2个以上符合题意，至少有1个错项。错选，本题不得分；少选，所选的每个选项得0.5分）

1. 下列关于城市维护建设税的表述中，正确的有（　　）。
　　A. 城市维护建设税适用于外商投资企业
　　B. 城市维护建设税的纳税环节就是纳税人缴纳"两税"的环节
　　C. 城市维护建设税实行地区差别比例税率，设置了7%、5%和1%三档税率
　　D. 城市维护建设税按实际缴纳的"两税"税额计征，但不能随"两税"的法定减免而减免
　　E. 对因减免税需要进行"两税"退库的，城市维护建设税不能同时退库
2. 以下属于经财政部批准免征房产税的房产有（　　）。
　　A. 房地产开发企业未出售的商品房　　B. 经鉴定已停止使用的危房
　　C. 老年服务机构自用的房产　　　　　D. 权属有争议的房产
　　E. 大修停用3个月以上的房产
3. 下列各项中，属于资源税纳税人的有（　　）。
　　A. 开采应税矿产品的国有企业　　　　B. 生产盐的个体工商户

C. 进口矿产品的股份制企业　　D. 经营已税矿产品的私有企业

E. 进口盐的社会团体

4. 下列各项中，属于车辆购置税征税范围的有（　　）。

A. 汽车　　B. 自行车

C. 有轨电车　　D. 排气量超过150毫升的摩托车

E. 设有固定装置的非运输专用作业车辆

5. 下列凭证中，应缴纳印花税的有（　　）。

A. 财产所有人将财产赠给学校所立的书据

B. 合同的正本

C. 房地产管理部门与个人订立的生活居住房租赁合同

D. 农民专业合作社与本社成员签订的农业产品购销合同

E. 证券交易的出让方

本章同步练习参考答案及解析

一、单项选择题

1. [答案] D

    [解析] 土地使用权共有的，共有各方均为城镇土地使用税的纳税人，由共有各方分别纳税。

2. [答案] C

    [解析] 耕地占用税的纳税人是占用耕地建房或从事非农业建设的单位（包括国有企业、集体企业、私营企业、股份制企业、外商投资企业、外国企业以及其他企业和事业单位、社会团体、国家机关、军队以及其单位）和个人（包括个体工商户以及其他个人）。

3. [答案] B

    [解析] 购置是指以购买、进口、自产、受赠、获奖或者其他方式取得并自用应税车辆的行为。A项，城市公交企业购置的公共汽电车辆属于免征车辆购置税的情况。C项，4S店进口车辆作为样车放置在展厅待售也无需缴纳车辆购置税。D项，车辆购置税实行一次课征制，购买使用二手车辆的行为，不缴纳车辆购置税。

4. [答案] C

    [解析] 对个人销售或购买住房，暂免征收印花税。

5. [答案] C

    [解析] 本题考查车船税减免的范围。商用客车不属于车船税的减免范围。

6. [答案] B

    [解析] B项，耕地占用税实行地区差别定额税率。

7. [答案] D

    [解析] 视同房屋买卖的情况包括：①以房产抵债或实物交换房屋；②以房产作为投资或股权转让；③买房拆料或翻建新房。根据契税的相关规定，房屋赠与不视同买卖房屋征收契税。

8. [答案] C

    [解析] 本题考查车船税应纳税额的计算。该公司应纳车船税＝360×2＋5×4×60＝1 920（元）。

9. [答案] D

    [解析] 承受的房屋附属设施权属单独计价的，按照当地确定的适用税率征收契税；与房屋统一计价的，适用与房屋相同的契税税率。

10. [答案] D

    [解析] 纳税人排放应税大气污染物或者水污染物的浓度值低于国家和地方规定的污染物排放标准30％的，减按75％征收环境保护税；纳税人排放大气污染物或者水污染物的浓度值低于国家和地方规定的污染物排放标准50％的，减按50％征收环境保护税，D项错误。

二、多项选择题

1. [答案] ABC

    [解析] 对外商投资企业和外国企业缴纳的"两税"同样征收城市维护建设税，故A项正确。城市维护建设税按实际缴纳的"两

税"税额计征，同时随"两税"的法定减免而减免，故 D 项错误。对因减免税需要进行"两税"退库的，城市维护建设税可同时退库，故 E 项错误。

2. ［答案］ABC

［解析］本题考查经财政部批准免税的其他财产。产权未确定的由房产代管人或者使用人缴纳房产税，故 D 项错误。纳税人因房屋大修导致连续停用半年以上的，在房屋大修期间免征房产税，故 E 项错误。

3. ［答案］AB

［解析］资源税的纳税人是在中华人民共和国领域及管辖海域开发应税资源的单位和个人，为资源税的纳税人。上述"单位"是指国有企业、集体企业、私有企业、股份制企业、其他企业和行政单位、事业单位、军事单位、社会团体及其他单位。"个人"是指个体工商户及其他个人。除上述单位和个人以外，进口矿产品或盐以及经营已税矿产品或盐的单位和个人均不属于资源税纳税人。

4. ［答案］ACD

［解析］车辆购置税的征税范围包括汽车、有轨电车、汽车挂车、排气量超过150毫升的摩托车。B 项不用缴纳车辆购置税，E 项属于免征车辆购置税的内容。

5. ［答案］BE

［解析］A、C、D 三项属于免征印花税项目。B 项，合同的正本按照规定缴纳印花税。E 项，证券交易的印花税由证券交易的出让方缴纳。

第七章 税务管理

本章考情分析

年份	单项选择题	多项选择题	案例分析题	合计
2022 年	4 题 4 分	2 题 4 分	—	8 分
2021 年	4 题 4 分	2 题 4 分	—	8 分
2020 年	5 题 5 分	2 题 4 分	—	9 分
2019 年	5 题 5 分	2 题 4 分	—	9 分
2018 年	4 题 4 分	2 题 4 分	—	8 分

本章考点概览

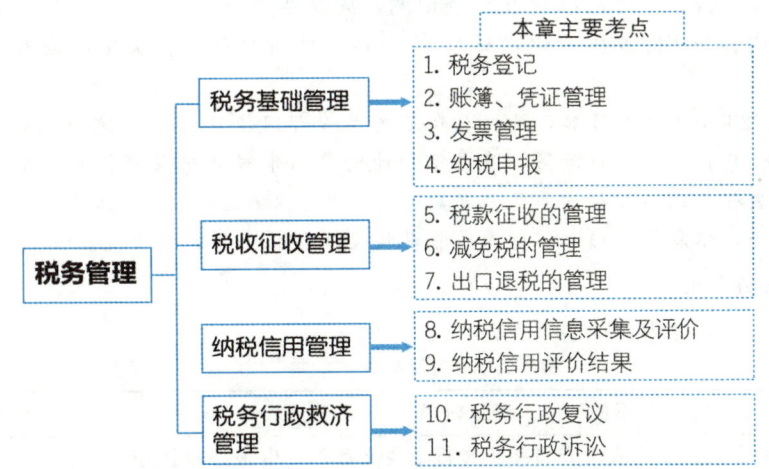

本章学习提示

本章新增了纳税信用管理、税务行政救济管理、账簿管理、发票管理、税收保全措施和税收强制执行措施,均是考查重点。本章文字性内容较多,建议大家在学习原重点内容的基础上,对新增内容多加关注。

本章考点详解

考点1 税务登记

一、税务登记制度

(一)设立税务登记(所在地税务机关,时限30天)

设立税务登记的时间如表7-1所示。

表 7-1 设立税务登记的时间

主体	设立税务登记的时间
从事生产经营活动的纳税人领取营业执照	自领取营业执照之日起 30 日内
其他纳税人	应当自依法成立或纳税义务发生之日起 30 日内（税务机关核发税务登记证及副本）
扣缴义务人	应当自扣缴义务发生之日起 30 日内，向机构所在地税务机关申报办理扣缴税款登记

【提示】我国加快推进"多证合一"改革：

(1) 企业、农民专业合作社实行"五证合一"制度（工商营业执照、组织机构代码证、税务登记证、社会保险登记证、统计登记证），实行一次申请、由国家市场监督管理部门核发一个加载法人和其他组织统一社会信用代码营业执照的登记制度。"五证合一"登记制度改革并非是将税务登记取消了，税务登记的法律地位仍然存在。

(2) 个体工商户实施营业执照和税务登记证"两证整合"登记制度。

（二）变更税务登记（原税务机关，时限 30 天）

(1) 纳税人税务登记内容发生变化的，应当向原税务登记机关申报办理变更税务登记。

(2) 需要在市场监督管理部门办理变更的，自市场监督管理机关办理变更登记之日起 30 日内办理；不需在市场监督管理部门办理变更登记的，或其变更登记的内容与工商登记内容无关的，应当自税务登记内容和实际发生变化之日起 30 日内，或者自有关机关批准或者宣布变更之日起 30 日内办理。

【提示】自 2023 年 4 月 1 日起，纳税人在市场监管部门依法办理变更登记后，无须向税务机关报告登记变更信息；各省、自治区、直辖市和计划单列市税务机关根据市场监管部门共享的变更登记信息，在金税三期核心征管系统自动同步变更登记信息。处于非正常、非正常户注销等状态的纳税人变更登记信息的，核心征管系统在其恢复正常状态时自动变更。

（三）注销税务登记

注销税务登记的具体内容如表 7-2 所示。

表 7-2 注销税务登记的具体内容

不同纳税人登记时限	受理的税务机关
停业、破产、解散、撤销以及依法应当终止履行纳税义务的，申报办理注销工商登记前，先申报办理注销税务登记	原税务登记机关
因住所、生产经营场所变动而涉及改变主管登记机关的，应当先向原登记机关办理注销登记，并在注销登记之日起 30 日内向迁达地主管税务登记机关申报办理税务登记	原登记机关和迁达地税务机关
不用在市场监督管理机关注销登记，有关部门批准或宣告终止之日起 15 日内	原税务登记机关
被吊销营业执照，自被吊销营业执照之日起 15 日内	
境外企业在中国境内承包建筑、安装、装配、勘探工程和提供劳务的，应当在项目完工、离开中国前 15 日内	

【提示】纳税人办理注销税务登记前，应当向税务机关提交相关证明文件和资料，结清应纳税款、多退（免）税款、滞纳金和罚款，缴销发票、税务登记证件和其他税务证件，经税务机关核准后，办理注销税务登记手续。

（四）停业、复业登记

(1) 实行定期定额征收方式的个体工商户需停业，应当在停业前向税务机关申报办理停业登记（停业期限**不得超过 1 年**）。

(2) 纳税人需要在恢复生产、经营之前，向主管税务机关提出复业登记申请。

(3) 纳税人在**停业期间发生纳税义务的**，应当按照税收法律、行政法规的规定**申报缴纳税款**。

> **经典例题**

[例题·单项选择题] 下列各项中，关于"五证合一、一照一码"登记制度的说法，错误的是（ ）。

A. 新设企业领取由国家市场监督管理部门核发的统一社会信用代码营业执照

B. 实行五证合一后，原税务登记的法律地位消失

C. "五证合一"的五证包括工商营业执照、组织机构代码证、税务登记证、社会保险登记证及统计登记证

D. 个体工商户实行营业执照和税务登记证"两证整合"登记制度

[解析] "五证合一"登记制度改革并非将税务登记取消了，税务登记的法律地位依然存在，只是政府简政放权将此环节简化。故 B 项错误。 [答案] B

二、税务登记证的使用与管理

税务登记证的使用与管理如表 7-3 所示。

表 7-3 税务登记证的使用与管理

项目	具体内容
必须提供税务登记证件的事项	开立银行账户、领用发票
税务登记证的管理	(1) 采取**实地调查、上门验证**等方法管理 (2) 税务登记证式样改变，需统一换发税务登记证的，由国家税务总局确定 (3) 税务登记证遗失后，应当在 **15 日**内书面报告主管税务机关并登报声明作废

三、税务登记的法律责任

(1) 纳税人**不办理税务登记的**，税务机关应当自发现之日起 **3 日内**责令其限期改正；逾期不改正的，处 2 000 元以下的罚款；情节严重的，处 2 000 元以上 10 000 元以下的罚款。

(2) 纳税人通过**提供虚假的证明资料等手段**，骗取税务登记证的，处 2 000 元以下的罚款；情节严重的，处 2 000 元以上 10 000 元以下的罚款。

(3) 纳税人**涉嫌其他违法行为**的，按有关法律、行政法规的规定处理。

(4) 扣缴义务人**未按照规定办理扣缴税款登记的**，税务机关应当自发现之日起 3 日内责令其限期改正，并可处以 1 000 元以下的罚款。

(5) 纳税人、扣缴义务人违反规定，**拒不接受税务机关处理的**，税务机关可以收缴其发票或者停止向其发售发票。

> **经典例题**

[例题·单项选择题] 下列各项中，关于税务登记的法律责任的说法中，错误的是（ ）。

A. 纳税人不办理税务登记的，税务机关应当自发现之日起 5 日内责令其限期改正

B. 纳税人违反规定，拒不接受税务机关处理的，税务机关可收缴其发票或停止向其发售发票

C. 纳税人通过提供虚假的证明资料等手段，骗取税务登记证，情节严重的，可处 2 000 元以上 10 000 元以下的罚款

D. 对扣缴义务人未按规定办理扣缴税款登记的，税务机关可在发现之日起 3 日内责令改正，并处 1 000 元以下的罚款

[解析] 纳税人不办理税务登记的,税务机关应当自发现之日起3日内责令其限期改正;逾期不改正的,处2 000元以下的罚款;情节严重的,处2 000元以上10 000元以下的罚款。A项错误。

[答案] A

● 考点2　账簿、凭证管理

一、账簿管理

账簿设置的具体要求如表7-4所示。

表7-4　账簿设置的具体要求

不同的主体	具体要求
一般的纳税人	应该在领取营业执照之日起15日内设置账簿
扣缴义务人	需要自发生扣缴义务之日起10日内,按照所代扣、代收的税种,分别设置代扣代缴、代收代缴税款账簿
生产经营规模小又确无建账能力的纳税人	可以聘请专业机构或财会人员代为建账和办理账务;聘请机构或者人员有实际困难的,经县以上税务机关批准,建立收支凭证粘贴簿、进货销货登记簿或者税控装置

【提示】账簿、进销货登记簿、收支凭证粘贴簿等资料,最少要保存10年,未经税务机关批准,不得销毁(除一些特殊的规定外)。保管期满需要销毁时,应编造销毁清册,报主管部门和税务机关批准然后在其监督下销毁。

二、凭证管理

凭证管理的具体内容如表7-5所示。

表7-5　凭证管理的具体内容

凭证类型	分类	具体内容
会计凭证	原始凭证	(1)原始凭证有错误的,应由出具单位重开或者更正,更正处应当加盖出具单位印章 (2)原始凭证如果金额有错误的,应由出具单位重开,不允许在原始凭证上更正
	记账凭证	包括收款凭证、付款凭证和转账凭证
税收凭证	完税凭证	主要包括各种完税凭证和缴款书
	综合凭证	包括各种提退减免凭证、罚款收据、票款结算单、代扣代缴税款专用发票、纳税保证金收据、税票调换证

三、账簿、凭证管理的法律责任

(1)纳税人未按照规定设置、保管账簿或者保管记账凭证和有关资料的,由税务机关责令限期改正,可以处2 000元以下的罚款;情节严重的,处2 000元以上10 000元以下的罚款。

(2)扣缴义务人未按照规定设置、保管代扣代缴、代收代缴税款账簿或者保管代扣代缴、代收代缴税款记账凭证及有关资料的,由税务机关责令限期改正,可以处2 000元以下的罚款;情节严重的,处2 000元以上5 000元以下的罚款。

─────────── 经典例题 ───────────

[2014年真题·单项选择题]关于账簿设置的说法,错误的是(　　)。

A.纳税人、扣缴义务人会计制度健全,能够通过计算机正确、完整计算其收入和所得或者代扣代缴、代收代缴税款情况的,其计算机输出的完整的书面会计记录,可视同会计账簿

B.账簿、收支凭证粘贴簿、进销货登记簿等资料应一律保存10年以上,未经财政主管部门批准,不得销毁

C. 扣缴义务人应当自税收法律、行政法规规定的扣缴义务发生之日起10日内，按照所代扣、代收的税种，分别设置代扣代缴、代收代缴税款账簿

D. 生产经营规模小又确无建账能力的纳税人，若聘请专业机构或者人员有实际困难的，经县以上税务机关批准，可以按照规定建立收支凭证粘贴簿、进货销货登记簿或者税控装置

[解析] 账簿、收支凭证粘贴簿、进销货登记簿等资料，除另有规定外，至少要保存10年，未经税务机关批准，不得销毁。保管期满需要销毁时，应编造销毁清册，报主管部门和税务机关批准后在其监督下销毁，故B项错误。 [答案] B

考点3 发票管理

一、发票管理的内容

发票分为**增值税专用发票和普通发票**。税务机关是发票的主管机关，负责发票的印制、采购、开具、取得、保管、缴销的管理及监督。

（一）发票印制管理

发票印制管理如表7-6所示。

表7-6 发票印制管理

要点	具体内容
文字使用	发票应当使用**中文印制**，同时禁止在境外印制发票
印制企业的确定	税务机关应当以**招标方式**确定印制发票的企业取得发票准印证
不同发票的印制管理	（1）增值税专用发票由**国务院税务主管部门**确定的企业来印制 （2）其他发票由省、自治区、直辖市税务机关确定的企业印制
管理规定	（1）国务院税务主管部门要统一确定全国的发票防伪专用品 （2）禁止非法制造发票防伪专用品和伪造发票监制章 （3）发票应当套印全国统一发票监制章，实行**不定期换版**制度

（二）发票领用管理

发票领用管理的具体内容如表7-7所示。

表7-7 发票领用管理的具体内容

项目	具体内容	注意
一般情况下发票领用手续	领用发票的单位和个人，应当持设立登记证件或税务登记证件、经办人身份证明、发票专用章的印模，向主管税务机关办理身份验证和发票领用手续。主管税务机关在**5个工作日内**根据具体情况确认领用发票的种类、数量及领用方式，并告知领用发票的单位和个人	单位和个人领用发票时，应当按照税务机关的规定报告发票使用情况，税务机关应当按照规定进行查验
临时使用发票领用手续	（1）临时使用发票的单位和个人，可凭购销商品、提供或者接受服务及从事其他经营活动的书面证明、经办人身份证明，**直接向经营地税务机关申请代开发票** （2）特殊情况，可先征收税款，再开发票 （3）税务机关根据发票管理的需要，可按规定委托其他单位代开发票	税务机关代开发票时应进行身份验证。禁止非法代开发票
跨地区经营领用发票手续	临时到本省、自治区、直辖市以外从事经营活动的单位或者个人，应当凭所在地税务机关的证明，向经营地税务机关领用经营地的发票	临时在本省、自治区、直辖市以内跨市、县从事经营活动领用发票的办法，由省、自治区、直辖市税务机关规定

续表

项目	具体内容	注意
发票领购方式	（1）交旧购新（税务机关留存发票存根联） （2）验旧购新，目前领购的 主要方式（用票单位自己保管存根联） （3）批量供应	—

（三）发票的开具和保管

（1）一般情况下，收款方应向付款方开具发票；特殊情况下，由付款方向收款方开具发票。

（2）取得发票时，不得要求变更品名和金额。

（3）不符合规定的发票，不得作为财务报销凭证，任何单位和个人有权拒收。

（4）开具发票时，应全部联次一次性如实开具，开具纸质发票应加盖发票专用章；不得虚开发票。

【提示】任何单位和个人不得有虚开发票行为，即不得为他人、为自己，让他人为自己开具以及介绍他人开具与实际经营业务情况不符的发票。

（5）任何单位和个人应当按照发票管理规定使用发票，不得有下列行为：转借、转让、介绍他人转让发票、发票监制章和发票防伪专用品；知道或者应当知道是私自印制、伪造、变造、非法取得或者废止的发票而受让、开具、存放、携带、邮寄、运输；拆本使用发票；扩大发票使用范围；以其他凭证代替发票使用；窃取、截留、篡改、出售、泄露发票数据。

（6）发票限于领购单位和个人在本省、自治区、直辖市内开具（除国务院税务主管部门规定的特殊情形）。

（7）除特殊情形外，任何单位和个人不得跨规定的使用区域携带、邮寄、运输空白发票，同时禁止携带、邮寄或者运输空白发票出入境。

（8）开具发票不得擅自损毁。已经开具的发票存根联和发票登记簿，应当保存5年。

> **经典例题**
>
> [2016年真题·单项选择题] 关于发票管理的说法，正确的是（　　）。
> A. 税务机关是发票的主管机关，负责发票的印制、采购、开具、取得、保管、缴销的管理及监督
> B. 有固定经营场所的纳税人申请购买发票，主管税务机关有权要求其提供纳税担保人，不能提供纳税担保人的，可以视其情况，要求其提供保证金，并限期缴销发票
> C. 发票登记簿应该保存3年
> D. 发票可以跨省、直辖市、自治区使用
> [解析] 本题考查发票管理。无固定经营场所的纳税人申请购买发票，主管税务机关有权要求其提供纳税担保人，不能提供纳税担保人的，可以视其情况，要求其提供保证金，并限期缴销发票，B项错误。发票登记簿应该保存5年，C项错误。除特殊情形外，发票限于领购单位和个人在本省、自治区、直辖市内开具，D项错误。
> [答案] A
>
> [2011年真题·单项选择题] 增值税专用发票由（　　）确定的企业印制。
> A. 审计机关　　　　　　　　　　B. 国务院税务主管部门
> C. 财政部门　　　　　　　　　　D. 工商部门
> [解题思路] 根据表7-6"发票印制管理"的具体内容理解记忆。
> [答案] B

二、发票检查

（一）基本规定

（1）税务机关在发票管理中有进行检查的权利，如可调出发票查验、查阅、复制相关凭证资

料,向当事各方询问与发票有关的问题和情况,对相关资料可记录、录音、录像、照相等。

(2) 印制、使用发票的单位和个人,一定要接受税务机关依法检查,如实反映情况,提供有关资料,不得拒绝、隐瞒。税务人员进行检查时,应当出示税务检查证。

(3) 税务机关需要将已开具的发票调出查验时,应当向被查验的单位和个人开具发票换票证。税务机关需要将空白发票调出查验时,应当开具收据;经查无问题的,应当及时返还。

(4) 发票检查的方法包括对照检查法、票面逻辑推理法、顺向检查法、逆向检查法。

(5) 增值税专用发票检查的一般方法包括鉴别真伪、逻辑审核、就地调查、交叉传递、双重稽核。

【提示】增值税专用发票需要通过税务系统认证,包括扫描认证和勾选认证。两者最大的一个区别在于勾选认证的时间可以延长到次月15日前,扫描认证则必须在月底31日完。

(二) 处罚规定

(1) 由税务机关责令改正,可以处1万元以下的罚款;有违法所得的予以没收的情形包括:

①应当开具而未开具发票,或者未按规定的时限、顺序、栏目,全部联次一次性开具发票,或者没加盖发票专用章的。

②使用税控装置开具发票,未按期向主管税务机关报送开具发票的数据的。

③使用非税控电子器具开具发票,未将非税控电子器具使用的软件程序说明资料报主管税务机关备案,或未按规定保存、报送开具发票的数据的。

④拆本使用发票的。

⑤扩大发票使用范围的。

⑥以其他凭证代替发票使用的。

⑦跨规定区域开具发票的。

⑧未按照规定缴销发票的。

⑨未按规定存放和保管发票的。

⑩未按照规定作废发票或开具红字发票的。

(2) 跨规定的使用区域携带、邮寄、运输空白发票,以及携带、邮寄或者运输空白发票出入境的,由税务机关责令改正,可以处1万元以下的罚款;情节严重的,处1万元以上3万元以下的罚款;有违法所得的予以没收。

(3) 违反发票管理办法规定虚开发票的,由税务机关没收违法所得;虚开金额在1万元以下的,可以并处5万元以下的罚款;虚开金额超过1万元的,并处5万元以上50万元以下的罚款;构成犯罪的,依法追究刑事责任。

(4) 私自印制、伪造、变造发票的,非法制造发票防伪专用品的,伪造发票监制章的,窃取、截留、篡改、出售、泄露发票数据的,由税务机关没收违法所得,没收、销毁作案工具和非法物品,并处1万元以上5万元以下的罚款;情节严重的,并处5万元以上50万元以下的罚款;对印制发票的企业,可以并处吊销发票准印证;构成犯罪的,依法追究刑事责任。

(5) 由税务机关处1万元以上5万元以下的罚款;情节严重的,处5万元以上50万元以下的罚款;有违法所得的予以没收的情形包括:

①转借、转让、介绍他人转让发票、发票监制章和发票防伪专用品的。

②知道或者应当知道是私自印制、伪造、变造、非法取得或者废止的发票而受让、开具、存放、携带、邮寄、运输的。

(6) 对违反发票管理规定2次以上或者情节严重的单位和个人,税务机关可以向社会公告。

(7) 违反发票管理法规,导致其他单位或者个人未缴、少缴或者骗取税款的,由税务机关没收违法所得,可以并处未缴、少缴或者骗取的税款1倍以下的罚款。

(8) 当事人对税务机关的处罚决定不服的,可以依法申请行政复议或者向人民法院提起行政诉讼。

（9）税务人员利用职权之便，故意刁难印制、使用发票的单位和个人，或者有违反发票管理法规行为的，依照国家有关规定给予处分；构成犯罪的，依法追究刑事责任。

> **经典例题**
>
> [2014年真题·单项选择题] 根据发票管理办法，违法后由税务机关处1万元以上5万元以下的罚款，情节严重的，处5万元以上50万元以下的罚款，并处没收违法所得的行为是（　　）。
> A. 私自印制发票的
> B. 跨规定区域开具发票的
> C. 非法代开发票的
> D. 转借、转让、介绍他人转让发票、发票监制章和发票防伪专用品的
> [解析] 有下列情形之一的，由税务机关处1万元以上5万元以下的罚款；情节严重的，处5万元以上50万元以下的罚款；有违法所得的予以没收：①转借、转让、介绍他人转让发票、发票监制章和发票防伪专用品的；②知道或者应当知道是私自印制、伪造、变造、非法取得或者废止的发票而受让、开具、存放、携带、邮寄、运输的。
> [答案] D
>
> [2013年真题·单项选择题] 关于发票检查的说法，错误的是（　　）。
> A. 税务机关有权查阅、复制与发票有关的凭证、资料
> B. 税务机关在查处发票案件时，对于案件有关的情况和资料，可以记录、录音、录像、照相和复制
> C. 税务机关进行检查时，应当出示税务检查证
> D. 税务机关需要将空白发票调出查验时，无需出具任何凭证即可调出，经查无问题后予以返还纳税人
> [解析] 税务机关需要将空白发票调出查验时，应当开具收据；经查无问题的，应当及时返还，故D项错误。
> [答案] D
>
> [2010年真题·单项选择题] 下列检查方法中，不属于发票检查方法的是（　　）。
> A. 盘存法　　　　　　　　　　B. 对照审查法
> C. 票面逻辑推理法　　　　　　D. 发票真伪鉴别法
> [解析] 根据发票检查的方法，盘存法不属于其中，故A项错误。
> [答案] A

考点4 纳税申报

纳税申报的具体内容如表7-8所示。

表7-8　纳税申报的具体内容

项目	主要内容
对象	（1）负有纳税义务的单位和个人 （2）取得临时应税收入或者发生应税行为的纳税人 （3）享有减税、免税待遇的纳税人（在减免税期间也需办理纳税申报） （4）扣缴义务人
方式	直接申报、邮寄申报、数据电文申报、委托代理申报
期限	（1）纳税人、扣缴义务人所适用的税种和缴纳税额不同，其纳税申报期限也有所不同 （2）纳税申报期限的最后一天是法定节假日的，以休假日期满的次日为期限的最后一天 （3）延期申报的相关规定： ①延期的具体期限一般是一个申报期限内，最长不超过3个月 ②纳税人、扣缴义务人因除不可抗力以外的其他原因，按照规定的期限办理纳税申报或者报送代扣代缴、代收代缴税款报告表确有困难，需要延期的，在申报期限内申请 ③纳税人、扣缴义务人因不可抗力，不能按期办理纳税申报或者报送代扣代缴、代收代缴税款报告表的，可以延期办理。但应当在不可抗力情形消除后立即向税务机关报告

续表

项目	主要内容
法律责任	纳税人没有按照规定的期限办理纳税申报和报送纳税资料的，或扣缴义务人未按规定的期限向税务机关报送代扣代缴、代收代缴税款报告和有关资料的，由税务机关责令限期改正，可处 2 000 元以下罚款；情节严重的，可处 2 000 元以上 10 000 元以下的罚款

【注意】自 2021 年 6 月 1 日起，全面推行财产和行为税合并申报，纳税人申报缴纳城镇土地使用税、房产税、车船税、印花税、耕地占用税、资源税、土地增值税、契税、环境保护税、烟叶税中一个或多个税种时，使用"财产和行为税纳税申报表"。

经典例题

[2015 年真题·单项选择题] 关于纳税申报和缴纳税款的说法，正确的是（　　）。
A. 甲公司 2015 年 1 月份成立，1～4 月份由于其他原因没有进行生产经营，没有取得应税收入，所以，应该从 6 月份开始进行纳税申报
B. 乙公司属于增值税免税纳税人，在免税期间仍坚持办理纳税申报
C. 丙公司因管理不善发生火灾，将准备进行纳税申报的资料不慎烧毁，经过税务机关批准，丙公司可以延期办理纳税申报，并且可以延期缴纳税款
D. 丁公司企业所得税申报期限为月份或季度终了之日起 15 日内申报预缴，年度终了之日起 4 个月内向其主管机关报送年度企业所得税纳税申报表并汇算清缴，结清应缴应退税款

[解题思路] 本题考查的内容比较综合，建议大家准确掌握不同税种纳税申报的具体内容。
[解析] 纳税人、扣缴义务人在办理了税务登记后，不论当期是否发生纳税义务，除经税务机关批准外，均应按规定办理纳税申报或者报送代扣代缴、代收代缴税款报告表，故 A 项错误。经纳税人、扣缴义务人因不可抗力（不可避免和无法抵御的自然灾害，如风、火、水、地震等自然灾害），不能按期办理纳税申报或报送代扣代缴、代收代缴税款报告表的，可延期纳税。同时纳税人、扣缴义务人在税务机关核准其延期申报时，必须在规定的纳税期限内先预缴税款，故 C 项错误。企业所得税申报期限为月份或季度终了之日起 15 日内申报预缴，年度终了之日起 5 个月内向其主管机关报送年度企业所得税纳税申报表并汇算清缴，结清应缴应退税款，故 D 项错误。

[答案] B

考点5　税款征收的管理

一、税款征收方式及适用范围

税款征收方式及适用范围如表 7-9 所示。

表 7-9　税款征收方式及适用范围

征收方式	适用范围
查账征收	适用于财务会计制度较为健全，能够认真履行纳税义务的纳税单位
查定征收	适用于账册不够健全，但是能够控制原材料或者进销货的纳税单位
查验征收	适用于经营品种比较单一，经营地点、时间和商品来源不固定的纳税人
定期定额征收	适用于无完整考核依据的纳税人

经典例题

[2016 年真题·多项选择题] 下列措施中，属于税征收措施的有（　　）。
A. 限额征收　　B. 查定征收　　C. 查验征收　　D. 定期定额征收
E. 查账征收

[解析] 本题考查税款征收的方式。税款征收的方式包括查账征收、查定征收、查验征收和定期定额征收。

[答案] BCDE

[2012年真题·单项选择题] 对一些无完整考核依据的纳税人，一般采用的税款征收方式是（　　）。
A. 代扣代缴
B. 定期定额征收
C. 查定征收
D. 查账征收

[解析] 本题考查税款征收的管理，可参考表7-9对号入座。对一些无完整考核依据的纳税人，一般采用定期定额征收方式，故B项正确。

[答案] B

二、税款征收的内容

纳税人、扣缴义务人按照法律、行政法规规定或者税务机关依照法律、行政法规规定确定的期限，缴纳或者解缴税款。纳税人因有特殊困难，不能按期缴纳税款的，经省、自治区、直辖市税务机关批准，可以延期缴纳税款，但是<u>最长不得超过3个月</u>。纳税人未按照规定期限缴纳税款的，扣缴义务人未按照规定期限解缴税款的，税务机关除责令限期缴纳外，从<u>滞纳税款之日起，按日加收滞纳税款万分之五的滞纳金</u>。

（一）应纳税额的核定

纳税人有下列情形之一的，税务机关有权核定其应纳税额：
（1）依法可以不设置账簿的。
（2）依法应当设置但未设置账簿的。
（3）<u>擅自销毁账簿</u>或者拒不提供纳税资料的。
（4）虽设置账簿，但账目混乱或者成本资料、收入凭证、费用凭证残缺不全，难以查账的。
（5）发生纳税义务，未按照规定的期限办理纳税申报，经税务机关责令限期申报，逾期仍不申报的。
（6）纳税人申报的计税依据明显偏低，又无正当理由的。

（二）扣缴义务人代扣、代收税款的制度

扣缴义务人代扣、代收税款的制度如图7-1所示。

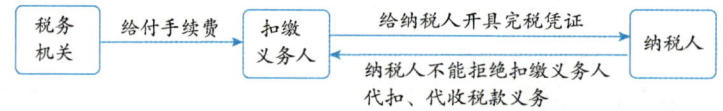

图7-1　扣缴义务人代扣、代收税款的制度

三、纳税担保

（一）纳税担保的适用对象

（1）税务机关有根据认为从事生产、经营的纳税人有逃避纳税义务行为的。

【提示】有上述情况时，税务机关可以在规定的纳税期限之前，责令限期缴纳税款；在限期内发现纳税人有明显的转移、隐匿其应纳税的商品、货物以及其他财产或应纳税收入的迹象的，税务机关可责令纳税人提供纳税担保。

（2）欠缴税款的纳税人或他的法定代表人需要出境的。
（3）纳税人同税务机关在纳税上发生争议而未缴清税款，需要申请行政复议的。
（4）税收法律、行政法规规定可以提供纳税担保的其他情形。

（二）纳税担保的范围

纳税担保范围包括<u>税款、滞纳金和实现税款、滞纳金的费用</u>。费用包括抵押、质押登记费用，

质押保管费用，以及保管、拍卖、变卖担保财产等相关费用支出。

（三）纳税担保的形式

纳税担保的形式如表 7-10 所示。

表 7-10 纳税担保的形式

形式	定义	具体内容
纳税保证	纳税保证人向税务机关保证，当纳税人未按照税收法律、行政法规规定或者税务机关确定的期限缴清税款、滞纳金时，由纳税保证人按照约定履行缴纳税款及滞纳金义务的行为	纳税保证人包括在中国境内具有纳税担保能力的自然人、法人或者其他经济组织 【提示】 (1) 不得作为纳税担保人：国家机关，学校、幼儿园、医院等事业单位，社会团体；企业法人的职能部门 (2) 企业法人的分支机构有法人书面授权的，可以在授权范围内提供纳税担保
纳税抵押	纳税人或纳税担保人不转移财产的占有，将该财产作为税款及滞纳金的担保	(1) 抵押人所有的房屋和其他地上定着物 (2) 抵押人所有的机器、交通运输工具和其他财产 (3) 抵押人依法有权处分的国有的房屋和其他地上定着物 (4) 抵押人依法有权处分的国有的机器、交通运输工具和其他财产 (5) 经设区的市、自治州以上税务机关确认的其他可以抵押的合法财产
纳税质押	经税务机关同意，纳税人或纳税担保人将其动产或权利凭证移交税务机关占有，将该动产或权利凭证作为税款及滞纳金的担保	(1) 动产质押（现金以及其他除不动产以外的财产提供的质押） (2) 权利质押（汇票、支票、本票、债券、存款单等权利凭证）

四、税款追征与退还

税款追征与退还如表 7-11 所示。

表 7-11 税款追征与退还

项目	产生原因	具体内容
税款追征	税务机关的责任	因税务机关的责任，致使纳税人、扣缴义务人未缴或者少缴税款的，税务机关在 3 年内可以要求纳税人、扣缴义务人补缴税款，但是不得加收滞纳金
	纳税人、扣缴义务人的责任	因纳税人、扣缴义务人计算错误等失误，未缴或者少缴税款的，税务机关在 3 年内可以追征税款、滞纳金；有特殊情况的，追征期可以延长到 5 年 对偷税、抗税、骗税的，税务机关追征其未缴或者少缴的税款、滞纳金或者所骗取的税款，不受规定期限的限制
税款退还	税务机关发现	纳税人超过应纳税额缴纳的税款，税务机关发现后应当立即退还
	纳税人自己发现	纳税人自结算缴纳税款之日起 3 年内发现的，可以向税务机关要求退还多缴的税款并加算银行同期存款利息，税务机关及时查实后应当立即退还

五、欠税管理制度

（一）欠税清缴制度

(1) 欠缴税款的纳税人或者其法定代表人需要出境的，应当在出境前向税务机关结清应纳税款、滞纳金或者提供担保，如均未提供，可阻止其离境。

(2) 税务机关征收税款，税收优先于无担保债权；纳税人欠缴的税款发生在纳税人以其财产设定抵押、质押或者纳税人的财产被留置之前的，税收应当先于抵押权、质权、留置权执行。

（3）欠缴税款的纳税人因怠于行使到期债权，或者放弃到期债权，或者无偿转让财产，或者以明显不合理的低价转让财产而受让人知道该情形，对国家税收造成损害的，税务机关可以依照相关规定<u>行使代位权、撤销权</u>。

（二）欠税滞纳金管理

对纳税人、扣缴义务人、纳税担保人应缴纳的欠税及滞纳金不再要求同时缴纳，可以要求<u>先行缴纳欠税，再依法缴纳滞纳金</u>。

（三）破产清算中的欠税管理

税务机关在人民法院公告的债权申报期限内，向管理人申报企业所欠税款（含教育费附加、地方教育附加）、滞纳金及罚款。因特别纳税调整产生的利息，也应<u>一并申报</u>。

【提示】企业所欠的滞纳金、因特别纳税调整产生的利息，<u>按照普通破产债权申报</u>。

经典例题

[2017年真题·多项选择题] 纳税人下列行为中，属于税务机关有权核定其应纳税额的有（　　）。
A. 依照法律法规的规定可以不设置账簿的
B. 虽设置了账簿，但是账目混乱，难以查账的
C. 发生纳税义务，未按照规定期限办理纳税申报的
D. 纳税人申报的计税依据明显偏低，但是有正当理由的
E. 擅自销毁账簿的
[解析] 本题考查税款征收的管理。发生纳税义务，未按照规定期限办理纳税申报的，经税务机关责令限期申报，逾期仍不申报的需要税务机关核定其应纳税额，故C项错误。纳税人申报的计税依据明显偏低，且无正当理由的，需要税务机关核定其应纳税额，故D项错误。　　　[答案] ABE

[2014年真题·单项选择题] 关于税款追征的说法，错误的是（　　）。
A. 因税务机关责任，致使纳税人少缴纳税款的，税务机关在5年内可要求补缴税款，但不加收滞纳金
B. 因税务机关责任，致使纳税人少缴纳税款的，税务机关在3年内可要求纳税人补缴税款，但是不得加收滞纳金
C. 对于纳税人偷税、抗税和骗取税款的，税务机关可无限期追征税款、滞纳金，不受规定期限的限制
D. 因纳税人计算等失误，未缴或者少缴税款的，税务机关在3年内可以追征税款、滞纳金；有特殊情况的，追征期可延长至5年
[解析] 因税务机关的责任，致使纳税人少缴纳税款的，税务机关在3年内可以要求纳税人、扣缴义务人补缴税款，但是不得加收滞纳金，故A项错误。
[解题思路] 税款追征的考查中应注意具体的时限要求以及主体的区分。　　[答案] A

● 考点6 减免税的管理

税收的开征、停征以及减税、免税、退税、补税，依照法律的规定执行；法律授权国务院规定的，<u>依照国务院制定的行政法规</u>的规定执行。任何机关、单位和个人不得违反法律、行政法规的规定，<u>擅自作出</u>税收开征、停征以及减税、免税、退税、补税和其他同税收法律、行政法规相抵触的决定。

● 考点7 出口退税的管理

一、出口退税的范围

出口退税的范围如图7-2所示。

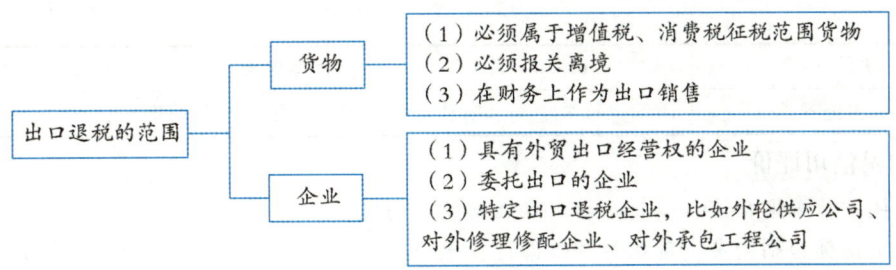

图 7-2 出口退税的范围

二、出口退税的形式

免、抵、退形式主要适用于具有出口经营权的生产企业自营出口或委托出口的自产货物。当期应退税额和当期免抵退税额的计算如表 7-12 所示。

表 7-12 当期应退税额和当期免抵退税额的计算

不同情况	计算公式
当期期末留抵税额≤当期免抵退税额	当期免抵税额＝当期免抵退税额－当期应退税额 ＝当期免抵退税额－当期期末留抵税额
当期期末留抵税额＞当期免抵退税额	当期应退税额＝当期免抵退税额 当期免抵税额＝0

【提示】不征不退的形式主要是指对来料加工、进料加工采取进口免税和出口不退税的做法。其中，典型的例子是保税区内加工企业出口货物。

> **经典例题**
>
> [2016年真题·单项选择题] 某具有出口经营权的电器生产企业（增值税一般纳税人）自营出口自产货物，2016 年 5 月末未退税前计算出的期末留抵税额为 19 万元，当期免抵退税额为 15 万元，当期免抵税额为（   ）万元。
> A. 0   B. 6   C. 9   D. 15
> [解题思路] 本题根据表格中的公式对号入座。当期期末留抵税额大于当期免抵退税额时，当期应退税额＝当期免抵退税额，当期抵免税额＝0。
> [答案] A

● 考点 8 纳税信用信息采集及评价

《纳税信用管理办法（试行）》适用于<u>已办理税务登记</u>（含"五证合一、一照一码"、临时登记），从事生产、经营并适用<u>查账征收</u>的独立核算<u>企业、个人独资企业和个人合伙企业</u>，暂不包括<u>扣缴义务人与自然人</u>。非独立核算分支机构可<u>自愿参与</u>纳税信用评价。

一、纳税信用信息采集

纳税信用信息采集的具体内容如表 7-13 所示。

表 7-13 纳税信用信息采集的具体内容

项目		具体内容
定义		税务机关对纳税人纳税信用信息的<u>记录和收集</u>
内容	纳税人信用历史信息	基本信息和评价年度之前的纳税信用记录，以及相关部门评定的优良信用记录和不良信用记录
	税务内部信息	经常性指标信息（涉税申报及发票等信息）和非经常性指标信息
	外部信息	外部<u>参考</u>信息（相关部门评定的信用记录）和外部<u>评价</u>信息

项目	具体内容
组织实施者	由国家税务总局和省税务机关组织实施，按月采集

二、纳税信用评价

纳税信用评价采取年度评价指标得分和直接判级方式。

（1）评价指标包括税务内部信息和外部评价信息。年度评价指标得分采取扣分方式。

（2）直接判级适用于有严重失信行为的纳税人。纳税信用级别设 A 级（90 分以上的）、B 级（70 分以上不满 90 分的）、C 级（40 分以上不满 70 分的）、D 级（不满 40 分或直接判级确定的）四级。

【提示】不影响纳税人纳税信用评价的情况：由税务机关原因或者不可抗力，造成纳税人未能及时履行纳税义务的；非主观故意的计算公式运用错误以及明显的笔误造成未缴或者少缴税款的；国家税务总局认定的其他不影响纳税信用评价的情形。

经典例题

[2022 年真题·单项选择题] 信用等级年度评价指标得分 80 分的，属于（　　）。
A. A 级　　　　　　　　　　B. B 级
C. C 级　　　　　　　　　　D. D 级

[解析] 本题考查纳税信用等级分类。纳税信用级别设 A、B、C、D 四级。A 级纳税信用为年度评价指标得分 90 分以上的；B 级纳税信用为年度评价指标得分 70 分以上不满 90 分的；C 级纳税信用为年度评价指标得分 40 分以上不满 70 分的；D 级纳税信用为年度评价指标得分不满 40 分或者直接判级确定的。

[答案] B

[例题·多项选择题] 在纳税信用管理中，纳税信用信息主要包括（　　）。
A. 纳税人信用历史信息
B. 税务内部信息
C. 税务外部信息
D. 纳税人未来纳税信息
E. 直接判级

[解析] 纳税信用信息包括纳税人信用历史信息、税务内部信息、外部信息。

[答案] ABC

考点9 纳税信用评价结果

一、纳税信用评价结果的确定和发布

（1）纳税信用评价结果的确定和发布遵循谁评价、谁确定、谁发布的原则。

（2）税务机关对纳税人的纳税信用级别实行动态调整（信用级别发生变化时，会采取适当方式通知、提醒纳税人）。

（3）税务机关对纳税信用评价结果，按分级分类原则，依法有序开放（主动公开 A 级纳税人名单及相关信息，逐步开放 B、C、D 级纳税人名单及相关信息，定期或者不定期公布重大税收违法案件信息）。

二、纳税信用评价结果的应用

税务机关按照守信激励、失信惩戒的原则，对不同信用级别的纳税人实施分类服务和管理。

纳税信用评价结果的应用如表 7-14 所示。

表 7-14　纳税信用评价结果的应用

级别	具体措施
对纳税信用评价为 A 级的纳税人	税务机关采取激励措施： （1）主动向社会公告年度 A 级纳税人名单 （2）一般纳税人可单次领取 3 个月的增值税发票用量，需要调整增值税发票用量时即时办理 （3）普通发票按需领用 （4）连续 3 年被评为 A 级信用级别（简称 3 连 A）的纳税人，除享受以上措施外，还可以由税务机关提供绿色通道或专门人员帮助办理涉税事项 （5）税务机关与相关部门实施的联合激励措施，以及结合当地实际情况采取的其他激励措施
对纳税信用评价为 B 级的纳税人	税务机关实施正常管理，适时进行税收政策和管理规定的辅导，并视信用评价状态变化趋势选择性地提供相关的激励措施
对纳税信用评价为 C 级的纳税人	税务机关应依法从严管理，并视信用评价状态变化趋势选择性地采取相应的管理措施
对纳税信用评价为 D 级的纳税人	税务机关采取公开 D 级纳税人及其直接责任人名单，对直接责任人员注册登记或者负责经营的其他纳税人纳税信用直接判为 D 级等 8 项严格管理措施

三、纳税信用修复

为鼓励和引导纳税人增强依法诚信纳税意识，主动纠正纳税失信行为，纳入纳税信用管理的企业纳税人，符合相关条件的，可在规定期限内向主管税务机关申请纳税信用修复。

● 考点 10　税务行政复议

公民、法人和其他组织（简称申请人）认为税务机关的具体行政行为侵犯其合法权益，可以向税务行政复议机关申请行政复议，税务行政复议机关办理行政复议事项。

一、税务行政复议范围

（1）征税行为（纳税主体、征税对象、征税范围、减免税、扣缴义务人等）。
（2）行政许可、行政审批行为。
（3）发票管理行为，包括发售、收缴、代开发票等。
（4）税收保全措施、强制执行措施。
（5）行政处罚行为，包括罚款、没收财物和违法所得、停止出口退税权。
（6）不依法履行下列职责的行为：包括颁发税务登记，开具、出具完税凭证、外出经营活动税收管理证明，行政赔偿，行政奖励，其他不依法履行职责的行为。
（7）资格认定行为。
（8）不依法确认纳税担保行为。
（9）政府信息公开工作中的具体行政行为。
（10）纳税信用等级评定行为。
（11）通知出入境管理机关阻止出境行为。
（12）其他具体行政行为。

二、税务行政复议管辖

（1）对各级税务局的具体行政行为不服的，向其上一级税务局申请行政复议。
（2）对计划单列市税务局的具体行政行为不服的，向国家税务总局申请行政复议。
（3）对税务所（分局）、各级税务局的稽查局的具体行政行为不服的，向其所属税务局申请行政复议。
（4）对国家税务总局的具体行政行为不服的，向国家税务总局申请行政复议。
（5）对行政复议决定不服，申请人可以向人民法院提起行政诉讼，也可以向国务院申请裁决。

国务院的裁决为最终裁决。

【提示】税务行政复议的具体原则：对具体行政行为不服的，可以向其上一级申请行政复议；对复议结果不服的，可以向人民法院提起行政诉讼。

三、税务行政复议申请人和被申请人

税务行政复议申请人和被申请人如表 7-15 所示。

表 7-15 税务行政复议申请人和被申请人

项目	情形	内容
申请人	合伙企业申请行政复议的	以核准登记的企业为申请人，由执行合伙事务的合伙人代表该企业参加行政复议
	其他合伙组织申请行政复议的	由合伙人共同申请行政复议
	股份制企业的股东大会、股东代表大会、董事会认为税务具体行政行为侵犯企业合法权益的	以企业的名义申请行政复议
	有权申请行政复议的公民死亡的	其近亲属可以申请行政复议
	有权申请行政复议的公民为无行为能力人或者限制行为能力人	其法定代理人可代理申请行政复议
	有权申请行政复议的法人或者其他组织发生合并、分立或终止的	承受其权利义务的法人或者其他组织可以申请行政复议
被申请人	申请人对具体行政行为不服申请行政复议的	作出该具体行政行为的税务机关为被申请人
	申请人对扣缴义务人的扣缴税款行为不服的	主管该扣缴义务人的税务机关为被申请人
	申请人对税务机关委托的单位和个人的代征行为不服的	委托税务机关为被申请人
	税务机关与法律、法规授权的组织以共同的名义作出具体行政行为的	税务机关和法律、法规授权的组织为共同被申请人
	税务机关与其他组织以共同名义作出具体行政行为的	税务机关为被申请人
	申请人对经重大税务案件审理程序作出的决定不服的	审理委员会所在税务机关为被申请人

【提示】申请人、第三人可委托 1~2 名代理人参加行政复议。被申请人不得委托本机关以外人员参加行政复议。

四、税务行政复议申请

（一）税务行政复议申请期限

申请人可在知道税务机关作出具体行政行为之日起 60 日内提出行政复议申请。因不可抗力或者被申请人设置障碍等原因耽误法定申请期限的，申请期限的计算应当扣除被耽误时间。

（二）税务行政复议与诉讼的选择

（1）申请人对复议范围中征税行为不服的，应当先向行政复议机关申请行政复议；申请人对行政复议决定不服的，可以向人民法院提起行政诉讼。

（2）申请人对复议范围中征税行为以外的其他具体行政行为不服，可以申请行政复议，也可以直接向人民法院提起行政诉讼。申请人对税务机关作出逾期不缴纳罚款加处罚款的决定不服的，应当先缴纳罚款和加处罚款，再申请行政复议。

（3）申请人向行政复议机关申请行政复议，行政复议机关已经受理的，在法定行政复议期限内申请人不得向人民法院提起行政诉讼；申请人向人民法院提起行政诉讼，人民法院已经依法受理的，不得申请行政复议。

（三）税务行政复议申请的方式

申请人可采用 书面申请、电子邮件或者口头申请 等形式。

五、税务行政复议受理

行政复议机关收到行政复议申请以后，应当在 5 日内审查，决定是否受理。对符合规定的行政复议申请，自行政复议机构收到之日起即为受理。

对应当先向行政复议机关申请行政复议，对行政复议决定不服再向人民法院提起行政诉讼的具体行政行为，行政复议机关决定不予受理或者受理以后超过行政复议期限不作答复的，申请人可以自收到 不予受理决定书之日起或者行政复议期满之日起 15 日内，依法向人民法院提起行政诉讼。

六、税务行政复议证据

行政复议证据包括 书证、物证、视听资料、电子数据、证人证言、当事人的陈述、鉴定意见、勘验笔录、现场笔录。

七、税务行政复议审查和决定

（1）行政复议原则上 采用书面审查的办法，但是申请人提出要求或者行政复议机构认为有必要时，应当听取申请人、被申请人和第三人的意见，并可以向有关组织和人员调查了解情况。

（2）对重大、复杂的案件，申请人提出要求或者行政复议机构认为必要时，可以 采取听证的方式审理。

（3）行政复议机关作出行政复议决定，应当制作行政复议决定书，并加盖行政复议机关印章。行政复议决定书一经送达，即发生法律效力。

经典例题

[2022年真题·单项选择题] 根据税收征收管理法律制度的规定，纳税人对税务机关的下列具体行政行为不服时，应当先向复议机关申请行政复议的是（　　）。

A. 加收滞纳金　　　　　　　　　B. 发票管理行为
C. 停止出口退税权　　　　　　　D. 代开发票

[解析] 申请人对复议范围中征税行为不服的，应当先向行政复议机关申请行政复议。征税行为包括确认纳税主体、征税对象、征税范围、减税、免税、退税、抵扣税款、适用税率、计税依据、纳税环节、纳税期限、纳税地点和税款征收方式等具体行政行为，征收税款、加收滞纳金，扣缴义务人、受税务机关委托的单位和个人作出的代扣代缴、代收代缴、代征行为等。A 项属于征税行为。

[答案] A

[例题·单项选择题] 下列各项中，关于税务行政复议的申请人的说法，错误的是（　　）。

A. 合伙企业申请行政复议的，以核准登记的企业为申请人
B. 有权申请行政复议的公民死亡的，不再申请行政复议
C. 有权申请行政复议的公民为无行为能力人或者限制行为能力人，其法定代理人可代理申请行政复议
D. 股份制企业的股东大会认为税务具体行政行为侵犯企业合法权益的，以企业的名义申请行政复议

[解析] 有权申请行政复议的公民死亡的，其近亲属可以申请行政复议。

[答案] B

考点 11 税务行政诉讼

税务行政诉讼是指公民、法人或者其他组织认为税务机关和税务机关工作人员的税务行政行为侵犯其合法权益，有权依照法律规定向人民法院提起的行政诉讼。

税务行政诉讼的具体内容如表 7-16 所示。

表 7-16 税务行政诉讼的具体内容

项目	具体内容
受案范围	(1) 税务机关作出的征税行为 (2) 税务机关作出的责令纳税人提交纳税保证金或提供纳税担保行为 (3) 税务机关作出的行政处罚行为 (4) 税务机关作出的通知出境管理机关阻止出境行为 (5) 税务机关作出的税收保全措施 (6) 税务机关作出的税收强制执行措施 (7) 认为符合法定条件申请税务机关颁发税务登记证和发售发票，税务机关拒绝颁发、发售或不予答复的行为 (8) 税务机关的复议行为 【提示】人民法院只能受理因具体行政行为引起的行政争议
起诉条件	(1) 原告是认为具体税务行政行为侵犯其合法权益的公民、法人或者其他组织 (2) 有明确的被告 (3) 有具体的诉讼请求和事实根据 (4) 属于人民法院受案范围和受诉人民法院管辖
受理规定	(1) 人民法院在接到起诉状时对符合规定的起诉条件的，应当登记立案 (2) 对当场不能判定是否符合相关规定的起诉条件的，应当接收起诉状，出具注明收到日期的书面凭证，并在 7 日内决定是否立案 (3) 不符合起诉条件的，作出不予立案的裁定。裁定书应当载明不予立案的理由。原告对裁定不服的，可提起上诉
审理	人民法院公开审理行政案件，但涉及国家秘密、个人隐私和法律另有规定的除外。涉及商业秘密的案件，当事人申请不公开审理的，可以不公开审理
判决	包括维持判决、撤销判决、履行判决、变更判决四种形式

经典例题

[例题·多项选择题] 下列各项中，属于税务行政诉讼判决方式的有（　　）。
A. 维持判决　　　　　　　B. 撤销判决
C. 履行判决　　　　　　　D. 变更判决
E. 加重判决
[解析] 税务行政诉讼判决方式包括维持判决、撤销判决、履行判决、变更判决四种形式。

[答案] ABCD

本章易错易混考点

【易错易混考点】 税收保全措施和税收强制执行措施

一、税收保全措施

税收保全措施的实施条件和适用范围如表 7-17 所示。

表 7-17 税收保全措施的实施条件和适用范围

要点	主要内容
实施条件	（1）从事生产、经营的纳税人确实有逃避纳税义务的行为（转移、隐匿商品、货物或者其他财产） （2）纳税人在规定的纳税期之前有逃避纳税义务的行为，或是在限期内发现后，责令其提供纳税担保但未能提供的
适用范围	主要是从事生产、经营的纳税人，不包括非从事生产、经营的纳税人，也不包括扣缴义务人和纳税担保人

【提示】纳税人在不能提供纳税担保的情况下，税务机关经县级以上税务局（分局）局长批准，可以采取税收保全措施。

二、税收强制执行措施

税收强制执行措施的适用范围和适用情形如表 7-18 所示。

表 7-18 税收强制执行措施的适用范围和适用情形

要点	主要内容
适用范围	未按照规定的期限缴纳或者解缴税款，经责令限期缴纳，逾期仍未缴纳的从事生产、经营的纳税人、扣缴义务人和纳税担保人
适用情形	（1）从事生产、经营的纳税人、扣缴义务人未按照规定的期限缴纳或者解缴税款，可对其实行税收强制执行措施 （2）纳税担保人未按照规定的期限缴纳担保的税款，由税务机关责令限期缴纳，逾期仍未进行缴纳税款的，经县以上税务局（分局）局长批准，可对其实行税收强制执行措施

【提示】税务机关采取强制执行措施时，对有关纳税人、扣缴义务人、纳税担保人未缴纳税款的滞纳金同时强制执行。

三、税收保全措施与税收强制执行措施的比较

税收保全措施和税收强制执行措施的比较如表 7-19 所示。

表 7-19 税收保全措施和税收强制执行措施的比较

项目		税收保全措施	税收强制执行措施
不同点		书面通知纳税人的开户银行或其他金融机构冻结纳税人的相当于应纳税款的存款	书面通知纳税人的开户银行或者其他金融机构从其存款中扣缴税款
		扣押、查封纳税人的价值相当于应纳税款的商品、货物或者其他财产	拍卖或变卖所得抵缴税款、滞纳金、罚款及扣押、查封、保管、拍卖、变卖等费用后，剩余部分应当在 3 日内退还被执行人
相同点		个人及其所扶养家属维持生活必需的住房和用品（包括单价 5 000 元以下的其他生活用品），不在税收保全措施和税收强制执行措施的范围之内	

【提示】生活必需的住房和用品不包括机动车辆、金银饰品、古玩字画、豪华住宅或者一处以外的住房。

[2015 年真题·单项选择题] 李某因未按规定提供纳税担保，税务机关依法对其采取税收保全措施时，不在保全措施范围之内的财产和用品是（　　）。
A. 李某收藏的古玩字画
B. 李某接送小孩上学必需的小汽车
C. 李某送给爱人纪念结婚十周年的钻戒
D. 李某的叔叔年轻时因车祸致残，无工作能力，一直与李某共同生活，李某为其购买的电动轮椅
[解析] 本题考查税款征收的管理。个人及其所扶养家属维持生活必需的住房和用品，不在税收

保全措施的范围之内。生活必需的住房和用品不包括机动车辆、金银饰品、古玩字画、豪华住宅或者一处以外的住房。单价5 000元以下的其他生活用品，不采取税收保全措施和强制执行措施。

[答案] D

[2015年真题·多项选择题] 关于税收强制执行措施的说法，正确的是（　　）。

A. 个人唯一住房不在强制执行范围内
B. 税收强制执行措施只能由公安机关做出
C. 如果纳税人未按照规定期限缴纳税款，税务机关就采取税收强制执行措施
D. 税务机关采取强制执行措施可书面通知纳税人开户银行从其存款中扣缴税款
E. 税务机关采取强制执行措施时，主要针对纳税人未缴税款，不包括其未缴纳税款的滞纳金

[解析] 税收强制执行措施由税务机关做出，故B项错误。从事生产经营的纳税人、扣缴义务人未按照规定的期限缴纳或者解缴税款，由税务机关责令限期缴纳，逾期仍未缴纳的，经县以上税务局（分局）局长批准，税务机关可以采取税收强制执行措施，故C项错误。税务机关采取强制执行措施时，对纳税人、扣缴义务人、纳税担保人未缴纳税款的滞纳金同时强制执行，故E项错误。

[答案] AD

历年经典真题回顾

一、单项选择题（每题1分，每题备选项中，只有1个最符合题意）

1. 申请人可以在知道税务机关作出行政行为之日起（　　）日内提出行政复议。[2022年真题]
   A. 30　　　　　　　　B. 45
   C. 60　　　　　　　　D. 90

[解析] 申请人可以在知道税务机关作出具体行政行为之日起60日内提出行政复议申请。因不可抗力或者被申请人设置障碍等原因耽误法定申请期限的，申请期限的计算应当扣除被耽误时间。

[答案] C

2. 关于税收强制执行的措施说法，正确的是（　　）。[2016年真题]
   A. 税收强制执行措施不适用于扣缴义务人
   B. 作为家庭唯一的代步工具的轿车，不在税收的强制执行范围之内
   C. 税务机关可以对工资、薪金收入未按期缴纳个人所得税的个人实行税收强制执行措施
   D. 税务机关采取税收强制执行措施时，可以对纳税人未缴纳税款的滞纳金同时执行

[解析] 税务机关采取强制执行措施时，对有关纳税人、扣缴义务人、纳税担保人未缴纳税款的滞纳金同时强制执行。

[答案] D

3. 关于发票印制管理的说法，正确的是（　　）。[2016年真题]
   A. 发票应当套印全国统一发票监制章
   B. 发票实行定期换版制度
   C. 发票只能使用中文印制
   D. 在境外从事生产经营的企业，经批准可以在境外印制发票

[解析] 发票实行不定期换版制度，B项错误。发票可以同时使用中外两种文字印制，C项错误。禁止在境外印制发票，D项错误。

[答案] A

4. 纳税人需先将已填用过的发票存根联交主管税务机关审核无误后，再领购新发票，已填用过的发票存根联由用票单位自己保管，这种发票领购方式称为（　　）。[2015年真题]
   A. 交旧购新　　　　　B. 定额供应
   C. 验旧购新　　　　　D. 批量供应

[解析] 交旧购新、验旧购新两种方法的区别在于前者发票存根联由税务机关留存，后者由用票单位自己保管。

[答案] C

5. 纳税人不办理税务登记的，由税务机关责令限期改正；逾期不改的，由税务机关（　　）。[2014年真题]

　　A. 责令停业整顿

　　B. 处 2 000 元以下的罚款

　　C. 提请工商行政管理机关吊销其营业执照

　　D. 处 2 000 元以上 1 万元以下的罚款

　　[解析] 本题考查税务登记的法律责任。纳税人不办理税务登记的由税务机关责令限期改正；逾期不改正的，经税务机关提请，由工商行政管理机关吊销营业执照。 [答案] C

6. 关于账簿设置的说法，正确的是（　　）。[2013年真题]

　　A. 纳税人、扣缴义务人的会计制度健全，能够通过计算机正确、完整计算其收入和所得或者代扣代缴、代收代缴税款情况的，其计算机储存的会计记录视同会计账簿，不必打印成书面资料

　　B. 账簿、收支凭证粘贴簿、进销货登记簿等资料，除另有规定者外，至少要保存 5 年

　　C. 扣缴义务人应当自税收法律、行政法规规定的扣缴义务发生之日起 15 日内，按照所代扣、代收的税种，分别设置代扣代缴、代收代缴税款账簿

　　D. 生产经营规模小又确无建账能力的纳税人，若聘请专业机构或者人员有实际困难的，经县以上税务机关批准，可以按照规定建立收支凭证粘贴簿，进货销货登记簿或使用税控装置

　　[解析] 纳税人、扣缴义务人会计制度健全，能够通过计算机正确、完整计算收入和所得或者代扣代缴、代收代缴税款情况的，其计算机输出的完整的书面会计记录，可视为会计账簿，必须打印成书面资料，A 项错误。账簿、收支凭证粘贴簿、进销货登记簿等资料，除另有规定者外，至少要保存 10 年，B 项错误。扣缴义务人，自发生扣缴义务之日起 10 日内，按照所代扣、代缴的税种，分别设置代扣代缴、代收代缴税款账簿，C 项错误。 [答案] D

7. 下列行为中，属于违反发票管理办法的规定，由税务机关责令限期改正，可处 1 万元以下罚款，有违法所得予以没收的情形是（　　）。[2013年真题]

　　A. 私自印制发票的

　　B. 跨规定区域开具发票的

　　C. 非法代开发票的

　　D. 转借、转让、介绍他人转让发票、发票监制章和发票防伪专用品的

　　[解题思路] 本题参考"发票检查"中违反发票管理办法的具体规定，应正确区分不同的处罚规定。 [答案] B

8. 纳税人超过应纳税额多缴纳的税款，自结算税款之日起（　　）年内发现的，可以向税务机关要求退还多缴的税款，并加算银行同期存款利息。[2012年真题]

　　A. 10　　　B. 5　　　C. 4　　　D. 3

　　[解析] 纳税人超过应纳税额多缴纳的税款，税务机关发现后应当立即退还；纳税人自结算缴纳税款之日起 3 年内发现的，可以向税务机关要求退还多缴的税款并加算银行同期存款利息，税务机关及时查实后应当立即退还；涉及从国库中退库的，依照法律、法规有关国库管理的规定退还。 [答案] D

二、多项选择题（每题 2 分，每题备选项中，有 2 个或 2 个以上符合题意，至少有 1 个错项。错选，本题不得分；少选，所选的每个选项得 0.5 分）

1. 关于纳税申报的说法，错误的有（　　）。[2017年真题]

　　A. 纳税人、扣缴义务人可采用邮寄申报的方式申报纳税

　　B. 纳税人和扣缴义务人不论当期是否发生纳税义务，都必须办理纳税申报

C. 纳税人依法享受免税政策，在免税期间仍应按规定办理纳税申报
D. 纳税人因不可抗力不能按期办理纳税申报的，可在不可抗力情形消除后15日内办理
E. 纳税人未按照规定的期限办理纳税申报和报送纳税资料，且情节严重的，税务机关可以处2 000元以上10 000元以下的罚款

[解析] 本题考查纳税申报。纳税人、扣缴义务人，不论当期是否发生纳税义务，除经税务机关批准外，均应按规定办理纳税申报或者报送代扣代缴、代收代缴税款报告表，而不是必须进行纳税申报，故B项错误。纳税人因不可抗力不能按期办理纳税申报的，应在不可抗力情形消除后立即向税务机关报告，故D项错误。 [答案] BD

2. 关于税务机关实施税收保全措施的说法，正确的有（ ）。[2013年真题]
   A. 税收保全措施仅限于从事生产、经营的纳税人
   B. 只有在事实全部查清，取得充分证据的前提下才能进行
   C. 冻结纳税人的存款时，其数额要以相当于纳税人应纳税款的数额为限
   D. 个人及其扶养家属维持生活必需的住房和用品，不在税收保全措施的范围之内
   E. 税务机关对单价10 000元以下的其他生活用品，不采取税收保全措施

[解析] 税务机关有根据认为从事生产、经营的纳税人有逃避纳税义务行为的，可以在规定的纳税期之前，责令限期纳税；在限期内发现纳税人有明显的转移、隐匿其应纳税的商品、货物以及其他财产迹象的，税务机关应责令提供纳税担保。如果未提供担保的，经县级以上税务局局长批准，税务机关可以采取保全措施，B项错误。5 000元以下的其他生活用品，不采取税收保全措施和强制执行措施，E项错误。 [答案] ACD

3. 下列行为中，属于税款征收方式的有（ ）。[2012年真题]
   A. 查账征收   B. 查定征收
   C. 查验征收   D. 定期定额征收
   E. 由主管税务机关核定应纳税额

[解析] 税款征收的方式包括查账征收、查定征收、查验征收、定期定额征收。 [答案] ABCD

4. 在我国，通行的纳税申报方式有（ ）。[2011年真题改编]
   A. 直接申报   B. 邮寄申报
   C. 汇总申报   D. 委托代理申报
   E. 数据电文申报

[解析] 纳税申报的方式包括直接申报、邮寄申报、数据电文、委托代理申报。 [答案] ABDE

本章同步练习

一、单项选择题（每题1分，每题备选项中，只有1个最符合题意）

1. 纳税人因有特殊困难，不能按期缴纳税款的，经批准，可延期缴纳税款，但是最长不得超过（ ）。
   A. 1个月   B. 3个月   C. 6个月   D. 1年

2. 下列各项中，不属于纳税担保范围的是（ ）。
   A. 税款   B. 滞纳金   C. 质押保管费用   D. 罚款

3. 关于发票管理的说法，错误的是（ ）。
   A. 不能自行扩大专业发票的使用范围   B. 未经税务机关批准，不能拆本使用发票
   C. 开具发票不得加盖单位财务印章   D. 不能转借、转让、代开发票

4. 在纳税信用管理中，《纳税信用管理办法（试行）》适用的范围不包括（ ）。
   A. 个人独资企业

B. 个人合伙企业

C. 从事生产、经营并适用查账征收的独立核算企业

D. 扣缴义务人

5. 纳税人通过提供虚假的证明资料等手段，骗取税务登记证的，情节严重的，可处以（　　）的罚款。

　　A. 2 000元以下　　　　　　　　B. 2 000元以上10 000元以下

　　C. 2 000元以上5 000元以下　　　D. 5 000元以上50 000元以下

6. 税务机关在采取税收保全措施时，不在保全措施的范围之内的物品是（　　）。

　　A. 高档消费品

　　B. 金银首饰

　　C. 单价在5 000元以上的生活用品

　　D. 个人及其所扶养家属维持生活必需的住房和用品

7. 关于原始凭证，下列说法中正确的是（　　）。

　　A. 记账凭证是登记账簿的原始资料和重要依据

　　B. 原始凭证所记载的各项内容，除摘要外，不得涂改

　　C. 原始凭证有错误的，应当由单位重开，不准在原始凭证上更改

　　D. 原始凭证是经济业务发生时取得或者填制的用以记录或证明经济业务或完成情况的书面证明

8. 关于纳税申报的对象，下列说法中错误的是（　　）。

　　A. 负有纳税义务的单位和个人应及时办理纳税申报

　　B. 取得临时应税收入的纳税人要立即办理纳税申报

　　C. 享有免税待遇的纳税人，可以不办理纳税申报

　　D. 扣缴义务人必须按规定报送相关资料

9. （　　）是税务机关按照纳税人提供的账表所反映的情况，依照适用税率计算缴纳税款的办法。

　　A. 查定征收　　B. 查账征收　　C. 查验征收　　D. 定期定额征收

10. 税务机关采取强制执行措施将扣押、查封的商品、货物或者其他财产变价抵缴税款，拍卖或者变卖所得抵缴税款、滞纳金、罚款以及扣押、查封、保管、拍卖、变卖等费用后剩余部分应当在（　　）日内退还被执行人。

　　A. 3　　　　　　　　　　　　B. 7

　　C. 10　　　　　　　　　　　D. 15

二、**多项选择题**（每题2分，每题备选项中，有2个或2个以上符合题意，至少有1个错项。错选，本题不得分；少选，所选的每个选项得0.5分）

1. 纳税质押属于纳税担保的一种形式，下列各项中，属于纳税质押具体形式的有（　　）。

　　A. 汇票　　　B. 本票　　　C. 现金　　　D. 债券

　　E. 房屋

2. 下列不得作为纳税担保人的有（　　）。

　　A. 国家权力机关　　　　　　B. 从事生产经营的企业单位

　　C. 行政机关　　　　　　　　D. 审判机关

　　E. 检察机关

3. 纳税信用管理中，属于纳税信用评价采取方式的有（　　）。

　　A. 年度评价指标得分　　　　B. 直接判级方式

　　C. 内部自评方式　　　　　　D. 社会监督方式

　　E. 口头评价方式

4. 下列财务资料中，除另有规定者外，至少要保存10年的有（　　）。
   A. 账簿
   B. 发票的存根联
   C. 收支凭证粘贴簿
   D. 发票登记簿
   E. 进销货登记簿

5. 下列属于增值税专用发票检查的一般方法的有（　　）。
   A. 鉴别真伪
   B. 逻辑审核
   C. 逆向检查
   D. 就地调查
   E. 交叉传递

6. 根据税务登记制度改革相关规定，下列执照和证件中，属于"五证合一，一照一码"登记制度改革范围的有（　　）。
   A. 安全生产许可证
   B. 组织机构代码证
   C. 税务登记证
   D. 工商营业执照
   E. 社会保险登记证

本章同步练习参考答案及解析

一、单项选择题

1. ［答案］B
   ［解析］纳税人因有特殊困难，不能按期缴纳税款的，经省、自治区、直辖市税务机关批准，可以延期缴纳税款，但是最长不得超过3个月。

2. ［答案］D
   ［解析］纳税担保范围包括税款、滞纳金和实现税款、滞纳金的费用。费用包括抵押、质押登记费用，质押保管费用，以及保管、拍卖、变卖担保财产等相关费用支出。

3. ［答案］C
   ［解析］C项，开具发票要加盖单位财务印章或发票专用章。

4. ［答案］D
   ［解析］《纳税信用管理办法（试行）》适用于已办理税务登记（含"五证合一、一照一码"、临时登记），从事生产、经营并适用查账征收的独立核算企业、个人独资企业和个人合伙企业，暂不包括扣缴义务人与自然人。

5. ［答案］B
   ［解析］纳税人通过提供虚假的证明资料等手段，骗取税务登记证的，处2 000元以下的罚款；情节严重的，处2 000元以上10 000元以下的罚款。

6. ［答案］D
   ［解析］个人及其所扶养家属维持生活必需的住房和用品，不在税收保全措施范围之内。个人及其所扶养家属维持生活必需的住房和用品不包括机动车辆、金银饰品、古玩字画、豪华住宅或者一处以外的住房。税务机关对单价5 000元以下的其他生活用品，不采取税收保全措施和强制执行措施。

7. ［答案］D
   ［解析］A项，原始凭证是进行会计核算的原始资料和重要依据，记账凭证是登记账簿的依据。B项，原始凭证记载的各项内容均不得涂改。C项，原始凭证有错误的，应当由出具单位重开或者更正，更正处应当加盖出具单位印章；原始凭证金额有错误的，应当由出具单位重开，不准在原始凭证上更正。

8. ［答案］C
   ［解析］C项，享有减税、免税待遇的纳税人，在减税、免税期间也应当依法办理纳税申报。

9. ［答案］B
   ［解析］查账征收是指税务机关按照纳税人提供的账表所反映的情况，依照适用税率计算缴纳税款的办法。

10. ［答案］A
    ［解析］拍卖或者变卖所得抵缴税款、滞纳金、罚款以及扣押、查封、保管、拍卖、变卖等费用后，剩余部分应当在3日内退还被执行人。

二、多项选择题

1. ［答案］ABCD

［解析］纳税质押分为动产质押和权利质押。动产质押包括现金以及其他除不动产以外的财产提供的质押；汇票、支票、本票、债券、存款单等权利凭证可以质押。

2. ［答案］ACDE

［解析］国家机关，包括国家权力机关、行政机关、审判机关和检察机关，由于其所处地位的特殊性，不论其是否具备纳税担保能力，均不得作为纳税担保人，以保证税务机关依法执行职务，防止权力干预和各种违纪情况的发生。

3. ［答案］AB

［解析］纳税信用评价采取年度评价指标得分和直接判级方式。

4. ［答案］ACE

［解析］账簿、收支凭证粘贴簿和进销货登记簿至少要保存10年。

5. ［答案］ABDE

［解析］增值税专用发票检查的一般方法包括鉴别真伪、逻辑审核、就地调查、交叉传递、双重稽核。

6. ［答案］BCDE

［解析］"五证合一，一照一码"登记制度执照和证件范围包括工商营业执照、组织机构代码证、税务登记证、社会保险登记证和统计登记证。

第八章 纳税检查

本章考情分析

年份	单项选择题	多项选择题	案例分析题	合计
2022 年	5 题 5 分	3 题 6 分	—	11 分
2021 年	5 题 5 分	1 题 2 分	5 题 10 分	17 分
2020 年	5 题 5 分	2 题 4 分	5 题 10 分	19 分
2019 年	5 题 5 分	1 题 2 分	5 题 10 分	17 分
2018 年	6 题 6 分	2 题 4 分	5 题 10 分	20 分

本章考点概览

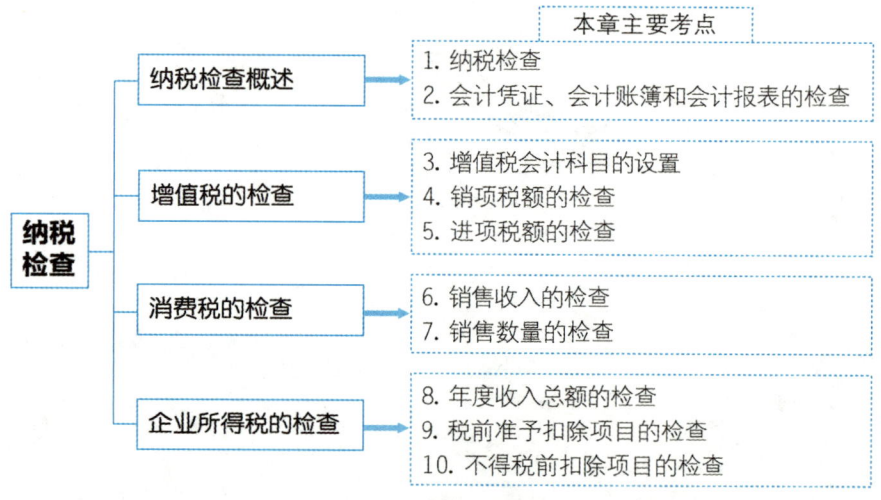

本章学习提示

本章需要掌握纳税检查的方法及账务调整的方法。增值税、消费税、企业所得税是纳税检查的重点对象，由于不同税种的检查要点不一样，可结合本书中归纳的方法理解记忆。

本章考点详解

考点 1 纳税检查

纳税检查概述如表 8-1 所示。

表 8-1　纳税检查概述

项目	具体内容
主体	税务机关
客体	纳税义务人、代扣代缴义务人、代收代缴义务人、纳税担保人等
基本方法	(1) 按照检查的范围、内容、数量和查账粗细划分为详查法和抽查法 (2) 按照查账的顺序划分为顺查法和逆查法 (3) 按照与检查资料之间的相互关系划分为联系查法和侧面查法 (4) 分析法包括比较分析法、推理分析法和控制分析法（分析法不能作为查账定案结论的依据） (5) 盘存法
检查范围	(1) 检查纳税人的账簿、记账凭证、报表和有关资料，检查扣缴义务人代扣代缴、代收代缴税款账簿、记账凭证和有关资料 (2) 到纳税人的生产、经营场所和货物存放地检查纳税人应纳税的商品、货物或者其他财产，检查扣缴义务人与代扣代缴、代收代缴税款有关的经营情况 (3) 责成纳税人、扣缴义务人提供与纳税或者代扣代缴、代收代缴税款有关的文件、证明材料和有关资料 (4) 询问纳税人、扣缴义务人与纳税或者代扣代缴、代收代缴税款有关的问题和情况 (5) 到车站码头、机场、邮政企业及其分支机构检查纳税人托运、邮寄应纳税商品、货物或者其他财产的有关单据凭证和有关资料 (6) 经县以上税务局（分局）局长批准，凭全国统一格式的检查存款账户许可证明，查询从事生产、经营的纳税人、扣缴义务人在银行或者其他金融机构的存款账户

【提示1】税务机关在调查税收违法案件时，经设区的市、自治州以上税务局（分局）局长批准，可以查询案件涉嫌人员的储蓄存款。

【提示2】税务机关查询所获得的资料，不得用于税收以外的用途。

经典例题

[2017年真题·多项选择题] 关于纳税检查的说法，正确的有（　　）。
A. 纳税检查的主体是税务机关
B. 纳税检查的客体包括代扣代缴义务人
C. 查询从事生产、经营的纳税人的银行存款账户，需要经过税务所所长的批准
D. 查询从事生产、经营的纳税人的银行存款账户，需凭全国统一格式的检查存款账户许可证明
E. 经县税务局局长批准，可以查询案件涉嫌人员的储蓄存款

[解析] 经县以上税务局局长批准，税务检查人员按全国统一格式的检查存款账户许可证明，查询从事生产、经营的纳税人、扣缴义务人在银行或其他金融机构的存款账户。税务机关在调查税收违法案件时，经设区的市、自治州以上税务局（分局）局长批准，可以查询案件涉嫌人员的储蓄存款。故 C、E 两项错误。　　[答案] ABD

[2016年真题·多项选择题] 纳税检查的范围包括（　　）。
A. 纳税人应纳税的商品
B. 扣缴义务人的财产
C. 扣缴义务人代扣代缴税款账簿
D. 经税务所所长批准，查询纳税人的银行存款账户
E. 经县以上税务局局长批准，查询案件涉嫌人员的储蓄存款

[解题思路] 纳税检查的范围参考表8-1所列内容。D项，查询纳税人的银行存款账户是经税务局局长批准，而不是税务所所长批准。　　[答案] AC

> **经典例题**

[2015年真题·多项选择题] 纳税检查的客体包括（　　）。
A. 纳税人
B. 负税人
C. 代扣代缴义务人
D. 代收代缴义务人
E. 纳税担保人
[解析] 纳税检查的客体包括纳税义务人，还包括代扣代缴义务人、代收代缴义务人、纳税担保人等。
[答案] ACDE

◆ 考点2 会计凭证、会计账簿和会计报表的检查

一、会计凭证的检查

会计凭证主要包括原始凭证和记账凭证。会计凭证的检查如表8-2所示。

表8-2 会计凭证的检查

凭证	具体类型	检查事项
原始凭证	外来原始凭证	进货发票、进账单、汇款单、运费发票	审查外来原始凭证的合法性；审查凭证的真实性；审查外来原始凭证的完整性；审查外来原始凭证手续是否完备；对多联式发票，要注意是否系报销联，防止用其他联作报销
	自制原始凭证	(1) 对外自制凭证：现金收据、实物收据 (2) 对内自制凭证：收料单、领料单、支出证明单、差旅费报销单、成本计算单	检查自制原始凭证的种类、格式、使用是否符合有关主管机关和财务制度的规定，审批手续是否齐全，有无利用白条代替凭证的现象；检查自制原始凭证的内容是否真实，处理是否符合规定；检查凭证手续是否完备，应备附件是否齐全；检查自制支出凭证的报销金额是否遵守制度规定的开支标准和开支范围
会计凭证		(1) 记账凭证是否附有原始凭证，两者的内容是否一致 (2) 会计科目及其对应关系是否正确 (3) 会计记录所反映的经济内容是否完整，处理是否及时

二、会计账簿的检查

会计账簿检查包括序时账的审查分析、总分类账的审查分析和明细分类账的检查。其中，总分类账的审查分析包括账账关系、账表关系、纵向关系、横向关系等的查核。需要注意的是从总账中审查发现问题，只能作为查账的线索。

三、会计报表的检查

(1) 资产负债表的审查分析。具体包括应收、预收、应付、预付等账款，各项存货，固定资产等项目的审查。

(2) 损益表的检查分析。具体包括主营业务收入、主营业务成本和营业费用项目的审查。

> **经典例题**

[2014年真题·单项选择题] 下列凭证中，属于自制原始凭证的是（　　）。
A. 进账单　　　　　　　　　B. 汇款单
C. 差旅费报销单　　　　　　D. 运费发票
[解题思路] 原始凭证包括自制原始凭证和外来原始凭证两类，外来原始凭证相比较自制原始凭证包括的种类比较少，所以可仅记忆外来原始凭证，其余为自制原始凭证。
[答案] C

考点3　增值税会计科目的设置

一、"应交税费"科目中与增值税核算有关的明细科目

"应交税费"科目中与增值税核算有关的明细科目如图8-1所示。

```
（1）应交增值税                                （6）未交增值税
（2）预交增值税                                （7）待抵扣进项税额
（3）待认证进项税额    "应交税费"科目中与增值税  （8）待转销项税额
（4）增值税留抵税额       核算有关的明细科目      （9）简易计税
（5）转让金融商品应交增值税                      （10）代扣代缴增值税
```

图 8-1　"应交税费"科目中与增值税核算有关的明细科目

二、"应交增值税"明细科目

"应交增值税"明细科目如表8-3所示。

表 8-3　"应交增值税"明细科目

借方	贷方
进项税额	销项税额
销项税额抵减	出口退税
已交税金	进项税额转出
转出未交增值税	转出多交增值税
减免税款	—
出口抵减内销产品应纳税额	—

三、重要的增值税会计科目

重要的增值税会计科目如表8-4所示。

表 8-4　重要的增值税会计科目

会计科目	具体内容
"预交增值税"明细科目	核算纳税人转让不动产、提供不动产经营租赁服务、提供建筑服务、采用预收款方式销售自行开发的房地产项目等
"待抵扣进项税额"明细科目	核算一般纳税人已经取得增值税扣除凭证并经税务机关认证，按规定准予以后期间从销项税额中抵扣的进项税额。包括实行纳税辅导期管理的一般纳税人取得的尚未交叉稽核比对的增值税扣税凭证上注明或计算的进项税额
"待认证进项税额"明细科目	核算一般纳税人已申请稽核但尚未取得稽核相符结果的海关缴款书进项税额
"待转销项税额"明细科目	核算一般纳税人销售货物、加工修理修配劳务、服务、无形资产或不动产，已确认相关收入（或利得）但尚未发生增值税纳税义务而需要以后期间确认为销项税额的增值税额。相应会计分录为： 借：应收账款/应收票据 　　贷：主营业务收入 　　　　应交税费——待转销项税额

> **经典例题**
>
> [2017年真题·多项选择题] 增值税一般纳税人在"应交增值税"明细账内设置的专栏包括（　　）。
> A. 待认证进项税额　　　　B. 待转销项税额
> C. 已交税金　　　　　　　D. 出口退税
> E. 代扣代交增值税
> [解析] 本题考查增值税会计科目的设置。"应交增值税"的借方科目包括进项税额、销项税额抵减、已交税金、转出未交增值税、减免税款、出口抵减内销产品应纳税额。贷方科目包括销项税额、出口退税、进项税额转出、转出多交增值税。故C、D两项正确。　　　　[答案] CD

考点4　销项税额的检查

一、一般销售方式的检查

（一）销售货物

不同销售货物方式的账务处理如表8-5所示。

表8-5　不同销售货物方式的账务处理

销售货物方式	纳税义务发生时间	账务处理
缴款提货销售方式	在缴款提货销售的情况下，如果货款已经收到，发票账单和提货单也交给买方，无论商品、产品是否已经发出，都作为销售的实现	（1）收到货款时： 借：银行存款 　　贷：主营业务收入 　　　　应交税费——应交增值税（销项税额） （2）结转主营业务成本时： 借：主营业务成本 　　贷：库存商品
预收货款销售方式	采用预收货款方式销售产品（商品），在企业发出产品（商品）时作为销售的实现	（1）企业收到货款时，其账务处理为： 借：银行存款 　　贷：合同负债 （2）货物发出时转作收入，计算相应的增值税： 借：合同负债 　　贷：主营业务收入 　　　　应交税费——应交增值税（销项税额） （3）月底，结转相应的成本： 借：主营业务成本 　　贷：库存商品
分期收款结算方式	按书面合同规定的收款日期作为销售收入的实现时间。不论企业在合同规定的收款日期是否收到货款，均应结转收入，计算应纳税款，并按分期收款销售的比例结转相应的成本	（1）发出商品时： 借：发出商品 　　贷：库存商品 （2）到合同规定的收款日期时： 借：银行存款/应收账款 　　贷：主营业务收入 　　　　应交税费——应交增值税（销项税额） （3）结转成本： 借：主营业务成本 　　贷：发出商品

【提示】

（1）对缴款提货销售的检查，主要检查"应收账款""应付账款""其他应收款""其他应付款"等明细账户。

(2) 分期收款方式中有一种特别的方式需要加以注意，即具有融资性质的分期收款销售商品的处理方式。

具有融资性质的分期收款销售商品，发出商品时按照应收的合同或协议价款的公允价值确定收入金额，剩余部分计入"未实现融资收益"，同时结转成本。

在发出商品时确认收入，结转成本：

借：长期应收款
　　贷：主营业务收入
　　　　未实现融资收益
　　　　应交税费——待转销项税额
借：主营业务成本
　　贷：库存商品

（二）销售服务

(1) 纳税人销售服务的，纳税义务发生时间为纳税人销售服务并收讫销售款项或者取得索取销售款项凭据的当天。

(2) 先开发票的，纳税义务发生时间为开具发票的当天。

(3) 纳税人提供建筑服务、租赁服务采取预收款方式的，其纳税义务发生时间为收到预收款的当天。

(4) 纳税人从事金融商品转让的，其纳税义务发生时间为金融商品所有权转移的当天。

销售服务的账务处理如下：

借：银行存款/应收票据/应收账款等
　　贷：主营业务收入/其他业务收入
　　　　应交税费——应交增值税（销项税额）

采用预收款方式销售服务的账务处理如表8-6所示。

表8-6　采用预收款方式销售服务的账务处理

销售服务	账务处理
采取预收款方式提供建筑服务、租赁服务的企业，纳税义务发生时间为收到预收款时	借：银行存款 　　贷：合同负债 　　　　应交税费——应交增值税（销项税额）
对于采取预收款方式销售服务（建筑服务、租赁服务除外）	(1) 收到预收款项时： 借：银行存款 　　贷：合同负债 (2) 发生服务时，确认收入及补缴款项： 借：合同负债/银行存款 　　贷：应交税费——应交增值税（销项税额） 　　　　主营业务收入/其他业务收入

【举例】某建筑工程公司为增值税一般纳税人，2019年4月中标某建筑工程项目，并签订了合同。5月30日项目开工，同时收到业主的含税开工预付款1 308万元，款项已经存入银行。请做出正确的账务处理。

【分析】采用预收款方式提供建筑服务，增值税纳税义务发生为收到对方的预付款当天，则5月30日收到预付款时的账务处理为：

借：银行存款　　　　　　　　　　　　　　　　　　　　　　　　　　13 080 000
　　贷：合同负债——工程款　　　　　　　　　　　　　　　　　　　12 000 000
　　　　应交税费——应交增值税（销项税额）　　　　　　　　　　　 1 080 000

二、视同销售方式下销项税额的检查

视同销售方式下销项税额的检查如表 8-7 所示。

表 8-7　视同销售方式下销项税额的检查

视同销售方式	纳税义务发生时间	账务处理
委托代销	代销双方要视同销售，按照收到代销清单的当天、收到全部或者部分货款的当天，或者发出代销货物满 180 天的当天，三种形式中较早发生的一天作为纳税义务发生时间	采用收取手续费的形式 (1) 当发出委托代销商品时： 　借：委托代销商品 　　贷：库存商品 (2) 收到代销清单时（按代销清单上注明的商品数量，确认收入）： 　借：应收账款 　　贷：主营业务收入 　　　　应交税费——应交增值税（销项税额） (3) 结转成本： 　借：主营业务成本 　　贷：委托代销商品 (4) 收到扣除手续费后的货款时： 　借：银行存款 　　　销售费用 　　　应交税费——应交增值税（进项税额） 　　贷：应收账款
自产自用产品	企业将产品移送使用时计算销项税额	借：应付职工薪酬/长期股权投资 　贷：库存商品（按成本结转）/主营业务收入（售价） 　　　应交税费——应交增值税（销项税额）（按销售额计算）
将货物用于对外投资	将自产、委托加工或购买的货物作为投资提供给其他单位或个体工商户，视同销售，缴纳增值税，纳税义务发生时间为货物移送的当天	借：长期股权投资 　贷：主营业务收入 　　　应交税费——应交增值税（销项税额） 借：主营业务成本 　贷：库存商品
将货物无偿赠送他人	企业将自产、委托加工或购买的货物无偿赠送他人，视同销售货物计算增值税销项税额，其纳税义务发生时间及开具增值税专用发票的时间均为货物移送的当天	借：营业外支出 　贷：库存商品［成本结转］ 　　　应交税费——应交增值税（销项税额）

【提示】

(1) 企业委托代销商品，一般有两种形式：

①收取手续费的形式。对于委托方支付的手续费计入销售费用。

②视同买断方式。销售价格由代销方定，代销合同中，规定一个代销价格，实际销售价格高于代销价格的部分为代销方的报酬。

(2) 自产自用的产品适用于视同销售的情形，需要按照规定缴纳增值税，计税依据依照销售价格优于组成计税价格的顺序进行确认（即有售价按售价，无售价选组成计税价格）。

三、包装物的检查

包装物检查的处理如表 8-8 所示。

表 8-8　包装物检查的处理

不同的包装物形式	账务处理
随同货物出售单独计价的包装物	借：银行存款 　　贷：其他业务收入 　　　　应交税费——应交增值税（销项税额）
包装物收取押金 （单独记账核算的，不并入销售额征税）	借：银行存款 　　贷：其他应付款——包装物押金
对因逾期未收回包装物不再退还的押金，应按所包装货物的适用税率计算销项税额	借：其他应付款——包装物押金 　　贷：其他业务收入 　　　　应交税费——应交增值税（销项税额）

【提示】对销售除啤酒、黄酒外的其他酒类产品而收取的包装物押金，无论是否返还以及会计上如何核算，均应并入当期销售额征税。

> **经典例题**

[2022 年真题·单项选择题] 某服装厂系增值税一般纳税人。2019 年 5 月 1 日采取分期收款方式销售一批服装，服装已经交付，合同约定货款分别于 2020 年 5 月 1 日、2021 年 5 月 1 日两次等额支付，2019 年 5 月 1 日该企业账务处理正确的是（　　）。

A. 借：长期应收款
　　贷：主营业务收入
　　　　未实现融资收益
　　　　应交税费——待转销项税额

B. 借：长期应收款
　　贷：主营业务收入
　　　　未确认融资费用
　　　　应交税费——应交增值税（销项税额）

C. 借：应收账款
　　贷：主营业务收入
　　　　未实现融资收益
　　　　应交税费——应交增值税（销项税额）

D. 借：长期应收款
　　贷：未确认融资费用
　　　　应交税费——应交增值税（销项税额）

[解析] 企业销售商品，有时会采取分期收款的结算方式，如分期收款发出商品，即商品已经交付，货款分期收回。延期收取的货款具有融资性质，其实质是企业向购货方提供免息的信贷，企业应按照应收的合同或协议价款的公允价值确定收入金额。应收的合同或协议价款的公允价值，通常应当按照其未来现金流量现值或者商品现销价格计算确定。正确的账务处理如下：
(1) 交付商品时：
借：长期应收款
　　贷：主营业务收入
　　　　未实现融资收益
　　　　应交税费——待转销项税额
借：主营业务成本
　　贷：库存商品

(2) 按合同约定收到货款时：
借：银行存款
　　贷：长期应收款
借：未实现融资收益
　　贷：财务费用
借：应交税费——待转销项税额
　　贷：应交税费——应交增值税（销项税额）

[答案] A

四、销售额的检查

销售额的检查如表 8-9 所示。

表 8-9　销售额的检查

检查对象	具体内容
不含税销售额的检查	销售额＝含税销售额／（1＋税率）
价外费用的检查	价外费用常常在"其他应付款""其他业务收入""营业外收入"等科目中核算

> **经典例题**

[2011年真题改编·单项选择题] 甲企业为增值税一般纳税人，适用增值税税率为13%。2011年6月收取乙企业的预付货款22 600元，甲企业应做的正确账务处理为（　　）。

A. 借：银行存款　　　　　　　　　　　　　　　　　　22 600
　　贷：主营业务收入　　　　　　　　　　　　　　　20 000
　　　　应交税费——应交增值税（销项税额）　　　　2 600

B. 借：银行存款　　　　　　　　　　　　　　　　　　22 600
　　贷：合同负债　　　　　　　　　　　　　　　　　22 600

C. 借：银行存款　　　　　　　　　　　　　　　　　　22 600
　　贷：合同负债　　　　　　　　　　　　　　　　　20 000
　　　　应交税费——应交增值税（销项税额）　　　　2 600

D. 借：银行存款　　　　　　　　　　　　　　　　　　22 600
　　贷：其他应付款——预付账款　　　　　　　　　　22 600

[解析] 企业采取预收货款方式销售产品，在产品发出时才确认收入的实现。在企业仅收到预收款未发出商品时，预收款记入"合同负债"科目。

[答案] B

● 考点5　进项税额的检查

一、进项税额抵扣凭证的检查

可以作为增值税额的抵扣凭证的有增值税专用发票、海关增值税专用缴款书、代扣代缴税款的完税凭证、农产品收购发票或销售发票等。

【提示】企业未取得抵扣凭证，不能计算进项税额。

二、准予抵扣的进项税额的检查

(1) 从销售方取得的增值税专用发票上注明的增值税额。

(2) 从海关取得的海关进口增值税专用缴款书上注明的增值税额。

(3) 购进免税农业产品的按照农产品收购发票或者销售发票上注明的农产品买价和9%（或10%）的扣除率计算的进项税额。

(4) 自境外单位或者个人购进劳务、服务、无形资产或者境内的不动产，从税务机关或者扣缴义务人取得的代扣代缴税款的完税凭证上注明的增值税额。

经典例题

[2017年真题改编·单项选择题] 某企业为增值税一般纳税人，2019年4月将前期购进的原材料（棉布）用于职工福利，已知原材料成本为10 000元，其进项税额已进行了抵扣。企业正确的会计处理为（　　）。

A. 借：应付职工薪酬　　　　　　　　　　　　　　　　　　　　　10 000
　　　贷：原材料　　　　　　　　　　　　　　　　　　　　　　　10 000
B. 借：管理费用　　　　　　　　　　　　　　　　　　　　　　　10 000
　　　贷：原材料　　　　　　　　　　　　　　　　　　　　　　　10 000
C. 借：应付职工薪酬　　　　　　　　　　　　　　　　　　　　　11 300
　　　贷：原材料　　　　　　　　　　　　　　　　　　　　　　　10 000
　　　　　应交税费——应交增值税（进项税额转出）　　　　　　　 1 300
D. 借：管理费用　　　　　　　　　　　　　　　　　　　　　　　11 300
　　　贷：原材料　　　　　　　　　　　　　　　　　　　　　　　10 000
　　　　　应交税费——应交增值税（销项税额）　　　　　　　　　 1 300

[解析] 本题考查进项税额的检查。外购的原材料用于职工福利，不视同销售。进项税额需要做转出处理，故C项正确。

[答案] C

三、不得抵扣的进项税额的检查

（1）购进货物、劳务、服务、无形资产和不动产，未按规定取得并保存增值税扣税凭证的。

（2）购进货物、劳务、服务、无形资产和不动产，增值税扣税凭证上未按规定注明增值税额及其他有关事项，或者虽有注明，但不符合规定的。

（3）用于简易计税方法计税项目、免征增值税项目、集体福利或者个人消费的购进货物、加工修理修配劳务、服务、无形资产和不动产的所属增值税税额。

（4）非正常损失的购进货物以及相关的劳务和交通运输服务的所属增值税税额。

（5）非正常损失的在产品、产成品所耗用的购进货物、劳务和交通运输服务的所属增值税税额。

经典例题

[2010年真题改编·单项选择题] 北达公司（增值税一般纳税人）2019年5月从小规模纳税人处购进一批原材料，取得增值税普通发票，发票上注明价款113 000元，货款通过银行转账支付，其正确的账务处理为（　　）。

A. 借：原材料　　　　　　　　　　　　　　　　　　　　　　　113 000
　　　贷：银行存款　　　　　　　　　　　　　　　　　　　　　113 000
B. 借：原材料　　　　　　　　　　　　　　　　　　　　　　　100 000
　　　　应交税费——应交增值税（进项税额）　　　　　　　　　 13 000
　　　贷：银行存款　　　　　　　　　　　　　　　　　　　　　113 000
C. 借：原材料　　　　　　　　　　　　　　　　　　　　　　　109 490
　　　　应交税费——应交增值税（进项税额）　　　　　　　　　　3 510
　　　贷：银行存款　　　　　　　　　　　　　　　　　　　　　113 000
D. 借：原材料　　　　　　　　　　　　　　　　　　　　　　　113 000
　　　贷：应付账款　　　　　　　　　　　　　　　　　　　　　113 000

[解题思路] 从小规模纳税人处购进原材料，开具的是普通发票，不同于增值税专用发票，不能抵扣进项税额，发票上的价款需全部计入原材料之中。题目中如出现普通发票，需注意是否能抵扣。[答案] A

考点6 销售收入的检查

一、一般销售方式的检查

一般销售方式包括缴款提货、预收货款、分期收款等，对此检查的内容与增值税检查基本相同。与增值税不同的是，消费税实行价内税，其计提税金的账务处理为：

借：税金及附加
　　贷：应交税费——应交消费税

【提示】"税金及附加"账户反映的是消费税、城市维护建设税、教育费附加、资源税等（不包括增值税）。

二、视同销售方式的检查

视同销售方式的检查如表 8-10 所示。

表 8-10　视同销售方式的检查

视同销售方式	账务处理
自产货物用于职工福利	借：应付职工薪酬 　　贷：主营业务收入 　　　　应交税费——应交增值税（销项税额） 借：税金及附加 　　贷：应交税费——应交消费税 借：主营业务成本 　　贷：库存商品

【提示】

（1）企业发生视同销售行为，在计算增值税的同时，计算相应的消费税。其计税价格与增值税的计税价格确定方法一致，先确定售价，若无售价，则为计税价格。

（2）组成计税价格的确定方式如表 8-11 所示。

表 8-11　组成计税价格的确定方式

计税方法	组成计税价格的确认
从价定率	组成计税价格＝（成本＋利润）/（1－消费税比例税率）
复合计税	组成计税价格＝（成本＋利润＋自产自用数量×定额税率）/（1－消费税比例税率）

▷ 经典例题 ◁

[2017 年真题·单项选择题] 某企业新试制一批高档化妆品用于职工奖励，无同类产品的对外售价，已知其生产成本为 20 000 元，成本利润率为 5%，消费税税率为 15%。企业计提消费税的正确会计分录为（　　）。

A. 借：应付职工薪酬　　　　　　　　　　　　　　　　　　3 000
　　　贷：应交税费——应交消费税　　　　　　　　　　　　　　3 000
B. 借：管理费用　　　　　　　　　　　　　　　　　　　　3 000
　　　贷：应交税费——应交消费税　　　　　　　　　　　　　　3 000
C. 借：税金及附加　　　　　　　　　　　　　　　　　　3 705.88
　　　贷：应交税费——应交消费税　　　　　　　　　　　　3 705.88
D. 借：应付职工薪酬　　　　　　　　　　　　　　　　　3 705.88
　　　贷：应交税费——应交消费税　　　　　　　　　　　　3 705.88

[解析] 本题考查销售收入的检查。该企业需要计提的消费税＝20 000×（1＋5%）/（1－15%）×15%＝3 705.88（元）。计提的消费税需要记入"税金及附加"科目。故C项正确。　　[答案] C

三、委托加工方式的检查

（一）对受托方的检查

委托加工应税消费品在受托方交货时由受托方代收代缴消费税，确定计税依据：
(1) 有同类消费品的，按照受托方的同类消费品的销售价格计税。
(2) 没有同类消费品销售价格的，按组成计税价格计税。
委托加工方式的组成计税价格如表 8-12 所示。

表 8-12　委托加工方式的组成计税价格

计税方法	组成计税价格的确认
从价定率	组成计税价格＝（材料成本＋加工费）/（1－比例税率）
复合计税	组成计税价格＝（材料成本＋加工费＋委托加工数量×定额税率）/（1－比例税率）

【提示1】委托加工方式中，由受托方代收代缴消费税，所以对受托方重点检查。

【提示2】"加工费"是受托方加工应税消费品向委托方收取的全部费用（包括代垫辅助材料的实际成本，不包括增值税税金）。

（二）对委托方的检查

在对委托方进行税务检查中，主要是检查委托方是否缴纳了相关的税款，如果发现其委托加工的应税消费品受托方没有代收代缴税款，委托方要补缴税款。

【提示】委托方是消费税的纳税人，而受托方是消费税的代收代缴义务人，注意区分。

经典例题

[2016年真题·单项选择题] 企业委托加工材料发生的加工费，应记入的会计科目为（　　）。
A. "管理费用"　　　　　　　　B. "销售费用"
C. "委托加工物资"　　　　　　D. "材料成本差异"
[解析] 企业委托加工材料发生的加工费，应记入的会计科目为"委托加工物资"。　　[答案] C

[2014年真题·单项选择题] 企业销售应税消费品，计提消费税时应记入的科目为（　　）。
A. "管理费用"　　　　　　　　B. "销售费用"
C. "税金及附加"　　　　　　　D. "主营业务成本"
[解题思路] 对于同一个纳税人的同一项经济行为而言，消费税和增值税的计税销售额相同，但是所记的科目不同，要根据提供的内容区别记忆。　　[答案] C

● 考点7　销售数量的检查

销售数量的检查方法如表 8-13 所示。

表 8-13　销售数量的检查方法

检查方法	计算公式	适用情况
以盘挤销倒挤法	本期产品销售数量＝上期产品结存数量＋本期产品完工数量－本期产品结存数量	主要适用于产成品管理制度不够健全的企业
以耗核产，以产核销测定法	本期应出产品数量＝本期实耗材料量/单位产品材料消耗定额	适用于产品管理制度比较健全的企业

> **经典例题**
>
> [2011年真题·单项选择题] 甲企业5月份账面记载A产品销售数量1 000件,不含税销售单价为200元。已知A产品月初结存数量100件,本月完工入库数量1 500件,通过实地盘点得知A产品月末库存数量为300件,甲企业应调增销售收入(　　)元。
> A. 20 000　　　　　　　　　　　　　　B. 50 000
> C. 60 000　　　　　　　　　　　　　　D. 100 000
> [解析] 本题提供了相关的销售数量,根据提供的销售数量的检查方法对号入座。本期产品销售数量=100+1 500-300=1 300(件),题目中销售数量为1 000件,所以要调增300件,调增的收入=300×200=60 000(元)。
> [答案] C

● 考点8　年度收入总额的检查

年度收入总额的检查如表8-14所示

表8-14　年度收入总额的检查

检查项目	具体内容
销售货物收入的检查	(1) 检查销售货物收入确认的标准是否正确 (2) 检查销售货物收入确认的时间是否正确 (3) 检查销售货物收入的入账金额是否正确 (4) 检查销售折让、折扣及销售退回处理是否规范 (5) 检查视同销售收入的确认是否正确
提供劳务收入的检查	主要通过"主营业务收入"账户核算,主要是检查其入账时间以及入账金额是否准确
转让财产收入的检查	(1) 转让固定资产收入的检查。主要检查"固定资产清理""累计折旧""资产处置收益"账户 (2) 转让有价证券、股权以及其他财产收入的检查
股息、红利等权益性投资收益的检查	按照被投资方做出利润分配决定的日期确认收入的实现(除国务院财政、税务主管部门另有规定外)
利息收入的检查	应按照合同约定的债务人应付利息的日期确认收入的实现
租金收入的检查	按照合同约定的承租人应付租金的日期确认收入的实现
接受捐赠收入的检查	按照实际收到捐赠资产的日期确认收入的实现
不征税收入和免税收入的检查	不征税收入包括财政拨款、依法收取并纳入财政管理的行政事业性收费和政府性基金、国务院规定的其他不征税收入
	免税收入包括国债利息收入、地方政府债券利息收入、符合条件的居民企业之间的股息、红利等权益性投资收益和符合条件的非营利组织收入
其他收入的检查	其他收入包括企业资产溢余收入、逾期未退包装物押金收入、确实无法偿付的应付款项、已做坏账损失处理后又收回的应收款项、债务重组收入、补贴收入、违约金收入、汇兑收益等
特许权使用费收入的检查	收入确认时间按照合同约定的特许权使用人应付特许权使用费的日期确认
	特许权使用费收入主要通过"其他业务收入"核算

【提示】销售货物的账务处理为:
借:银行存款/库存现金/应收账款/应收票据
　　贷:主营业务收入
　　　　应交税费——应交增值税(销项税额)

> **经典例题**

[2014年真题·单项选择题] 某工业企业转让商标所有权时,其净收入应记入的科目为( )。
A."主营业务收入"　　　　　　B."其他业务收入"
C."营业外收入"　　　　　　　D."投资收益"
[解析] 特许权使用费收入,是指企业提供专利权、非专利技术、商标权、著作权以及其他特许权的使用权取得的收入。特许权使用费收入主要通过"其他业务收入"核算。　　[答案] B

● 考点9　税前准予扣除项目的检查

一、成本项目的检查

(1) 材料成本的检查(包括委托加工的运杂费、加工费)。
(2) 工资成本的检查(检查所提取的职工福利费、工会经费和职工教育经费)。
(3) 制造费用的检查。

二、成本计算的检查

(一)直接材料归集遵循的原则

直接材料归集遵循的原则如表 8-15 所示。

表 8-15　直接材料归集遵循的原则

不同情况的直接材料	归集原则
属于制造产品耗用的直接材料费用	直接记入"生产成本——基本生产成本"科目
属于辅助生产车间为进行产品或劳务生产而耗用的直接材料费用	直接记入"生产成本——辅助生产成本"科目
属于几种产品共同耗用的直接材料费用	记入"生产成本——基本生产成本"科目或"生产成本——辅助生产成本"科目

【提示】生产成本包括直接材料、直接人工和制造费用。

(二)生产成本在完工产品和在产品之间的分配

(1) 品种法适用于大量大批的单步骤生产企业(生产成本计入完工产品成本)。
(2) 分批法适用于单件、小批生产的企业。
(3) 分步法适用于大量大批的多步骤生产企业。

(三)完工产品成本的结转

(1) 完工入库的产成品的成本。
借：库存商品
　　贷：生产成本
(2) 完工自制材料、工具、模型等的成本。
借：原材料
　　贷：生产成本
(3) 为企业在建工程提供的劳务费用,月末不论是否完工。
借：在建工程
　　贷：生产成本

三、期间费用的检查

(1) 对管理费用的检查。
(2) 对销售费用的检查,包括广告费、运输费、装卸费、包装费、差旅费、工资。
(3) 对财务费用的检查,包括利息净支出、汇兑净损失、金融机构手续费以及其他资本化支出。

四、税金的检查

税金的检查，主要是检查企业的税金扣除项目是否正确，有无将不属于扣除范围的税金计入其中。税金的检查费用包括消费税、城市维护建设税、关税、资源税、土地增值税、房产税、车船税、城镇土地使用税、印花税、教育费附加等。

五、损失的检查

损失的检查包括发生的损失是否真实、计入损失的金额是否准确。

六、亏损弥补的检查

企业纳税年度发生的亏损，可以向以后年度结转，用以后年度的所得弥补，但结转年限最长不得超过5年。

【考点小贴士】关于税前扣除项目的检查，本书仅列举了一些经常考查的要点，需要大家重点理解记忆，其他部分内容在企业所得税部分已经讲解过，两者可对比理解记忆。

经典例题

[2016年真题·多项选择题] 生产成本的构成内容主要包括（   ）。
A. 直接材料   B. 直接人工
C. 制造费用   D. 管理费用
E. 销售费用
[解析] 生产成本包括直接材料、直接人工和制造费用。   [答案] ABC

[2013年真题·单项选择题] 制造产品所耗用的直接材料费用，应记入的会计账户为（   ）。
A. 生产成本——基本生产成本
B. 生产成本——辅助生产成本
C. 制造费用
D. 管理费用
[解题思路] 不同情况耗用的直接材料，在进行归集时，遵循的原则不一样，建议大家根据表8-15对比记忆。   [答案] A

● 考点10 不得税前扣除项目的检查

一、不允许扣除项目的检查

（1）资本性支出。
（2）无形资产受让开发支出。
未形成资产的部分，作为支出准予扣除；形成无形资产的，按直线法摊销。
（3）违法经营罚款和被没收财物损失。
（4）税收滞纳金、罚金、罚款（计算应纳税所得额时不得扣除）。
（5）灾害事故损失赔偿。
（6）非公益救济性捐赠。
（7）赞助支出。通过"营业外支出"进行核算，非广告性质的赞助支出不得税前列支。

二、超过规定标准项目的检查

不同项目的扣除标准如表8-16所示。

表 8-16　不同项目的扣除标准

项目	扣除标准
工资、薪金	企业发生的合理的工资、薪金支出，准予扣除 【注意】一定是实际发放的才能扣除，计提的不能扣除
职工福利费支出	不超过工资、薪金总额 14% 的部分准予扣除
工会经费	不超过工资、薪金总额 2% 的部分准予扣除
职工教育经费支出	不超过工资、薪金总额 8% 的部分准予扣除，超过的部分可以结转到以后年度扣除
业务招待费	按照发生额的 60% 扣除，但不超过当年销售（营业）收入的 5‰
广告费和业务宣传费	不超过当年销售（营业）收入 15%（部分行业 30%）的部分，准予扣除；超过的部分可以结转以后年度扣除
公益性捐赠支出	不超过年度利润总额 12% 的部分，准予扣除

经典例题

[2015 年真题·单项选择题] 关于企业赞助支出的说法，错误的是（　　）。
A. 非广告性质的赞助支出不得税前扣除
B. 企业发生的赞助支出通过"营业外支出"科目核算
C. 不得税前扣除的赞助支出应通过"利润分配"科目核算
D. 不得税前扣除的赞助支出应全额调增应纳税所得额
[解析] 不得税前扣除的赞助支出应通过"营业外支出"科目核算。　　　　　　　　　　　　　[答案] C

[2016 年真题改编·案例分析题] 甲机械厂为增值税一般纳税人，适用的增值税税率为 13%，2019 年发生如下经济业务：
（1）销售一批零部件，取得含税收入 226 000 元，同时收取包装物租金 20 000 元，包装物押金 50 000 元。
（2）将自产的一台设备用于职工福利，已知其生产成本为 100 000 元，无同类产品对外售价，成本利润率为 10%。
（3）2016 年度发生广告费支出 100 万元，全年销售收入 1 000 万元。
（4）2016 年度发生合同违约金支出 5 万元。
根据以上提供的企业资料，回答下列问题。

1. 企业收取的包装物租金，其正确的账务处理为（　　）。
A. 贷记"其他业务收入" 17 699.12 元
B. 贷记"其他业务收入" 20 000 元
C. 贷记"其他应付款" 20 000 元
D. 借记"其他业务收入" 17 699.12 元
[解题思路] 包装物租金作为价外费用，在做账务处理的时候要通过"其他业务收入"科目进行核算，收取的包装物租金收入是含税的，要换算为不含税的进行计算。　　　　　　　　　　　　　[答案] A

2. 企业收取的包装物押金，其正确的账务处理为（　　）。
A. 贷记"其他应付款" 44 247.79 元　　　B. 贷记"应交税费——应交增值税" 5 752.21 元
C. 贷记"其他应付款" 50 000 元　　　　D. 贷记"其他业务收入" 44 247.79 元
[解析] 企业收取的包装物押金，通过"其他应付款——包装物押金"科目的贷方发生额进行核算。
[提示] 前两道小题分别考查了包装物的租金和包装物押金，处理方式略有不同，需要看清题意，多加区分记忆。　　　　　　　　　　　　　　　　　　　　　　　　　　　　　　　　　　　　　　[答案] C

3. 将自产设备用于职工福利，其正确的账务处理为（　　）。
A. 借记"应付职工薪酬"100 000元　　B. 借记"应付职工薪酬"113 000元
C. 计提增值税销项税额13 000元　　D. 计提增值税销项税额14 300元
[解析] 自产的设备用于职工福利，应该作视同销售处理。 [答案] D
借：应付职工薪酬　　　　　　　　　　　　　　　　　　124 300
　　贷：主营业务收入　　　　　　　　　　　　　　　　　110 000
　　　　应交税费——应交增值税（销项税额）　　　　　　14 300

4. 企业发生的广告费支出，其正确的账务处理为（　　）。
A. 全额记入"销售费用"科目　　　B. 全额税收扣除
C. 不得税前扣除　　　　　　　　　D. 税前扣除金额为15万元
[解析] 企业发生的广告费的扣除限额为 1 000×15%＝150（万元），该企业发生的广告费为100万元，小于扣除限额，所以可以全额在企业所得税税前扣除，并且发生的广告费全额记入"销售费用"。 [答案] AB

5. 关于合同违约金的账务处理，正确的是（　　）。
A. 记入"主营业务成本"科目　　　B. 记入"营业外支出"科目
C. 记入"利润分配"科目　　　　　D. 记入"管理费用"科目
[解析] 对于企业的合同违约金支出不属于企业生产经营发生的业务支出的内容，属于非日常经营活动损失的支出，所以记入"营业外支出"科目。 [答案] B

本章易错易混考点

【易错易混考点】账务调整的基本方法

账务调整的基本方法如表8-17所示。

表8-17　账务调整的基本方法

基本方法	具体内容
红字冲销法	用红字冲销原错误的会计分录，再用蓝字重新编制分录，登记账簿
	适用于会计科目用错或者会计科目正确但核算金额大于应计金额的情况
补充登记法	通过编制转账分录，把调整金额直接入账，从而更正错账
	适用于漏计或错账所涉及的会计科目正确，但核算金额小于应计金额的情况
综合账务调整法	主要适用于所得税纳税检查后的账务调整
	如果涉及会计所得，当月发现错误，可以直接调整损益类科目；当年月度结算后发现错误，可以直接调整"本年利润"科目；年度决算后发现错误，对于影响上年度的所得的直接调整"以前年度损益调整"科目

【提示1】账务调整的方法中一定要注意"红字冲销法"和"补充登记法"的区别。

【提示2】对于"以前年度损益调整"账户调账时应注意：多计的收入，少计的费用调整"以前年度损益调整"的借方；少计的收入，多计的费用调整"以前年度损益调整"的贷方。

[2016年真题·单项选择题] 对于影响上年度的所得，在账务调整时可记入的会计科目为（　　）。
A. "营业利润"　　　　　　　　　B. "本年利润"
C. "利润分配"　　　　　　　　　D. "以前年度损益调整"
[解析] 对于影响上年度的所得，在账务调整时可记入的会计科目为"以前年度损益调整"。 [答案] D

[2016年真题·单项选择题] 税务机关对某企业进行纳税检查时，发现该企业将生产领用的原材

料 5 000 元误记为 50 000 元,企业应做的账务调整为（　　）。
A. 红字借记"原材料"5 000 元　　　B. 红字借记"原材料"45 000 元
C. 红字贷记"原材料"5 000 元　　　D. 红字贷记"原材料"45 000 元

[解题思路] 对于账务调整的基本方法可参考表 8-17 对号入座。对于会计科目正确但核算金额大于应计金额的应采用红字冲销法。

[答案] D

历年经典真题回顾

一、单项选择题（每题 1 分，每题备选项中，只有 1 个最符合题意）

1. 纳税人当月已缴纳的增值税税额为（　　）。[2022 年真题]
   A. 已交税金　　　　　　　　　　B. 销项税额
   C. 未交增值税　　　　　　　　　D. 预缴增值税

   [解析]"已交税金"专栏记录纳税人当月已交纳的应交增值税税额。　　[答案] A

2. 企业收取的包装物押金，应记入的会计科目为（　　）。[2016 年真题]
   A."主营业务收入"　　　　　　　B."其他业务收入"
   C."其他应收款"　　　　　　　　D."其他应付款"

   [解析] 企业收取的包装物押金的处理方式与包装物租金的处理方式不同，包装物押金通过"其他应付款——包装物押金"科目的贷方发生额计算。　　[答案] D

3. 在纳税检查中发现某企业当期有一笔属于职工福利费的费用支出 30 000 元记入到财务费用之中，对此应做的会计账务调整分录为（　　）。[2015 年真题]

   A. 借：财务费用　　　　　　　　　　　　　　　　　　　30 000
   　　　贷：银行存款　　　　　　　　　　　　　　　　　　　　　　30 000

   B. 借：应付职工薪酬　　　　　　　　　　　　　　　　　30 000
   　　　贷：银行存款　　　　　　　　　　　　　　　　　　　　　　30 000

   C. 借：应付职工薪酬　　　　　　　　　　　　　　　　　30 000
   　　　贷：财务费用　　　　　　　　　　　　　　　　　　　　　　30 000

   D. 借：财务费用　　　　　　　　　　　　　　　　　　　30 000
   　　　贷：应付工资　　　　　　　　　　　　　　　　　　　　　　30 000

   [解析] 本题考查账务调整的基本方法。　　[答案] C

   正确的账务处理为：
   借：应付职工薪酬　　　　　　　　　　　　　　　　　　30 000
   　　贷：银行存款　　　　　　　　　　　　　　　　　　　　　　30 000
   错误的账务处理为：
   借：财务费用　　　　　　　　　　　　　　　　　　　　30 000
   　　贷：银行存款　　　　　　　　　　　　　　　　　　　　　　30 000
   账务调整如下：
   借：应付职工薪酬　　　　　　　　　　　　　　　　　　30 000
   　　贷：财务费用　　　　　　　　　　　　　　　　　　　　　　30 000

4. 对于大量大批的单步骤生产企业，计算产品成本时主要采用的方法为（　　）。[2014 年真题]
   A. 品种法　　　B. 分批法　　　C. 分步法　　　D. 综合法

   [解题思路] 对于品种法、分批法、分步法，要根据本书中总结的内容区分进行记忆，避免混淆。　　[答案] A

5. 当发现漏记会计账目时，可以采用的账务调整方法为（　　）。[2014 年真题]
   A. 红字冲销法　　　　　　　　　B. 补充登记法

C. 综合账务调整法 　　　　　　D. 反向记账法

[解题思路] 账务调整的处理方法可参考"本章易错易混考点"总结的内容理解记忆，做到举一反三。

[答案] B

6. 税务机关查询案件涉嫌人员的储蓄存款时，需要履行的程序是（　　）。[2013年真题]

A. 经税务所所长批准

B. 经县级税务局（分局）局长批准

C. 经稽查局局长批准

D. 经设区的市、自治州以上税务局（分局）局长批准

[解析] 本题考查税务机关查询涉案人员的储蓄存款。税务机关在调查税收违法案件时，经设区的市、自治州以上税务局（分局）局长批准，可以查询案件涉嫌人员的储蓄存款，故D项正确。

[答案] D

7. 某企业当期应摊销无形资产 1 000 元，实际摊销 500 元。应做的账务调整分录为（　　）。[2013年真题]

A. 借：管理费用　　　　　　　　　　　　　　　　　　　　　1 000
　　　贷：累计摊销　　　　　　　　　　　　　　　　　　　　　　1 000

B. 借：管理费用　　　　　　　　　　　　　　　　　　　　　　500
　　　贷：累计摊销　　　　　　　　　　　　　　　　　　　　　　500

C. 借：累计摊销　　　　　　　　　　　　　　　　　　　　　　500
　　　贷：管理费用　　　　　　　　　　　　　　　　　　　　　　500

D. 借：累计摊销　　　　　　　　　　　　　　　　　　　　　1 000
　　　贷：管理费用　　　　　　　　　　　　　　　　　　　　　　1 000

[解析] 本题考查账务调整的基本方法。

[答案] B

正确的账务处理为：

借：管理费用　　　　　　　　　　　　　　　　　　　　　　1 000
　　贷：累计摊销　　　　　　　　　　　　　　　　　　　　　　1 000

错误的账务处理为：

借：管理费用　　　　　　　　　　　　　　　　　　　　　　500
　　贷：累计摊销　　　　　　　　　　　　　　　　　　　　　　500

账务调整如下：

借：管理费用　　　　　　　　　　　　　　　　　　　　　　500
　　贷：累计摊销　　　　　　　　　　　　　　　　　　　　　　500

8. 关于纳税检查的说法，错误的是（　　）。[2012年真题]

A. 纳税检查的主体是税务师事务所

B. 纳税检查的客体包括纳税担保人

C. 纳税检查的对象是纳税人所从事的经济活动和各种应税行为

D. 纳税检查的依据是国家的各种税收法规、会计法规和企业财务制度

[解析] 纳税检查的主体是税务机关，而非税务师事务所，故A项错误。

[答案] A

9. 某企业（增值税一般纳税人）外购一批原材料，取得的增值税专用发票上注明价款为10 000元，增值税1 300元，入库前的挑选整理费用500元，则该批材料的采购成本为（　　）元。[2011年真题改编]

A. 10 000　　　　　　　　　　　　　B. 10 200

C. 10 500　　　　　　　　　　　　　D. 11 300

[解析] 本题中的采购成本包括购买价款和挑选整理费，不包括增值税款，所以，采购成本＝10 000＋500＝10 500（元）。
[答案] C

10. 某服装企业为增值税一般纳税人，某月在销售产品的同时向购货方收取包装物押金 1 130 元，正确的账务处理为（　　）。[2011 年真题改编]

A. 借：银行存款　　　　　　　　　　　　　　　　　　　　　　1 130
　　　贷：其他应付款　　　　　　　　　　　　　　　　　　　　1 130

B. 借：银行存款　　　　　　　　　　　　　　　　　　　　　　1 130
　　　贷：其他业务收入　　　　　　　　　　　　　　　　　　　1 130

C. 借：银行存款　　　　　　　　　　　　　　　　　　　　　　1 130
　　　贷：其他应付款　　　　　　　　　　　　　　　　　　　　1 000
　　　　　应交税费——应交增值税（销项税额）　　　　　　　　　130

D. 借：银行存款　　　　　　　　　　　　　　　　　　　　　　1 130
　　　贷：其他业务收入　　　　　　　　　　　　　　　　　　　1 000
　　　　　应交税费——应交增值税（销项税额）　　　　　　　　　130

[解析] 企业销售货物收取的包装物押金，需要记入"其他应付款"科目。
[答案] A

二、多项选择题（每题 2 分，每题备选项中，有 2 个或 2 个以上符合题意，至少有 1 个错项。错选，本题不得分；少选，所选的每个选项得 0.5 分）

1. 存货项目包括（　　）。[2015 年真题]

A. 原材料　　　　　　　　　　B. 低值易耗品
C. 自制半成品　　　　　　　　D. 发出商品
E. 递延资产

[解析] 存货项目包括原材料、包装物、低值易耗品、自制半成品、产成品、发出商品。E 项不属于存货。
[答案] ABCD

2. 关于纳税检查的说法，正确的有（　　）。[2014 年真题]

A. 纳税检查的主体是税务机关
B. 纳税检查的客体包括代扣代缴义务人
C. 纳税检查的客体包括纳税担保人
D. 经税务局局长批准，可以查询纳税人的存款账户
E. 纳税检查的范围包括纳税人的账簿、记账凭证、报表和有关资料

[解析] 经县以上税务局（分局）局长的批准，凭全国统一格式的检查存款账户许可证明，查询从事生产、经营的纳税人、扣缴义务人在银行或其他金融机构的存款账户，故 D 项错误。
[答案] ABCE

3. 可以在企业所得税税前扣除的项目包括（　　）。[2013 年真题改编]

A. 消费税　　　　B. 房产税　　　　C. 企业违约金　　　　D. 印花税
E. 税收滞纳金

[解题思路] 税前准予扣除和不能扣除的项目可根据第五章和本章总结的内容对比记忆，本题中的税收滞纳金不得在税前扣除，故 E 项错误。
[答案] ABCD

4. 下列会计凭证中，属于外来原始凭证的有（　　）。[2011 年真题]

A. 进货发票　　　　　　　　　　B. 进账单
C. 领料单　　　　　　　　　　　D. 差旅费报销单
E. 汇款单

[解析] 外来原始凭证包括进货发票、进账单、汇款单、运费发票等。
[答案] ABE

5. 某企业被工商部门处以罚款10 000元,正确的涉税会计处理有( )。[2011年真题]
   A. 记入"营业外支出"科目
   B. 不得在税前列支
   C. 记入"利润分配"科目
   D. 不超过利润总额12%的部分,可以税前列支
   E. 冲减"营业外收入"科目

   [解析] 企业的罚款支出通过"营业外支出"科目计算,同时是属于税前不得扣除的项目。

   [答案] AB

本章同步练习

一、单项选择题（每题1分,每题备选项中,只有1个最符合题意）

1. 企业辅助生产工人工资应通过( )科目处理。
   A. "制造费用"　　　　　　　　B. "产品成本的直接工资"
   C. "销售费用"　　　　　　　　D. "管理费用"

2. 按照检查的范围、内容、数量和查账粗细的不同,纳税检查的基本方法可以分为( )。
   A. 顺查法与逆查法　　　　　　B. 比较分析法与推理分析法
   C. 联系查法与侧面查法　　　　D. 详查法与抽查法

3. 某增值税一般纳税人购进一批原材料,取得增值税专用发票,但尚未认证,其进项税额应通过( )科目核算。
   A. "应交税费——待认证进项税额"　　B. "应交税费——待抵扣进项税额"
   C. "应交税费——应交增值税（进项税额）"　D. "原材料"

4. 某服装企业（增值税一般纳税人）取得销售服装（含税）收入100 000元,企业的会计处理为:
   借:银行存款　　　　　　　　　　　　　　　　　　　　　100 000
   　　贷:资本公积　　　　　　　　　　　　　　　　　　　　100 000
   下列关于该笔账务处理的表述,正确的为( )。
   A. 造成少缴增值税13 000元
   B. 造成少缴增值税11 504.42元
   C. 造成少缴消费税5 000元
   D. 造成少缴消费税3 000元

5. 某食品加工企业（增值税一般纳税人）取得销售食品（含税）收入200 000元,企业的会计处理为:
   借:银行存款　　　　　　　　　　　　　　　　　　　　　200 000
   　　贷:资本公积　　　　　　　　　　　　　　　　　　　　200 000
   下列关于该账务处理的表述,正确的为( )。
   A. 造成少缴增值税26 000元
   B. 造成少缴增值税23 008.85元
   C. 造成少缴消费税10 000元
   D. 造成少缴消费税6 000元

6. 账务调整的基本方法中,一般适用于错用会计科目情况的是( ),而且其主要用于所得税纳税检查后的账务调整。
   A. 红字冲销法　　　　　　　　B. 综合账务调整法
   C. 补充登记法　　　　　　　　D. 内部调整法

7. 某企业为增值税一般纳税人，增值税税率为13%。今年6月份在销售货物时另向购买方收取优质费100 000元，企业应做的账务处理为（　　）。

A. 借：银行存款　　　　　　　　　　　　　　　　　　　　100 000
　　　贷：销售费用　　　　　　　　　　　　　　　　　　　　100 000
B. 借：银行存款　　　　　　　　　　　　　　　　　　　　100 000
　　　贷：主营业务收入　　　　　　　　　　　　　　　　　　87 000
　　　　　应交税费——应交增值税（销项税额）　　　　　　　13 000
C. 借：银行存款　　　　　　　　　　　　　　　　　　　　100 000
　　　贷：主营业务收入　　　　　　　　　　　　　　　　88 495.58
　　　　　应交税费——应交增值税（销项税额）　　　　　11 504.42
D. 借：银行存款　　　　　　　　　　　　　　　　　　　　100 000
　　　贷：主营业务收入　　　　　　　　　　　　　　　　　　95 000
　　　　　应交税费——应交增值税　　　　　　　　　　　　　5 000

8. 某酒厂销售白酒缴纳的消费税应记入的会计科目为（　　）。
　A. "主营业务成本"　　　　　　　　B. "税金及附加"
　C. "管理费用"　　　　　　　　　　D. "销售费用"

9. 企业销售货物发生的现金折扣，正确的账务处理为（　　）。
　A. 折扣发生时借记"财务费用"科目
　B. 折扣发生时借记"销售费用"科目
　C. 货物发出时借记"财务费用"科目
　D. 签订合同时借记"财务费用"科目

二、多项选择题（每题2分，每题备选项中，有2个或2个以上符合题意，至少有1个错项。错选，本题不得分；少选，所选的每个选项得0.5分）

1. 某合伙企业将自产的高档化妆品用于职工福利，该项行为应缴纳的税种包括（　　）。
　A. 增值税　　　　　　　　　　　　B. 消费税
　C. 企业所得税　　　　　　　　　　D. 城市维护建设税
　E. 教育费附加

2. 以下属于纳税检查的客体的有（　　）。
　A. 纳税义务人　　　　　　　　　　B. 代扣代缴义务人
　C. 代收代缴义务人　　　　　　　　D. 税务机关
　E. 纳税担保人

3. 在纳税检查中若发现以前年度有多计费用少计收入的现象，正确的会计处理方法有（　　）。
　A. 对于多计的费用，应调增"本年利润"科目的借方金额
　B. 对于多计的费用，应调增"以前年度损益调整"科目的贷方金额
　C. 对于少计的收入，应调增"本年利润"科目的借方金额
　D. 对于少计的收入，应调增"以前年度损益调整"科目的贷方金额
　E. 对于少计的收入，应调增"以前年度损益调整"科目的借方金额

4. 企业税前准予扣除的项目包括（　　）。
　A. 生产成本　　　　　　　　　　　B. 损失
　C. 管理费用　　　　　　　　　　　D. 税金
　E. 灾害事故损失赔偿

5. 一般纳税人进口材料的采购成本包括（　　）。
   A. 买价
   B. 增值税
   C. 运输途中的合理损耗
   D. 关税
   E. 入库前的挑选整理费用

三、案例分析题（每题2分。由单项选择题和多项选择题组成。错选，本题不得分；少选，所选的每个正确选项得0.5分）

甲企业为增值税一般纳税人，适用税率为13%，主要生产并销售A产品，A产品的对外含税售价为每件800元，成本为每件500元。2019年4月，甲企业的有关财务资料如下：

（1）销售产品100件给小规模纳税人，开具普通发票。

（2）将自产产品200件捐赠给山区。

（3）销售产品1 000件给一般纳税人，同时收取包装物使用费20 000元。另外收包装物押金10 000元，合同规定三个月后退回，款项已收到并送交银行。

（4）企业从小规模纳税人处购进原材料，取得的普通发票上注明金额1 000 000元。

根据以上提供的企业资料，回答下列问题。

1. 甲企业销售产品给小规模纳税人，应做的账务处理为（　　）。
   A. 贷记"主营业务收入"80 000元
   B. 贷记"主营业务收入"77 669.9元
   C. 贷记"主营业务收入"70 796.46元
   D. 贷记"应交税费——应交增值税（销项税额）"2 330.1元

2. 甲企业将自产产品捐赠给山区，应做的账务处理为（　　）。
   A. 贷记"主营业务收入"160 000元
   B. 贷记"主营业务收入"100 000元
   C. 贷记"应交税费——应交增值税（销项税额）"272 000元
   D. 贷记"应交税费——应交增值税（销项税额）"18 407.08元

3. 甲企业收取的包装物使用费，应做的账务处理为（　　）。
   A. 贷记"应交税费——应交营业税"1 000元
   B. 贷记"应交税费——应交增值税（销项税额）"2 600元
   C. 贷记"应交税费——应交增值税（销项税额）"582.52元
   D. 贷记"应交税费——应交增值税（销项税额）"2 300.88元

4. 甲企业收取的包装物押金，应做的账务处理为（　　）。
   A. 借记"银行存款"10 000元
   B. 贷记"其他应付款"10 000元
   C. 贷记"其他应付款"8 300元
   D. 贷记"应交税费——应交增值税（销项税额）"1 300元

5. 甲企业从小规模纳税人购进原材料，应做的账务处理为（　　）。
   A. 借记"应交税费——应交增值税（进项税额）"130 000元
   B. 贷记"应交税费——应交增值税（进项税额）"130 000元
   C. 借记"应交税费——应交增值税（进项税额）"30 000元
   D. 借记"原材料"1 000 000元

本章同步练习参考答案及解析

一、单项选择题

1. [答案] A
   [解析] 制造费用指企业车间为生产产品和提供劳务而发生的各项间接费用。

2. [答案] D
   [解析] 按照检查的范围、内容、数量和查账粗细的不同，纳税检查的基本方法可以分为详查法与抽查法。

3. [答案] A
   [解析] 某增值税一般纳税人购进一批原材料，取得增值税专用发票，但尚未认证，其进项税额应通过"应交税费——待认证进项税额"科目核算。

4. [答案] B
   [解析] 销售货物应缴纳增值税，应纳增值税 = 100 000/（1＋13%）×13%≈11 504.42（元），该企业会计处理不正确，销售收入未计入主营业务收入，而是计入资本公积，造成少缴增值税 11 504.42 元。

5. [答案] B
   [解析] 食品加工企业销售食品收入应计入主营业务收入，并按 13% 税率计算增值税销项税，该企业的会计处理不正确，少缴的增值税 = 200 000/（1＋13%）×13%≈23 008.85（元）。

6. [答案] B
   [解析] 综合账务调整法主要用于所得税纳税检查后的账务调整，如果涉及会计所得，对于影响本年度的所得可以直接调整"本年利润"账户，而对于影响上年度的所得可以直接调整"以前年度损益调整"账户。

7. [答案] C
   [解析] 销售货物时收取的优质费属于价外费用，应计算缴纳增值税。增值税销项税额 = 100 000/（1＋13%）×13%≈11 504.42（元）。

8. [答案] B
   [解析] 本题考查销售收入的检查。应缴纳的消费税做如下账务处理：
   借：税金及附加
       贷：应交税费——应交消费税

9. [答案] A

   [解析] 企业销售货物发生的现金折扣，正确的账务处理为折扣发生时借记"财务费用"科目。

二、多项选择题

1. [答案] ABDE
   [解析] 将自产的化妆品用于职工福利需要缴纳增值税、消费税、城市维护建设税和教育费附加。合伙企业不是企业所得税的纳税人。

2. [答案] ABCE
   [解析] 纳税检查的客体是纳税义务人、代扣代缴义务人、代收代缴义务人、纳税担保人。

3. [答案] BD
   [解析] 本题考查账务调整的基本方法。对于以前年度多计的费用、少计的收入，应调增"以前年度损益调整"科目的贷方金额。

4. [答案] ABCD
   [解析] 企业税前准予扣除的项目包括生产成本、管理费用、销售费用、财务费用、损失、税金等，灾害事故损失赔偿不允许扣除。

5. [答案] ACDE
   [解析] 本题考查税前准予扣除项目的检查。一般纳税人进口材料的采购成本不包括增值税。

三、案例分析题

1. [答案] C
   [解析] 本题考查销项税额的检查。一般纳税人销售商品给小规模纳税人，按一般销售处理，税率为 13%。应交税费（销项税额）= [（800×100）/（1＋13%）]×13%≈9 203.54（元），主营业务收入 = 80 000－9 203.54 = 70 796.46（元）。
   借：应收账款　　　　　　　80 000
   　　贷：主营业务收入　　　　70 796.46
   　　　　应交税费——应交增值税（销项税额）　　　9 203.54

2. [答案] D
   [解析] 本题考查销项税额的检查。自产产品用于捐赠，作视同销售处理。应税税费 =（800×200）/（1＋13%）×13%≈18 407.08（元）。
   借：营业外支出　　　　　118 407.08
   　　贷：库存商品　　　　　100 000

　　　　应交税费——应交增值税（销项
　　　　　　税额）　　　　　18 407.08

3. [答案] D

   [解析] 本题考查销项税额的检查。甲企业收取的包装物使用费属于价外费用，应并入销售额中计算增值税。包装物使用费的销项税额 = 20 000/（1+13%）×13% ≈ 2 300.88（元）。

   借：银行存款　　　　20 000
   　　贷：应交税费——应交增值税（销项
   　　　　　税额）　　　　　2 300.88

　　　　其他业务收入　　17 699.12

4. [答案] AB

   [解析] 本题考查销项税额的检查。

   借：银行存款　　　　10 000
   　　贷：其他应付款——包装物押金
   　　　　　　　　　　　10 000

5. [答案] D

   [解析] 本题考查增值税税率。小规模纳税人不能抵扣进项税，因此，账务处理为：

   借：原材料　　　　1 000 000
   　　贷：银行存款　　　1 000 000

第九章　公债

本章考情分析

年份	单项选择题	多项选择题	案例分析题	合计
2022 年	2 题 4 分	1 题 2 分	—	4 分
2021 年	2 题 2 分	1 题 2 分	—	4 分
2020 年	1 题 1 分	1 题 2 分	—	3 分
2019 年	1 题 1 分	1 题 2 分	—	3 分
2018 年	1 题 1 分	1 题 2 分	—	3 分

本章考点概览

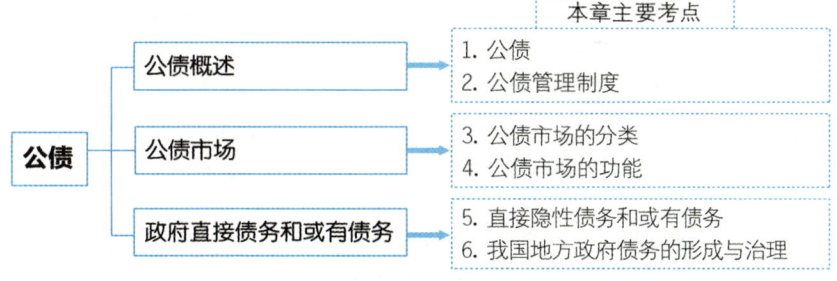

本章学习提示

第九章在 2022 年新增了部分知识点，但相对来说占比较少，大家需要在学习原来重点内容的基础上，对新增知识点提高关注度。

本章考点详解

考点 1　公债

一、公债的含义

公债的含义如图 9-1 所示。

图 9-1　公债的含义

二、公债产生的基本条件

（1）财政支出需要。
（2）社会闲置资金的存在。

【提示】
（1）公债的发行须遵循信用原则，具有偿还性和认购上的资源性。
（2）公债与私债的本质区别：发行依据或担保物的不同，公债的担保物是政府信誉。
（3）有市场的需求、资金的供给，公债才会产生。

考点2 公债管理制度

一、公债的发行

公债的发行是指公债售出和被个人或企业认购的过程。其目的是使公债得以顺利发行，筹集到相应的财政收入，充分发挥公债的职能，并使公债成为调节经济运行的手段。

（一）公债发行的原则

公债发行的原则如表 9-1 所示。

表 9-1 公债发行的原则

原则	定义	具体阐释
景气发行原则	是指发行公债要根据社会经济状况确定，而且一定要有利于社会经济的稳定和发展	（1）当社会总需求大于总供给、经济增长速度过快时，发行公债要起到抑制社会总需求、降低经济增长速度的作用 （2）当社会总供给大于总需求、经济不景气、增长速度过慢时，发行公债会起到刺激总需求、提高经济增长速度、促进经济复苏的作用
稳定市场秩序原则	是指发行公债不应该引起证券市场的巨大波动，特别是要维持债券市场价格的稳定	公债发行的规模一定要适度，且要在一定规模下正确确定公债的发行对象、次数和发行地域
发行成本最小原则	是指证券的利息支出及其相关的发行费用支出要尽量节约，使其能够最大限度地降低筹集资金的成本	（1）每次公债发行时都能够使用当时条件下的最低成本来筹集所需要的资金 （2）降低全部公债的成本 （3）降低其他各种发行费用 【提示】通过改进公债发行方法，加强债务的管理，完全有可能降低公债发行成本
发行有度原则	是指公债的发行量要适度，既要考虑到财政资金运用的需要，同时要考虑到社会、居民的应债能力，换言之，就是需要考虑到其所能筹集到的资金	（1）公债发行量过多，超过了国民经济的应债能力，不利于国民经济长期、持续、稳定发展 （2）公债发行量过少，不能满足公众对公债的要求，不能充分利用债务手段筹集社会建设资金

经典例题

[例题·多项选择题] 公债发行原则主要包括（ ）。
A. 景气发行原则   B. 稳定市场秩序原则
C. 发行成本最小原则   D. 支出弹性原则
E. 发行有度原则
[解析] 公债发行原则包括四大原则：景气发行原则、稳定市场秩序原则、发行成本最小原则、发行有度原则。
[答案] ABCE

（二）公债发行的方式

公债发行的方式如表 9-2 所示。

表 9-2 公债发行的方式

发行方式	具体内容
直接发行方式	发行主体直接向个人或机构投资者售卖公债

续表

发行方式	具体内容
承购包销方式	发行主体与承销人一起协商发行条件，签订承销合同，明确双方权利义务关系，最后由承销人向投资者分销
公募招标方式	通过金融市场公开招标、投标确定发行条件（主导发行方式）
连续发行方式	发行主体不提前确定发行条件，而是委托发行网点和代理经销机构根据情况确定，并且随时调整发行条件，调节发行流量

经典例题

[例题·单项选择题]（　　）是发行主体与承销人共同协商发行条件，签订承销合同，明确双方权利义务关系，由承销人向投资者分销。

A. 直接发行方式　　　　　　　　B. 承购包销方式
C. 公募招标方式　　　　　　　　D. 连续发行方式

[解题思路] 对于公债发行方式定义的区分，可根据具体发行方式的字面意思结合叙述中的关键字、词区分记忆。

[答案] B

二、公债的偿还

公债的偿还如表 9-3 所示。

表 9-3　公债的偿还

要点		具体内容
公债偿还的资金来源		通过预算安排、设立偿债基金、举借新债
偿还本金的方式	市场购销偿还法	政府按照市价从债券市场回收公债券，进而使公债免除
	抽签偿还法	政府在发行公债时规定要定期抽签，分期分批予以偿还
		这一方法不考虑公债券号码顺序的先后和认购公债的早晚，而是以中签年度作为偿还期
	比例偿还法	将公债总额分成若干份，逐年按既定份额偿还
	到期一次偿还法	实行在债券到期日按票面额一次性偿清全部本金和利息的办法
	调换偿还法	政府发行新债券偿还即将到期的旧债券
公债的付息	按期分次支付法	适用于期限较长或在持有期限内不准兑现的债券
	到期一次支付法	适用于期限较短或超过一定期限后可随时兑现的债券

三、公债的发行管理权限

公债的发行管理权限如图 9-2 所示。

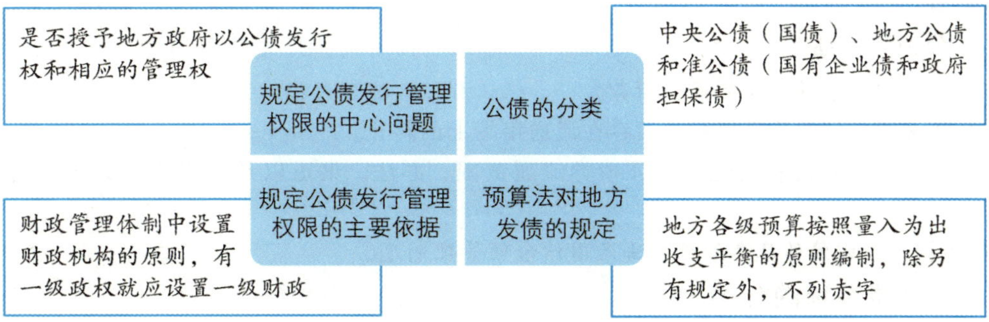

图 9-2　公债的发行管理权限

【提示】地方政府举借债务的具体规定如下：

（1）经国务院批准的省、自治区、直辖市的预算中需要的建设投资的部分资金，要在国务院确定的限额内，通过发行地方政府债券举借债务的方式筹措。

（2）举借债务的规模，由国务院报全国人民代表大会或者全国人民代表大会常务委员会批准。

（3）举借的债务应当有偿还计划和稳定的偿还资金来源，只可以用于公益性资本支出，不得用于经常性支出。

（4）省、自治区、直辖市依照国务院下达的限额举借的债务，要列入本级预算调整方案，报本级人民代表大会常务委员会批准。

（5）地方政府及其所属部门不得以任何方式举借债务。

（6）地方政府及其所属部门不得为任何单位和个人的债务以任何方式提供担保。

> **经典例题**
>
> [2022年真题·单项选择题] 下列关于我国现行地方债管理制度的说法，错误的是（　　）。
> A. 在特定情况下，允许地方政府发行债券
> B. 地方政府举借的债务只能用于资本性的公益支出
> C. 地方政府举借的债务只能用于经常性的公益支出
> D. 地方政府举借债务的规模由国务院报全国人民代表大会或者全国人民代表大会常务委员会批准
> [解题思路] 根据【提示】中关于地方政府举借债务的具体规定来对应判断本题的各个选项的正确与否。
> [答案] C
>
> [2020年真题·多项选择题] 下列选项中，属于公债偿还来源的有（　　）。
> A. 通过预算安排
> B. 设置偿债基金
> C. 举借新债
> D. 政府资金
> E. 行政收费
> [解析] 各国政府用于偿还公债的资金来源主要有：①通过预算安排；②设置偿债基金；③举借新债。
> [答案] ABC

四、公债的收入使用

社会主义国家的公债资金用于社会主义建设事业。

五、公债的持有者

公债的持有者指的是政府的债权人或公债的发行对象。其一般包括中央银行、商业银行、非银行金融机构、政府机构、公司（企业）和个人。

【提示】居民个人也是应债资金的主要来源。

六、公债券流通

（1）广义的公债券流通包括公债券发行、转让和偿还的全过程。

（2）狭义的公债券流通仅指公债券在流通市场上的转让。

（3）公债券的流通制度包括对公债券流通范围、办法、渠道以及价格决定方式等的一系列规定。

【提示】我国国债的基本管理办法是国债余额管理制度。

● **考点3 公债市场的分类**

公债市场的分类如表9-4所示。

表 9-4 公债市场的分类

分类	定义	注意
发行市场	又称一级市场或者初级市场，为发行新债券提供销售场所，国家在该市场中从认购者手中筹集到所需资金	公债发行市场的存在是公债流通市场存在的前提条件
流通市场	又称二级市场，是公债交易的第二阶段，是公债承购机构与认购者之间的交易，也包括公债持有者与政府或者公债认购者之间的交易	流通市场分为证券交易所交易和场外交易

> **经典例题**
>
> [例题·单项选择题] 公债市场中，（　　）也称一级市场或初级市场。
> A. 发行市场　　　　　　　　　　B. 流通市场
> C. 二级市场　　　　　　　　　　D. 投资市场
> [解析] 公债市场按构成分为发行市场和流通市场。其中，发行市场被称为一级市场或初级市场。
> [答案] A

考点 4　公债市场的功能

（1）实现公债的顺利发行和偿还。
（2）合理有效地调节社会资金的运行，提高社会资金效率。其主要体现在以下方面：
①公债市场是一国金融市场的重要组成部分。
②公债市场拓宽了居民的投资渠道。
③公债市场的发展促进了商业银行资本结构的完善，降低不良资产率，提高抗风险能力。
④公债市场是连接货币市场和资本市场的渠道。
⑤公债是央行在公开市场上最重要的操作工具。

考点 5　直接隐性债务和或有债务

政府承担的债务包括直接债务和或有债务。

直接债务是指无论在哪种情况下都要承担的债务，不依附于任何事件，需要根据某些特定的因素来预测和控制的负债，如政府的内、外债及由法律规定的养老金负债等。

或有债务是指由某一或有事项引发的债务，能否成为现实，需要看或有事项是否发生以及由此引发的债务能否最终要由政府来承担。或有债务的特点说明，政府不能完全控制或有债务，或有债务最终也不会完全转化为财政负担，这主要取决于转化的面和转化的概率。

> 【考点小贴士】直接债务和或有债务最好的区分方法就是从字面意思上理解并且区分，"直接"就是"一定、必须、无论如何"都要承担的债务；"或有"即为"也许、大概、可能、不一定"的情况。

直接债务和或有债务从债务风险角度划分为显性债务和隐性债务。其具体内容如表 9-5 所示。

表 9-5 显性债务和隐性债务

项目	定义	类型	对应的债务风险	债务承担主体
显性债务	是指被法律或者合同所认可的政府债务	直接显性债务	直接债务风险	财政直接承担的债务
		或有显性债务	间接债务风险	政府间接承担的国家预算体系以外的债务
隐性债务	是指反映公众和利益集团压力的政府道义上的债务	直接隐性债务		
		或有隐性债务		

> **经典例题**
>
> [例题·单项选择题] 从债务风险的角度看，由财政直接承担的债务是（ ）。
> A. 直接显性债务 B. 直接隐性债务
> C. 或有显性债务 D. 或有隐性债务
> [解析] 直接债务和或有债务可以从债务风险的角度进一步划分为两种类型：显性债务和隐性债务。直接债务风险，即由财政直接承担的债务，相当于世界银行所指的直接显性债务，故 A 项正确。
> [答案] A

考点6 我国地方政府债务的形成与治理

地方政府债务主要是指 地方政府融资平台 公司向银行的借款。

地方政府的债务的形成与治理如表 9-6 所示。

表 9-6 地方政府的债务的形成与治理

项目		具体内容
地方政府债务的形成	融资平台公司债务形式	（1）融资平台公司因承担公益性项目建设举借，而项目本身有稳定经营性收入并主要依靠财政性资金偿还的债务 （2）融资平台公司因承担公益性项目建设举借，而项目本身有稳定经营性收入并主要依靠自身收益偿还的债务 （3）融资平台公司因承担非公益性项目建设举借的债务
	融资平台公司债务特点	（1）普遍性 （2）融资数额巨大，增长快 （3）管理不统一，运作不规范，不仅未纳入预算，甚至有的地方财政部门根本无权过问公司债务
地方政府债务的治理		（1）根本出路：通过法制化途径，加强预算约束，逐步建立有法可依、管理规范、运行高效、风险可控的地方政府债务管理制度和运行机制 （2）主要措施： ①加快建立规范的地方政府举债融资机制，赋予地方政府依法适度举借权限，建立规范的地方政府举债融资机制，剥离融资平台公司政府融资职能，并推广使用政府与社会资本合作模式 ②对地方政府债务实行规模控制和预算管理，对地方政府债务规模实行限额管理，严格规定地方政府举债程序和资金用途，把地方政府债务分门别类纳入全口径预算管理 ③控制和化解地方政府性债务风险，建立地方政府性债务风险预警机制，建立债务风险应急处理机制，严肃财经纪律 ④妥善处理存量债务和在建项目后续融资，抓紧将存量债务纳入预算管理，积极降低存量债务利息负担

【提示】目前我国地方政府债务依法主要包括地方政府债券以及经甄别认定的 2014 年末非政府债券形式存量政府债务

本章易错易混考点

【易错易混考点】我国政府直接隐性债务和或有债务

我国政府直接隐性债务和或有债务的划分如表 9-7 所示。

表 9-7 我国政府直接隐性债务和或有债务的划分

债务分类	具体内容
直接显性债务	由公债、欠发工资而形成的债务、粮食收购和流通中的亏损挂账、乡镇财政债务

续表

债务分类	具体内容
直接隐性债务	是指由社会保障资金缺口所形成的债务
或有显性债务	公共部门的债务（主要是政策性金融债券）、公债投资项目的配套资金
或有隐性债务	金融机构不良资产、国有企业未弥补亏损、对供销社系统及对农村合作基金会的援助

[例题·单项选择题] 我国政府的直接隐性债务主要是（　　）。
A. 基层单位欠发的教师工资形成的债务
B. 乡镇财政债务
C. 社会保障资金缺口形成的债务
D. 政策性金融债券

[解析] 直接隐性债务主要是社会保障资金缺口所形成的债务，目前随着我国老龄化社会的形成，养老保险资金的缺口是较为严重的问题。另外，随着经济结构的调整和经济增长速度变缓等，失业救济的负担也在不断加重，这些都形成了政府的直接隐性债务，故C项正确。　[答案] C

历年经典真题回顾

一、单项选择题（每题1分，每题备选项中，只有1个最符合题意）

1. 根据社会经济状况且利于社会经济稳定和发展的公债发行原则是（　　）。[2017年真题]
　　A. 景气发行原则　　　　　　B. 干预市场秩序原则
　　C. 发行成本最小原则　　　　D. 发行有度原则

[解析] 本题考查公债的发行原则。景气发行原则是指发行公债要根据社会经济状况确定，而且一定要有利于社会经济的稳定和发展，故A项正确。　[答案] A

2. 下列政府债务中，构成政府直接隐性债务的是（　　）。[2017年真题]
　　A. 粮食收购和流通中的亏损挂账
　　B. 乡镇财政债务
　　C. 政策性金融债券
　　D. 养老保险资金的缺口

[解析] 本题考查我国政府直接隐性债务和或有债务。直接隐性债务是指由社会保障资金缺口所形成的债务，养老保险资金属于社会保障资金的一种，故D项正确。　[答案] D

3. 社会保障资金的缺口所形成的政府债务属于（　　）。[2016年真题]
　　A. 直接显性债务　　　　　　B. 直接隐性债务
　　C. 或有显性债务　　　　　　D. 或有隐性债务

[解析] 本题考查直接隐性债务的定义。直接隐性债务是指社会保障资金的缺口所形成的债务。　[答案] B

二、多项选择题（每题2分，每题备选项中，有2个或2个以上符合题意，至少有1个错项。错选，本题不得分；少选，所选的每个选项得0.5分）

1. 下列各项中，属于我国政府直接显性债务的有（　　）。[2022年真题]
　　A. 乡镇财政债务　　　　　　B. 金融机构不良资产
　　C. 养老保险资金不足　　　　D. 欠发职工工资而形成的债务
　　E. 国有企业未弥补亏损

[解析] 从我国当前的情况看，政府除公债外，还有一些较明显的直接显性债务，如欠发职工工资而形成的债务、粮食收购和流通中的亏损挂账、乡镇财政债务。　[答案] AD

2. 关于公债制度的说法，正确的有（　　）。[2017年真题]
   A. 我国地方公债由四级组成
   B. 发行有度是发行公债应遵循的原则之一
   C. 商业银行持有公债是成熟公债市场的主要标志之一
   D. 居民个人也是应债资金的主要来源
   E. 地方政府可以为国有企业的债务提供担保

   [解析] 本题考查公债制度。因为我国公债制度发展并不完善，地方公债不一定由四级组成，故A项错误。地方政府及其所属部门不得以任何方式举借债务，同时不得为任何单位和个人的债务以任何方式提供担保，故E项错误。

   [答案] BCD

3. 政府直接显性债务包括（　　）。[2016年真题]
   A. 政策性金融债券   B. 乡镇财政债务
   C. 欠发公办学校教师的工资   D. 金融机构不良资产
   E. 国有企业未弥补亏损

   [解析] 政府的显性债务包括公债、欠发职工工资而形成的债务、粮食收购和流通中的亏损挂账以及乡镇财政债务，故B、C两项正确。金融机构不良资产和国有企业未弥补亏损属于或有隐性债务。政策性金融债券属于或有显性债务。

   [答案] BC

本章同步练习

一、单项选择题（每题1分，每题备选项中，只有1个最符合题意）

1. 决定公债发行条件的过程和关键环节是（　　）。
   A. 公债的持有者   B. 公债的收入使用
   C. 公债的偿还方式   D. 公债的发行方式

2. 发行公债既要考虑到财政资金运用的需要，也要考虑到社会居民的应债能力，所遵循的原则是（　　）。
   A. 景气发行原则   B. 稳定市场秩序原则
   C. 发行成本最小原则 D. 发行有度原则

3. 公债偿还本金的方式中，政府发行新债券以偿还即将到期的旧债券指的是（　　）。
   A. 调换偿还法   B. 抽签偿还法
   C. 比例偿还法   D. 到期一次偿还法

4. 以下不属于我国或有隐性债务的是（　　）。
   A. 金融机构不良资产
   B. 国有企业未弥补亏损
   C. 公共部门的债务
   D. 对供销社系统及对农村合作基金会的援助

二、多项选择题（每题2分，每题备选项中，有2个或2个以上符合题意，至少有1个错项。错选，本题不得分；少选，所选的每个选项得0.5分）

1. 公债产生具备的两个基本条件是（　　）。
   A. 财政支出需要   B. 财政收入需要
   C. 社会闲置资金的存在 D. 社会保障制度的健全
   E. 社会相关法律制度的完善

2. 公债市场具有调节社会资金的运行、提高社会资金效率的功能，这种功能具体表现在（　　）。
   A. 公债市场是一国金融市场的重要组成部分

B. 公债市场拓宽了居民的投资渠道
C. 公债市场的发展有利于商业银行资本结构的完善
D. 公债市场是连接货币市场和资本市场的渠道
E. 公债市场的发展扩大商业银行的贷款规模

3. 偿还公债的资金来源主要有（   ）。
A. 设置偿债基金   B. 财政盈余
C. 通过预算安排   D. 举借新债
E. 增加税收

本章同步练习参考答案及解析

一、单项选择题

1. [答案] D
   [解析] 公债既是政府筹集资金的手段，又是认购者的投资工具，发行者的目标是以最小的成本筹集所需资金，认购者的目标是以既定的投资获取最大的收益，协调双方利益目标的手段是公债的发行条件，包括票面利率、偿还期限和发行价格，而决定发行条件的过程和关键环节则是公债的发行方式。

2. [答案] D
   [解析] 公债发行应遵循的发行有度原则，即公债发行量要适度，既要考虑到财政资金运用的需要，也要考虑到社会、居民的应债能力，即所能筹集到的资金。

3. [答案] A
   [解析] 调换偿还法即政府发行新债券以偿还即将到期的旧债券。

4. [答案] C
   [解析] 我国政府的或有隐性债务包括：①金融机构不良资产；②国有企业未弥补亏损；③对供销社系统及对农村合作基金会的援助。

二、多项选择题

1. [答案] AC
   [解析] 公债的产生要具备两个基本条件包括：①财政支出需要；②社会闲置资金的存在。

2. [答案] ABCD
   [解析] 公债市场可以有效调节社会资金的运行，提高社会资金效率，体现在以下方面：①公债市场是一国金融市场的重要组成部分；②公债市场拓宽了居民的投资渠道；③公债市场的发展有利于商业银行资本结构的完善，有利于降低不良资产率，使其抗风险能力大大增强；④公债市场是连接货币市场和资本市场的渠道；⑤公债是央行在公开市场上最重要的操作工具。

3. [答案] ACD
   [解析] 偿还公债的资金来源主要有通过预算安排、设置偿债基金、举借新债。

第十章 政府预算理论与管理制度

本章考情分析

年份	单项选择题	多项选择题	案例分析题	合计
2022 年	5 题 5 分	1 题 2 分	—	7 分
2021 年	5 题 5 分	2 题 4 分	—	9 分
2020 年	6 题 6 分	2 题 4 分	—	10 分
2019 年	7 题 7 分	1 题 2 分	—	9 分
2018 年	6 题 6 分	2 题 4 分	—	10 分

本章考点概览

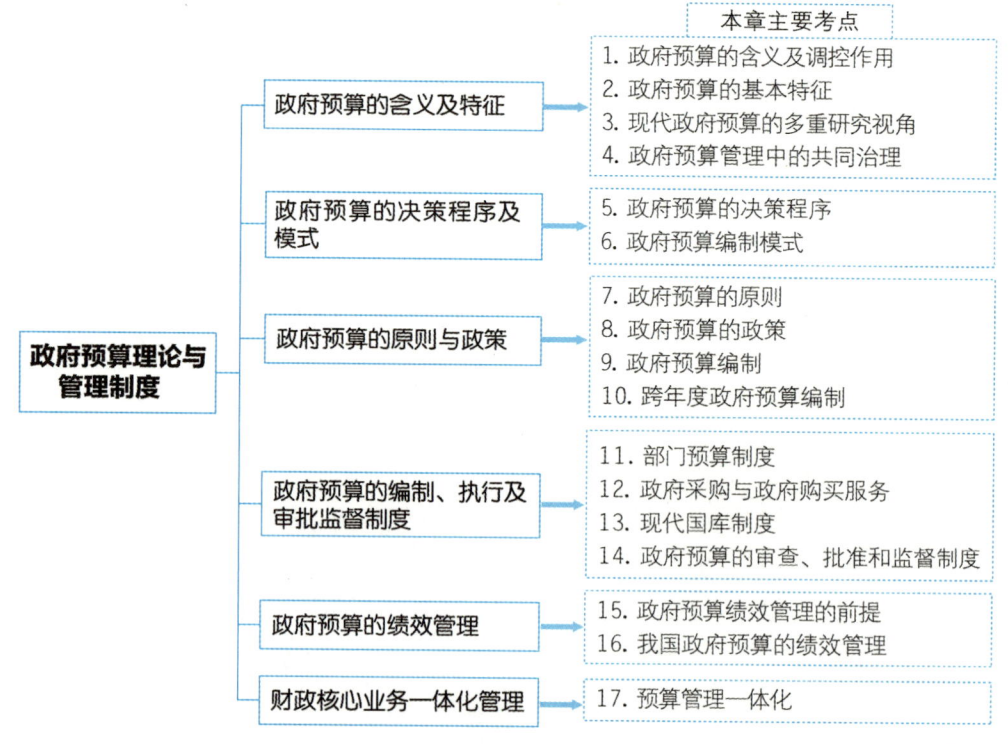

本章学习提示

第十章介绍政府预算的相关内容,文字性内容比较多。考生在理解记忆时,需要重点掌握常考点,注意【提示】和【考点小贴士】中的重点内容。

本章考点详解

考点1 政府预算的含义及调控作用

一、政府预算的含义

（1）从形式上看，政府预算是以<u>年度政府财政收支计划</u>的形式存在的。按照计划的时间跨度划分，预算可分为年度预算（典型）、多年预算。

（2）从性质上看，政府预算是（经立法机关审批的）具有法律效力的文件。

（3）从内容上看，政府预算反映公共资源的分配和政府职能范围。

（4）从作用上看，政府预算是政府调控经济和社会发展的重要手段。

二、政府预算的调控作用

（1）通过预算收支规模的变动，调节社会总供给与总需求的平衡。

（2）通过调整政府预算支出结构，调节国民经济和社会发展中的各种比例关系结构，即通过预算机制引导公共的资源配置。

（3）公平社会分配。

经典例题

[2017年真题·单项选择题] 从性质上看，政府预算是（　　）。

A. 政府财政收支计划　　　　B. 具有法律效力的文件
C. 反映公共资源分配的工具　　D. 政府调控经济的手段

[解题思路] 政府预算的含义从不同的角度分析，内容不同，可参考【考点1】总结的内容理解分析。

[解析] 从形式上看，政府预算是以年度政府财政收支计划的形式存在的。从性质上看，政府预算是具有法律效力的文件。从内容上看，政府预算反映公共资源的分配和政府职能范围。从作用上看，政府预算是政府调控经济和社会发展的重要手段。故 B 项正确。　　[答案] B

考点2 政府预算的基本特征

（1）法律性。这是现代预算最鲜明的特征。

（2）预测性。预测技术手段包括专家预测法、趋势预测法、决定因子预测法和计量预测法。

（3）集中性。政府预算对政府性资金统筹安排，集中进行分配。

（4）综合性。政府预算是财政收支的汇集点和枢纽。

经典例题

[2015年真题·单项选择题] 相对于封建专制的预算来说，现代预算最鲜明的特征是（　　）。

A. 预测性　　　　　　　　　B. 综合性
C. 法律性　　　　　　　　　D. 集中性

[解析] 本题考查政府预算的基本特征，在其四大特征中，最鲜明的特征为法律性，C 项正确。　　[答案] C

考点3 现代政府预算的多重研究视角

现代政府预算的多重研究视角如表 10-1 所示。

表 10-1　现代政府预算的多重研究视角

研究视角	具体内容
经济学视角下	政府预算要解决的主要是如何通过<u>非市场化决策</u>确定公共资源的配置问题，最为注重的是政府预算的配置和资金使用效率问题

续表

研究视角	具体内容
政治学视角下	从政治学角度研究的重点在于预算过程的政治性本身，主要考察政治制度、政治行为与预算过程、结果之间的因果关系
法学视角下	考察法律对政府预算各利益相关主体间权利与义务关系的调节与规范
管理学视角下	主要强调政府预算的**功能性特征**，即预算的控制、管理和计划等功能
社会学视角下	社会学对政府预算的研究主要强调预算与整个社会之间的互动关系

经典例题

[例题·单项选择题] 注重研究政府预算的配置和资金使用的效率问题，是从（　　）视角研究的政府预算。

A. 经济学　　　　　　　　　　B. 政治学
C. 管理学　　　　　　　　　　D. 法学

[解题思路] 各个现代政府预算的研究视角都是从自身的情况出发，需要根据不同的经济、政治、管理学角度的情况进行分析。

[解析] 经济学角度研究和注重的是政府预算的配置和资金使用的效率问题，故 A 项正确。

[答案] A

● 考点4　政府预算管理中的共同治理

政府预算相关利益主体及行为特征如表 10-2 所示。

表 10-2　政府预算相关利益主体及行为特征

利益相关主体	定义	行为特征
预算资金需求方	各政府部门和组织、财政拨款的事业单位和部分享受政府垄断管制或财政补贴的企业、享受政府转移支付的居民个人	(1) 总体上是追求自身利益最大化即追求预算规模最大化的利益集团 (2) 有追求预算规模最大化的内在冲动
预算资金供给方	履行向资金需求者配置预算资金职能的政府预算部门	(1) 具有双重委托—代理关系 (2) 政府预算管理活动可能会诱发设租寻租的行为
预算资金监督制衡方	立法监督机构，代表了公众的根本利益	(1) **代表人民利益**（监督制衡方最基本的行为特征） (2) 具有委员会决策机制的特点 (3) 面临偏好加总的困难和组织协调的交易成本

【考点小贴士】对于政府预算相关利益主体的不同各方，常考点是其不同行为特征的比较，为避免混淆，要从各相关利益主体的自身的角度分析比较，比如：需求方需要争取**利益的最大化**；监督制衡方要站在公正的位置，代表人民的利益。

经典例题

[2017 年真题·单项选择题] 关于预算资金需求方行为特征的说法，正确的是（　　）。
A. 预算资金需求方具有集体决策机制的特点
B. 预算资金需求方具有双重的委托—代理关系
C. 预算资金需求方有追求预算资金规模最大化的倾向
D. 预算资金需求方有诱发设租寻租的可能

[解题思路] 此类型的题目遵循谨慎性原则，可结合表 10-2 以及 [考点小贴士] 区分不同利益主体的相关特征，判断各选项的正误。

[答案] C

[解析] 预算资金需求方的行为特征包括两方面：追求自身利益最大化和追求预算规模最大化的内在冲动。故 C 项正确。

[2016年真题·单项选择题] 预算资金的监督制衡方最基本的行为特征是（　　）。
A. 代表人民的利益
B. 具有委员会决策机制特点
C. 面临不同偏好加总的困难
D. 需要组织协调的交易成本

[解题思路] 本题考查政府预算相关利益主体的特征，可参考表 10-2 以及 [考点小贴士] 区分记忆。

[答案] A

● 考点5　政府预算的决策程序

一、政府预算决策程序的法定性
(1) 预算决策依据的特征及决策程序具有法定性。
(2) 预算方案的编制、审议通过和调整必须遵循法定的程序。

二、政府预算决策过程的实质是对公共偏好的选择

（一）政府预算决策的对象是公共偏好
(1) 预算决策是对公共偏好的选择。
(2) 公共偏好以个人为评价基础。
(3) 公共偏好采取政治程序决策。

（二）政府预算的政治决策程序具有强制性
政府预算政治决策程序的强制性的具体体现如表 10-3 所示。

表 10-3　政府预算政治决策程序的强制性的具体体现

体现	具体内容
偏好表达的强制性	政府决策要设计公众可以参与表达偏好的机制
投票规则的强制性	选择少数服从多数的规则，形成多数对少数的强制性
政策意志的强制性	政治决策将归集的公共需要转换为国家意志，决策时应力求公共偏好与当权者意志的一致
决策结果的强制性	政府预算决策形成后具有强制性，个人必须服从

三、优化政府预算决策的路径
(1) 以民主改进政治决策程序。
(2) 适当以市场化方式弥补预算决策政治缺陷。
(3) 明确权力边界，建立制衡机制。

经典例题

[2020年真题·多项选择题] 政府预算政治决策程序的强制性主要表现在（　　）。
A. 预算标准的强制性　　　　B. 偏好表达的强制性
C. 投票规则的强制性　　　　D. 政策意志的强制性
E. 决策结果的强制性

[解题思路] 政府预算的政治决策程序的强制性反映在四个方面，可用下面提供的方法进行记忆：在偏好表达、投票规则和政策意志的作用下，导致决策结果具有强制性。

[解析] 政府预算的政治决策程序具有强制性，主要表现在：①偏好表达的强制性；②投票规则

的强制性；③政策意志的强制性；④决策结果的强制性。　　　　　　　　　　[答案] BCDE

[2016年真题·单项选择题] 政府预算决策的对象是（　　）。
A. 程序合理
B. 依据合法
C. 公共偏好
D. 政府需要

[解析] 政府预算决策过程的实质是对公共偏好的选择，政府预算决策的对象是公共偏好。

[答案] C

● 考点6　**政府预算编制模式**

一、政府预算编制模式的类型

按不同标准划分的政府预算编制模式如表10-4所示。

表10-4　按不同标准划分的政府预算编制模式

分类标准	类型	具体阐释
按政府预算编制的结构划分	单式预算	是将政府全部财政收支编入一个总预算之内（不区分各项收支性质）
	复式预算	是把预算年度内全部财政收支按收入来源和支出性质，编成两个或两个以上的预算（最早实行复式预算的国家是 丹麦、瑞典）
按预算编制的方法划分	基数预算	以上年度或基期的收支为基数，综合考虑预算年度国家政策等变化情况调整确定
	零基预算	不考虑该指标以前年度收支的状况或基数，根据当年的具体情况编制
按预算编制的政策导向划分	投入预算	只能反映投入项目的用途和支出金额，不考虑其支出的经济效果的预算（典型特征是限制甚至禁止资金在不同预算项目之间的转移）
		其决策重点在于 如何控制资源的投入和使用
	绩效预算	即结果导向预算，强调预算 投入与产出及结果 的关系，其宗旨在于有效降低政府提供公共产品和服务的成本，提高财政支出的效率和效益，从而约束政府支出的扩张。这种绩效理念用于预算管理的实践主要是通过 绩效预算和预算的绩效评价 来实现的
按政府预算编制的时间跨度划分	年度预算	包括历年制和跨历年制
	多年预算	通常为3～5年的滚动的、对年度预算具有约束力的预算规划

【提示1】复式预算的典型模式是 双重预算，即经常预算和资本预算。双重预算的具体内容如表10-5所示。

表10-5　双重预算的具体内容

双重预算	预算收入	预算支出
经常预算	以 税收 为主要来源	行政经费支出、各项事业费和社会保障支出
资本预算	国有资产经营收益、资产处置收入、债务收入、经常预算结余转入	政府的各项资本性支出

【提示2】零基预算的优点包括：预算收支安排不受以往年度收支的约束，预算编制有较大的回旋余地，能够突出当年政府经济社会政策重点，防止出现预算收支结构僵化和财政拖累。

【提示3】单式预算的优缺点。

（1）单式预算的优点包括：有利于反映预算的整体性、统一性，明确体现政府财政收支规模和基本结构，便于立法机构审议和公众监督。

（2）单式预算的缺点包括：不能反映各项财政收支的经济性质，不利于监督和管理，也不利于体现政府在不同领域活动的性质、特点。

> **经典例题**
>
> [2017年真题·多项选择题]最早实行复式预算的国家有（　　）。
> A. 中国　　　　　　　　　　　B. 英国
> C. 丹麦　　　　　　　　　　　D. 瑞典
> E. 印度
> [解析]最早实行复式预算的国家是丹麦和瑞典，后来英国、法国、印度等国陆续采用。[答案]CD
>
> [2012年真题·单项选择题]关于预算模式的说法，属于投入导向预算模式的典型特征的是（　　）。
> A. 全部预算收支汇集编入一个总预算中　　B. 以上年度预算收支作为编制预算的依据
> C. 限制资金在不同预算项目间的转移　　　D. 在成本效益分析基础上确定支出预算
> [解析]按政府预算编制的政策导向划分，分为投入预算和绩效预算。投入预算是指在编制、执行传统的线性预算时主要强调严格遵守预算控制规则，限制甚至禁止资金在不同预算项目之间转移，只能反映投入项目的用途和支出金额，而不考虑其支出的经济效果的预算，故C项正确。
> [答案]C

二、我国全口径预算体系构成

全口径预算体系包括一般公共预算、政府性基金预算、国有资本经营预算、社会保险基金预算。各预算之间应该保持完整、独立。

（一）一般公共预算

一般公共预算的具体内容如表10-6所示。

表10-6　一般公共预算的具体内容

项目		具体内容
支出重点		政权建设、事业发展、公共投资及分配调节
收支范围	收入	各项税收收入、行政事业性收费收入、国有资源（资产）有偿使用收入、转移性收入和其他收入
	支出	(1) 按功能划分的支出：一般公共服务支出，外交、公共安全、国防支出，农业、环境保护支出，教育、科技、文化、卫生、体育支出，社会保障及就业支出和其他支出 (2) 按经济性质划分的支出：工资福利支出、商品和服务支出、资本性支出和其他支出

（二）政府性基金预算

政府性基金预算的具体内容如表10-7所示。

表10-7　政府性基金预算的具体内容

项目		具体内容
主要特征		(1) 政府性基金预算的收入只能是依照法律、行政法规规定组织 (2) 政府性基金预算的收入来源包括向特定对象征收、收取或者以其他方式筹集 (3) 政府性基金预算支出必须专项用于特定公共事业发展，因此具有专款专用的特征 (4) 政府性基金一般应有一定的存续期限（通常不能无限期存在）
主要内容	政府性基金预算收入	主要包括农网还贷资金、铁路建设基金、民航发展基金、旅游发展基金、国家电影事业发展专项资金、国有土地使用权出让金、国家重大水利工程建设基金、彩票公益金、城市基础设施配套费、车辆通行费、污水处理费等
	政府性基金预算支出	按照支出功能主要用于科学技术、文化旅游体育与传媒、社会保障及就业、节能环保、城乡社区、农林水、交通运输、资源勘探信息、金融等

（三）国有资本经营预算

（1）国有资本经营预算的范围：

①收入方面包括国有企业上缴的利润。

②支出方面包括资本性支出、费用性支出、其他支出和补充公共财政（调入一般公共预算和补充全国社保基金）。

（2）国有资本经营预算单独编制，预算支出按照当年预算收入规模安排，<u>不列赤字</u>。

（四）社会保险基金预算

社会保险基金预算的具体内容如表10-8所示。

表10-8 社会保险基金预算的具体内容

项目		具体内容
目的		通过调节个人收入分配，以扶贫救困、保障公民生活、维护社会稳定，并通过协调社会保险资金的时间分配和代际分配，来保护公民的长远利益
国际模式		（1）基金预算（美国、新加坡） （2）政府公共预算（英国、瑞典） （3）一揽子社会保障预算 （4）政府公共预算下的二级预算
我国的社会保险基金预算	含义	对社会保险缴款、一般公共预算安排资金和其他方式筹集的资金，<u>专项用于社会保险</u>的收支预算
	性质	<u>社会共济</u>性质，但应当将其纳入政府预算体系
	主要内容	社会保险基金预算收入：社会保险缴款、一般公共预算安排资金以及其他方式筹集的资金
		社会保险基金预算支出：<u>专款专用</u>，包括社会保险待遇支出、转移支出、补助下级支出、上解上级支出和其他支出

（五）各预算之间的相互关系

（1）政府性基金预算与一般公共预算的统筹。

（2）国有资本经营预算与一般公共预算的统筹。

（3）一般公共预算各项资金的统筹使用。

（4）与社会保险基金预算的统筹关系。

【提示】一般公共预算可以根据需要和财力适当安排资金<u>补充社会保险基金预算</u>。社会保险基金预算属于"<u>只进不出</u>"，不能用于平衡其他三项预算。

经典例题

[2022年真题·单项选择题] 下列不属于我国政府全口径预算体系的是（　　）。

A. 社会保障基金预算　　　　B. 一般公共预算

C. 政府性基金预算　　　　　D. 国有资本经营预算

[解析] 全口径预算体系包括一般公共预算、政府性基金预算、国有资本经营预算、社会保险基金预算。各预算之间应该保持完整、独立。

[答案] A

[2017年真题·多项选择题] 国际上社会保障预算的编制模式主要有（　　）。

A. 基金预算　　　　　　　　B. 政府公共预算

C. 一揽子社会保障预算　　　D. 资本预算下的二级预算

E. 公共预算下的二级预算

[解析] 编制社会保障预算的国际模式包括基金预算、政府公共预算、一揽子社会保障预算、政府公共预算下的二级预算等形式。

[答案] ABCE

考点 7 政府预算的原则

政府预算的原则如图 10-1 所示。

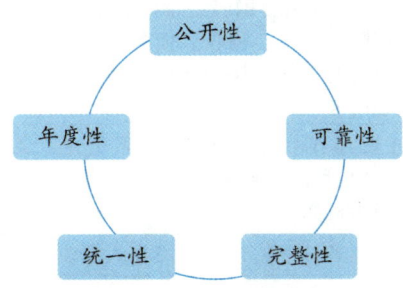

图 10-1 政府预算的原则

【提示 1】政府预算的统一性要求收支要以总额列入预算，不能只列收支相抵的净额。

【提示 2】政府预算的年度性体现为：

（1）历年制，按公历自每年的 1 月 1 日起到 12 月 31 日止，采用的国家有中国、俄罗斯、法国、德国、意大利、西班牙、葡萄牙、墨西哥、巴西等。

（2）跨年制，具体包括：

① 4 月制，即从每年 4 月起至次年的 3 月 31 日止为一个预算年度，包括加拿大、英国、日本、印度、新加坡、新西兰、南非等国。

② 7 月制，即预算年度从每年的 7 月 1 日起至次年的 6 月 30 日止，包括澳大利亚、巴基斯坦、孟加拉国、埃及、科威特、坦桑尼亚、肯尼亚等国。

③ 10 月制，即预算年度从每年的 10 月 1 日起至次年的 9 月 30 日止，包括美国联邦政府、泰国等。

【提示 3】早期的预算原则把预算作为监督和控制政府的工具，比较注重控制性。

经典例题

[2016 年真题·单项选择题] 就预算年度来说，属于历年制的是（　　）。
A. 1 月 1 日至 12 月 31 日　　　　B. 4 月 1 日至次年 3 月 31 日
C. 7 月 1 日至次年 6 月 30 日　　D. 10 月 1 日至次年 9 月 30 日

[解析] 对于政府预算原则中的年度性来说，历年制指的是 1 月 1 日至 12 月 31 日，故 A 项正确。

[答案] A

[2013 年真题·单项选择题] 要求预算部门的收支应以总额列入预算，而不应当只列入收支相抵后的净额，这体现了政府预算的（　　）原则。
A. 可靠性　　　　　　　　　　B. 完整性
C. 统一性　　　　　　　　　　D. 年度性

[解析] 本题考查政府预算的原则。统一性要求任何单位的收支一定要以总额列入预算，不要只列入收支相抵的净额，故 C 项正确。

[答案] C

考点 8 政府预算的政策

政府预算的政策如表 10-9 所示。

表 10-9 政府预算的政策

政策类型	要点提示
健全财政政策	（1）产生于资本主义自由竞争时期 （2）将年度预算收支平衡作为衡量财政是否健全的标志 （3）观点代表：亚当·斯密、巴斯坦布尔

续表

政策类型	要点提示
功能财政预算政策	(1) 20世纪40年代由美国经济学家勒纳提出 (2) 应当运用财政支出、税收、债务等作为调节经济的重要工具 (3) 政府最重要的工作是保持国民经济整体的平衡，采用相机抉择方式来实现政策目标（核心内容）
周期平衡预算政策	(1) 20世纪40年代由美国经济学家阿尔文·汉森提出 (2)《中华人民共和国预算法》（以下简称《预算法》）规定，各级政府应当建立跨年度预算平衡机制
充分就业预算平衡政策	要求按充分就业条件下估计的国民收入规模来安排预算收支，达到预算平衡
预算平衡政策	某些倾向于自由主义的经济学家针对凯恩斯主义的赤字预算理论存在的问题，提出预算平衡原则，要求有效地控制政府支出

【提示】财政政策的核心是政府预算政策。

经典例题

[2011年真题·单项选择题] 根据经济社会发展的政策目标，采用相机抉择方式安排预算收支的政策称为（ ）。
A. 健全财政政策　　　　　　　　B. 功能财政预算政策
C. 周期平衡预算政策　　　　　　D. 充分就业预算平衡政策

[解析] 本题考查政府预算的政策。功能财政预算政策的核心内容是要说明政府不必局限于预算收支之间的对比关系，保持预算收支的平衡，而重要的是为保持国民经济整体的平衡，采用相机抉择方式来实现政策目标，故B项正确。 [答案] B

考点9 政府预算编制

按照行政级别，一级政府财政预算可分为由财政部汇编的中央预算和地方总预算，以及由各级地方财政部门汇编的本级地方总预算。

一、一般公共预算编制

一般公共预算的编制如表10-10所示。

表10-10　一般公共预算的编制

项目	具体内容
预算组成	由本级部门预算、转移支付预算和预备费等组成
编制原则	一般公共预算要遵循量入为出、收支平衡的原则，除预算法规定的情形外，不列赤字。财政部门在拟定年度收支计划时，应按照以下方式： (1) 预测本年收入总额 (2) 预计本年支出总额 (3) 统筹平衡，确定收支预算总额
编制内容	收入预算：包括本级一般公共预算收入（含税收收入和非税收入）、上级转移支付收入、下级上解收入、从政府性基金调入资金、从国有资本经营预算调入资金、其他调入资金、动用预算稳定调节基金、债务收入及债务转贷收入、上年结转收入等
	支出预算：包括本级一般公共预算支出、上解上级支出、对下级的转移支付支出、债务转贷支出、债务还本支出、补充预算稳定调节基金等
编制规则	一般公共预算按照政府收支分类科目编制，收入按收入分类编制到款级科目；支出按支出功能分类编制到项级科目，按支出经济分类编制到款级科目 【提示】财政部门将一般公共预算的超收收入（除用于冲减赤字外）、结余资金，用于补充预算稳定调节基金

二、政府性基金预算编制

政府性基金预算编制的具体内容如表 10-11 所示。

表 10-11　政府性基金预算编制的具体内容

项目		具体内容
编制原则		(1) 财政部门会同主管部门根据实际情况按基金项目编制，支出与收入按基金项目对应，做到 以收定支 (2) 按照 基金项目编制，不同的基金项目分别编制，原则上 不允许项目间混编
编制内容	收入预算	包括本级政府性基金收入、上级转移支付收入、债务收入及债务转贷收入、下级上解收入、上年结转收入等
	支出预算	本级政府性基金预算支出、对下级转移支付支出、债务转贷支出、债务还本支出、调出资金、上解上级支出等
编制规则		按照政府 收支分类科目编制，收入按收入分类编制到 底级科目；支出按支出功能分类编制到 项级科目，按支出经济分类编制到 款级科目

三、国有资本经营预算编制

国有资本经营预算编制的具体内容如表 10-12 所示。

表 10-12　国有资本经营预算编制的具体内容

项目		具体内容
编制原则		按照收支平衡的原则编制，不列赤字，并按一定比例安排资金调入一般公共预算，用于保障和改善民生等
编制内容	收入预算	包括本级国有资本经营预算收入、上级转移支付收入、下级上解收入、上年结转收入等
	支出预算	包括本级国有资本经营预算支出、对下级转移支付支出、调出资金、上解上级支出等
管理流程及规则		按照政府收支分类科目编制，收入按收入分类编制到 目级科目；支出按功能分类编制到 项级科目、政府经济分类编制到 款级科目

四、社会保险基金预算编制

社会保险基金预算编制的具体内容如表 10-13 所示。

表 10-13　社会保险基金预算编制的具体内容

项目	具体内容
预算内容	(1) 企业职工（基本养老保险/失业保险/职工基本医疗保险/工伤保险基金收支） (2) 城乡居民（基本养老保险/基本医疗保险基金收支） (3) 机关事业单位基本养老保险基金收支 (4) 其他社会保险基金收支 (5) 财政补贴及基金利息
编制原则	(1) 收支平衡（按社会保险各险种的统筹层次和项目分别编制） (2) 专款专用 (3) 与一般公共预算衔接

五、政府债务预算处理

政府债务按照性质，分别列入一般公共预算和政府性基金预算。

政府债务预算处理的具体内容如表 10-14 所示。

表 10-14 政府债务预算处理的具体内容

项目			具体内容
中央预算债务处理			（1）中央一般公共预算必需的部分资金，可通过举借国内和国外债务等方式筹措，应注意规模和结构（可用于建设投资和弥补一般公共预算支出） （2）对中央一般公共预算中举借的债务实行余额管理（不得超过全国人民代表大会批准的限额） （3）财政部具体负责对中央债务统一管理
地方预算债务处理	地方债务预算管理要求	限制主体	经国务院批准的省、自治区、直辖市
		限制范围	经国务院批准的省级政府预算中必需的建设投资的部分资金
		限制方式	只限于发行地方政府债券
		限制用途	举借的债务只能用于公益性资本支出，不得用于经常性支出
		规范管理和监督	经国务院批准的地方政府举借的债务应当纳入预算；地方政府债务的规模由国务院报全国人大及其常委会批准
		控制风险	举借的债务应当有偿还计划和稳定的偿还资金来源
	地方债务预算管理	债务分类	（1）地方政府一般债务：地方政府一般债券、外债转贷 （2）地方政府专项债务：地方政府专项债券
		预算管理	（1）纳入一般公共预算管理：地方政府一般债务收入、安排的支出、还本付息、发行费用 （2）纳入政府性基金预算管理：地方政府专项债务收入、安排的支出、还本付息、发行费用
		发行主体	一般债券、专项债券的发行主体：省、自治区、直辖市政府 【提示】市县级政府由省级财政部门代办发行
		使用	用于公益性资本支出，不得用于经常性支出
		偿还	应当有偿还计划和稳定的偿还资金来源（债务利息通过对应的预算收入偿还，不得使用发行债券的方式偿还）

> **经典例题**
>
> [例题·多项选择题] 下列各项中，关于政府预算编制的说法，正确的有（　　）。
> A. 一般公共预算由本级部门预算、转移支付预算和预备费等组成
> B. 政府性基金预算按照基金项目编制，原则上不允许基金项目间混编
> C. 社会保险基金预算坚持专款专用的编制原则
> D. 对中央一般公共预算中举借的债务实行余额管理
> E. 地方政府举借的债务可用于公益性资本支出和经常性支出
> [解析] 地方政府举借的债务用于公益性资本支出，不得用于经常性支出，E 项错误。
> [答案] ABCD

● 考点 10　跨年度政府预算编制

一、预算超收及短收的平衡机制

（1）一般公共预算执行中出现的超收收入，在冲减赤字或化解债务后用于补充预算稳定调节基金。

（2）出现短收收入，采取调入预算稳定调节基金或其他预算资金进行补充、削减支出等实现平衡。如若仍不能平衡则通过调整预算增列赤字。

二、预算赤字的弥补机制

（1）中央预算赤字在经全国人大或其常委会批准的国债余额限额内发债平衡。

（2）省级政府报本级人大或其常委会批准后增列赤字，并报财政部门备案，在下一年度预算中予以弥补。

（3）市、县级政府通过申请上级政府临时救助实现平衡，并在下一年度预算中归还。

三、实施中期财政规划管理

我国将实施的中期财政规划按照 三年滚动方式 编制。

【提示】年度预算平衡（每一年的财政收支结果）和跨年度预算平衡（一定的经济周期内保持平衡）进行比较，跨年度预算平衡的优点是有利于 政策的长期可持续性，使决策者尽早发现问题，鉴别风险，采取措施。

经典例题

[2022年真题·单项选择题] 一般公共预算执行中出现超收收入，在冲减财政赤字或化解债务后，用于（　　）。
A. 财政资金
B. 补充预算
C. 政府债务收入
D. 转移支出
[解析] 一般公共预算执行中出现的超收收入，在冲减赤字或化解债务后用于补充预算稳定调节基金。

[答案] B

考点11 部门预算制度

一、部门预算的基本含义

（1）要把部门作为预算编制的基础单元，财政预算从部门编起，从基层单位编起。

（2）财政预算要落实到每一个具体部门，预算管理以部门为依托。

（3）部门本身有严格的资质要求，限定那些与财政直接发生经费领拨关系的 一级预算会计单位 为预算部门。

【提示】部门预算是市场经济国家财政预算管理的基本组织形式，是总预算的基础，由各预算部门编制，同时部门预算是一个综合预算。

二、部门预算的原则

（1）合法性原则。
（2）真实性原则。
（3）完整性原则。
（4）科学性原则。
（5）稳妥性原则，即：量入为出，收支平衡，不得编制赤字预算。
（6）重点性原则，即：先基本支出、后项目支出；先重点、急需项目，后一般项目。
（7）透明性原则。
（8）绩效性原则。

经典例题

[2022年真题·多项选择题] 下列关于部门预算含义的说法，正确的有（　　）。
A. 是总预算的基础，由各预算部门编制
B. 以部门作为预算编制的基础单元，财政预算从部门编起、从基层单位编起

C. 是国家财政的物质基础

D. 部门本身要有严格的资质要求，限定那些与财政直接发生经费领拨关系的一级预算单位为预算部门

E. 财政预算要落实到每一个具体部门，预算管理以部门为依托

[解析] C项，部门预算是编制政府预算的一种制度和方法，即由政府各部门依据国家有关法律法规及履行职能的需要编制，反映部门所有收入和支出情况的综合财政计划，它是政府各部门履行职能和事业发展的物质基础。　　　　　　　　　　　　　　　　　　　　[答案] ABDE

[2014年真题·单项选择题] 部门预算编制首先要保证基本支出需要，体现的原则是（　　）。

A. 合法性原则　　　　　　　　　　　B. 科学性原则

C. 稳妥性原则　　　　　　　　　　　D. 重点性原则

[解题思路] 在部门预算的八项原则中，除记忆内容外，有两项原则的具体阐释需要特别注意，稳妥性原则和重点性原则，而本题中的叙述强调的即为重点性原则的内容。　　[答案] D

三、部门预算的基本内容

（一）部门收入预算

部门收入预算主要包括：上年结转资金、财政拨款收入、上级补助收入、事业收入、事业单位经营收入、下级单位上缴收入、用事业基金弥补收支差额和其他收入。

（二）部门支出预算

部门支出预算的具体内容如表10-15所示。

表10-15　部门支出预算的具体内容

分类 （按支出的管理要求划分）	编制原则	具体内容
基本支出预算	综合预算的原则	人员经费和日常公用经费
	优先保障的原则 （先保障基本支出的合理需要）	
	定员定额管理的原则	
项目支出预算	综合预算的原则	基本建设、有关事业发展专项计划、专项业务费、大型修缮、大型购置、大型会议等项目支出 【提示】项目支出预算的三个特征：专项性、独立性、完整性
	科学论证、合理排序的原则	
	追踪问效的原则	

【考点小贴士】基本支出预算和项目支出预算的编制原则是考试重点，综合预算的原则为两者共有的编制原则，可着重比较另外两项原则。此知识内容容易混淆，要区分记忆。

经典例题

[2016年真题·多项选择题] 下列原则中，属于基本支出预算的编制原则的是（　　）。

A. 综合预算的原则　　　　　　　　　B. 成本效益的原则

C. 优先保障的原则　　　　　　　　　D. 追踪问效的原则

E. 定员定额管理的原则

[解题思路] 部门预算原则中，基本支出预算的编制原则具体参考表10-15，要避免和项目支出预算的编制原则混淆。　　　　　　　　　　　　　　　　　　　　　　　[答案] ACE

考点 12 政府采购与政府购买服务

一、政府采购

政府采购指的是由国家机关、事业单位和团体组织，使用财政性资金采购依法制定的集中采购目录以内的或采购限额标准以上的货物、工程和服务的行为。

（一）政府采购的原则

（1）公开透明原则。
（2）公平竞争原则。这是市场经济运行和政府采购的基本原则。
（3）公正原则。为保证公平原则，政府采购应采用回避制度。
（4）诚实信用原则。
（5）讲求绩效原则。

> **经典例题**
>
> [2014年真题·单项选择题] 我国政府采购法对政府采购主体所做的界定中不包括（　　）。
> A. 国家机关　　　　　　　　B. 事业单位
> C. 社会团体　　　　　　　　D. 国有企业
> [解析] 政府采购是指国家机关、事业单位和团体组织，使用财政性资金采购依法制定的集中采购目录以内的或者采购限额标准以上的货物、工程和服务的行为，D项不包括其中。　　[答案] D

（二）政府采购的基本方式

按是否具备招标性质可分为两大类：竞争性采购和非竞争性采购。
政府采购的基本方式如表 10-16 所示。

表 10-16　政府采购的基本方式

方式		具体内容
竞争性采购	招标采购（公开招标）	通过公开招标的方式，邀请所有符合条件的供应商参加。优点是最能体现政府采购的公开性、竞争性，是主要的采购方式
	竞争性谈判采购	采购人通过与多家供应商进行分别谈判后从中确定中标供应商并授予合同的一种采购方式
	询价采购	采购单位向国内外有关供应商发出询价单，然后对供应商提供的报价进行比较，并确定中标供应商，以确保产品和服务价格具有竞争性
	框架协议采购	—
非竞争性采购	单一来源采购（直接采购）	采购标的达到了竞争性招标采购的金额标准，但由于采购来源渠道单一，属于专利或首次制造、合同追加、原有项目的后续扩充等特殊情况，也只能从唯一的供应商那里采购

二、政府购买服务

政府购买服务是指通过发挥市场机制作用，把政府直接提供的一部分公共服务事项，以及政府在履行职责过程中所需的辅助性服务事项，按照一定的方式和程序，交由具备条件的社会力量和事业单位承担，并以合同等契约化方式明确政府和市场化主体的权利义务，由政府根据合同约定向其支付费用。

政府购买服务的具体内容如表 10-17 所示。

表 10-17　政府购买服务的具体内容

项目	具体内容
购买主体	各级 行政机关，具有行政管理职能的事业单位，纳入行政编制管理且经费由财政负担的群团组织
承接主体	在登记管理部门登记或经国务院批准免于登记的社会组织（重要承接主体）、按事业单位分类改革应划入公益二类或转为企业的事业单位，依法在工商管理或行业主管部门登记成立的企业、机构等社会力量
购买内容	属于政府职责范围、适合 采取市场化方式提供 的服务事项
购买方式及程序	对于政府集中采购目录以内或采购限额标准以上的项目，采用公开招标、邀请招标、竞争性谈判、竞争性磋商、单一来源采购等方式确定承接主体
预算与财务管理	(1) 妥善安排购买服务所需资金 (2) 健全购买服务预算管理体系 (3) 强化购买服务预算执行监控

经典例题

[例题·单项选择题] 在政府采购中，采购人通过与多家供应商进行分别谈判后从中确定中标供应商并授予合同的采购方式是（　　）。
A. 招标采购　　　　　　　　B. 竞争性谈判采购
C. 询价采购　　　　　　　　D. 框架协议采购

[解析] 竞争性谈判采购是指采购人通过与多家供应商进行分别谈判后从中确定中标供应商并授予合同的采购方式。

[答案] B

考点 13　现代国库制度

一、国库集中收付管理

国库集中收付管理是现代国库管理的基本制度，实行国库单一账户体系。

（一）国库集中收付管理的主要内容

(1) 完善的国库单一账户体系。

(2) 规范的财政资金收付程序和方式。财政收入按照规范的收入程序和方式 直接缴入国库单一账户。

(3) 对财政收支活动进行有效的监控。

（二）我国财政国库管理制度的改革

(1) 改革账户管理体系。建立科学、可控、集中的国库单一账户体系。

(2) 改革资金收缴方式。采用直接缴库和集中汇缴方式。

(3) 改革资金支付方式。实行财政直接支付和财政授权支付方式。

二、公债管理

(1) 各国对公债规模的控制分为 公债发行额管理 和 公债余额管理 两种。公债余额管理又分为 公债限额管理 和 预算差额管理 两种。

(2) 我国全国人大常委会批准 2006 年开始实施公债余额管理。

(3) 公债管理与国库现金管理密切配合，可以极大地 提高资产负债管理的效率和效益。

三、国库现金管理

(1) 国库现金管理的对象包括库存现金、活期存款和与现金等价的短期金融资产。

(2) 国库现金管理的操作方式包括商业银行定期存款、买回公债、公债回购和逆回购等。在国库现金管理初期,主要实施<u>商业银行定期存款和买回公债</u>两种操作方式。

经典例题

[2015年真题·单项选择题] 有利于提高现代国库资产负债管理效益的举措是(　　)。
A. 公债管理与国库集中收付相结合　　　B. 公债管理与国库现金管理相结合
C. 公债管理与财政直接支付相结合　　　D. 公债管理与财政授权支付相结合
[解析] 本题考查现代国库制度。公债管理是现代国库管理制度负债管理职能的重要体现,它与国库现金管理密切配合,可以极大提高资产负债管理的效率和效益。　　　　　　　　　　[答案] B

[2013年真题·单项选择题] 现代国库管理的基本制度是(　　)。
A. 财政收入的收纳制度　　　　　　　　B. 财政收入的划分和报解办法
C. 库款的支拨程序　　　　　　　　　　D. 国库的集中收付管理
[解析] 国库集中收付管理是现代国库管理的基本制度,故D项正确。　　　　　　　[答案] D

● 考点 14　政府预算的审查、批准和监督制度

一、政府预算的审查和批准

(一) 发达国家的预算审批

(1) 行政机关负责预算编制和执行以及决算。
(2) 立法机关负责预算审批。

(二) 我国立法机关的预算审批程序及内容

我国各级人民代表大会是法定的<u>预算审批部门</u>。人大审批预算的过程分为初审和终审两阶段。
(1) 初审是指在各级人民代表大会召开前,由各级人民代表大会的相关部门对预算草案的主要内容进行初步审查。
(2) 终审是指各级人民代表大会对预算草案的审查和批准。

二、政府预算的监督

(一) 政府预算监督的分类

政府预算监督的分类如表10-18所示。

表 10-18　政府预算监督的分类

项目	狭义的政府预算监督	广义的政府预算监督
定义	财政机关在财政管理过程中,依照法定的权限和程序,对各级政府预算的合法性、真实性、有效性实施审查、稽核、检查活动	预算监督体系中具有监督权的各主体,依照法定的权限和程序,对各级政府预算所实施的检查和监督行为
不同点	(1) 两者的监督<u>主体不完全相同</u> (2) 两者的监督<u>方式</u>和监督<u>内容</u>不同	
相同点	两者所指的监督对象是一致的,均为接受财政管理的相关组织,具体包括国家机关、事业单位、国有企业和其他组织	

(二) 政府预算监督的特点

(1) 预算监督体系的层次性。
(2) 预算监督主体的多元性。
(3) 预算监督对象的广泛性。
(4) 预算监督过程的全面性。
(5) 预算监督依据的法律性。

(6) 预算监督形式的多样性。

(三) 政府预算监督的分类

政府预算监督的分类如表 10-19 所示。

表 10-19　政府预算监督的分类

分类标准	具体类型
按照政府预算监督体系的构成来划分	立法机关监督、财政部门监督、审计部门监督、社会中介机构监督、社会舆论监督和司法监督
按照政府预算监督的时间顺序来划分	事前监督、事中监督和事后监督

(四) 政府预算监督的主要内容

(1) 立法机关预算监督。即对预算编制、调整、变更的监督等。
(2) 财政部门预算监督。即对预算编制、收支执行的监督等。
(3) 审计部门预算监督。即对预算编制、执行、决算的审计等。

【提示】现代公共预算制度最重要、最基本的核心功能是法定授权。

●考点15　政府预算绩效管理的前提

政府预算绩效管理的前提包括五大部分：
(1) 构建绩效评价框架体系。
绩效评价框架体系包括年度绩效计划、提交绩效报告、进行绩效评价、反馈绩效评价结果。
(2) 赋予部门管理者充分的自主权。
(3) 强化部门管理者的责任。
(4) 以权责发生制计量政府成本。

美国、法国、加拿大采用改良的或修正的权责发生制。澳大利亚、新西兰、英国实行完全的权责发生制。

(5) 建立绩效预算管理的制度和组织保障。

下面以新西兰不断完善的法律体系来举例说明其建立的绩效管理的制度和组织保障，具体如图 10-2 所示。

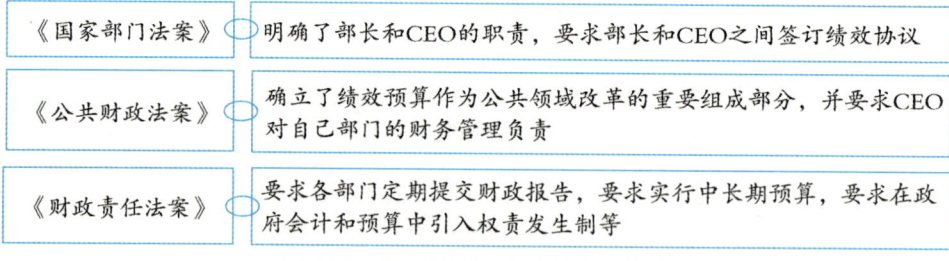

图 10-2　新西兰不断完善的法律体系

经典例题

[2013 年真题·多项选择题] 政府预算绩效管理的前提有（　　）。
A. 构建绩效评价框架体系
B. 赋予部门管理者充分的自主权
C. 强化部门管理者的责任
D. 以收付实现制计量政府成本
E. 建立绩效预算管理的制度和组织保障

[解析] 政府预算绩效管理的前提包括五大部分：构建绩效评价框架体系、赋予部门管理者充分的自主权、强化部门管理者的责任、以权责发生制计量政府成本、建立绩效预算管理的制度和组织保障。故 A、B、C、E 四项正确，D 项错误。

[答案] ABCE

[2011年真题·单项选择题] 确立绩效预算作为公共财政改革重要组成部分的新西兰财政法律是（ ）。

A.《国家部门法案》　　　　B.《公共财政法案》
C.《财政责任法案》　　　　D.《预算与会计法》

[解析] 本题考查政府预算绩效管理制度中制度的完善。确立绩效预算作为公共财政改革重要组成部分的新西兰财政法律是《公共财政法案》。

[答案] B

考点 16 我国政府预算的绩效管理

一、政府预算绩效管理的主要组成部分

政府预算绩效管理的主要组成部分如图 10-3 所示。

图 10-3　政府预算绩效管理的主要组成部分

二、我国政府预算绩效管理的主要内容

政府预算绩效管理的主要内容如表 10-20 所示。

表 10-20　政府预算绩效管理的主要内容

主要内容	分类	具体表现
全面实施绩效管理的三个维度	构建全方位预算绩效管理格局	(1) 实施政府预算绩效管理 (2) 实施部门和单位预算绩效管理 (3) 实施政策和项目预算绩效管理
	建立全过程预算绩效管理链条	(1) 建立绩效评估机制 (2) 强化绩效目标管理 (3) 做好绩效运行监控 (4) 开展绩效评价和结果应用
	完善全覆盖预算绩效管理体系	(1) 建立一般公共预算绩效管理体系 (2) 建立其他政府预算绩效管理体系
健全预算绩效管理制度	完善预算绩效管理流程	—
	健全预算绩效标准体系	建立健全定量和定性相结合的共性绩效指标框架
硬化预算绩效管理约束	明确绩效管理责任约束	—
	强化绩效管理激励约束	

考点 17 预算管理一体化

预算管理一体化的具体内容如表 10-21 所示。

表 10-21 预算管理一体化的具体内容

项目	具体内容
预算管理一体化的主要内容	（1）全国政府预算管理的一体化 （2）各部门预算管理的一体化 （3）预算全过程管理的一体化 （4）预算项目全生命周期管理的一体化 （5）全国预算数据管理的一体化（各级财政预算数据生产和对接传输的标准化）
预算管理一体化的主要管理机制	（1）建立健全预算项目全生命周期管理机制 （2）建立健全统一的财政预算管理要素管理机制 （3）建立健全上下级财政间预算管理衔接机制 （4）建立健全政府预算、部门预算、单位预算衔接机制 （5）建立健全预算指标账务管理机制 （6）建立健全国库集中支付管理机制 （7）建立健全结转结余资金预算管理机制 （8）建立健全单位资金管理机制 （9）建立健全预算管理与资产管理的衔接机制 （10）建立健全预算管理与债务管理的衔接机制
预算管理一体化系统组成	（1）基础信息管理 （2）项目库管理 （3）预算编制 （4）预算调整和调剂 （5）预算执行 （6）会计核算 （7）决算和财务报告

本章易错易混考点

【易错易混考点】国有资本经营预算与一般公共预算的区别

国有资本经营预算与一般公共预算的区别如表 10-22 所示。

表 10-22 国有资本经营预算与一般公共预算的区别

项目	国有资本经营预算	一般公共预算
区别	（1）主要体现政府的生产资料所有者代表的身份，从性质上看属于经营型预算 （2）相对独立于公共预算，不列赤字 （3）收支规模较小，仅包括自然垄断行业和一般竞争性领域的经营性企业的国有资产	（1）主要体现政府社会管理者的身份，从性质上看属于供给型预算 （2）行政事业性资产主要由财政拨款形成，适于纳入一般公共预算的范畴

【提示】由于自然资源资产性质特殊，不纳入国有资本经营预算，其资本管理也不同于一般的资本管理，应保持其独立性。

[2015 年真题·单项选择题] 就其性质来说，行政事业性国有资产更适于纳入（　　）。
A. 一般公共预算
B. 政府性基金预算
C. 国有资本经营预算
D. 社会保险基金预算

[解析] 国有资本经营预算的收支规模比较小，仅包括自然垄断行业和一般竞争性领域的经营性企业的国有资产，而相对于行政事业性国有资产来说，更适合于纳入一般公共预算的范畴，故 A 项正确。

[答案] A

历年经典真题回顾

一、单项选择题（每题1分，每题备选项中，只有1个最符合题意）

1. 全国中期财政规划对中央年度预算编制起约束作用，对地方中期财政规划和年度预算编制起（　　）。[2021年真题]

   A. 约束作用　　　　　　　　B. 规范作用
   C. 借鉴作用　　　　　　　　D. 指导作用

   [解析] 分级次来看，全国中期财政规划对中央年度预算编制起约束作用，对地方中期财政规划和年度预算编制起指导作用。

   [答案] D

2. 关于部门预算编制范围的说法，正确的是（　　）。[2016年真题]

   A. 部门预算只包括预算内资金
   B. 部门预算只包括财政性资金
   C. 部门预算按财政资金性质归口管理
   D. 不同性质来源的资金统一编入部门预算

   [解析] 本题根据部门预算的含义理解。财政预算要落实到每一个具体部门，预算管理以部门为依托。改变财政资金按性质归口管理的做法，财政将各类不同性质的财政资金统一编制到使用这些资金的部门，故 D 项正确。

   [答案] D

3. 从预算发展来说，早期的预算原则比较注重（　　）。[2015年真题]

   A. 功能性　　　　　　　　　B. 周密性
   C. 控制性　　　　　　　　　D. 公开性

   [解析] 本题考查政府预算的原则。早期的预算原则比较注重控制性。

   [答案] C

4. 政府预算决策过程的实质是（　　）。[2014年真题]

   A. 决策程序的法定性　　　　B. 对公共偏好的选择
   C. 优化预算决策路径　　　　D. 提高决策的透明度

   [解析] 政府预算决策过程的实质是对公共偏好的选择。

   [答案] B

5. 关于我国社会保险基金预算的说法，正确的是（　　）。[2013年真题]

   A. 等同于社会保障预算
   B. 全国统一编制执行
   C. 其内容包括社会福利与救济
   D. 不能用于平衡政府公共预算

   [解析] 我国国务院决定2010年起试行社会保险基金预算，待条件成熟后，再逐步推行社会保障预算，故 A 项错误。社会保险基金预算按统筹地区编制执行，统筹地区根据预算管理方式，明确本地区各级人民政府及相关部门责任，故 B 项错误。社会保险基金预算不包括社会福利与救济，故 C 项错误。

   [答案] D

6. 现代政府预算与封建专制政府的预算相比较所具有的鲜明特征是（　　）。[2012年真题]

   A. 集中性　　　　　　　　　B. 法律性
   C. 计划性　　　　　　　　　D. 年度性

   [解析] 政府预算的基本特征包括四个方面：法律性、预测性、集中性、综合性等。在这四个特征中，法律性是现代政府预算与封建专制的预算相比较为鲜明的特征。

   [答案] B

7. 下列不属于政府预算的原则是（　　）。[2012年真题]
   A. 公开性　　　　　　　　　　B. 可靠性
   C. 完整性　　　　　　　　　　D. 及时性
   [解析] 本题考查政府预算的原则。政府预算的原则包括公开性、可靠性、完整性、统一性、年度性，不包括及时性，故D项错误。
   [答案] D

8. 投入预算的政策重点是（　　）。[2010年真题]
   A. 是否实现政府的政策目标
   B. 控制资源的投入和使用
   C. 资金投入与产出比较的效率
   D. 反映资金使用结果
   [解析] 本题考查政府预算编制模式。按照政府预算编制的政策导向划分为投入预算和绩效预算。其中，投入预算的政策重点是控制资源的投入和使用。
   [答案] B

9. 部门支出预算的优先保障编制原则要求是（　　）。[2010年真题]
   A. 优先保障合理的基本支出需要
   B. 优先保障国务院已研究确定的项目支出
   C. 优先保障经常性专项业务费支出
   D. 优先保障新增项目支出
   [解析] 本题需要清楚部门预算包括基本支出预算和项目支出预算。对于部门支出预算的优先保障编制原则要求是优先保障合理的基本支出需要。
   [答案] A

10. 我国《政府采购法》中建立的回避制度符合（　　）。[2010年真题]
    A. 公开透明原则　　　　　　　B. 公平竞争原则
    C. 公正原则　　　　　　　　　D. 诚实信用原则
    [解析] 政府采购包括五项原则，其中建立的回避制度符合公正原则。
    [答案] C

二、多项选择题（每题2分，每题备选项中，有2个或2个以上符合题意，至少有1个错项。错选，本题不得分；少选，所选的每个选项得0.5分）

1. 国债余额管理包括（　　）。[2013年真题]
   A. 国债限额管理　　　　　　　B. 国债全额管理
   C. 预算差额管理　　　　　　　D. 国债发行额管理
   E. 国债储备额管理
   [解析] 本题考查现代国库制度。国债余额管理分为国债限额管理和预算差额管理两种，故A、C两项正确。
   [答案] AC

2. 政府预算的决策是对公共偏好的选择，其特征有（　　）。[2013年真题]
   A. 公共偏好以个人偏好为基础
   B. 公共偏好以国家偏好为基础
   C. 公共偏好由公民直接决策
   D. 公共偏好由政治程序决策
   E. 公共偏好由国家进行归集
   [解析] 政府预算决策过程的实质是对公共偏好的选择，其特征包括：①预算决策是对公共偏好的选择；②公共偏好以个人为评价基础；③公共偏好采取政治程序决策。E项属于公共偏好以个人为评价基础的具体内容，也是正确的。
   [答案] ADE

3. 我国现代国库制度有（　　）。[2012年真题]
   A. 国库集中收付管理　　　　　B. 国债管理

C. 国库现金管理　　　　　　D. 改革资金支付方式
E. 改革资产管理方式

[解析] 现代国库制度包括国库集中收付管理、国债管理、国库现金管理，故 A、B、C 三项正确。

[答案] ABC

4. 关于复式预算的说法，正确的是（　　）。[2010 年真题]
   A. 复式预算的典型形式是双重预算
   B. 丹麦是最早实行复式预算的国家之一
   C. 复式预算便于立法机构的审议和监督
   D. 复式预算有利于反映预算的整体性
   E. 复式预算的产生是政府职责范围扩大的结果

[解析] 本题考查政府预算编制模式。单式预算便于立法机构审议和公众监督，故 C 项错误。单式预算有利于反映预算的整体性，故 D 项错误。

[答案] ABE

本章同步练习

一、单项选择题（每题1分，每题备选项中，只有1个最符合题意）

1. 经济学对政府预算的研究，最为注重的是政府预算的（　　）。
   A. 公平问题　　　　　　　　B. 政治性问题
   C. 效率问题　　　　　　　　D. 功能性问题

2. 按照政府财政收支计划的时间跨度，预算可分为（　　）。
   A. 年度预算和多年预算
   B. 复式预算和单式预算
   C. 短期预算和中期预算
   D. 重点预算和一般预算

3. 主张运用财政支出、税收、债务作为调节经济重要工具的预算政策是（　　）。
   A. 健全财政政策
   B. 功能财政预算政策
   C. 充分就业预算政策
   D. 预算平衡政策

4. 下列各项中，不属于政府购买服务采购主体的是（　　）。
   A. 行政机关
   B. 具有行政管理职能的事业单位
   C. 纳入行政编制管理且经费由财政负担的群团组织
   D. 国有企业

5. 新西兰制定的（　　）要求各部门定期提交财政报告，要求实现中长期预算，要求在政府会计和预算中引入权责发生制等。
   A.《国家部门法案》
   B.《公共财政法案》
   C.《财政责任法案》
   D.《政府预算绩效管理法案》

6. 下列各项中，不属于全面实施绩效管理的三个维度的是（　　）。
   A. 构建全方位预算绩效管理格局
   B. 健全预算绩效评价标准体系

C. 建立全过程预算绩效管理链条
D. 完善全覆盖预算绩效管理体系

7. （   ）主要体现政府的生产资料所有者代表的身份，从性质上看属于经营型预算。
   A. 单式预算　　　　　　　　B. 一般公共预算
   C. 国有资本经营预算　　　　D. 社会保险预算

8. 采购标的达到了竞争性招标采购的金额标准，但属于首次制造，只能从唯一的供应商那里采购的方式是（   ）。
   A. 单一来源采购　　　　　　B. 询价采购
   C. 竞争性谈判采购　　　　　D. 公开招标采购

二、多项选择题（每题2分，每题备选项中，有2个或2个以上符合题意，至少有1个错项。错选，本题不得分；少选，所选的每个选项得0.5分）

1. 预算资金供给方的行为特征包括（   ）。
   A. 有追求预算资金最大化的冲动
   B. 具有双重委托—代理关系
   C. 具有委员会决策机制的特点
   D. 可以为各方提供充分交换意见的平台
   E. 政府预算管理活动中有诱发设租寻租收益的可能

2. 预算绩效管理是一个由（   ）共同组成的综合系统。
   A. 绩效目标管理　　　　　　B. 绩效运行跟踪监控管理
   C. 预算编制　　　　　　　　D. 绩效评价实施管理
   E. 绩效评价结果反馈和应用管理

3. 我国《政府采购法》确立的基本原则有（   ）。
   A. 公开透明　　　　　　　　B. 公平竞争
   C. 公正　　　　　　　　　　D. 诚实信用
   E. 招标采购

本章同步练习参考答案及解析

一、单项选择题

1. [答案] C
   [解析] 经济学对政府预算的研究，最为注重的是政府预算的效率问题。

2. [答案] A
   [解析] 政府预算按照财政收支计划的时间跨度划分，可分为年度预算和多年预算。

3. [答案] B
   [解析] 功能财政预算政策是由美国经济学家勒纳于20世纪40年代提出的，勒纳认为应当运用财政支出、税收、债务等作为调节经济的重要工具，即应以财政措施实施的后果对宏观经济所产生的作用为依据来安排政府的预算收支。

4. [答案] D
   [解析] 政府采购服务的主体包括各级行政机关、具有行政管理职能的事业单位、纳入行政编制管理且经费由财政负担的群团组织。

5. [答案] C
   [解析] 新西兰不断完善绩效预算法律体系，相继制定了《国家部门法案》《公共财政法案》《财政责任法案》等多部法律。其中，《财政责任法案》要求各部门定期提交财政报告，要求实现中长期预算，要求在政府会计和预算中引入权责发生制等。

6. [答案] B
   [解析] 全面实施绩效管理的三个维度包括构建全方位预算绩效管理格局、建立全过程预算绩效管理链条以及完善全覆盖预算

绩效管理体系三个部分，不包括 B 项。

7. ［答案］C
［解析］在一般公共预算与国有资本经营预算的区别比较中，有具体的介绍，国有资本经营预算主要体现政府的生产资料所有者代表的身份，从性质上看属于经营型预算。

8. ［答案］A
［解析］单一来源采购是指采购标的达到了竞争性招标采购的金额标准，但由于采购来源渠道单一，属于专利或首次制造、合同追加、原有项目的后续扩充等特殊情况，也只能从唯一的供应商那里采购的方式。

二、多项选择题

1. ［答案］BE
［解析］本题考查政府预算管理中的共同治理。预算资金供给方的主要行为特征包括：①具有双重委托—代理关系；②政府预算管理活动中有诱发设租寻租收益的可能。故 B、E 两项正确。

2. ［答案］ABDE
［解析］预算绩效管理是一个由绩效目标管理、绩效运行跟踪监控管理、绩效评价实施管理、绩效评价结果反馈和应用管理共同组成的综合系统，故 A、B、D、E 四项正确。

3. ［答案］ABCD
［解析］我国《政府采购法》确立的基本原则包括五项内容，主要有公开透明、公平竞争、公正、诚实信用和讲求绩效原则。

第十一章 政府间财政关系

本章考情分析

年份	单项选择题	多项选择题	案例分析题	合计
2022年	4题4分	2题4分	—	8分
2021年	4题4分	1题2分	—	6分
2020年	3题3分	1题2分	—	5分
2019年	4题4分	2题4分	—	8分
2018年	5题5分	1题2分	—	7分

本章考点概览

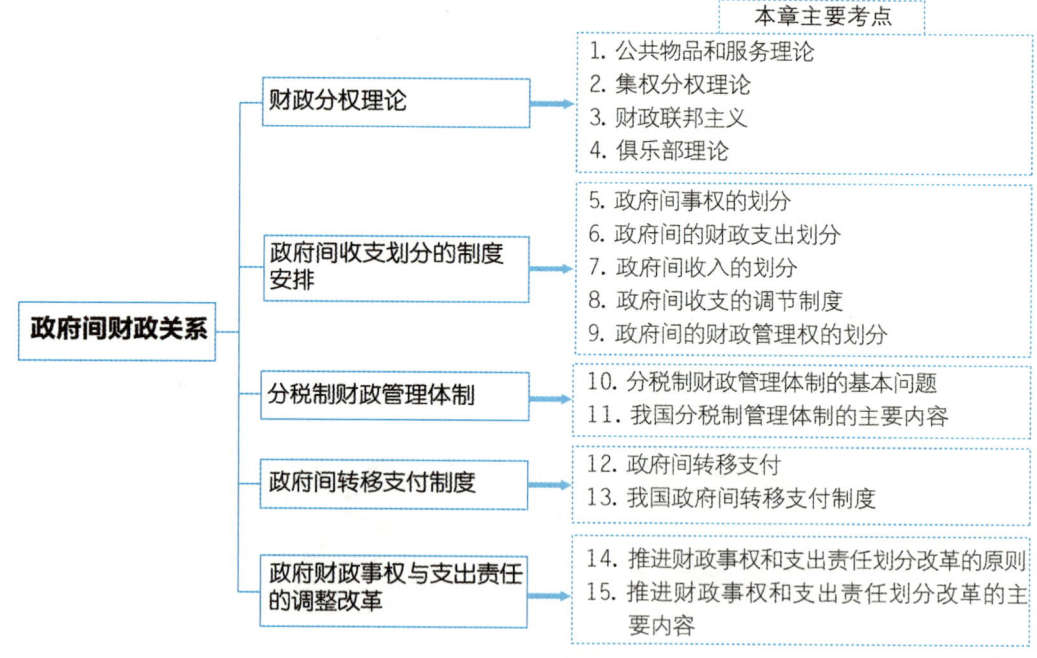

本章学习提示

第十一章主要介绍政府间财政关系。考生需要了解四大财政理论，需要掌握政府间事权、财政的收入和支出的划分。对于我国的分税制管理体制和政府转移支付制度的主要内容，可根据表格和图示的总结理解记忆。政府财政事权与支出责任改革的原则和主要内容为新增知识，建议大家重点关注。

本章考点详解

考点1 公共物品和服务理论

公共物品和服务的类型如表 11-1 所示。

表 11-1 公共物品和服务的类型

类型	具体内容
全国性公共物品和服务	全国性公共物品和服务的受益范围限定在整个国家的疆域之内
	公共物品和服务的提供者是中央政府（不能是某一级地方政府）
地方性公共物品和服务	公共物品和服务由地方政府提供
	受益范围具有地方局限性

（1）研究财政分权问题的出发点是分析公共物品和服务受益范围的层次性。
（2）公共物品和服务理论的代表人物有沃伦斯·欧茨和查尔斯·提布特。

考点2 集权分权理论

不论在任何制度的国家，中央政府（联邦政府）都是国家利益（整体利益）的代表者，地方政府是地方利益（局部利益）的代表者，为了处理好整体利益与局部利益、政府的集权与分权问题，引出了集权分权理论。

考点3 财政联邦主义

一、财政联邦主义的定义

（1）财政联邦主义在一定程度上指的就是财政分权，主要是指给予地方政府一定的税收权力和支出责任范围。
（2）允许地方政府自主决定其预算支出的规模与结构。
（3）财政联邦主义的精髓在于使地方政府拥有合适与合意的财政自主权进行决策。

【提示】查尔斯·提布特在其著作《地方支出的纯理论》中提出了地方政府之间的竞争理论。

二、关于财政联邦主义的结论

（1）为了实现资源配置的有效性与分配的公平性，一些公共决策应该在较低层次的政府进行。
（2）地方政府之间也会存在竞争，而这种竞争更有利于资源配置效率的提高。

经典例题

[2016年真题·单项选择题] 精髓在于使地方政府拥有合适与合意的财政决策自主权的理论是（ ）。
A. 公共物品及服务理论   B. 重商主义理论
C. 财政联邦主义   D. 俱乐部理论

[解析] 财政联邦主义的精髓在于使地方政府拥有合适与合意的财政决策自主权，故 C 项正确。

[答案] C

[2012年真题·单项选择题] 查尔斯·提布特提出地方政府之间竞争理论的著作是（ ）。
A.《国富论》   B.《财政联邦主义》
C.《地方支出的纯理论》   D.《政府间财政关系：理论与实践》

[解析] 提布特在《地方支出的纯理论》中提出了地方政府之间的竞争理论，故 C 项正确。

[答案] C

考点4 俱乐部理论

（1）俱乐部理论是指研究非纯公共品的供给、需求与均衡数量的理论。
（2）俱乐部理论的基本目的是研究非纯公共品的配置效率问题。

(3) 现代俱乐部经济理论的代表人是布坎南和蒂鲍特。
(4) 俱乐部理论实际上论证了地方政府的适当规模问题。

> **经典例题**
>
> [2014年真题·单项选择题] 下列理论中,研究非纯公共品的供给、需求与均衡数量的理论是( )。
> A. 公共物品及服务理论　　　　　　B. 集权分权理论
> C. 财政联邦主义　　　　　　　　　D. 俱乐部理论
> [解析] 在四个财政分权理论中,俱乐部理论是指研究非纯公共品的供给、需求与均衡数量的理论,故 D 项正确。　　　　　　　　　　　　　　　　　　　[答案] D

● 考点5　政府间事权的划分

一、政府间事权划分的原则

政府间事权划分的原则如表 11-2 所示。

表 11-2　政府间事权划分的原则

原则	具体内容
外部性原则	各项公共服务的提供,应该由控制着这一服务提供的效益与成本内部化的最小地理区域的辖区来进行(实现成本和受益在地理范围上的完全内部化,不至于外溢到其他辖区)
信息复杂性原则	(1) 信息处理越复杂、越可能造成信息不对称的事项,越应让地方政府管理 (2) 信息复杂程度低一点的,属于全局性的事务适合国家来管理
激励相容原则	激励相容也称调动积极性原则,要求财政事权划分要充分体现权责匹配,从而有利于各级政府主动履行职责和激励相容,实现总体利益最大化
	实行激励相容的条件包括地方政府自治条件、共同市场条件、预算硬约束条件、权利制度化条件

【提示】预算管理体制是财政管理体制的主导环节,占有核心的地位。

【考点小贴士】政府事权划分原则的记忆口诀为"由于事情复杂,建议采取激励措施,避免外部化"。

二、政府间事权划分的具体做法

政府间事权划分的具体做法如表 11-3 所示。

表 11-3　政府间事权划分的具体做法

项目	具体做法
国防事务	国防事务的立法权为中央专有,国防事务的行政权以中央直接管辖为主
外交事务	绝大部分国家将外交事务划归中央专门管理,只有部分联邦制国家许成员国保留部分外交权
公安事务	中央对事关国家主权的公安事务,如国籍管理、出入境管理实行专门管理,对于维护国家安全与秩序的主要工具——警察,则由中央与地方共同管辖
内政事务	中央机构的建制由中央决定,地方与中央分别建立;地方机构的建制由地方决定并建立
司法事务	世界各国的司法体制分为高度集权、集权为主和分权三类
经济事务	在财政金融方面,世界各国都实行以中央集中管理为主、地方协助管理为辅的财政金融管理体制,由国家统一管理信用、货币和银行体系
文化教育事务	有的国家是由中央负责执行的,有的国家则纳入地方政府的职责范围,还有的国家由中央和地方共同负责

> **经典例题**

[2017年真题·单项选择题] 财政管理体制中居于核心地位的是（　　）。

A. 预算管理体制　　　　　　　　B. 税收管理体制

C. 投资管理体制　　　　　　　　D. 债务管理体制

[解析] 预算管理体制是财政管理体制的主导环节，占有核心的地位，故 A 项正确。　　[答案] A

[2015年真题·单项选择题] 能够使各级政府在按照所赋职能做好自己事情的同时，又能使全局利益最大化的政府间事权划分原则是（　　）。

A. 外部性原则　　　　　　　　　B. 内部性原则

C. 激励相容原则　　　　　　　　D. 信息复杂性原则

[解题思路] 本题考查政府间事权划分的原则，可根据事权划分具体原则中 [提示] 的内容记忆。

[答案] C

[2016年真题·多项选择题] 下列原则中，属于政府间事权划分的原则有（　　）。

A. 外部性原则　　　　　　　　　B. 公平性原则

C. 激励相容原则　　　　　　　　D. 经济利益原则

E. 信息复杂性原则

[解析] 政府间事权划分的原则是历年的常考点，要和财政支出和财政收入原则进行区分，主要包括外部性原则、激励相容原则和信息复杂性原则。本题可通过 [考点小贴士] 中归纳的关键词记忆。

[答案] ACE

● 考点6　政府间的财政支出划分

财政支出的划分指的是财政支出在中央财政与地方各级财政之间的划分。其具体内容如表11-4所示。

表11-4　政府间财政支出划分

要点		具体内容
财政支出划分原则	与事权相对称原则	一级事权一定要保证有一级的财力
	公平性原则	指各级政府间的财权财力划分要相对平衡，包括纵向平衡和横向平衡
	权责结合原则	是划分支出的依据，即解决财权财力与财政责任的结合问题
我国财政支出划分的做法		统收统支、收入分类分成、总额分成、定额上缴、分税制

> **经典例题**

[2016年真题·单项选择题] 下列原则中，不属于财政支出的原则是（　　）。

A. 与事权相对称原则

B. 公平性原则

C. 总额分成原则

D. 权责结合原则

[解析] 本题考查政府间财政支出的划分。A、B、D 三项属于财政支出划分原则。C 项属于我国财政支出划分的具体做法。

[答案] C

● 考点7　政府间收入的划分

一、税收收入划分的原则

税收收入划分的原则如图11-1所示。

效率原则	适应原则	恰当原则	经济利益原则
以征税效率的高低作为划分中央与地方政府收入的依据。比如所得税归中央政府征收，土地税或房产税归地方征收	以税基的宽窄作为划分中央与地方政府收入的标准。通常，税基宽的税种归中央政府，税基狭窄的税种归地方政府	以税收负担的分配是否公平作为划分中央与地方政府收入的标准	以增进经济利益作为划分中央与地方政府收入的标准。消费税划归中央政府

图 11-1　税收收入划分的原则

【考点小贴士】 在税收收入划分的原则中，各原则中划分中央收入和地方收入的标准为常考点，需多加注意。

二、税收收入划分的方式

税收收入划分的方式主要包括分割税额（总额分成）、分割税率（按税源实行分率计征）、分割税种、分割税制、混合型。

三、税收收入划分的具体做法

（1）将一些与稳定国民经济有关以及和收入再分配有关的税种，划归中央政府，如个人所得税和企业所得税。

（2）将一些税基流动性大的税种划归中央政府，如个人所得税、增值税等。

（3）对一些与自然资源有关的税种（如资源税），假如在地区间分布不均匀，需要划归中央政府，假如某些自然资源在地区间分布均匀，则更适合于划归地方政府。

（4）进出口关税和其他收费全部归中央政府。

（5）对于税基流动性较小的，税源分布较广的税种（如房产税、土地税、土地增值税等）划归地方政府。

经典例题

[2022年真题·单项选择题] 税收收入划分的形式不包括（　　）。

A. 分割税额　　　　　　　　B. 分割税种

C. 分割税率　　　　　　　　D. 分割税权

[解析] 中央与地方之间进行税收收入划分，也被称为税收分割，它有多种方式，具体地说，主要包括分割税额、分割税率、分割税种、分割税制和混合型五种类型。　　[答案] D

[2015年真题·单项选择题] 以税收负担的分配是否公平为标准划分中央与地方收入的原则是（　　）。

A. 效率原则　　B. 适应原则　　C. 恰当原则　　D. 经济利益原则

[解析] 税收收入划分的四个原则为：效率原则（以征税效率的高低作为标准）、适应原则（以税基宽窄为标准）、恰当原则（以税收负担的分配是否公平为标准）、经济利益原则（以增进经济利益为标准）。故 C 项正确。　　[答案] C

考点8　政府间收支的调节制度

政府间收支的调节制度如表 11-5 所示。

表 11-5　政府间收支的调节制度

项目	具体内容
纵向均衡	是指各级政府的财政资金来源与各自的支出责任或事权范围相对称，使各级政府在履行各自的职责时有必要的财力作为保障
横向均衡	是指基本公共物品的供给数量和供给标准在各地区的均等化

续表

项目		具体内容
政府间转移性收支	收入	上级税收返还和转移支付、下级上解收入、调入资金以及按照财政部规定列入转移性收入的无隶属关系政府的无偿援助
	支出	上解上级支出、对下级的税收返还和转移支付、调出资金以及按照财政部规定列入转移性支出的给予无隶属关系政府的无偿援助

【提示】

(1) 财政预算收支的划分**不能完全解决**各级次和各地方政府财政收支均衡的全部问题,所以要进行收支水平的调节。

(2) 政府间的转移支付是调节的主要手段,调节的目标是使公共资金公平分配和有效使用,并最终达到各级政府事权和财权的统一。

● 考点9　**政府间的财政管理权的划分**

政府间的预算管理权限的划分如表11-6所示。

表11-6　政府间的预算管理权限的划分

预算管理主体	职权	具体内容
各级人民代表大会及常委会	审批与决算的权力机关	(1) 审查总预算草案和总预算执行情况的报告;批准本级预算和本级预算执行情况的报告 (2) 各级人大常委会监督预算的执行;审查和批准预算的调整方案;审查和批准决算 (3) 各级人大财经委进行初审
各级人民政府	预算管理的国家行政机关	编制预算、决算草案;向本级人民代表大会做出关于预算草案的报告;组织预算的执行;**决定预备费的动用**;编制预算调整方案;监督预算执行等
各级财政部门	预算管理的职能部门	具体编制预算、决算草案;具体组织预算的执行;提出预算预备费动用方案;具体编制预算的调整方案;定期报告预算的执行情况等
各部门	预算管理权	各部门编制本部门预算、决算草案;组织和监督本部门预算的执行;定期向本级政府财政部门报告预算的执行
各单位	预算管理权	各单位编制本单位预算、决算草案;按照国家规定上缴预算收入,安排预算支出,并接受国家有关部门的监督

【提示】我国实行一级政府一级预算,分为中央、省、市、县、乡五级。全国预算由中央预算和地方预算组成。

经典例题

[2012年真题·单项选择题] 决定动用本级政府预备费的权力属于(　　)。

A. 上级人民代表大会

B. 本级人民代表大会

C. 上级政府

D. 本级政府

[解析] 在政府的各级预算主体中,决定动用预备费属于本级政府的权力,故D项正确。　　[答案] D

● 考点10　**分税制财政管理体制的基本问题**

分税制财政管理体制的基本问题如图11-2所示。

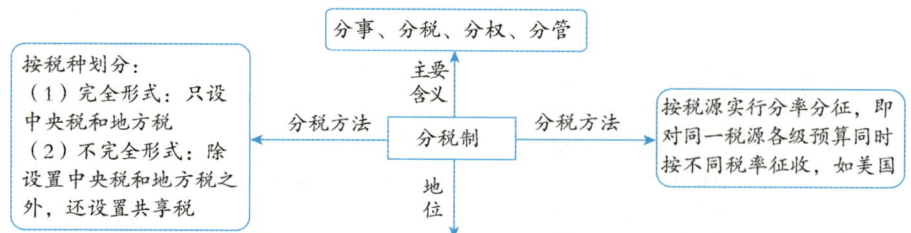

图 11-2　分税制财政管理体制的基本问题

> **经典例题**
>
> [2014年真题·多项选择题] 分税制的含义包括（　　）。
> A. 分事　　　B. 分税　　　C. 分权　　　D. 分管
> E. 分利
> [解析] 分税制主要包括分事、分税、分权、分管四个方面。
> [答案] ABCD

考点 11　我国分税制管理体制的主要内容

一、中央与地方政府的事权和支出责任的划分

中央与地方政府的事权和支出责任的划分如表 11-7 所示。

表 11-7　中央与地方政府的事权和支出责任的划分

项目	具体内容
社会保障	（1）养老保险由中央负责管理 （2）工伤、生育、失业保险由地方自行管理 （3）在我国医疗保险的实行方式为地方管理为主，中央提供帮助
公共卫生	（1）传染病及免疫业务具有明显的外部性特征，该类支出责任由中央承担或中央委托地方实施 （2）普通的公共卫生支出和管理信息处理较复杂，由地方政府负担
教育	（1）义务教育支出由地方政府管理 （2）高等教育支出和科研支出服务范围较广，跨地域外部性特征明显，主要由中央和省级政府管理
跨区域重大项目的建设和维护	（1）中央负责交通建设，跨境重点项目；地方政府负责地方性交通基础设施建设 （2）中央负责海域和流域管理、航运、水利调度、大江大河治理、全国性生态和环保重点项目建设，将其外部性内部化
涉及全国市场统一标准的管理	由中央来承担相应的支出责任及管理执行责任，才能使外部性问题内部化
关系国家安全的支出	国防、边境安全、界河管理等支出应由中央统一协调和监管及承担相应的支出责任
司法支出	司法支出主要由中央政府负责

> **经典例题**
>
> [2015年真题·单项选择题] 适合地方政府管理的事权及支出责任的是（　　）。
> A. 外交　　　　　　　　B. 跨境高速公路
> C. 边境安全　　　　　　D. 义务教育
> [解析] 国防、边境安全、界河管理等支出应由中央统一协调和监管及承担相应的支出责任，故 A、B、C 三项由中央政府负责。适合地方政府管理的事权及支出责任的是义务教育，故 D 项正确。
> [答案] D

二、中央与地方收入的划分

（1）中央税。维护国家利益、实施宏观调控所必需的税种。
（2）中央与地方共享税。同经济发展直接相关的主要税种。
（3）地方税。其他适合地方征管的税种。
【提示】中央财政会对地方财政有税收返还，包括基数返还和递增返还。

● 考点12 政府间转移支付

一、政府间转移支付概述

政府间转移支付概述如图11-3所示。

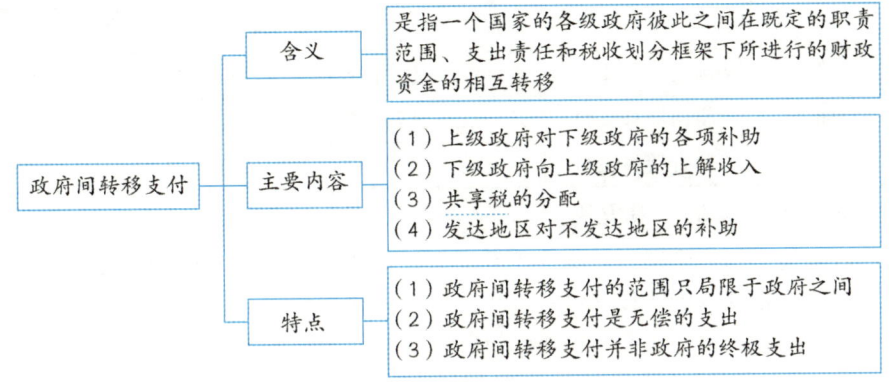

图 11-3　政府间转移支付概述

【提示1】最早提出转移支付概念的是著名经济学家庇古。
【提示2】我国转移支付主要有补助支出、捐赠支出和债务利息支出。

> **经典例题**
>
> [2016年真题·单项选择题] 下列支出中，不属于转移支付支出的是（　　）。
> A. 补助支出
> B. 捐赠支出
> C. 工资支出
> D. 债务利息支出
> [解析] 本题考查转移支付的主要内容，我国转移支付的特点是单方面的、无偿的支出，主要包括补助支出、捐赠支出和债务利息支出。　　　　　　　　　　　　　　　　　　　　　　　[答案] C

二、实行政府间转移支付的理论依据

（1）纠正政府间的纵向财政失衡（上下级之间）。
（2）纠正政府间的横向财政失衡（各地方政府之间）。
（3）纠正某些公共物品或服务的外部性。
①地方性公共物品或服务的受益或受损范围极有可能会超出地方政府辖区的界限，导致其他地区在受益或受损的同时并不承担任何成本或者没有得到任何补偿。
②一些地方性公共物品或服务出现提供数量不足和质量不佳的问题。如义务教育、公共卫生等。
（4）加强中央财政对地方财政的宏观调控。

三、政府间转移支付的种类

政府间转移支付的种类如表11-8所示。

表 11-8　政府间转移支付的种类

划分标准	分类	具体内容
根据地方政府使用补助资金权限的大小划分	无条件转移支付（一般性补助）	是指中央政府向地方政府拨款，不附带使用条件，或者也不规定资金的用途
		下级政府的财政收入与责任不对称是无条件转移支付重点解决的问题
	有条件转移支付（专项补助）	是指附有关于资金使用的附加条件的政府间转移支付形式
		体现了上级政府对下级政府定向支援或者委托下级政府办理某项公共服务供给的意图
		有条件转移支付分为配套补助和非配套补助
根据政府间的关系划分	纵向转移支付	主要方法是拨付补助金（一般补助金和专项补助金）
	横向转移支付	其功能在于调整横向失衡
	混合转移支付	纵向转移支付为主，横向转移支付为辅

四、政府间转移支付的一般方法

（1）财政收入能力均等化模式。此模式不考虑地区的支出需求，只考虑地区间财政能力的均等化，依照某种收入指标确定转移支付对象与转移支付额。

（2）支出均衡模式。此模式不考虑地区间财政收入能力的差异，只考虑地区间的支出需求的差异。

（3）收支均衡模式。此模式根据收支之间的差额来确定对各个地区的财政转移支付额。

（4）有限的财政收入能力—支出需求均衡模式。"有限"是指确定影响财政收入与支出的因素都在有限的范围内。

> **经典例题**
>
> [2013年真题改编·单项选择题] 关于政府间转移支付制度理论依据的说法，错误的是（　　）。
> A. 纠正政府间的纵向财政失衡
> B. 纠正政府间的横向财政失衡
> C. 赋予地方政府更大的自主权
> D. 纠正某些公共物品与服务的外部性
> [解析] 政府间转移支付制度理论依据包括四个方面，即纠正政府间的纵向和横向财政失衡，纠正某些公共物品或服务的外部性以及中央对地方财政的宏观调控。　　　　[答案] C

考点13　我国政府间转移支付制度

我国中央对地方转移支付的类型如表 11-9 所示。

表 11-9　我国中央对地方转移支付的类型

分类	具体内容
一般性转移支付	（1）均衡地区间财力差距的均衡性转移支出（不规定具体用途，由接受补助的省政府自行统筹） （2）对革命老区、民族地区、边疆地区、贫困地区的财力补助 （3）其他一般性转移支付（作为国家增支减收政策配套措施的调整工资转移支付、农村税费改革转移支付）

续表

分类	具体内容
专项转移支付 （按照事权和支出责任划分）	（1）委托类（属于中央事权） （2）共担类（属于中央与地方共同事权） （3）引导类（属于地方事权） （4）救济类（应对自然灾害，属于地方事权） （5）应急类（处理突发状况，属于地方事权）
共同事权转移支付	包括城乡义务教育补助经费、学生资助补助经费、就业补助资金、困难群众救助补助资金、基本公共卫生服务补助资金、城乡保障性安居工程资金等

【提示】
（1）专项转移支付的资金实行的是专款专用。
（2）我国在基础设施建设、农业、教育卫生、社会保障以及环境保护等方面均设立了专项转移支付项目（上级政府给予下级政府，按规定用途使用的预算资金）。

> **经典例题**

[例题·单项选择题] 下列转移支付项目中，属于专项转移支付的是（　　）。
A. 农村税费改革转移支付　　B. 民族地区转移支付
C. 均衡性转移支付　　D. 社会保障转移支付
[解析] 本题主要考查一般性转移支付和专项转移支付的内容归类问题，参考表11-9，A、B、C三项属于一般性转移支付的内容。　　　　　　　　　　　　　　　　　　　　[答案] D

考点14　推进财政事权和支出责任划分改革的原则

推进财政事权和支出责任划分改革的原则如表11-10所示。

表11-10　推进财政事权和支出责任划分改革的原则

原则	具体内容
体现基本公共服务受益范围	（1）中央负责：体现国家主权、维护统一市场以及受益范围覆盖全国的基本公共服务 （2）地方负责：地区性基本公共服务 （3）中央与地方共同负责：跨省（区、市）的基本公共服务
兼顾政府职能和行政效率	（1）地方的财政事权：所需信息量大、信息复杂且获取困难的 （2）中央的财政事权：信息比较容易获取和甄别的全国性基本公共服务
实现权、责、利相统一	—
激励地方政府主动作为	合理确定地方财政事权，使基本公共服务受益范围与政府管辖区域保持一致
做到支出责任与财政事权相适应	按照"谁的财政事权谁承担支出责任"的原则，确定各级政府支出责任

> **经典例题**

[例题·单项选择题] 对于跨省（区、市）的基本公共服务，应当由（　　）。
A. 中央负责
B. 地方负责
C. 中央与地方负责
D. 上述几项均可
[解析] 中央与地方共同负责跨省（区、市）的基本公共服务。　　　　　　　　　　　[答案] C

考点 15 推进财政事权和支出责任划分改革的主要内容

推进财政事权和支出责任划分改革的主要内容如表 11-11 所示。

表 11-11 推进财政事权和支出责任划分改革的主要内容

项目		主要内容
推进中央与地方财政事权划分	适度加强中央的财政事权	包括国防、外交、国家安全、出入境管理、国防公路、国界河湖治理、全国性重大传染病防治、全国性大通道、全国性战略性自然资源使用和保护等基本公共服务
	保障地方履行财政事权	包括社会治安、市政交通、农村公路、城乡社区事务等受益范围地域性强、信息较为复杂且主要与当地居民密切相关的基本公共服务
	减少并规范中央与地方共同财政事权	包括义务教育、高等教育、科技研发、公共文化、基本养老保险、基本医疗和公共卫生、城乡居民基本医疗保险、就业、粮食安全、跨省(区、市)重大基础设施项目建设和环境保护与治理等体现中央战略意图、跨省(区、市)且具有地域管理信息优势的基本公共服务
	建立财政事权划分动态调整机制	—
完善中央与地方支出责任划分	中央的财政事权由中央承担支出责任	属于中央的财政事权,应当由中央财政安排经费,中央各职能部门和直属机构不得要求地方安排配套资金
	地方的财政事权由地方承担支出责任	属于地方的财政事权原则上由地方通过自有财力安排
	中央与地方共同财政事权区分情况划分支出责任	—
加快省以下财政事权和支出责任划分	清晰界定省以下财政事权和支出责任	(1) 合理划分省以下各级财政事权 (2) 明晰界定省以下各级财政支出责任
	理顺省以下政府间收入关系	(1) 参照税种属性划分收入 (2) 规范收入分享方式 (3) 适度增强省级调控能力
	完善省以下转移支付制度	(1) 厘清各类转移支付功能定位 (2) 优化转移支付结构 (3) 科学分配各类转移支付资金

本章易错易混考点

【易错易混考点】《预算法》中关于中央政府对地方转移支付的主要措施

《预算法》中中央政府对地方转移支付的主要措施如表 11-12 所示。

表 11-12 《预算法》中中央政府对地方转移支付的主要措施

主要措施	具体内容
优化转移支付结构	—
完善一般性转移支付制度	(1) 清理整合一般性转移支付 (2) 建立一般性转移支付稳定增长机制,逐步将一般性转移支付占比提高到 60% 以上 (3) 加强一般性转移支付管理

续表

主要措施	具体内容
从严控制专项转移支付、规范专项转移支付分配和使用	(1) 严格控制新设专项 (2) 规范资金分配 (3) 建立健全专项转移支付定期评估和退出机制 (4) 取消地方资金配套要求 (5) 严格资金使用
强化转移支付预算管理	(1) 及时下达预算 【提示】县级以上各级政府应当按照本年度转移支付预计执行数的一定比例将下一年度转移支付预计执行数提前下达至下一级政府，除据实结算等特殊项目的转移支付外，提前下达的一般性转移支付预计数的比例一般不低于90%；提前下达的专项转移支付预计数的比例一般不低于70%。 (2) 推进信息公开 (3) 做好绩效评价

【考点小贴士】应重点区分《预算法》中哪些是一般性转移支付制度的规定，哪些是专项转移支付的规定，避免混淆。

[2017年真题·单项选择题] 根据预算法，我国政府一般性转移支付要逐步提高，应达到的比例是（ ）。

A. 40%以上　　　B. 50%以上　　　C. 60%以上　　　D. 70%以上

[解析] 完善一般性转移支付制度，应增加一般性转移支付规模和比例，逐步将一般性转移支付占比提高到60%以上，故C项正确。　　　　　　　　　　　　　　　　　　　　[答案] C

[2015年真题·多项选择题] 我国新修订的《预算法》对规范专项转移支付的规定包括（ ）。

A. 建立专项转移支付稳定增长机制　　　B. 建立专项转移支付定期评估机制

C. 建立专项转移支付退出机制　　　　　D. 规范资金分配

E. 取消地方资金配套要求

[解析] 本题考查我国政府间转移支付制度。B、C、D、E四项属于《预算法》对规范政府间转移支付的规定。A项不属于《预算法》对规范政府间专项转移支付制度的规定。对于完善一般性转移支付制度，应建立一般性转移支付稳定增长机制。　　　　　　　　　　　　　[答案] BCDE

历年经典真题回顾

【提示】由于2017年教材发生变化，2017年以前年份的真题中会涉及"公共产品"，为了避免产生混淆，2017年以前的真题中的"公共产品"调整为"公共物品"。

一、单项选择题（每题1分，每题备选项中，只有1个最符合题意）

1. 关于财政转移支付的说法，错误的是（ ）。[2017年真题]

　　A. 政府间转移支付只限于政府之间

　　B. 政府间转移支付是无偿的支出

　　C. 政府间转移支付不是政府的最终支出

　　D. 政府间转移支付只是上级政府对下级政府的补助

[解析] 本题考查政府间转移支付概述。根据政府间的关系，政府间转移支付分为纵向转移支付、横向转移支付和混合转移支付三种类型。所以不仅包括上级政府对下级政府的补助，还包括地区间的互助形式等。　　　　　　　　　　　　　　　　　　　　　　　　　　　[答案] D

2. 下列权力中，不属于各级人民代表大会常务委员会权力的是（ ）。[2016年真题]

　　A. 预算审批权　　B. 预算调整权　　C. 预算编制权　　D. 预算撤销权

[解析] 各级人大常务委员会监督预算的执行；审查和批准预算的调整方案；同时也可以撤销审查和批准决算，A、B、D三项属于人民代表大会常务委员的权力。C项，编制预算是政府及其职能部门的职责。

[答案] C

3. 以税基的宽窄为标准划分中央与地方收入，这所体现的原则是（　　）。[2014年真题]

A. 效率原则　　B. 适应原则　　C. 恰当原则　　D. 经济利益原则

[解析] 税收收入划分的适应原则是以税基的宽窄为标准来划分中央与地方收入，故B项正确。

[答案] B

4. 给予地方政府一定的税收权力和支出责任范围，这个理论属于（　　）。[2011年真题]

A. 公共物品及服务理论　　B. 集权分权理论
C. 财政联邦主义　　D. 俱乐部理论

[解析] 本题考查财政联邦主义的定义。财政联邦主义强调的是在一定程度上进行财政分权，故C项正确。

[答案] C

5. 适于划归地方政府的税种有（　　）。[2010年真题]

A. 税基流动性大的税种　　B. 税源分布较分散的税种
C. 与收入再分配有关的税种　　D. 与在各地区间分布不均的自然资源相关的税种

[解析] 税源分布较分散的税种适于划归地方政府的税种，故B项正确。A、C、D三项属于适于划归中央政府的税种。

[答案] B

6. 若某个地区出现义务教育提供不足，需要进行政府间转移支付，其理论依据是（　　）。[2010年真题]

A. 纠正政府间的纵向财政失衡　　B. 纠正政府间的横向财政失衡
C. 纠正公共物品或服务的外部性　　D. 加强中央对地方的宏观调控

[解析] 若某个地区出现义务教育提供不足，需要进行政府间转移支付，其理论依据是纠正公共物品或服务的外部性，故C项正确。

[答案] C

二、多项选择题（每题2分，每题备选项中，有2个或2个以上符合题意，至少有1个错项。错选，本题不得分；少选，所选的每个选项得0.5分）

1. 政府间财政支出划分的原则是（　　）。[2012年真题改编]

A. 与事权相对称的原则　　B. 公平性原则
C. 效率性原则　　D. 适应原则
E. 权责结合的原则

[解析] 政府间财政支出的划分原则包括：与事权相对称原则、公平性原则、权责结合原则。

[答案] ABE

2. 政府间转移支付的主要模式（　　）。[2011年真题]

A. 财政收入能力均等化模式　　B. 支出均衡模式
C. 收支均衡模式　　D. 有限的财政收入能力—支出需求均衡模式
E. 支出效率均衡模式

[解析] 各国所采用的转移支付资金分配方法归纳起来主要有四种模式：①财政收入能力均等化模式；②支出均衡模式；③收支均衡模式；④有限的财政收入能力—支出需求均衡模式。

[答案] ABCD

3. 关于财政联邦主义的理解，正确的是（　　）。[2010年真题]

A. 政治上一定实行联邦主义
B. 在上级授权下可以进行地方决策
C. 地方政府具有独立的宪法所保障的权利

D. 地方政府提供区域性公共物品更符合帕累托效率

E. 地方政府间的竞争有利于资源配置效率的提高

[解析] 此题是对于财政联邦主义的具体考查。财政联邦主义主要是指政府间财政收入和支出的划分，而并不是指政治上一定要实行联邦主义，故 A 项错误。　　　　　　　　[答案] BCDE

本章同步练习

一、单项选择题（每题1分，每题备选项中，只有1个最符合题意）

1. 在财政分权理论中，论证了地方政府适当规模问题的财政分权理论是（　　）。
   A. 公共物品及服务理论　　　　　　B. 集权分权理论
   C. 财政联邦主义　　　　　　　　　D. 俱乐部理论

2. 关于地方性公共物品和服务的说法，正确的是（　　）。
   A. 提供者为中央政府
   B. 其受益范围具有地方局限性
   C. 其受益范围被限定在整个国家的疆域之内
   D. 数量巨大

3. 下列各项中，涉及中央与地方各级政府收支范围和管理权限划分的体制是（　　）。
   A. 财政监督管理体制　　　　　　　B. 税收管理体制
   C. 预算管理体制　　　　　　　　　D. 行政事业财务管理体制

4. 根据政府间事权划分的信息复杂性原则，对义务教育管理的正确做法是（　　）。
   A. 完全由地方政府管理
   B. 完全由中央政府管理
   C. 地方政府管理为主，中央政府提供帮助
   D. 中央政府管理为主，地方政府提供帮助

5. 从广义上说，共享税或税收分成属于（　　）。
   A. 混合转移支付　　　　　　　　　B. 纵向转移支付
   C. 横向转移支付　　　　　　　　　D. 有条件转移支付

6. 各项公共服务的提供，应该由控制着这一服务提供的效益与成本内部化的最小地理区域的辖区来进行，这体现的原则是（　　）。
   A. 外部性原则　　　　　　　　　　B. 效率原则
   C. 法律规范原则　　　　　　　　　D. 信息复杂性原则

7. 解决预算管理体制框架内存在的财政收支纵向非均衡和横向非均衡的手段是（　　）。
   A. 配套补贴制度　　　　　　　　　B. 无配套补贴制度
   C. 财政转移支付制度　　　　　　　D. 封顶补贴制度

8. 不考虑地区的支出需求，只考虑地区间财政能力的均等化，依照某种收入指标确定转移支付对象与转移支付额，这种转移支付的模式是（　　）。
   A. 支出均衡模式
   B. 收支均衡模式
   C. 财政收入能力均等化模式
   D. 有限的财政收入能力—支出需求均衡模式

9. 按照事权和支出责任划分属于地方事权，中央为帮助地方应对因自然灾害等发生的增支而设立的专项转移支付指的是（　　）。
   A. 应急类专项转移支付　　　　　　B. 共担类专项转移支付

C. 引导类专项转移支付   D. 救济类专项转移支付

10. 医疗卫生领域实行中央与地方财政事权和支出责任划分改革，下列不属于其财政事权和支出责任划分主要内容的是（   ）。
   A. 公共卫生   B. 计划生育   C. 能力建设   D. 基本生活救助

二、多项选择题（每题2分，每题备选项中，有2个或2个以上符合题意，至少有1个错项。错选，本题不得分；少选，所选的每个选项得0.5分）

1. 以下属于中央税的有（   ）。
   A. 与稳定国民经济有关的税种
   B. 与收入再分配有关的税种
   C. 税基流动性小的税种
   D. 税源分布较广的税种
   E. 与自然资源有关的且地区间分布不均匀的税种

2. 根据政府间的关系，政府间转移支付可分为（   ）。
   A. 纵向转移支付
   B. 无条件转移支付
   C. 有条件转移支付
   D. 横向转移支付
   E. 混合转移支付

3. 一般性转移支付的主要目标是增强财力薄弱地区地方政府的财力，促进基本公共服务均等化，以下属于一般性转移支付的有（   ）。
   A. 调整工资转移支付
   B. 均衡性转移支付
   C. 民族地区转移支付
   D. 农村税费改革转移支付
   E. 专项转移支付

4. 下列各项中，属于我国中央对地方专项转移支付的有（   ）。
   A. 民族地区转移支付
   B. 农村税费改革转移支付
   C. 基础设施建设转移支付
   D. 社会保障转移支付
   E. 环境保护转移支付

本章同步练习参考答案及解析

一、单项选择题

1. [答案] D
   [解析] 俱乐部理论论证了地方政府适当规模问题。

2. [答案] B
   [解析] 本题考查财政分权理论。A、C、D三项是关于全国性公共物品和服务的内容。地方性公共物品和服务，是指那些只能满足某一特定区域（而非全国）范围内居民的公共需要的物品和服务，其受益范围具有地方局限性。

3. [答案] C
   [解析] 本题考查政府间事权的划分。预算管理体制是财政管理体制的主导环节，占有核心的地位。预算管理体制主要就是涉及中央与地方各级政府收支范围和管理权限的划分。

4. [答案] C
   [解析] 根据政府间事权划分的信息复杂性原则，如果按照信息的复杂程度，应该由地方政府来管理的事务，但同时又具有跨地区的外部性，那么可以由地方政府管理，中央政府提供帮助，例如义务教育。

5. [答案] B
   [解析] 纵向转移支付主要指的就是中央和地方之间的转移支付，从广义上讲，共享税或税收分成属于纵向转移支付。

6. [答案] A
   [解析] 本题考查外部性原则的定义。外部性原则，体现的是各项公共服务的提供，应该由控制着这一服务提供的效益与成本内部化的最小地理区域的辖区来进行。

7. [答案] C
   [解析] 财政转移支付制度主要就是用来解

决预算管理体制框架内存在的财政收支纵向非均衡和横向非均衡，故 C 项正确。

8. [答案] C
   [解析] 本题考查政府间转移支付的一般方法。财政收入能力均等化模式不考虑地区的支出需求，只考虑地区间财政能力的均等化，依照某种收入指标确定转移支付对象与转移支付额。

9. [答案] D
   [解析] 救济类专项转移支付是指按照事权和支出责任划分属于地方事权，中央为帮助地方应对因自然灾害等发生的增支而设立的专项转移支付。

10. [答案] D
    [解析] 医疗卫生领域财政事权和支出责任的划分包括公共卫生、医疗保障、计划生育和能力建设四个方面，不包括基本生活救助。

二、多项选择题

1. [答案] ABE
   [解析] 税基流动性较小的、税源分布较广的税种，如房产税、土地税、土地增值税等划归地方政府。

2. [答案] ADE
   [解析] 本题考查政府间转移支付的种类。根据政府间的关系可把政府间转移支付分为纵向转移支付、横向转移支付、混合转移支付三种类型。

3. [答案] ABCD
   [解析] 一般性转移支付主要包括均衡地区间财力差距的均衡性转移支付、民族地区转移支付以及作为国家增支减收政策配套措施的调整工资转移支付、农村税费改革转移支付等。

4. [答案] CDE
   [解析] 我国在基础设施建设、农业、教育卫生、社会保障以及环境保护等方面均设立了专项转移支付项目。

第十二章 财政平衡与财政政策

本章考情分析

年份	单项选择题	多项选择题	案例分析题	合计
2022 年	4 题 4 分	2 题 4 分	—	8 分
2021 年	4 题 4 分	1 题 2 分	—	6 分
2020 年	5 题 5 分	1 题 2 分	—	7 分
2019 年	5 题 5 分	1 题 2 分	—	7 分
2018 年	5 题 5 分	1 题 2 分	—	7 分

本章考点概览

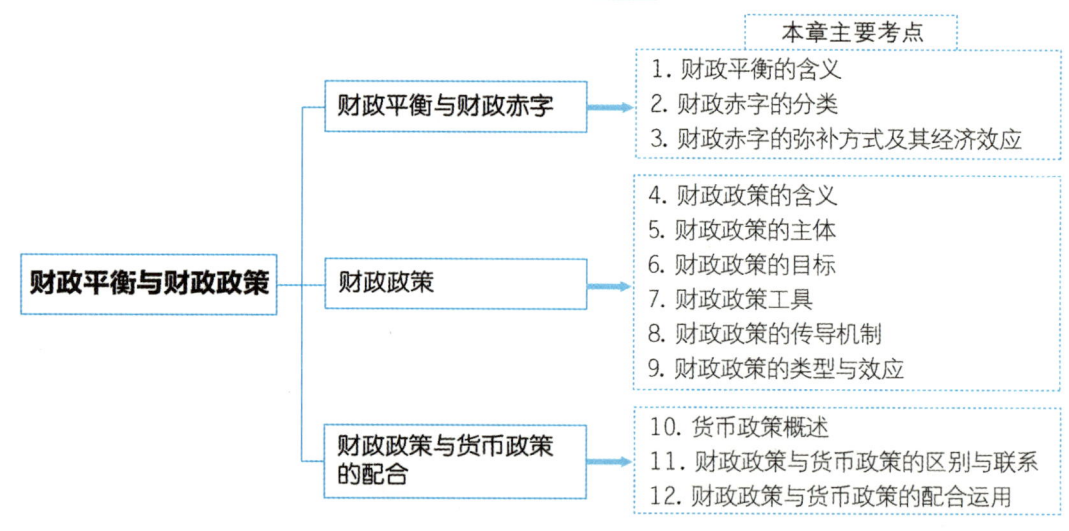

本章学习提示

第十二章主要介绍财政平衡与财政政策,其中财政政策需要重点掌握,财政赤字的计算口径及分类需要区分记忆。财政政策的工具和货币政策的工具容易混淆,可根据提供的表格或者图示比较记忆。

本章考点详解

考点1 财政平衡的含义

财政平衡的含义如图12-1所示。

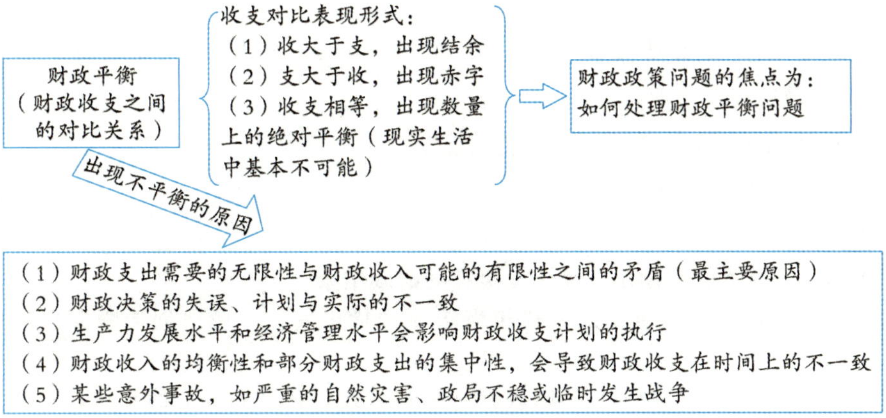

```
财政平衡                收支对比表现形式：
（财政收支之间    ——  （1）收大于支，出现结余       财政政策问题的焦点为：
的对比关系）          （2）支大于收，出现赤字   ⇒   如何处理财政平衡问题
                     （3）收支相等，出现数量
  出现不平衡的原因     上的绝对平衡（现实生活
                      中基本不可能）

（1）财政支出需要的无限性与财政收入可能的有限性之间的矛盾（最主要原因）
（2）财政决策的失误、计划与实际的不一致
（3）生产力发展水平和经济管理水平会影响财政收支计划的执行
（4）财政收入的均衡性和部分财政支出的集中性，会导致财政收支在时间上的不一致
（5）某些意外事故，如严重的自然灾害、政局不稳或临时发生战争
```

图 12-1　财政平衡的含义

【提示】

（1）财政收支*略有结余或略有赤字*，可以视作*财政基本平衡或大体平衡*。

（2）财政平衡的意义是把收支对比的一种理想状态作为预算编制和执行追求的目标。财政赤字是调整财政平衡的重要手段。

经典例题

[2013年真题·单项选择题] 关于财政平衡的说法，错误的是（　　）。
A. 财政收支在数量上的绝对平衡才是财政平衡
B. 财政收支略有结余可视作财政基本平衡
C. 财政收支略有赤字可视作财政基本平衡
D. 财政收支平衡是指财政收支之间的对比关系
[解析] 财政平衡是指财政收支之间的对比关系。财政收支略有结余或略有赤字，都可以视作财政基本平衡或大体平衡，A项错误。　　　　　　　　　　　　　[答案] A

考点2 财政赤字的分类

财政赤字的分类如表12-1所示。

表 12-1　财政赤字的分类

分类标准	具体内容
按赤字在财政年度出现时间的早晚	预算赤字和决算赤字
按赤字的起因不同	（1）主动赤字（政府财政部门*有意识的*） （2）被动赤字（客观原因导致，非人为因素）
按财政收支统计口径的不同	硬赤字和软赤字
按赤字的出现和经济周期的关系	（1）充分就业赤字，即结构性赤字（实现充分就业依然存在的赤字） （2）周期性赤字（未实现充分就业新增的赤字） 周期性赤字的数额＝总赤字－充分就业赤字

> 经典例题

[2013年真题·单项选择题] 在经济实现充分就业目标的前提下仍然存在的财政赤字，称为（   ）。
A. 结构性赤字　　　　　　　　B. 周期性赤字
C. 硬赤字　　　　　　　　　　D. 软赤字
[解析] 充分就业赤字，也称结构性赤字，是指在经济实现充分就业目标的前提下，仍然存在的赤字，故 A 项正确。
[答案] A

考点3　财政赤字的弥补方式及其经济效应

一、财政赤字的弥补方式

（1）增收减支。

（2）动用结余。此方式即动用以前年度滚存的财政结余。

（3）向中央银行透支或借款。此方式相当于通过货币发行，凭空创造购买力，一般不建议采用。

（4）发行公债。此方式是最理想的财政赤字弥补方式，只是购买力的转移，不会凭空增加购买力，是世界各国弥补财政赤字的普遍做法。

二、财政赤字弥补方式的经济效应

（一）财政赤字与货币供给

1. 增收减支弥补财政赤字

这种方法不会对货币供给量产生影响，因为只是改变了国民收入分配的结构。

2. 动用结余弥补财政赤字

（1）如果结余没有被信贷部门使用，动用结余弥补赤字不会增加货币供给量。

（2）如果结余已经被信贷部门使用，动用结余弥补赤字就会增加货币供给量。

3. 向中央银行借款或透支弥补财政赤字

这种方法会增加市场上的货币供应量，导致物价上涨，形成通货膨胀。

4. 通过发债来弥补财政赤字

不同的公债认购者对货币供应量的影响如表 12-2 所示。

表 12-2　不同的公债认购者对货币供应量的影响

认购者	影响
家庭	通常不会增加货币供给量
企业	一般不会增加货币供给，若企业出现流动资金严重不足，向商业银行增加信贷需求后，可能会增加货币供给量
商业银行	能否增加货币供给量，关键取决于商业银行认购公债后是否能实现信贷收支平衡
中央银行直接认购政府公债	与财政向中央银行直接透支一样，会增加货币供给量

（二）财政赤字的排挤效应

财政赤字的排挤效应是指由于财政赤字的弥补致使私人经济部门投资及个人消费减少的现象。

1. 排挤效应产生的途径

财政赤字的排挤效应产生的途径如图 12-2 所示。

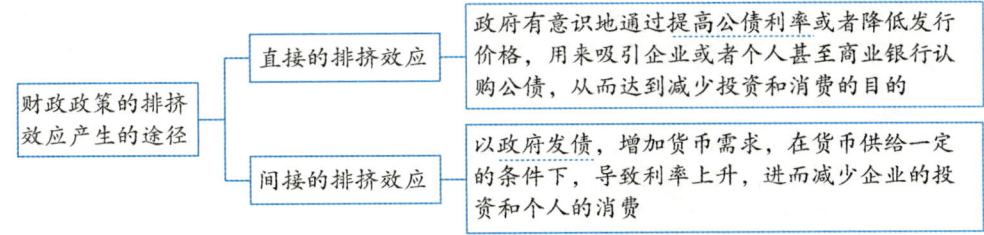

图 12-2 财政赤字的排挤效应产生途径

2. 排挤效应产生的影响因素

财政赤字的排挤效应是否明显主要受货币需求和投资对利率的弹性大小的制约。具体内容如下：

（1）如果利率水平很低（其他条件不变），货币需求对利率富有弹性时，财政赤字的排挤效应较小。

（2）如果利率水平很高（其他条件不变），货币需求对利率缺乏弹性时，财政赤字的排挤效应较大。

（3）如果投资对利率富有弹性时（其他条件不变），财政赤字的排挤效应明显。

（4）如果投资对利率缺乏弹性时（其他条件不变），财政赤字的排挤效应不明显。

（三）通货膨胀税

（1）造成通货膨胀的重要原因是连年的政府财政赤字。

（2）构成政府收入的两部分为：国内生产总值（GDP）正常增量的分配所得；价格再分配所得（即通货膨胀税）。

经典例题

[2022年真题·多项选择题] 弥补财政赤字的方式通常有（　　）。

A. 减少货币发行　　　　　　B. 增税

C. 向中央银行借款　　　　　D. 发行国债

E. 向国外借款

[解析] 财政赤字的弥补方式包括增收减支、动用结余、向中央银行借款或透支、发行公债。

[答案] BCD

[2016年真题·单项选择题] 当政府过多发行债券时，有可能对市场产生的影响是（　　）。

A. 马太效应

B. 木桶效应

C. 破窗效应

D. 排挤效应

[解析] 本题考查财政赤字的排挤效应的概念。财政赤字的排挤效应是指由于财政赤字的弥补而导致私人经济部门投资以及个人消费减少的现象。财政赤字的排挤效应包括直接和间接的排挤效应，其中间接的排挤效应是政府发行公债，增加货币需求。

[答案] D

●考点4　财政政策的含义

财政政策的含义如表 12-3 所示。

表 12-3　财政政策的含义

要点	具体内容
对国民经济运行调节的特点	(1) 直接性 (2) 强制性（财政政策用立法形式确定）
体系	税收政策、支出政策、预算平衡政策和公债政策等
功能	(1) 导向功能。包括直接导向（如加速折旧的税收政策）与间接导向（如对某些行业实行低税政策）。财政政策的直接作用对象是财政收支及其平衡关系 (2) 协调功能（对某些失衡状态的制约、调节能力） (3) 控制功能 (4) 稳定功能

【提示】财政政策的稳定功能包括反周期性和补偿性。其中，反周期性可理解为：在繁荣时期，税收自动增加，转移性支出自动下降，控制总需求，抑制通货膨胀；萧条时期反之。

经典例题

[2016年真题·单项选择题] 政府利用加速折旧的税收政策促使企业进行设备投资，发挥的是财政政策的（　　）。
A. 协调功能　　　　　　　　B. 控制功能
C. 稳定功能　　　　　　　　D. 导向功能
[解析] 本题考查财政政策的功能。导向功能是指通过对物质利益的调整，发挥对个人和企业的经济行为以及国民经济发展方向的引导作用。加速折旧的税收政策属于导向功能中直接导向的范畴。　　　　　　　　　　　　　　　　　　　　　　　　　　　　　　　　[答案] D

[2015年真题·多项选择题] 财政政策对国民经济运行调节的特点有（　　）。
A. 间接性　　　　　　　　B. 直接性
C. 自愿性　　　　　　　　D. 强制性
E. 挤出性
[解析] 财政政策对国民经济运行的调节具有直接性和强制性，故 B、D 两项正确。　　[答案] BD

考点5　财政政策的主体

(1) 财政政策的主体是指财政政策的制定者和执行者。
(2) 财政政策的主体只能是各级政府，主要是中央政府。

经典例题

[2013年真题·单项选择题] 财政政策的主体是（　　）。
A. 中国人民银行　　　　　　　　B. 行政事业单位
C. 中国进出口银行　　　　　　　　D. 各级人民政府
[解析] 本题考查财政政策的主体。财政政策的主体只能是各级政府，主要是中央政府。　[答案] D

考点6　财政政策的目标

财政政策的目标是指财政政策所要实现的期望值。其主要包括：
(1) 经济适度增长（国民收入的实际总量增长）。
(2) 物价基本稳定。
(3) 收入公平分配。
(4) 充分就业（宏观调控的首要目标）。
(5) 国际收支平衡（经常项目、资本项目、遗漏与误差三个项目的总的收支对比状况）。

【提示】财政政策包括长期财政政策和中短期财政政策。

考点7 财政政策工具

一、政府预算

政府预算在各种政策手段中居于核心地位，具有综合性、计划性和法律性等特点。其具体内容如表12-4所示。

表12-4 政府预算的具体内容

项目	具体内容
预算收支差额	（1）收大于支的预算结余，对总需求产生的净影响是收缩性的 （2）支大于收的预算赤字，对总需求产生的净影响是扩张性的 （3）收支平衡，对总需求的净影响是中性的
政府预算的调控作用	（1）通过预算收支规模的变动及其平衡状态可以有效地调节社会总供求的平衡关系 （2）通过调整政府预算支出结构可以调节国民经济中各种比例关系和经济结构

二、税收和公债

税收和公债的作用如图12-3所示。

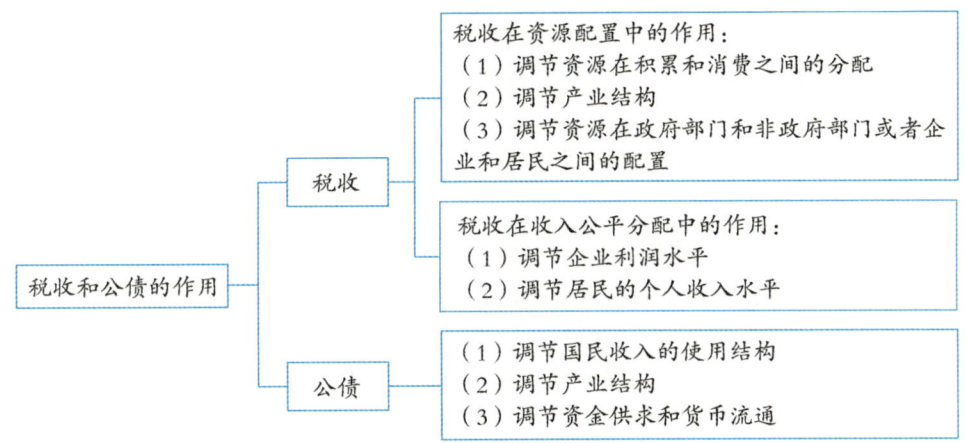

图12-3 税收和公债的作用

三、政府投资

（一）政府投资的定义

政府投资是指财政用于资本项目的建设支出，最终形成各种类型的固定资产。它是进行国家重点建设和其他大中型项目的主要资金来源，也是形成国有资产的主要物质基础。

（二）政府投资项目的特点

政府投资的项目主要是指那些具有自然垄断特征、外部效应大、产业关联度高、具有示范和诱导作用的基础性产业、公共设施以及新兴的高科技主导产业。

四、公共支出

公共支出包括购买性支出和转移性支出。

五、财政补贴

财政补贴的具体内容如图12-4所示。

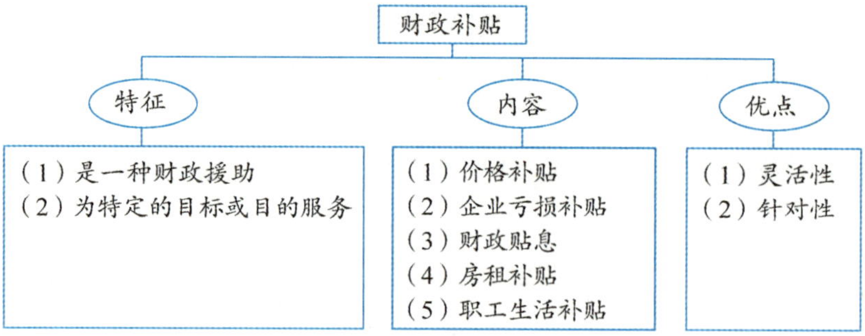

```
                            财政补贴
            ┌─────────────────┼─────────────────┐
           特征               内容              优点
    ┌──────────────┐  ┌──────────────┐  ┌──────────────┐
    │(1) 是一种财政援助│  │(1) 价格补贴    │  │(1) 灵活性     │
    │(2) 为特定的目标或│  │(2) 企业亏损补贴 │  │(2) 针对性     │
    │    目的服务    │  │(3) 财政贴息    │  │              │
    │              │  │(4) 房租补贴    │  │              │
    │              │  │(5) 职工生活补贴 │  │              │
    └──────────────┘  └──────────────┘  └──────────────┘
```

图 12-4　财政补贴

> **经典例题**
>
> [2019年真题·单项选择题] 在各种财政政策手段中居于核心地位的是（　　）。
> A. 税收　　　　　　　　　B. 公债
> C. 政府预算　　　　　　　D. 补贴
> [解析] 政府预算作为一种控制财政收支及其差额的机制，在财政政策手段中居于核心地位。
> [答案] C
>
> [2016年真题·多项选择题] 属于财政政策工具的有（　　）。
> A. 税收　　　B. 利率　　　C. 预算　　　D. 公债
> E. 信贷
> [解析] 财政政策的工具具体包括六个方面：政府预算、税收、公债、政府投资、公共支出、财政补贴。故 A、C、D 三项正确。
> [答案] ACD

考点8　财政政策的传导机制

（1）财政政策工具变量的调整对收入分配的影响，表现在改变货币收入者实得货币收入或使货币收入者的实际购买力发生变化。

（2）财政政策工具的使用一定会影响财政收支的增减变化，形成财政盈余或财政赤字。

（3）许多财政政策工具是通过价格作用体现出来的，或者是与价格相互配合共同发挥调节作用。

【提示】财政政策发挥作用的最重要传导媒介体是收入分配、货币供应和价格。

考点9　财政政策的类型与效应

财政政策的类型与效应如表 12-5 所示。

表 12-5　财政政策的类型与效应

分类标准		具体内容
按照政策作用的对象划分	宏观财政政策	调节经济总量
	中观财政政策	以产业结构为调节对象
	微观财政政策	影响经济个体的经济行为或经济活动
按照对经济周期的调节作用划分	自动稳定的财政政策	又称"自动稳定器"，自动调节，如累进税制和转移支付制度
	相机抉择的财政政策	政府有意识的调节
根据在国民经济总量方面的不同功能划分	扩张性财政政策	通过财政分配活动来增加和刺激社会总需求
	紧缩性财政政策	通过财政分配活动来减少和抑制社会总需求
	中性财政政策	财政的分配活动对社会总供求的影响保持中性

续表

分类标准	具体内容
按调节的客体划分	存量财政政策、增量财政政策
按财政调节手段划分	税收政策、公债政策、财政支出政策、财政投资政策、财政补贴政策、固定资产折旧政策和国有资产管理政策
按财政政策作用的期限划分	长期财政政策、中期财政政策和短期财政政策

经典例题

[2015年真题·单项选择题] 具有稳定经济功能,被称为"自动稳定器"的税种是（ ）。
A. 增值税
B. 消费税
C. 房产税
D. 所得税
[解析] 自动稳定的财政政策称为"自动稳定器",包括累进税制和转移支付制度,所得税属于其中一种,故D项正确。 [答案] D

[2013年真题·单项选择题] 通过财政分配活动刺激社会总需求的财政政策称为（ ）。
A. 紧缩性财政政策
B. 扩张性财政政策
C. 中性财政政策
D. 综合财政政策
[解析] 本题考查不同类型的财政政策的定义。扩张性财政政策是指通过财政分配活动来增加和刺激社会的总需求,故B项正确。 [答案] B

考点10 货币政策概述

一、货币政策工具的类型

货币政策工具的类型如表12-6所示。

表12-6 货币政策工具的类型

分类	具体内容
一般性政策工具	(1) 法定存款准备金率 (2) 再贴现率 (3) 公开市场业务（最灵活、最有效的调节货币供应量的重要工具）
选择性政策工具	(1) 消费者信用控制 (2) 不动产信用控制 (3) 证券市场信用控制 (4) 优惠利率 (5) 预缴进口保证金
直接信用控制	其手段主要包括利率最高限、信用配额、直接干预和流动性比率等手段
间接信用指导	是指中央银行利用道义劝告、窗口指导等办法间接影响商业银行的信用创造

【提示】
(1) 各国货币政策的目标包括物价稳定、充分就业、经济增长和国际收支平衡。
(2) 我国《中华人民共和国中国人民银行法》规定的货币政策基本目标是保持货币币值的稳定,并以此促进经济增长。

二、货币政策传导机制

货币政策传导机制,是指中央银行运用货币政策手段或工具影响中介目标从而实现最终目标的途径和机能。西方国家货币政策的作用过程如下:

(1)从中央银行至各金融机构和金融市场。即中央银行通过法定存款准备金率、再贴现率政策、公开市场业务等各种货币政策工具,控制各金融机构的贷款能力和金融市场的资金融通渠道。

(2)从各金融机构和金融市场至企业和个人的投资与消费。中央银行可以采取提高或者降低利息率,扩张或紧缩货币供应量。

(3)从企业、个人的投资、消费至产量、物价和就业的变化。企业和个人的投资消费行为的变化,必然引起产量、物价和就业的变化。

三、货币政策的类型

(1)扩张性货币政策。其目的是刺激社会总需求的增长。
(2)紧缩性货币政策。其目的是抑制社会总需求的增长。
(3)中性货币政策。其对社会总需求与总供给的对比状况不产生影响。

经典例题

[2016年真题·单项选择题]在一般性政策工具中,最为灵活的货币政策工具是( )。
A. 法定存款准备金率
B. 公开市场业务
C. 再贴现率
D. 消费者信用控制

[解析]一般性政策工具包括法定存款准备金率、再贴现率和公开市场业务。其中最为灵活的货币政策工具是公开市场业务,故B项正确。
[答案]B

[2011年真题·单项选择题]下列货币政策中,属于直接信用控制的政策手段是( )。
A. 调整法定存款准备金率
B. 信用配额
C. 调整再贴现率政策
D. 公开市场业务

[解析]直接信用控制的手段包括利率最高限、信用配额、流动性比率和直接干预。A、C、D三项属于一般性政策工具。
[答案]B

● 考点11 财政政策与货币政策的区别与联系

财政政策与货币政策配合的必要性即体现为两种政策的区别,具体如表12-7所示。

表12-7 财政政策与货币政策的区别

项目	具体区别
政策工具不同	财政政策工具主要有预算收支、财政补贴、公债、财政贴息、税种、税率等
	货币政策工具主要有公开市场业务、贷款限额、法定存款准备金率、再贴现率、存贷款利率、汇率等
调节范围不同	财政政策不仅包括经济领域,还包括非经济领域
	货币政策的调节范围基本上限于经济领域,其他领域属于次要地位

续表

项目	具体区别		
在国民收入分配中所起的作用不同	财政可以从收入和支出两个方面影响社会总需求的形成		
	银行信贷主要是通过信贷规模的伸缩影响消费需求和投资需求的形成		
对需求调节的作用不同	消费需求	（1）社会消费需求。财政在社会消费中起决定作用 （2）个人消费需求。财政直接影响个人消费，如个人所得税。银行信贷间接影响个人消费	
	投资需求	财政在形成投资需求方面的作用主要是调整产业结构，国民经济结构的合理化；而银行的作用主要在于调整总量和产品结构	
在扩大和紧缩需求方面的作用不同	财政的扩张和紧缩效应一定要通过信贷机制的传导才能发生		
政策时滞性不同	财政政策的决策时滞、执行时滞一般比货币政策要长，但财政政策的效果时滞要短		

【提示】财政政策与货币政策的统一性体现在以下三点：
（1）调控目标是统一的，都属于宏观经济调控目标。
（2）两者都是需求管理政策。
（3）从经济运行的统一性来看，两者之间有不可分割的内在联系。

经典例题

[2011年真题·单项选择题] 下列不属于财政政策与货币政策配合的必要性的是（　　）。
A. 两者的效率不同
B. 两者的政策工具和调节范围不同
C. 两者在国民收入分配中所起的作用不同
D. 两者对需求调节的作用不同
[解析] 财政政策与货币政策配合的必要性的原因体现在五个方面：①两者的政策工具和调节范围不同；②两者在国民收入分配中所起的作用不同；③两者对需求调节的作用不同；④两者在扩大和紧缩需求方面的作用不同；⑤两者的政策时滞性不同。采用排除法，故A项错误。
[答案] A

● 考点12　财政政策与货币政策的配合运用

财政政策与货币政策的配合运用如表12-8所示。

表12-8　财政政策与货币政策的配合运用

配合运用的方式	适用情况
"双松"政策	适用总需求严重不足、生产能力没有得到充分利用的情况下
"双紧"政策	适用严重通货膨胀时期，但假如控制力度过猛，易导致经济衰退、失业增加
紧的财政政策与松的货币政策相配合	适用总需求与总供给大体平衡，但消费偏旺而投资不足的情况
松的财政政策与紧的货币政策相配合	适用总供给与总需求大体相适应，为解决投资过旺，消费不足的情况

【提示】我国自2017年以来继续实施积极的财政政策和稳健的货币政策。

本章易错易混考点

【易错易混考点】财政赤字的计算口径及其分类

财政赤字的计算口径及其分类如表12-9所示。

表 12-9　财政赤字的计算口径及其分类

项目	硬赤字	软赤字
定义	是指用债务收入弥补收支差额以后仍然存在的赤字	是指未经债务收入弥补的赤字
计算口径	硬赤字＝（经常收入＋债务收入）－（经常支出＋债务支出）	软赤字＝经常收入－经常支出
弥补方式	只能通过向中央借款或透支弥补财政赤字（无法利用债务收入进行弥补）	举债，即通过发行公债来弥补软赤字，通常称为"赤字债务化"

【提示】世界上大多数国家统计本国财政赤字时的计算口径为软赤字。

历年经典真题回顾

一、单项选择题（每题 1 分，每题备选项中，只有 1 个最符合题意）

1. 下列货币政策工具中，属于间接信用指导工具的是（　　）。[2022 年真题]
   A. 消费者信用控制　　　　　　　B. 中央银行窗口指导
   C. 不动产信用控制　　　　　　　D. 法定存款准备金率
   [解析] 间接信用指导是指中央银行通过道义劝告、窗口指导等办法间接影响商业银行的信用创造。　　　　　　　　　　　　　　　　　　　　　　　　　　　　　[答案] B

2. 下列货币政策工具中，不属于一般性政策工具的是（　　）。[2021 年真题]
   A. 法定存款准备金率
   B. 公开市场业务
   C. 再贴现率
   D. 优惠利率
   [解析] 一般性政策工具包括法定存款准备金率、再贴现率和公开市场业务。D 项属于选择性政策工具。　　　　　　　　　　　　　　　　　　　　　　　　　　　　　[答案] D

3. 关于财政政策的说法，错误的是（　　）。[2017 年真题]
   A. 财政政策运用不当会引起经济波动
   B. 财政政策是国家宏观调控的重要杠杆
   C. 财政政策具有导向功能
   D. 财政政策不具有控制功能
   [解析] 本题考查财政政策的含义。财政政策的功能包括导向功能、协调功能、控制功能和稳定功能，故 D 项错误。　　　　　　　　　　　　　　　　　　　　　　[答案] D

4. 关于物价稳定的说法，错误的是（　　）。[2017 年真题]
   A. 物价稳定就是指物价固定不变
   B. 物价稳定就是指物价水平短期内没有显著波动
   C. 物价稳定是指物价总水平基本稳定
   D. 物价稳定是把物价总水平控制在社会可以承受的限度内
   [解析] 本题考查财政政策的目标。物价稳定是指物价总水平的基本稳定，即物价水平在短期内没有显著或急剧的波动，而不是固定不变，故 A 项错误。　　　　　　　　[答案] A

5. 西方经济学家把政府从价格再分配中取得的收入称为（　　）。[2015 年真题]
   A. 挤出税　　　　　　　　　　　B. 通货膨胀税
   C. 价格税　　　　　　　　　　　D. 通货紧缩税
   [解析] 政府收入通常分为两部分：①GDP 正常增量的分配所得；②价格再分配所得。后者就

是西方经济学者所说的通货膨胀税。　　　　　　　　　　　　　　　　　　　　　　　　[答案] B

6. 弥补财政赤字时，不宜采用的方式是（　　）。[2015年真题]
   A. 通过增收减支弥补
   B. 通过向中央银行借款或透支弥补
   C. 通过发行公债弥补
   D. 动用结余弥补
   [解析] 在财政赤字的几种弥补方式中，财政通过向中央银行借款或透支来弥补赤字是最不可取的方式。　　　　　　　　　　　　　　　　　　　　　　　　　　　　　　　　[答案] B

7. 一般来说，造成通货膨胀的重要原因是（　　）。[2015年真题]
   A. 连年的财政赤字
   B. 累积的财政结余
   C. 持续的财政紧缩
   D. 阶段性的货币政策
   [解析] 造成通货膨胀非常重要的原因就是连年的财政赤字。　　　　　　　　　[答案] A

8. 通过宪法制定的财政政策具有法律效力，在执行中具有的特点是（　　）。[2014年真题]
   A. 强制性　　　　　　　　　　B. 直接性
   C. 间接性　　　　　　　　　　D. 固定性
   [解析] 财政政策对国民经济运行的调节具有两个明显的特点：①直接性；②强制性。对于强制性而言，强调的是财政政策一般是通过立法形式制定和颁布实施的，具有法律效力，一旦制定，各单位和个人都必须执行，否则就要受到法律的制裁。　　　　　　　　　　　　[答案] A

9. 财政在社会经济发展过程中对某些行业采取的低税或免税政策所发挥的政策功能是（　　）。[2014年真题]
   A. 控制功能　　　　　　　　　B. 导向功能
   C. 协调功能　　　　　　　　　D. 稳定功能
   [解析] 财政政策的导向功能表现在两个方面：直接导向和间接导向。对某些行业实行低税政策，能够促进这一行业的生产发展，同时还会影响其他企业的投资选择，并进一步影响消费者的消费选择，这是间接导向的体现。　　　　　　　　　　　　　　　　　　[答案] B

10. 在金融市场中，作为调节货币流通量重要手段的是（　　）。[2013年真题]
    A. 预算　　　　　　　　　　　B. 税收
    C. 国债　　　　　　　　　　　D. 补贴
    [解析] 题目中给出的四个选项都是财政政策的工具，而在金融市场中，作为调节货币流通量的重要手段是国债。　　　　　　　　　　　　　　　　　　　　　　　　　　[答案] C

11. 在各种财政政策手段中居于核心地位的是（　　）。[2012年真题]
    A. 税收政策　　　　　　　　　B. 公债政策
    C. 支出政策　　　　　　　　　D. 预算政策
    [解析] 政府预算作为一种控制财政收支及其差额的机制，在各种财政政策手段中居于核心地位。　　　　　　　　　　　　　　　　　　　　　　　　　　　　　　　　[答案] D

12. 目前世界上多数国家统计本国财政赤字的口径是（　　）。[2012年真题]
    A. 硬赤字　　　　　　　　　　B. 软赤字
    C. 周期性赤字　　　　　　　　D. 主动赤字
    [解题思路] 本题考查的知识点在"本章易错易混考点"中进行了重点讲解。目前世界上多数国家都采用软赤字的计算口径来统计本国财政赤字，建议大家通过此道题目对硬赤字和软

赤字的对比进行进一步理解记忆。

[答案] B

13. 政府有意识地运用财政政策手段来调节社会总供求，利用国家财力干预经济运行，称为（ ）。[2011年真题]

   A. 自动稳定的财政政策　　　　　B. 相机抉择的财政政策
   C. 内在稳定器　　　　　　　　　D. 健全财政政策

   [解析] 本题考查财政政策的不同类型。相机抉择的财政政策，是指政府有意识地运用财政政策手段来调节社会总供求，是政府利用国家财力有意识干预经济运行的行为，故B项正确。

[答案] B

14. 世界各国弥补财政赤字的普遍做法是（ ）。[2011年真题]

   A. 发行公债　　　　　　　　　　B. 向银行借款
   C. 向银行解困　　　　　　　　　D. 压缩支出

   [解析] 财政赤字的弥补方式包括四种，其中发行公债来弥补赤字通常只是购买力的转移，不会凭空增加购买力，所以一般认为是最为理想的弥补财政赤字的方法，是世界各国弥补财政赤字的普遍做法。

[答案] A

15. 作为财政政策手段，财政补贴最主要的优点在于（ ）。[2010年真题]

   A. 刚性和普遍性　　　　　　　　B. 刚性和针对性
   C. 灵活性和针对性　　　　　　　D. 灵活性和普遍性

   [解析] 本题考查财政政策工具。作为财政政策手段，财政补贴最主要的优点在于灵活性和针对性。

[答案] C

16. 就财政政策本身而言，其焦点是如何处理（ ）问题。[2010年真题]

   A. 财政收入　　　　　　　　　　B. 财政支出
   C. 财政赤字　　　　　　　　　　D. 财政平衡

   [解析] 本题考查财政平衡的含义。就财政政策本身而言，其焦点是如何处理财政平衡问题。

[答案] D

二、多项选择题（每题2分，每题备选项中，有2个或2个以上符合题意，至少有1个错项。错选，本题不得分；少选，所选的每个选项得0.5分）

1. 财政政策稳定功能所表现的主要特征是（ ）。[2010年真题]

   A. 持续性　　　　　　　　　　　B. 无偿性
   C. 强制性　　　　　　　　　　　D. 补偿性
   E. 反周期性

   [解析] 财政政策稳定功能所表现的主要特征是补偿性和反周期性。

[答案] DE

2. 下列政策工具中，属于财政政策工具的有（ ）。[2017年真题]

   A. 利息率　　　　　　　　　　　B. 政府预算
   C. 税收　　　　　　　　　　　　D. 再贴现率
   E. 公共支出

   [解析] 本题考查财政政策工具。财政政策工具包括政府预算、税收、公债、政府投资、公共支出和财政补贴等形式。B、C、E三项属于财政政策工具。A、D两项属于货币政策工具。

[答案] BCE

3. 属于内在稳定器的财政政策有（ ）。[2017年真题]

   A. 增加财政支出　　　　　　　　B. 减少税收收入
   C. 累进税制度　　　　　　　　　D. 失业保险制度
   E. 调整财政补贴

[解析] 本题考查财政政策的类型与效应。内在稳定器的财政政策主要实行累进税制度和转移支付制度，故选C、D、E三项。

[答案] CDE

本章同步练习

一、单项选择题（每题1分，每题备选项中，只有1个最符合题意）

1. 在财政赤字的不同形式中，（ ）是指预算执行的结果收不抵支而出现的赤字。
   A. 主动赤字　　　　　　　B. 被动赤字
   C. 预算赤字　　　　　　　D. 决算赤字

2. 财政政策的直接作用对象是（ ）。
   A. 财政收支及其平衡关系　　B. 对外收支及其平衡关系
   C. 居民收支及其平衡关系　　D. 信贷收支及其平衡关系

3. 当政府过多发行债券时，有可能对市场产生的影响是（ ）。
   A. 马太效应　　　　　　　B. 木桶效应
   C. 破窗效应　　　　　　　D. 排挤效应

4. （ ）的财政政策，是指那些无须借助外力即可根据经济波动状况而自动发挥调控效果，起到稳定经济作用的政策。
   A. 相机抉择　　　　　　　B. 自动稳定
   C. 宏观　　　　　　　　　D. 微观

5. 以下不属于政府运用的货币政策工具的是（ ）。
   A. 法定存款准备金率　　　B. 再贴现率
   C. 公债　　　　　　　　　D. 公开市场业务

6. 中央银行实现其职能的核心所在是（ ）。
   A. 发行货币　　　　　　　B. 制定利率
   C. 监管金融机构　　　　　D. 制定货币政策

7. 下列货币政策中，属于选择性政策工具的是（ ）。
   A. 消费者信用控制　　　　B. 信用配额
   C. 调整再贴现率　　　　　D. 公开市场业务

二、多项选择题（每题2分，每题备选项中，有2个或2个以上符合题意，至少有1个错项。错选，本题不得分；少选，所选的每个选项得0.5分）

1. 按照赤字在财政年度出现时间的早晚，财政赤字可分为（ ）。
   A. 主动赤字　　B. 预算赤字　　C. 软赤字　　D. 被动赤字
   E. 决算赤字

2. 以下属于财政政策目标的有（ ）。
   A. 经济快速增长　　　　　B. 物价基本稳定
   C. 收入公平分配　　　　　D. 完全就业
   E. 国际收支平衡

3. 在市场经济条件下，政府投资的项目集中于（ ）。
   A. 基础性产业　　　　　　B. 公共设施
   C. 高科技主导产业　　　　D. 采煤产业
   E. 制造业

4. 通常弥补赤字的方法有（ ）。
   A. 增收减支　　　　　　　B. 动用结余

C. 向中央银行透支或借款 D. 发行公债
E. 降低社会保障水平

5. 一般性货币政策的三大手段是（　　）。
   A. 公开市场业务 B. 法定存款准备金率
   C. 再贴现率 D. 信贷计划
   E. 窗口指导

6. 一般来讲，财政赤字的排挤效应是否明显主要受（　　）的制约。
   A. 货币供给对利率的弹性 B. 货币需求对利率的弹性大小
   C. 投资规模 D. 投资对利率的弹性大小
   E. 私人投资的有效性

本章同步练习参考答案及解析

一、单项选择题

1. [答案] D
   [解析] 按照赤字在财政年度出现时间的早晚，可分为预算赤字和决算赤字。预算赤字是指预算编制时因支出大于收入而存在的赤字。决算赤字是预算执行的结果收不抵支而出现的赤字。

2. [答案] A
   [解析] 财政政策的直接作用对象是财政收支及其平衡关系，故A项正确。

3. [答案] D
   [解析] 财政赤字的排挤效应体现在两个方面，一种是直接的，一种间接的。题目中叙述的政府过多发行债券的方式就是间接排挤效应的体现。

4. [答案] B
   [解析] 自动稳定的财政政策，是指那些无须借助外力即可根据经济波动状况而自动发挥调控效果，起到稳定经济作用的政策。

5. [答案] C
   [解析] A、B、D三项都是货币政策工具的具体内容，C项属于财政政策的工具。

6. [答案] D
   [解析] 一个国家的货币政策是由该国的中央银行制定的，是中央银行实现其职能的核心所在。

7. [答案] A
   [解析] 选择性政策工具包括消费者信用控制、不动产信用控制、证券市场信用控制、优惠税率、预缴进口保证金等形式，故A项正确。B项属于直接信用控制，C、D两项属于一般性货币政策工具。

二、多项选择题

1. [答案] BE
   [解析] 按照赤字在财政年度出现时间的早晚，财政赤字可分为预算赤字和决算赤字。

2. [答案] BCE
   [解析] 财政政策的目标包括经济适度增长、物价基本稳定、收入公平分配、充分就业及国际收支平衡。

3. [答案] ABC
   [解析] 在市场经济条件下，政府投资的项目主要是指那些具有自然垄断特征、外部效应大、产业关联度高、具有示范和诱导作用的基础性产业、公共设施，以及新兴的高科技主导产业。

4. [答案] ABCD
   [解析] 通常弥补赤字的方法有增收减支、动用结余、向中央银行透支或借款、发行公债。

5. [答案] ABC
   [解析] 一般性货币政策的三大手段包括公开市场业务、法定存款准备金率和再贴现率。

6. [答案] BD
   [解析] 一般来讲，财政赤字的排挤效应是否明显主要受货币需求和投资对利率的弹性大小的制约。

第三篇
2023年模拟试卷及参考答案与解析

狭路相逢，勇者胜；敌人亮剑，我必亮剑。

基础已经夯实，是时候对"财政税收专业知识与实务"（中级）的模拟试卷亮剑了，在实战中检验成果。

2023年财政税收专业知识与实务（中级）模拟试卷

一、单项选择题（每题1分，每题备选项中，只有1个最符合题意）

1. 征收个人所得税所执行的财政职能是（   ）。
   A. 资源配置职能
   B. 收入分配职能
   C. 经济稳定职能
   D. 经济监督职能

2. 某些行业由于具有经营规模越大、经济效益越好、边际成本不断下降、规模报酬递增的特点，而可能为少数企业所控制，从而产生垄断现象的情况称为（   ）。
   A. 外部效应
   B. 市场垄断
   C. 市场失灵
   D. 寻租

3. "经济发展阶段论"认为，经济发展处于早期阶段时，公共支出的结构主要投向于（   ）。
   A. 保健支出
   B. 社会福利支出
   C. 社会基础设施
   D. 对私人企业的补贴支出

4. 下列财政支出中，属于特殊利益支出的是（   ）。
   A. 国防支出
   B. 企业补贴支出
   C. 行政管理支出
   D. 基本建设支出

5. 出于反垄断的目的或者维护国家安全的需要，一些基础设施适合采用（   ）方式提供。
   A. 私人出资，定期收费补偿成本并适当盈利
   B. 政府与民间共同投资
   C. 政府投资，法人团体经营运作
   D. 政府筹资建设，或免费提供，或收取使用费

6. 对繁华地段的机动车实行停车收费，宜采取的公共定价方式为（   ）。
   A. 免费政策
   B. 平价政策
   C. 低价政策
   D. 高价政策

7. 社会救济型的社会保障制度的资金来源是（   ）。
   A. 受保人和雇主缴纳的保险费
   B. 受保人和雇主缴纳的保险费为主，财政补贴为辅
   C. 完全由政府预算拨款

D. 财政拨款为主,受保人和雇主缴纳的保险费为辅

8. 在政府的财政性投资支出中,政府投资的方向主要是( )。

   A. 大型国有企业

   B. 服装制造企业

   C. 机器制造业

   D. 社会基础设施

9. 关于财政投融资的说法,错误的是( )。

   A. 财政投融资目的性很强

   B. 财政投融资的资本金主要由政府预算投资形成

   C. 财政投融资委托特定的商业银行管理

   D. 财政投融资的预算管理比较灵活

10. 关于税收支出形式的说法,错误的是( )。

    A. 盈亏相抵办法适用于各种税

    B. 退税包括出口退税和再投资退税

    C. 税收豁免是在一定期间内,对纳税人的某些所得项目或所得来源不予征税

    D. 税收抵免是指允许纳税人从其某种合乎奖励规定的支出中,以一定的比率从其应纳税额中扣除

11. 税负转嫁最典型和最普通的形式是( )。

    A. 前转   B. 后转

    C. 消转   D. 税收资本化

12. 税负转嫁的一般规律是( )。

    A. 需求弹性较大的商品税负较易转嫁

    B. 所得税税负较易转嫁

    C. 对垄断性商品课征的税较易转嫁

    D. 征税范围广的税种不易转嫁

13. 下列各项中,属于影响税制结构的根本性因素的是( )。

    A. 经济结构

    B. 征收管理手段

    C. 经济发展水平

    D. 宏观经济政策

14. 关于税收平等原则的说法,正确的是( )。

    A. 要对相同境遇的人课征相同的税收

    B. 税收要有利于经济机制的有效运行

    C. 税收收入应能随着财政支出的需要进行调整

    D. 征收费用要节省

15. 关于税收负担的衡量指标,下列说法错误的是( )。

    A. 国民生产总值负担率=税收总额/国民生产总值×100%

    B. 企业综合税收负担率=企业缴纳的各项税收的总和/企业总产值×100%

    C. 纯收入直接税负担率=企业一定时期缴纳的所得税/企业一定时期获得的毛收入×100%

D. 企业货物和劳务税税收负担率＝企业一定时期实际缴纳的货物和劳务税税额/同期销售收入×100%

16. 下列属于税额式减免方式的是（　　）。
   A. 起征点 B. 免征额
   C. 减半征收 D. 项目扣除

17. 甲国 A 公司 2021 年境内、外所得总计 200 万元，其中来自境内所得为 160 万元，来自设在乙国的分公司所得为 40 万元，在乙国已纳所得税额为 12 万元。甲国的税率为 30%，但甲国对本国居民来自境外所得实行免税。两国均实行属人兼属地税收管辖权。则 A 公司本年总的应纳税额为（　　）万元。
   A. 6 B. 48
   C. 54 D. 60

18. 下列增值税的应税行为中，属于商务辅助服务的是（　　）。
   A. 安全保护服务 B. 经营租赁服务
   C. 认证服务 D. 鉴证服务

19. 甲公司为增值税一般纳税人，从事二手车经销业务，2021 年 5 月份销售收购的二手车，取得含税销售额 100 万元，该项销售行为应缴纳的增值税为（　　）元。
   A. 4 975 B. 5 000
   C. 9 500 D. 13 000

20. 某超市作为小规模纳税人，2019 年 9 月销售一些旧的货架，这些旧的货架作为固定资产处理，取得含税销售收入 41 200 元，该项销售行为应纳增值税为（　　）元。
   A. 0 B. 600
   C. 800 D. 1 200

21. 某酒厂为增值税一般纳税人，2022 年 5 月向小规模纳税人销售白酒，开具的普通发票上注明金额 100 000 元，同时收取单独核算的包装物租金 5 000 元，此项业务的增值税销项税额是（　　）元。
   A. 12 079.65 B. 13 890.60
   C. 15 011.32 D. 15 256.41

22. 2021 年 2 月，某化妆品厂将一批自产高档护肤类化妆品用于集体福利，生产成本 35 000 元；将新研制的香水用于广告样品，生产成本 20 000 元。上述产品的成本利润率为 5%，消费税税率为 15%。上述货物已全部发出，均无同类产品售价。2021 年 2 月，该化妆品厂上述业务应纳消费税为（　　）元。
   A. 10 191.18 B. 24 750.00
   C. 35 150.00 D. 40 214.60

23. 甲企业 2021 年 2 月将一台账面余值 100 万元的进口设备运往境外修理，当月在海关规定的期限内复运进境。经海关审定的境外修理费 10 万元、料件费 5 万元。假定该设备的进口关税税率为 20%，则该企业应缴纳的关税税额为（　　）万元。
   A. 2 B. 3
   C. 6 D. 9

24. 根据《企业所得税法》的规定，下列属于中国居民企业的是（　　）。
    A. 在中国境内设立办事处的外国公司
    B. 依照外国（地区）法律成立但实际管理机构在中国境内的企业
    C. 从中国境内获得所得的企业
    D. 外国企业委托营业代理人在中国境内从事生产经营活动

25. 甲企业主要是从事符合条件的环境保护项目，成立于2017年，当年获利，2022年实现应纳税所得额2 000万元，不考虑其他因素，该公司2022年应缴纳企业所得税（　　）万元。
    A. 0   B. 200
    C. 250   D. 500

26. 居民个人取得的下列所得中，应该按照经营所得缴纳个人所得税的是（　　）。
    A. 偶然所得
    B. 劳务报酬所得
    C. 财产租赁所得
    D. 个体工商户从事生产经营所得

27. 根据个人所得税法律制度的规定，下列个人所得中，不用缴纳个人所得税的是（　　）。
    A. 稿酬所得
    B. 房产转让所得
    C. 国家发放的院士津贴
    D. 个人转让股权所得

28. 居民李某从事培训工作，2022年5月取得劳务报酬所得5 000元，那该笔所得应预扣预缴税款为（　　）元。
    A. 400   B. 600
    C. 800   D. 1 000

29. 某市的人民公园将其一闲置房屋出租给个体户王先生开餐饮店，根据《房产税暂行条例》的相关规定，对该房屋的税收政策规定是（　　）。
    A. 征收房产税
    B. 减征房产税
    C. 免征房产税
    D. 不征房产税

30. 土地使用权赠与行为，应按（　　）作为契税的计税依据，计征契税。
    A. 成交价格
    B. 价格差额
    C. 税务机关参考土地使用权出售的市场价格核定
    D. 不计征契税

31. 下列车船中，属于免征车船税的是（　　）。
    A. 警用车辆   B. 载货汽车
    C. 游艇   D. 摩托车

32. 张先生2021年1月购买家庭唯一住房，面积为95平方米，价值为100万元，该套住房计征的契税为（　　）万元。

A. 1.5　　　　　　　　B. 0.5

C. 2　　　　　　　　　D. 3

33. 某市一大型机场的下列相关用地中，应予以免征城镇土地使用税的是（　　）。

A. 机场工作区用地

B. 生活区用地

C. 机场飞行区用地

D. 机场场内道路用地

34. 关于土地增值税的说法，错误的是（　　）。

A. 土地增值税的纳税人包括个体工商户和其他个人

B. 纳税人建造普通标准住宅出售，增值税超过扣除项目金额20%的，未超过部分免征土地增值税，只就其超过部分计税

C. 土地增值税实行四级超率累进税率

D. 居民个人转让住房需免征土地增值税

35. 甲公司拖欠去年增值税50万元，催缴无效，经县税务局局长批准，今年3月税务机关书面通知其所在开户银行冻结存款50万元，这一行政行为属于（　　）。

A. 税务行政复议

B. 税收保全措施

C. 强制征收措施

D. 提供纳税担保

36. 下列可以作为纳税担保人的有（　　）。

A. 国家权力机关

B. 从事生产经营的企业单位

C. 行政机关

D. 审判机关

37. 扣缴义务人未按照规定设置、保管代扣代缴、代收代缴税款账簿或保管代扣代缴、代收代缴税款记账凭证及有关资料的，情节严重的，可处（　　）的罚款。

A. 2 000元以下

B. 2 000元以上5 000元以下

C. 2 000元以上10 000元以下

D. 10 000元以上

38. 按照检查的范围、内容、数量和查账粗细的不同，纳税检查的基本方法可以分为（　　）。

A. 顺查法与逆查法

B. 比较分析法与推理分析法

C. 联系查法与侧面查法

D. 详查法与抽查法

39. 当企业收到购货单位汇来的预付款时，其正确的账务处理是（　　）。

A. 借：银行存款
　　　贷：主营业务收入

B. 借：银行存款
　　　贷：主营业务收入
　　　　　应交税费——应交增值税（销项税额）

C. 借：银行存款
　　　贷：库存商品

D. 借：银行存款
　　　贷：预收账款

40. 在纳税检查中发现某企业当期有一笔属于职工福利费的费用支出 60 000 元记入到财务费用之中，对此应做的会计账务调整分录为（　　）。

A. 借：财务费用　　　　　　　　　　　　　　　　　　　　　60 000
　　　贷：银行存款　　　　　　　　　　　　　　　　　　　　　　60 000

B. 借：应付职工薪酬　　　　　　　　　　　　　　　　　　　60 000
　　　贷：银行存款　　　　　　　　　　　　　　　　　　　　　　60 000

C. 借：应付职工薪酬　　　　　　　　　　　　　　　　　　　60 000
　　　贷：财务费用　　　　　　　　　　　　　　　　　　　　　　60 000

D. 借：财务费用　　　　　　　　　　　　　　　　　　　　　60 000
　　　贷：应付工资　　　　　　　　　　　　　　　　　　　　　　60 000

41. 税务机关对某企业进行纳税检查时，发现该企业将生产领用的原材料 5 000 元误记为 50 000 元，企业应做的账务调整为（　　）。

A. 红字借记"原材料"5 000 元

B. 红字借记"原材料"45 000 元

C. 红字贷记"原材料"5 000 元

D. 红字贷记"原材料"45 000 元

42. 某增值税一般纳税人，2020—2022 年跨年出租一厂房，合同约定承租方在 2022 年的期末支付全部租金，出租房收到租金后开具增值税发票，出租方在 2020 年期末的会计处理为（　　）。

A. 借：应收账款
　　　贷：主营业务收入

B. 借：预收账款
　　　贷：应交税费——待转销项税额
　　　　　主营业务收入

C. 借：应收账款
　　　贷：应交税费——待转销项税额
　　　　　主营业务收入

D. 借：应收账款
　　　贷：应交税费——应交增值税（销项税额）

主营业务收入

43. 某工业企业提供商标使用权时，其净收入应记入的科目为（　　）。
   A. "主营业务收入"　　　　　　B. "其他业务收入"
   C. "营业外收入"　　　　　　　D. "投资收益"

44. 发行公债既要考虑到财政资金运用的需要，也要考虑到社会、居民的应债能力，所遵循的原则是（　　）。
   A. 景气发行原则
   B. 稳定市场秩序原则
   C. 发行成本最小原则
   D. 发行有度原则

45. 决定公债发行条件的过程和关键环节是（　　）。
   A. 公债的持有者
   B. 公债的收入使用
   C. 公债的偿还方式
   D. 公债的发行方式

46. 在政府采购的基本方式中，最能体现政府采购的公开性、竞争性，并且是比较普遍的采购方式的是（　　）。
   A. 竞争性谈判采购
   B. 询价采购
   C. 单一来源采购
   D. 招标采购

47. 一般公共预算的收入以（　　）为主。
   A. 税收收入　　　　　　　　　B. 国有企业上缴的利润收入
   C. 债务收入　　　　　　　　　D. 行政性收费

48. 下列各项中，不属于零基预算优点的是（　　）。
   A. 预算收支安排不受以往年度收支的约束
   B. 可突出当年政府经济社会政策重点
   C. 编制工作简便易行
   D. 充分发挥预算政策的调控功能

49. 部门预算编制要量入为出，收支平衡，不得编列赤字，体现的原则是（　　）。
   A. 合法性原则
   B. 科学性原则
   C. 稳妥性原则
   D. 重点性原则

50. 关于我国社会保险基金预算的说法，错误的是（　　）。
   A. 政府公共预算属于社会保险基金预算的一种模式
   B. 一般公共预算可补助社会保险基金
   C. 其内容包括社会福利与救济

D. 不能用于平衡政府公共预算

51. 根据政府间事权划分的原则，关于对义务教育管理的做法中，正确的是（　　）。

    A. 完全由地方政府管理

    B. 完全由中央政府管理

    C. 地方政府管理为主，中央政府提供帮助

    D. 中央政府管理为主，地方政府提供帮助

52. 下列转移支付项目中，属于一般性转移支付的是（　　）。

    A. 共担类转移支付

    B. 委托类转移支付

    C. 引导类转移支付

    D. 农村税费改革转移支付

53. 关于政府间转移支付制度理论依据的说法，错误的是（　　）。

    A. 纠正政府间的横向财政失衡

    B. 纠正政府间的纵向财政失衡

    C. 加强中央财政对地方财政的宏观调控

    D. 纠正某些私人物品与服务的外部性

54. 车辆购置税的纳税人应当自纳税义务发生之日起（　　）日内申请缴纳车辆购置税。

    A. 10　　　　　　　　B. 15

    C. 30　　　　　　　　D. 60

55. 下列各项中，需要缴纳土地增值税的是（　　）。

    A. 甲将一栋房屋无偿转让给乙

    B. 丙与丁之间互换自有居住住房

    C. 出让国有土地使用权

    D. 甲将一门面房卖给丁

56. 环境保护税的纳税人应当向（　　）的税务机关缴纳环境保护税。

    A. 货物销售地

    B. 货物生产地

    C. 应税污染物排放地

    D. 应税污染物处理地

57. 按照（　　），财政政策可以分为扩张性财政政策、紧缩性财政政策和中性财政政策。

    A. 在国民经济总量方面的不同功能

    B. 政策作用的对象划分

    C. 与货币政策的关系划分

    D. 对经济周期的调节作用划分

58. 弥补财政赤字时，不宜采用的方式是（　　）。

    A. 通过增收减支弥补

    B. 运用结余弥补

    C. 通过发行公债弥补

D. 通过向中央银行透支或借款弥补

59. 关于充分就业的说法中，错误的是（　　）。
   A. 失业率的高低是衡量一个社会经济活动的综合指标
   B. 充分就业是政府进行宏观调控的首要目标
   C. 一旦出现失业率，就表明不是充分就业
   D. 可以通过制定适当的财政政策，增加政府投资，促进有效需求，刺激生产和消费，达到充分就业的目标

60. 关于政府预算的说法，表述错误的是（　　）。
   A. 政府预算在各种财政政策手段中居于核心地位
   B. 通过预算收支规模的变动及其平衡状态可以有效地调节社会总供给与社会总需求的关系
   C. 通过调整政府预算支出结构可以调节国民经济中的各种比例关系和经济结构
   D. 政府预算的调节作用反应比较迟缓

二、多项选择题（每题2分，每题备选项中，有2个或2个以上符合题意，至少有1个错项。错选，本题不得分；少选，所选的每个选项得0.5分）

61. 财政在履行资源配置职能时，应采取的手段包括（　　）。
   A. 调节资源在政府部门和非政府部门之间的配置
   B. 优化支出结构
   C. 规范工资制度
   D. 首先保证民生性的社会公共需求
   E. 创新资源配置方式

62. 按照世界贸易组织的分类方法进行划分，财政补贴包括（　　）。
   A. 生产性补贴
   B. 生活性补贴
   C. 禁止性补贴
   D. 可诉性补贴
   E. 不可诉性补贴

63. 下列情形中，不属于我国社会救助主要内容的有（　　）。
   A. 对因工作负伤的职工支付的病假工资、医疗费、伤残补助津贴
   B. 自然灾害
   C. 对被终止劳动合同的职工支付医疗补助费
   D. 城乡困难户
   E. 孤寡病残

64. 下列关于税收财政原则的说法，正确的有（　　）。
   A. 通过征税获得的收入要充分
   B. 税收收入应能随着财政支出的需要进行调整
   C. 税收活动要遵循有利于资源有效配置的原则
   D. 税收要以尽可能少的税务行政费用，获取应得的财政收入
   E. 税收收入应由本国全体公民共同负担

65. 税负转嫁的条件包括（　　）。

    A. 商品经济的存在

    B. 宏观经济政策的调整

    C. 自由的价格体制

    D. 计划经济体制

    E. 税种繁多

66. 下列选项中，以纳税人同类应税消费品的最高销售价格作为计税依据计算消费税的有（　　）。

    A. 用于赞助的应税消费品

    B. 用于抵债的应税消费品

    C. 用于投资入股的应税消费品

    D. 用于换取消费资料的应税消费品

    E. 自产的烟丝用于连续生产卷烟

67. 下列行为中，属于现代服务的有（　　）。

    A. 研发和技术服务

    B. 贷款服务

    C. 租赁服务

    D. 鉴证咨询服务

    E. 广播影视服务

68. 个人取得的下列所得中，按规定可以减免个人所得税的有（　　）。

    A. 科技部颁发的科技创新奖金

    B. 救济金

    C. 福利彩票中奖所得

    D. 国债利息

    E. 信托投资收益

69. 下列各项中，不得在计算企业的应纳税所得额时扣除的有（　　）。

    A. 企业职工因公出差乘坐交通工具发生的人身意外保险费支出

    B. 依法提取的环境保护、生态恢复等方面的专项资金

    C. 罚金、罚款和被没收财物的损失

    D. 向投资者支付的股息

    E. 企业发生的合理的工资、薪金支出

70. 下列应税凭证中，免征印花税的有（　　）。

    A. 合同的正本

    B. 个人销售住房

    C. 无息、贴息贷款合同

    D. 财产所有人将财产赠送给政府

    E. 国际金融组织向我国提供优惠贷款所书立的借款合同

71. 下列各项中，能作为纳税担保的有（　　）。

　　A. 在境内具有纳税能力的法人

　　B. 幼儿园

　　C. 医院

　　D. 质押汇票

　　E. 抵押人的房屋

72. 下列各项中，需要通过"应交税费——预交增值税"核算的情形包括（　　）。

　　A. 提供建筑服务

　　B. 提供不动产经营租赁服务

　　C. 转让不动产

　　D. 采用预收款方式销售冰箱

　　E. 房地产开发企业销售开发产品收到预收款时

73. 偿还公债的资金来源主要有（　　）。

　　A. 设置偿债基金

　　B. 财政盈余

　　C. 通过预算安排

　　D. 举借新债

　　E. 增加税收

74. 在部门预算中，基本支出预算的编制原则有（　　）。

　　A. 综合预算原则

　　B. 定员定额原则

　　C. 追踪问效原则

　　D. 优先保障原则

　　E. 科学论证、合理排序原则

75. 根据预算法，我国对地方政府发行公债管理权限的规定有（　　）。

　　A. 地方政府可自行发行公债

　　B. 地方政府发行公债的规模经国务院确定

　　C. 地方政府不得为任何单位和个人的债务提供担保

　　D. 地方公债可用于经常性支出

　　E. 地方举借的债务只能用于公益性资本支出

76. 下列各项纳税信用采集信息中，属于纳税人信用历史信息的是（　　）。

　　A. 相关部门评定的优良信用记录

　　B. 经常性指标信息

　　C. 非经常性指标信息

　　D. 评价年度之前的纳税信用记录

　　E. 外部评价信息

77. 根据地方政府使用补助资金权限的大小，政府间转移支付可分为（　　）。

　　A. 纵向转移支付

B. 无条件转移支付

C. 有条件转移支付

D. 横向转移支付

E. 混合转移支付

78. 在中央对地方的转移支付类型中，属于共同事权转移支付的有（　　）。

A. 基本公共卫生服务补助资金

B. 对革命老区的财力补助

C. 城乡义务教育补助经费

D. 就业补助金

E. 对贫困地区的财力补助

79. 与其他财政支出相比，财政补贴的特征有（　　）。

A. 财政补贴在财政政策中居于核心地位

B. 财政补贴可以调节资金供求和货币流通

C. 为特定的目标或目的服务

D. 对接受补贴者产生激励作用

E. 补贴对象为居民

80. 通常情况下，财政赤字的排挤效应是否明显主要受（　　）的制约。

A. 投资对利率的弹性

B. 政府投资的有效性

C. 货币供给对利率的弹性

D. 货币需求对利率的弹性

E. 财政补贴力度

三、案例分析题（每题 2 分。由单项选择题和多项选择题组成。错选，本题不得分；少选，所选的每个正确选项得 0.5 分）

(一)

甲企业为增值税一般纳税人，主要从事货物运输服务，2022 年 4 月发生如下业务：

(1) 修理、修配各类车辆，开具普通发票注明价税合计金额 35.26 万元。

(2) 运送货物，开具增值税专用发票注明运输收入金额 350 万元、装卸收入金额 26 万元。

(3) 提供仓储服务，开具增值税专用发票注明仓储收入金额 83 万元、装卸收入金额 7 万元。

(4) 购进一批汽车用零配件，取得销售方开具的普通发票注明金额为 10 万元。

(5) 购进汽油取得增值税专用发票注明金额 20 万元、税额 2.6 万元，80% 用于公司运送旅客，20% 用于职工福利。

该企业的增值税专用发票已经通过主管税务机关的认证，计算结果以万元为单位，保留小数点后两位。

根据以上资料，回答下列问题。

81. 在业务（1）中，甲企业修理、修配各类车辆确认的销项税额为（　　）万元。

    A. 3.52
    B. 3.76
    C. 4.06
    D. 5.12

82. 在业务（2）中，甲企业运送货物确认的销项税额为（　　）万元。

    A. 27.14
    B. 33.06
    C. 34.37
    D. 40.06

83. 在业务（3）中，甲企业提供仓储服务确认的销项税额为（　　）万元。

    A. 0
    B. 2.8
    C. 3.0
    D. 5.4

84. 在业务（4）中，甲公司购进汽车零配件可以确认抵扣的进项税额为（　　）万元。

    A. 0
    B. 1.30
    C. 1.15
    D. 2.4

85. 甲企业本月应缴纳的增值税税额为（　　）万元。

    A. 39.5
    B. 40.44
    C. 47.86
    D. 50.58

（二）

一家位于深圳市的国家重点扶持的高新技术企业，2022 年全年取得营业收入 2 000 万元。2022 年发生的部分业务如下：

（1）当年发生的合理的工资、薪金 450 万元，含向本企业安置的 20 名残疾人员支付的工资、薪金 50 万元。

（2）发生职工福利费支出 90 万元，职工教育经费 60 万元。

（3）发生广告费支出 350 万元，业务宣传费 200 万元。

（4）发生与生产经营业务相关的业务招待费支出 100 万元。

（5）为专门用于新产品研发的费用 1 000 万元。

（6）该企业 2022 年 4 月购进了一台专门用于研发的设备，价值 200 万元。

根据以上资料，回答下列问题。

86. 该企业 2022 年允许税前扣除的薪金总额为（　　）万元。

    A. 400
    B. 450
    C. 500
    D. 550

87. 该企业 2022 年允许税前扣除的职工教育经费和职工福利费为（　　）万元。

    A. 82.5
    B. 99
    C. 100
    D. 110

88. 该企业 2022 年发生的广告费和业务宣传费当年不准予税前扣除的金额为（　　）万元。

    A. 50
    B. 250
    C. 450
    D. 500

89. 该企业 2022 年发生业务招待费支出不可税前扣除的金额为（　　）。
   A. 15
   B. 48
   C. 65
   D. 90

90. 下列关于该企业的相关内容的说法，正确的有（　　）。
   A. 该企业的适用税率为 25％
   B. 该企业购入的研发设备支出可全额在税前扣除
   C. 该企业购入的研发用的设备可采取加速折旧法进行扣除
   D. 该企业专门用于研发费用的支出可以加计扣除 75％

（三）

甲企业 2022 年 12 月发生经济活动，签订了以下合同：

(1) 本年度的营业账簿中，新增实收资本 100 万元，资本公积 20 万元。

(2) 与保险公司签订一份财产保险合同，支付保险费 8 万元。

(3) 签订租赁合同一份，记载支付租赁费 50 万元。

(4) 签订销售合同 4 份，共记载金额 280 万元。

(5) 签订一份贴息贷款合同，记载金额为 10 万元。

(6) 转让一栋闲置的仓库，签订不动产权转让书据，记载不含增值税的价款为 100 万元，增值税税额为 5 万元。

已知：买卖合同的税率为 0.3‰，营业账簿的税率为 0.25‰，财产保险合同、租赁合同的税率为 1‰，房屋所有权转让书据的税率为 0.5‰，借款合同的税率为 0.05‰。题目中所涉及金额均为不含增值税的金额。

根据以上资料，回答下列问题。

91. 该企业的营业账簿 2022 年应缴纳印花税（　　）元。
   A. 0
   B. 100
   C. 200
   D. 300

92. 该企业签订的租赁合同应缴纳印花税（　　）元。
   A. 0
   B. 100
   C. 300
   D. 500

93. 该企业签订的销售合同应缴纳印花税（　　）元。
   A. 0
   B. 420
   C. 660
   D. 840

94. 该企业签订的不动产权转让书据应缴纳的印花税为（　　）元。
   A. 0
   B. 100
   C. 300
   D. 500

95. 该企业共缴纳印花税（　　）元。
   A. 1 300
   B. 2 140
   C. 2 220
   D. 2 225

(四)

某食品生产企业为增值税一般纳税人,适用的增值税税率为13%,2022年发生如下经济业务:

(1) 2022年4月销售一批食品,取得含税收入226 000元,订立了包装物使用期限为三个月的合同,收取包装物押金80 000元。

(2) 2022年6月购入一栋办公楼,不含税金额为2 000万元,当月已用银行存款支付了相关款项,办好了产权转移手续,取得增值税专用发票并认证相符。

(3) 将自产的一批食品用于职工福利,已知其生产成本为100 000元,无同类产品对外售价,成本利润率为10%。

(4) 2022年度发生的广告费500万元,全年销售收入2 000万元。

(5) 2022年度发生赞助支出5万元。

根据以上资料,回答下列问题。

96. 该企业4月份收取的包装物押金,其正确的账务处理为（   ）。

   A. 贷记"其他业务收入"70 796.46元

   B. 贷记"其他业务收入"80 000元

   C. 贷记"其他应付款"80 000元

   D. 借记"其他业务收入"70 796.46元

97. 该企业8月份购入的办公楼,当月其正确的账务处理为（   ）。

   A. 借：固定资产——办公楼　　　　　　　　　　　　　20 000 000
       　　应交税费——应交增值税（进项税额）　　　　　 1 320 000
       　　　　　　　——待抵扣进项税额　　　　　　　　　 880 000
       　　贷：银行存款　　　　　　　　　　　　　　　　 22 200 000

   B. 借：固定资产——办公楼　　　　　　　　　　　　　20 000 000
       　　应交税费——应交增值税（进项税额）　　　　　 1 800 000
       　　贷：银行存款　　　　　　　　　　　　　　　　 21 800 000

   C. 借：固定资产——办公楼　　　　　　　　　　　　　22 000 000
       　　贷：银行存款　　　　　　　　　　　　　　　　 22 000 000

   D. 借：长期股权投资　　　　　　　　　　　　　　　　22 000 000
       　　贷：银行存款　　　　　　　　　　　　　　　　 22 000 000

98. 将自产食品用于职工福利,其正确的账务处理为（   ）。

   A. 借记"应付职工薪酬"100 000元　　B. 借记"应付职工薪酬"113 000元

   C. 计提增值税销项税额13 000元　　　D. 计提增值税销项税额14 300元

99. 企业发生的广告费支出,其正确的账务处理为（   ）。

   A. 全额记入"销售费用"科目　　　　　B. 税前扣除金额为300万元

   C. 不得税前扣除　　　　　　　　　　D. 全额税收扣除

100. 关于赞助支出的账务处理,正确的是（   ）。

   A. 记入"主营业务成本"科目　　　　　B. 记入"营业外支出"科目

   C. 记入"利润分配"科目　　　　　　　D. 记入"管理费用"科目

2023年财政税收专业知识与实务（中级）模拟试卷参考答案与解析

一、单项选择题

1. [答案] B

    [解析] 财政收入分配职能通过调节企业的利润水平和居民的个人收入水平来实现，主要是通过税收手段来进行调节，征收个人所得税调节的是个人收入水平，故 B 项正确。

2. [答案] B

    [解析] 市场效率是以完全自由竞争为前提的，然而某些行业由于具有经营规模越大、经济效益越好、边际成本不断下降、规模报酬递增的特点，而可能为少数企业所控制，从而产生垄断现象。

3. [答案] C

    [解析] "经济发展阶段论"认为，经济发展处于早期阶段时，公共支出的结构主要是为经济发展提供必需的社会基础设施，如公路、铁路、桥梁、环境卫生、法律和秩序、电力、教育等，故 C 项正确。A、B 两项属于成熟阶段的措施。D 项属于中期阶段的措施。

4. [答案] B

    [解析] 本题考查财政支出的分类。按照受益范围，财政支出分为一般利益支出和特殊利益支出。一般利益支出包括国防支出、行政管理费支出等；特殊利益支出包括教育支出、卫生支出、企业补贴支出、债务利息支出等，故 B 项正确。

5. [答案] D

    [解析] 政府筹资建设，或免费提供，或收取使用费，属于政府独资建设的项目。政府独资建设的项目主要出于三种考虑：①关系国计民生的重大项目；②维护国家安全的需要；③反垄断的需要。

6. [答案] D

    [解析] 公共定价的方法包括四种形式，即免费、低价、平价和高价政策。高价政策适用于从全社会来看必须限制使用的公共劳务，其中对繁华地段的机动车停车收费就属于高价政策。

7. [答案] C

    [解析] 社会救济型和普遍津贴型的社会保障制度的资金来源于政府预算拨款，故 C 项正确。社会保险型和节俭基金型的社会保障制度资金是由受保人和雇主共同缴纳的保险费。

8. [答案] D

    [解析] 基础设施特别是大型基础设施，大多数属于资本密集型行业，具有初始投资大、建设周期长、投资回收慢的特征，这些特点决定了社会基础设施应该由政府支持基础设施投资。

9. [答案] C

    [解析] 本题考查财政投资性支出。财政投融资由国家设立的专门机构——政策性金融机构负责统筹管理和经营。政策性金融机构不是商业银行，也不是制定政策的机关，是执行有关长期性投融资政策的机构，是政府投资的代理人，故 C 项错误。

10. [答案] A

    [解析] 盈亏相抵不同于延期纳税，盈亏相抵通常只能适用于所得税方面；延期纳税适用于各种税，故 A 项错误。

11. [答案] A

[解析] 税负转嫁包括四种形式：前转、后转、消转、税收资本化。其中，前转是税负转嫁最典型和最普通的形式。

12. [答案] C

[解析] 本题考查税收负担的转嫁与归宿。A 项，需求弹性较小的商品的征税较易转嫁。B 项，流转税税负较易转嫁，所得税税负不易转嫁。D 项，征税范围广的税种较易转嫁。

13. [答案] C

[解析] 影响税制结构的因素包括经济因素、政治因素和征管因素。其中经济因素包括经济发展水平和经济结构，而且经济发展水平是影响税制结构的根本性因素。

14. [答案] A

[解析] B 项描述的是税收的经济原则的内容。C、D 两项属于税收财政原则的内容。

15. [答案] C

[解析] 纯收入直接税负担率＝企业一定时期缴纳的所得税/企业一定时期获得的纯收入×100%，故 C 项错误。

16. [答案] C

[解析] 税基式减免包括起征点、免征额、项目扣除和跨期结转。税额式减免包括全部免征、减半征收、核定减免率和另定减征税额，故 C 项正确。

17. [答案] D

[解析] 本题考查国际重复征税的产生与免除。由于该国实行免税法，对于 A 公司来源于境外所得在本国不纳税，A 公司来自境内的 160 万元所得应纳税额＝160×30%＝48（万元）。A 公司在乙国已纳税额为 12 万元，则 A 公司本年总税负＝48＋12＝60（万元）。

18. [答案] A

[解析] 本题考查增值税的征税范围。C、D 两项属于鉴证咨询服务；B 项属于租赁服务。

19. [答案] A

[解析] 自 2020 年 5 月 1 日至 2023 年 12 月 31 日，从事二手车经销业务的纳税人销售其收购的二手车减按 0.5% 征收率征收增值税，故应缴纳的增值税＝100÷（1＋0.5%）×0.5%＝0.497 5（万元）＝4 975（元）。

20. [答案] C

[解析] 小规模纳税人销售自己使用过的固定资产，应按照 3% 的税率减按 2% 进行征收，应纳增值税＝41 200/（1＋3%）×2%＝800（元）。

21. [答案] A

[解析] 一般纳税人销售货物，收取的租金单独进行计算，可并入销售额计算应缴纳的增值税。增值税销项税额＝（100 000＋5 000）/1.13×0.13≈12 079.65（元）。

22. [答案] A

[解析] 将自产的高档化妆品用于集体福利，香水用于广告样品都需要计算相应的消费税。组成计税价格＝（成本＋利润）/（1－消费税税率）。消费税＝组成计税价格×消费税税率。所以，消费税＝（35 000＋20 000）×（1＋5%）/（1－15%）×15%＝10 191.18（万元）。

23. [答案] B

[解析] 运往境外修理的机械器具、运输工具或者其他货物，出境时已向海关报明并在海关规

定的期限内复运进境，应当以境外修理费和料件费审查确定完税价格。所以应缴纳的关税税额＝（10＋5）×20％＝3（万元）。

24. [答案] B
[解析] 中国居民企业是依法在中国境内成立，或者依照外国（地区）法律成立但实际管理机构在中国境内的企业，故B项正确。

25. [答案] C
[解析] 企业从事符合条件的环境保护、节能节水项目的所得，自项目取得第一笔生产经营收入所属纳税年度起，第1年至第3年免征企业所得税，第4年至第6年减半征收企业所得税。该公司2022年应缴纳企业所得税＝2 000×50％×25％＝250（万元）。

26. [答案] D
[解析] A、C两项的偶然所得和财产租赁所得按照20％的比例税率计算缴纳个人所得税；B项的劳务报酬所得按照综合所得计算缴纳个人所得税；个体工商户从事生产经营所得按照经营所得计算缴纳个人所得税。

27. [答案] C
[解析] 根据规定，国家发放的院士津贴免征个人所得税。A、B、D三项属于应该缴纳个人所得税的情况。

28. [答案] C
[解析] 该笔劳务报酬所得应预扣预缴税款＝（5 000－5 000×20％）×20％＝800（元）。

29. [答案] A
[解析] 对于公园中自用的房产，免征房产税。但公园中附设的营业单位及出租的房产，应征收房产税。

30. [答案] C
[解析] 土地使用权赠与、房屋赠与以及其他没有价格的转移土地、房屋权属行为，应由税务机关参照土地使用权出售、房屋买卖的市场价格依法核定的价格作为计税依据，故C项正确。

31. [答案] A
[解析] B、C、D三项都是属于车船税的征税范围。A项属于免征车船税的情况。

32. [答案] A
[解析] 本题考查契税。对个人购买家庭唯一住房，面积为90平方米及以下的，减按1％的税率征收契税；面积为90平方米以上的，减按1.5％的税率征收契税。对个人购买家庭第二套改善性住房，面积为90平方米及以下的，减按1％的税率征收契税；面积为90平方米以上的，减按2％的税率征收契税。该套住房需要缴纳的契税为100×1.5％＝1.5（万元），故A项正确。

33. [答案] C
[解析] 机场飞行区用地、场内外通信导航设施用地和飞行区四周排水防洪设施用地、机场场外道路用地，免征城镇土地使用税。机场场内道路用地、机场工作区用地、生活区用地、绿化用地，均须依照规定征收城镇土地使用税。故C项正确。

34. [答案] B
[解析] 纳税人建造普通标准住宅出售，增值税超过扣除项目金额20％的，应就全部增值额计税，故B项错误。

第三篇 2023年模拟试卷及参考答案与解析

35. [答案] B

    [解析] 税收保全措施是税务机关可能由于纳税人的行为或者某种客观原因，致使以后税款的征收不能保证或难以保证的案件，采取限制纳税人处理或转移商品、货物或其他财产的措施，故B项正确。

36. [答案] B

    [解析] 国家机关（包括国家权力机关、行政机关、审判机关和检察机关），由于其所处地位的特殊性，不论其是否具备纳税担保能力，均不得作为纳税担保人，以保证税务机关依法执行职务，防止权力干预和各种违纪情况的发生。

37. [答案] B

    [解析] 扣缴义务人未按照规定设置、保管代扣代缴、代收代缴税款账簿或保管代扣代缴、代收代缴税款记账凭证及有关资料的，由税务机关责令限期改正，可以处以2 000元以下的罚款；情节严重的，处2 000元以上5 000元以下的罚款。

38. [答案] D

    [解析] 按照检查的范围、内容、数量和查账粗细的不同，纳税检查的基本方法可以分为详查法与抽查法，故D项正确。

39. [答案] D

    [解析] 采用预收货款方式销售产品（商品），于企业发出产品（商品）时，确认销售实现。

    企业收到货款时，账务处理为：

    借：银行存款

    　　贷：预收账款

40. [答案] C

    [解析] 本题考查账务调整的基本方法。

    正确的账务处理为：

    借：财务费用　　　　　　　　　　　　　　　　　　　　　　　　　60 000

    　　贷：银行存款　　　　　　　　　　　　　　　　　　　　　　　　　60 000

    账务调整如下：

    借：应付职工薪酬　　　　　　　　　　　　　　　　　　　　　　　60 000

    　　贷：财务费用　　　　　　　　　　　　　　　　　　　　　　　　　60 000

41. [答案] D

    [解析] 采用红字冲销法。应做账务调整如下：

    借：生产成本　　　　　　　　　　　　　　　　　　　　　　45 000（红字）

    　　贷：原材料　　　　　　　　　　　　　　　　　　　　　　45 000（红字）

42. [答案] C

    [解析] "待转销项税额"明细科目，核算一般纳税人销售货物、加工修理修配劳务、服务、无形资产或不动产，已确认相关收入但尚未发生增值税纳税义务而需以后期间确认为销项税额的增值税额。该道题目中由于增值税纳税义务尚未发生，需要通过"应交税费——待转销项税额"计算。

43. [答案] B

    [解析] 特许权使用费收入，是指企业提供专利权、非专利技术、商标权、著作权以及其他特

许权的使用权取得的收入。特许权使用费收入主要通过"其他业务收入"核算。

44. [答案] D

    [解析] 发行有度原则，即公债发行量要适度，既要考虑到财政资金运用的需要，也要考虑到社会、居民的应债能力，即所能筹集到的资金。

45. [答案] D

    [解析] 公债既是政府筹集资金的手段，又是认购者的投资工具，发行者的目标是以最小的成本筹集所需资金，认购者的目标是以既定的投资获取最大的收益，协调双方利益目标的手段是公债的发行条件，包括票面利率、偿还期限和发行价格，而决定发行条件的过程和关键环节则是公债的发行方式。

46. [答案] D

    [解析] 竞争性采购包括招标采购、竞争性谈判采购、询价采购、框架协议采购等方式，其中招标采购是最能体现政府采购的公开性、竞争性，并且是比较普遍的采购方式，故 D 项正确。

47. [答案] A

    [解析] 一般公共预算是对以税收为主体的财政收入，安排用于保障和改善民生、推动经济社会发展、维护国家安全、维持国家机构正常运转等方面的收支预算。

48. [答案] C

    [解析] 零基预算的优点在于预算收支安排不受以往年度收支的约束，预算编制有较大回旋余地，可突出当年政府经济社会政策重点，充分发挥预算政策的调控功能。

49. [答案] C

    [解析] 本题考查部门预算制度。稳妥性原则要求部门预算要做到稳妥可靠，量入为出，收支平衡，不得编列赤字。

50. [答案] C

    [解析] C 项，社会保险基金预算按险种分别编制，目前主要包括基本养老保险基金、失业保险基金、基本医疗保险基金、工伤保险基金、生育保险基金等内容，不包括社会福利与救济。

51. [答案] C

    [解析] 根据信息复杂性原则，应该由地方政府来管理的事务，但同时又具有跨地区的外部性，那么可以由地方政府管理，中央政府提供帮助，如义务教育。

52. [答案] D

    [解析] 一般性转移支付主要包括均衡地区间财力差距的均衡性转移支付、民族地区转移支付以及作为国家增收减支政策配套措施的调整工资转移支付、农村税费改革转移支付等；专项转移支付包括委托类、共担类、引导类、救济类、应急类等形式。故 A、B、C 三项都属于专项转移支付。D 项属于一般性转移支付。

53. [答案] D

    [解析] 实行政府间转移支付的理论依据包括纠正政府间的纵向财政失衡；纠正政府间的横向财政失衡；纠正某些公共物品或服务的外部性；加强中央财政对地方财政的宏观调控。

54. [答案] D

    [解析] 车辆购置税的纳税义务发生时间为纳税人购置应税车辆的当日。纳税人应当自纳税义务

发生之日起 60 日内申报缴纳车辆购置税，故 D 项正确。

55. [答案] D

[解析] 土地增值税只对有偿转让国有土地使用权、地上建筑物及其附着物的行为征税，出让国有土地使用权不征税，故 A、C 两项错误，D 项正确。个人之间互换自有居住用房不征收土地增值税，故 B 项错误。

56. [答案] C

[解析] 纳税人应当向应税污染物排放地的税务机关申报缴纳环境保护税。

57. [答案] A

[解析] 按照在国民经济总量方面的不同功能，财政政策可以分为扩张性财政政策、紧缩性财政政策和中性财政政策。按照政策作用的对象划分，财政政策可以分为宏观财政政策和微观财政政策。按照对国民经济周期的调节作用划分，财政政策可以划分为自动稳定的财政政策和相机抉择的财政政策。

58. [答案] D

[解析] 向中央银行透支或借款弥补相当于凭空创造购买力来弥补财政赤字。所以法律规定中央银行不得向政府提供透支或借款。

59. [答案] C

[解析] 充分就业指的是有能力并且自愿参加工作的人都能找到较合适的工作，充分就业并不是 100％就业，只要失业率控制在一定范围内，就是可以接受的，故 C 项错误。

60. [答案] D

[解析] 政府预算的调节作用具有直接、迅速的特点，故 D 项错误。

二、多项选择题

61. [答案] ABE

[解析] C 项属于收入分配职能的手段；D 项属于经济稳定职能的主要内容。

62. [答案] CDE

[解析] 按照经济性质划分，财政补贴分为生产性补贴和生活性补贴；按照世界贸易组织的分类方法进行划分，财政补贴分为禁止性补贴、可诉性补贴和不可诉性补贴。故 C、D、E 三项符合题意。

63. [答案] AC

[解析] 社会救助包括自然灾害救助、事业救助、孤寡病残救助和城乡困难户救助。A 项属于工伤保险的内容；C 项属于失业保险的内容。

64. [答案] ABD

[解析] C 项属于税收的经济原则的内容。E 项属于税收的公平原则的内容。

65. [答案] AC

[解析] 税负转嫁的条件包括商品经济的存在和自由的价格体制，故 A、C 两项正确。

66. [答案] BCD

[解析] 纳税人自产的应税消费品用于换取生产资料和消费资料，投资入股和抵偿债务等方面，应当按纳税人同类应税消费品的最高销售价格作为计税依据，故 B、C、D 三项正确。

67. [答案] ACDE

[解析] 本题考查增值税的征税范围。现代服务包括研发和技术服务、信息技术服务、文化创

意服务、物流辅助服务、租赁服务、鉴证咨询服务、广播影视服务、商务辅助服务和其他现代服务。B项中的贷款服务属于金融服务。

68. [答案] ABD

    [解析] 本题考查个人所得税的税收优惠，经常考查到的税收优惠内容在本书中已经标明，对号入座，采用排除法选择。A、B、D三项，科技部颁发的科技创新奖、救济金和国债利息所得均属于经常考查到的税收减免优惠；C、E两项需要按照规定缴纳相应的个人所得税。

69. [答案] CD

    [解析] 本题考查可以在企业税前扣除的项目，在记忆这些项目时可以仅记忆税前准予扣除的项目，其他的即为禁止税前扣除的项目。A、B、E三项在计算企业所得税应纳税所得额时准予扣除；C、D两项属于税前禁止扣除的项目。

70. [答案] BCDE

    [解析] 应税凭证的副本或抄本免征印花税，应税合同的正本应按照规定缴纳印花税，故B、C、D、E四项正确。

71. [答案] ADE

    [解析] 国家机关、学校、幼儿园、医院等事业单位，社会团体不能作为纳税人保证人，故B、C两项错误。A项可作为纳税保证人；D项属于纳税质押；E项属于纳税抵押形式。

72. [答案] ABCE

    [解析] 通过"预交增值税"科目核算的情形包括：一般纳税人转让不动产、提供不动产经营租赁服务、提供建筑服务、采用预收款方式销售自行开发的房地产项目等，以及其他按规定应预缴的增值税额。

73. [答案] ACD

    [解析] 偿还公债的资金来源主要有通过预算安排、设置偿债基金、举借新债。

74. [答案] ABD

    [解析] 部门预算中项目支出预算的编制原则有：追踪问效原则，综合预算原则，科学论证、合理排序原则。基本支出预算的编制原则包括综合预算原则、定员定额原则和优先保障原则。

75. [答案] BCE

    [解析] 地方政府发行公债的规模经国务院确定，故A项错误、B项正确。地方举借的债务只能用于公益性资本支出，不能用于经常性支出，故D项错误、E项正确。除法律另有规定外，地方政府不得为任何单位和个人的债务以任何方式提供担保，故C项正确。

76. [答案] AD

    [解析] 纳税人的信用历史信息包括基本信息和评价年度之前的纳税信用记录，以及相关部门评定的优良信用记录和不良信用记录。B、C两项属于税务内部信息，E项属于外部信息。

77. [答案] BC

    [解析] 根据地方政府使用补助资金权限的大小，政府间转移支付可分为有条件的转移支付和无条件的转移支付。

78. [答案] ACD

    [解析] 共同事权转移支付包括城乡义务教育补助经费、学生资助补助经费、就业补助资金、困难群众救助补助资金、基本公共卫生服务补助资金、城乡保障性安居工程资金。B、E两项

属于一般性转移支付。

79. [答案] CD

[解析] 本题考查财政政策的工具。财政补贴是财政支出的一部分，但同其他财政支出相比，财政补贴具有两个特征：①财政补贴是一种财政援助，因此它对接受补贴者会产生激励作用；②财政补贴是为特定的目标或目的服务的，具有鲜明的政策意图。故 C、D 两项正确。

80. [答案] AD

[解析] 一般来讲，财政赤字的排挤效应是否明显，主要受货币需求和投资对利率的弹性大小的制约。

三、案例分析题

（一）

81. [答案] C

[解析] 一般纳税人提供加工修理、修配劳务，按照 13% 的税率计算销项税额。甲企业提供修理、修配劳务确认的增值税销项税额 = 35.26/（1+13%）×13% ≈ 4.06（万元）。

82. [答案] B

[解析] 一般纳税人运送货物，取得的运输收入按照 9% 的税率计算，装卸收入属于现代服务，按照 6% 的税率进行计算。销项税额 = 350×9% + 26×6% = 33.06（万元）。

83. [答案] D

[解析] 一般纳税人提供仓储服务和装卸收入按照 6% 的税率计算。应确认的销项税额 = (83+7)×6% = 5.4（万元）。

84. [答案] A

[解析] 甲企业购进汽车用零配件取得普通发票，不能作为进项税额抵扣的合法凭证，所以不能作为进项税额抵扣。

85. [答案] B

[解析] 该企业外购的汽油用于职工福利的不能进行抵扣，用于运送旅客的可以扣除。购进汽油可以抵扣的进项税额 = 2.6×80% = 2.08（万元）；该企业本月应缴纳的增值税税额 = 4.06 + 33.06 + 5.4 - 2.08 = 40.44（万元）。

（二）

86. [答案] C

[解析] 该企业的工资、薪金中包括向残疾职工发放的工资、薪金 50 万元，税法上规定企业安置残疾职工的工资在据实扣除的基础上，可以加计扣除 100%。所以可以税前扣除的薪金总额 = 450 + 50 = 500（万元）。

87. [答案] B

[解析] 职工福利费按照不超过工资、薪金总额的 14% 的部分可以税前扣除；技术先进性的服务企业、高新技术企业发生的职工教育经费支出，不超过工资、薪金总额 8% 的部分准予税前扣除，超过部分，准予在以后纳税年度进行结转。因此，该企业 2022 年允许税前扣除的职工教育经费和职工福利费 = 450×14% + 450×8% = 99（万元）。

88. [答案] B

[解析] 企业发生的符合条件的广告费和业务宣传费支出，按照不超过销售收入 15% 的部分，当年准予扣除；超过部分准予以后年度进行结转扣除。准予税前扣除的金额 = 2 000×15% =

300（万元）。不准予税前扣除的金额＝350＋200－300＝250（万元）。

89. [答案] D

[解析] 业务招待费按照发生额的60%扣除，但最高不得超过销售收入的5‰。所以，$100×60\%=60$（万元），$2\,000×5‰=10$（万元）。税前可以抵扣的金额为10万元，不得税前抵扣的金额＝100－10＝90（万元）。

90. [答案] CD

[解析] 该企业为高新技术企业，适用税率为15%，故A项错误。对所有行业企业2014年1月1日后新购进的专门用于研发的仪器、设备，单位价值低于100万元（含100万元）的，允许一次性计入当期成本费用在计算应纳税所得额时扣除，不再分年度计算折旧；单位价值超过100万元的，可缩短折旧年限或采取加速折旧的方法，故B项错误、C项正确。专门用于研发费用的支出，未形成无形资产的，在按照规定据实扣除的基础上，按照研究开发费用的75%加计扣除；形成无形资产的，按照无形资产成本的175%摊销，故D项正确。

（三）

91. [答案] D

[解析] 已缴纳印花税的营业账簿，以后年度记载的实收资本、资本公积合计金额比已缴纳印花税的实收资本、资本公积合计金额增加的，按照增加部分计算应纳税额。所以应缴纳的印花税＝（100＋20）×10 000×0.25‰＝300（元）。

92. [答案] D

[解析] 签订租赁合同应缴纳的印花税＝50×10 000×1‰＝500（元）。

93. [答案] D

[解析] 签订的销售合同应缴纳的印花税＝280×10 000×0.3‰＝840（元）。

94. [答案] D

[解析] 签订的产权转让书据应按照不含增值税的金额计算，所以签订的不动产转让书据应缴纳的印花税＝100×10 000×0.5‰＝500（元）。

95. [答案] C

[解析] 签订的贴息贷款合同免征印花税。所以该企业应缴纳的印花税＝300＋500＋840＋500＋8×10 000×1‰＝2 220（元）。

（四）

96. [答案] C

[解析] 对于包装物出租收取的押金，要通过"其他应付款"科目核算，如果逾期不再退还的包装物押金，应按所包装货物的适用税率计算销项税额。

97. [答案] B

[解析] 2019年4月1日起，纳税人取得不动产或不动产在建工程的进项税额不再分2年抵扣，本题中直接计提进项税。

98. [答案] D

[解析] 自产的产品用于职工福利，应作视同销售处理。同时该产品的权属已发生改变，应确认销售收入。

借：应付职工薪酬　　　　　　　　　　　　　　　　　　　　124 300

	贷：主营业务收入	110 000
	应交税费——应交增值税（销项税额）	14 300

99. [答案] B

[解析] 企业发生的广告费的扣除限额为 2 000×15％＝300（万元），该企业发生的广告费为 500 万元，大于扣除限额，所以其税前扣除金额为 300 万元。

100. [答案] B

[解析] 企业发生的赞助支出不属于企业生产经营发生的业务支出的内容，属于非日常经营活动损失的支出，应计入"营业外支出"科目。

亲爱的读者：

如果您对本书有任何感受、建议、纠错，都可以告诉我们。

我们会精益求精，为您提供更好的产品和服务。

祝您顺利通过考试！

扫码参与问卷调查

经济师考试研究院